人間事

孔德墉題

U0733150

人間幸

人间事

——《论语》枫解

许枫◎著

中国商务出版社
CHINA COMMERCE AND TRADE PRESS

图书在版编目（CIP）数据

人间事：《论语》枫解 / 许枫著. -- 北京：中国商务出版社，2021.10

ISBN 978-7-5103-4084-0

Ⅰ.①人… Ⅱ.①许… Ⅲ.①儒家②《论语》-研究 Ⅳ.①B222.25

中国版本图书馆CIP数据核字（2021）第229945号

人间事——《论语》枫解

RENJIAN SHI——《LUNYU》FENGJIE

许 枫 著

出版发行	中国商务出版社	
社　　址	北京市东城区安定门外大街东后巷28号	邮政编码：100710
网　　址	http://www.cctpress.com	
电　　话	010-64212247（总编室）　010-64283818（事业部）	
	010-64208388（发行部）　010-64286917（零售电话）	
责任编辑	刘姝辰	
网　　店	https://shop162373850.taobao.com/	
邮　　箱	347675974@qq.com	
印　　刷	天津和萱印刷有限公司	
开　　本	710毫米×1000毫米　1/16	
印　　张	26.25	
版　　次	2022年1月第1版　　　印　次　2022年1月第1次印刷	
书　　号	ISBN 978-7-5103-4084-0	
字　　数	509千字　　　　　　　定　价　138.00元	

版权所有　盗版必究　盗版侵权举报可发邮件至cctp@cctpress.com

购买本社图书如有印装质量问题，请与本社事业部（电话：010-64283818）联系或问："当代人读《论语》何益？"

曰："处世不偏激，逢事有智慧。"

曰："重回礼崩乐坏之年，察天下之所安；借儒家一缕心火，续人间文脉。"

——谨以这段对话代序，读书、求学三十余年，修一家之言，以奉诸君，愿与同仁切磋，共谋做一个有作为的好人！

序言（一）

◇蒋白俊

　　许君嘱余为其《论语枫解》作序，惑然惶然：我非儒学专人，涉猎有限，研读不深，浅陋偏颇难免，为功力艰深之专著作序，力有不逮，技有不能。贻笑大方事小，带累《论语枫解》事大矣。

　　许君精熟先秦诸子诸史，于上古莫不探其精妙，尤通达儒学，四书五经，两千年传疏注解，浩如烟海，莫不细读乃至再三。为求一字之难，从金文甲骨到正偏各篆先秦方言，跋涉寻觅；为睹或传之闻，虽今世孤简，院馆断片，千方百计得观，与世传累累比照。数十年皓首，有独一无二之枫解，成浩荡辉煌之新禅；正千百年之讹谬，出夫子清正之雅言。劳今生，爽后世，补文脉，点明灯，使歧路有信，沧海见槎。纵见仁见智，余观之，功莫大焉。

　　尝读许君解《诗经》，旁征博引，三皇五帝至两汉两晋，勾连无不奇妙，结论闻所未闻，未必篇篇点赞，却因之自觉长进，高历朝历代误读误解不知几许。暗暗诧异：许君上古文字之精通，上古典章之熟稔，推究连理之妙境，出乎意料太多，理正情深贴然。

　　细读《论语枫解》，身不由己，更上层楼，击节始终，快哉快哉！

　　余自幼读古诗文，饥不择食，不求甚解，勉强识字断句，粗通文法，牛心鳖嘴，好奇如猫，死揪一点，不知退步，时问究竟，不得其解，常比差异，遂抱诸惑。诗词歌赋陶陶然，诸史诸子憋憋然，唯儒家敬而远之。纵世界山呼，嚣嚣臁突，"国学"两字如邓丽君之歌，五经名目成克莱德曼之曲，余独掩耳遮目，避之唯恐不及。

何哉？

孔子《论语》《五经》，自成奥妙，颇可琢磨。董仲舒欲武帝尊儒，自作解人，儒之名，法之实，始皇思想嵌入，独夫心意漫涂，儒学成立之时，即去孔子远矣，孔夫子抑或董夫子，其实难论。之后，儒家日曰得势，可名利矣，可富贵矣，争名夺利，门派分立纷争。为一鸣惊人，击对手下朝堂，不免出奇制胜，此时之儒家，距孔子渐行渐远矣。虽如此，汉儒百口纷纭，朴拙尚存，纵离题千里，不敢背弃夫子太甚，《论语》《五经》词句，尚与彼利益主张表面和融。

故此，汉武尊儒，两晋而隋唐，儒虽享尊名，文人墨客亦无不通读《四书》《五经》（实则，彼时之有成文人，书籍无不熟读，书籍不多故也。熟读《四书》《五经》，未必体现对儒的态度，不过对书本和思想的态度而已），原非孔孟的些许条条框框，亦流变民间而为习俗，所谓"独尊"者，实难副其实。

两宋周张程朱现身，悖离夫子之旨，曲解汉儒之意，窃道逆道，借佛悖佛，竟"存天理灭人欲"，眼目心思，从广大世界缩转至个人身体，将孔子以拯救吐痰苍生为重，重建天下秩序为任的大道，扭成躲进穷巷陋室，盯着脐下三寸目不转睛地自虐式修炼。儒至此大成，儒至此非昔日之儒矣。岂夫子达人，即汉儒知此，夫复何言？

阳明一新，转瞬成"宋明理学"糊涂账。虽如此，有李卓吾，有张宗子，有冯梦龙，有《金瓶梅》，不食宋儒餐饭风骨，仍源源不绝。阳明从心，宋儒只有脐下之理。理汹汹亦不能灭心之向善。孔子心意，有明尚存一息。

清人入关，沐猴弹冠，误宋儒为华夏血脉道统，明宋儒为汉地言行禁锢，至此，流变反向之儒学，竟成本地精神之大统，士绅为思想唯一，百姓为习俗当然，上下几不解孔子之儒，亦不解两汉之儒。宋儒至此，浑然宏儒矣，昭然屠刀矣！

民国打到孔家店，欲打欲倒者，实宋清之儒也。

此儒难亲近，故自幼远之而至于耳顺。

亦得一恍然。幼读书，以著书立说者为神圣，古人尤之，时间磨砺淘冶当少错谬。年岁见长，读书略多，始知大谬不然，古往今来，或为一己之利，或因愚钝浅陋，强词夺理，滥竽充数者比比，学深而慎言，今古一理。又，汉距孔子四百年，其时文书稀罕若金玉，况始终战火。汉人能得孔子之学几何？能解孔子时代之言语又几何？如今专家教授断句晚明小品晚清笔记错漏百出，文科博士读《三国》《红楼》必须白话，推今及古可想；宋距春秋两汉千年不止，宋儒以民间之力，个人之心，盖今日之"民科"，能释孔夫子能解汉儒多少？

孔子志存周道，《四书》《五经》，涉及不知凡几。周公定周礼于周初，金文甲骨时代，秦灭六国，楚汉鼎沸，金文甲骨，皆成天书。不知悉周礼本意，如何明了孔子所想所言？纵辛苦求索，挂一漏万，两千年传疏注解，足以为证。殷墟发掘始于清末，甲骨文研究，区区百年，时至今日，解释儒家经典体会孔子和《论语》，方有可靠基础。

尝读《论语》数种，存不尽疑惑，一眼即错者有之，自相矛盾者有之，指鹿为马者有之，不知所云者亦有之，初中古文考试恐难及格者滔滔不绝替夫子教导大众，蔚为奇观。

虽避儒家经典唯恐不及，念念切切待一本仅从古汉语古文化史角度，确解《论语》之著作，久成奢望，以为绝不可得。

许君《论语枫解》，实绝念之意外，今生见识，惊快不可言说。

初读《论语枫解》，学问视之，耳目一新，切意切心，不绝如缕，字词追寻之深，制度考究之远，风习勘踏之广，互文比照之全，勾稽非坐实三代夏商不论定，语义非甲骨钟鼎证明不罢休，精严致密，今古少见。《论语枫解》使余数十年不解得解，不通得通，不明得明，憎厌渐消，半生面目可憎之儒随枫解而可近可亲可敬。数语友人："许君绝非一般学问家，是大师！千百年世道，'皓首穷经'人皆能言，能做者凤毛麟角。许君身体力行，《论语枫解》为余等诠释了何谓穷经，何为'经'之'穷'！少年白头，坐实非皓首不能穷经也。"

读三四章，觉有绵绵之情，如涓涓泉流，若熠熠漫火，字间流淌，语中跃然，滋润酣畅，不免暗问，学问而有情若此，自非一般学问。又自解：真学问大学问正须情理如水火，燎原浩荡，非若此岂足为之？

读至半，辩证依然，宏博谨严，字间情，文中意，沛然燎然，不禁腾身而起，手舞足蹈！继而恍然：许枫是学者，所做固学问，功底扎实，见解独到。然其所下功夫早已超越普通学问，所用心力，直追三千年，以皮肉筋骨，七尺之躯，化倾竭理解思考之力，盖《论语枫解》绝非要成一家之说，而是要正两千年错漏谬误，替孔夫子重新立言。名与利绝不思虑，他是以孔门弟子自许，以儒家传人自居，荡涤两千年污泥浊水，正本清源，弘扬真正孔子儒家大道为己任。儒家名实，两千年歧路，于今炽烈，何止千万人？然，许君擘矗往矣！

许君少我近二十岁，明白至此，不禁仰目！

蒋白俊

辛丑春于燕京

（序作者系资深媒体策划人、著名咨询家。）

序言（二）

◇宋立林

　　我曾自诩"钱迷"——国学宗师钱宾四先生的粉丝。钱穆先生曾经说过："今天的中国读书人，应负两大责任。一是自己读《论语》，一是劝人读《论语》。"将近二十年来，对此我一直奉为圭臬。

　　随着中国经济的腾飞，中国人看待自家传统的心态也悄然发生变化。正如晚清时期，从"天朝上国"迷梦中突然惊醒，文化心态便一下子跌入谷底，由自负变成了自卑与自戕；晚近二十年，心态又一下子升腾起来，变得更加自信。毫无疑问，这二十年来，"传统文化"早已不是20世纪那种被污名化、被弃之如敝屣那般命运多舛，而成为炙手可热、趋之若鹜的"优秀"传统。20世纪文化保守主义者们梦寐以求、魂牵梦绕、念兹在兹的"文化复兴"在新世纪似乎露出了曙光。文化虽然在大众生活中还仅仅占据着非常小的一部分，但是通过自媒体的信息及时传播，让我们知道，今天的神州大地，不同层面的文化正在被越来越多的官、商、工、艺、师、生群体所谈论、所操持。我经常说，文化自信的前提是文化自知，而文化自知的前提是文化自觉。当然，我说的"文化自觉"，与费孝通先生说的角度不同。窃以为，文化自觉当包括两个维度：

　　其一，是一个人对"文化"之于自我生命意义的"自觉"。即人的生命包含着肉体与灵魂两个维度，我们的生活也就有物质生活与精神生活两个层面。两千多年前的《管子》说："仓廪实而知礼节，衣食足而知荣辱。"虽然未必完全正确，但是揆诸现实，也是相当深刻的。这与孔孟所强调的"富而后教"是一致的。在20世纪的大部分时间里，大多数中国人是为了生存而奋斗，而难以顾及精神层面。即以先父为例。先父生于"九一八"事变那一年，去世于2000年。他是典型的中国农民，后来虽然在县城做工人，也不改农民本色。我非常敬重他。但是在他的生活中，便基本上没有什么"文化""精神"的影子。我小时候侍弄花草，他都觉得不如种点蔬菜更加实惠，完全不理解人的"审美需求"和精神生活。而现在的中国人，便越来越重视精神生活了，虽然读书的依然不多，但通过电视、电影、剧场、旅游等来进行文化消费也变得稀松平常了。这是非常重要的变化。随着中国人对于精神、文化的自觉需求越来越高，文化的创造力才会被激发出来，文化复兴才会真正实现。因为文化说到底离不开人。

其二，是一个中国人之于"中国文化"的"自觉"。按照钱穆先生的看法，民族与历史、与文化是三位一体的，忘记了历史，抛弃了文化，也就不复是原来的民族。中华民族的历史、文化，对于我们而言，自然意义非同寻常。它是我们之所以存在的历史根源、文化根源。当然，这不意味着要唯我独尊，闭关锁国。确立文化主体意识与开放包容并不矛盾，反而是相辅相成的。当中国人有了对自家文化的"温情与敬意"，才能谈得上"文化自知"，进而谈"文化自信"。毫无疑问，"文化自信"既是"文化自卑"的对立面，也是"文化自负"的对立面。文化自卑固然背离了文化自信，文化自负自大同样背离了文化自信。文化自信，是对自己文化的优点与不足有清醒的认知与反思，温情而不狂热，尊重而不盲目，情理交融。

基于这一看法，我觉得我们还有很多工作要做。正如业师杨朝明先生所一贯坚持和呼吁的那样，传统文化既要"登峰"也要"落地"。没有精深的专业学术研究，所谓文化普及往往成为"心灵鸡汤"，甚至是"江湖忽悠术""文化迷魂汤"；而若不注重文化普及，学者们"焚膏油以继晷，恒兀兀以穷年"所获得的宝贵成果，便会局限于学者圈子的小众传播，造成曲高和寡的窘境，难以发挥以文化人的功效。所以，尽管当前传统文化题材的图书层出不穷，甚至有点泛滥成灾的苗头，但是真正能够称得上优秀出版物的，比例并不高。仅以《论语》为例，不仅杨伯峻、钱穆的相关作品不断重印，而且学界新注本、解读本更是令人目不暇接。其中不乏严肃的训诂类作品，如孙钦善先生的《论语本解》，杨逢彬先生的《论语新注新译》，鲍鹏山先生的《论语导读》及业师杨朝明先生的《论语诠解》等等，也有不少视角新颖、新意迭出的解读本，如好友四川师大李竞恒博士的《论语新劄：自由孔学的历史世界》，读来便受益匪浅。这些都是《论语》研究的可喜现象。

很多朋友感慨，一部不足一万六千字的古籍，用得着这样不断去研究、注释、解读吗？况且，仅仅古人的《论语》学著作，都已经汗牛充栋了，今人再去做新注新解，岂不是炒冷饭、蹭流量且浪费资源？按理说，经典的原意应该只有一个啊，这么多不同的解说，是不是都是除了一个正确的之外，大都是错误的呢？我想，不论是根据西方诠释学的理论，还是我们的人文学术的基本理路，都应该明白，之所以两千年来这么多学者去辨析章句、训诂词语、考证典章、诠释义理，无不是努力去接近或者揭示经典原意，只是我们每个提出新见的人，都自以为接近或揭示了那个原意，至少是不承认前人的成果已经解决了问题，所以才要继续研究、解读。因为即使我们坚信有原意在，但是我们谁也没有资格去宣称自己才绝对把握了原意，即便这样宣称，也未必得到他人的认可。所以，不仅历史上会有那么多解读，可以设想未来新的解读还会不断涌现。就我个人阅读、研习《论语》的经验而言，我个人虽然有一些自以为是的独得之见，但是我更承认其他的解读，大都有或多或少的发明，有助于我们理解《论语》。自然，发明多的便是好的解读。

许枫兄这部《论语枫解》，我曾在他的微信公众号上陆陆续续地读过一些，深深为其灵动的文笔、独运的文思所吸引，其中的妙语连珠令人忍俊不禁，其中的旁敲侧击令人会心一笑，其中的借古喻今令人拍案叫绝。《论语》就在那里，但是经由他独有角度的解读，《论语》便别开生面。不仅如此，通过这些古今交融的经典解读及其文风，解读者的形象也会渐渐浮现眼前。尽管我与许兄尚未谋面，但是他的文字已经自动生成了一幅"画像"，我似乎看到了一位相知有年的老友，满腹经纶但毫无古板之气，潇洒飘逸但毫无骄肆之态，这大概也得益于他长期浸润于《论语》几十年的经历吧。

许兄是潮汕人，自幼以《论语》发蒙，有其家学渊源。加以曾经供职报纸，开设专栏，不仅与各路企业家打过交道，而且与饶宗颐、汤一介、钱逊等老辈学者相过从，这些都令我艳羡不已。对经典的研读，一方面需要童子功，这一点今天很多学者其实都有点先天不足,自忖尤其如此;另一方面也需要识见。这"识见"便不是仅靠读书可以练就的,它依赖天赋,需要阅历。这些许兄都具备,所以无怪乎他能够在《论语》解读中匠心独运,别出心裁了。

从整体理解上说,许兄将《上论》《下论》的结构,划定为"道经"与"德经"两部分,这就属于大胆的妙论。这一说法很容易引起学者的抵触。用"道经"与"德经"的范畴,岂不是与道家的《老子》混为一谈? 其实,保守如我,倒以为这样的理解,未必不能存在。关键看解读者是否能够以理服人。业师朝明夫子曾经说,道家有道家的《道德经》,儒家有儒家的《道德经》,《论语》就是儒家的"道德经"。我接着夫子的话说,从今人的"道德"观念来看,《论语》才真正是"道德经"。当然,我的这一说法与许兄的理解并不相同。他认为,道经从《学而》至《乡党》,分述孔夫子的"仁道",其核心为生发"与人作良伴"的善念,以正己、正他两心分明之"忠",公义、私德两心有别之"恕",分解儒家仁道要旨。德经从《先进》至《尧曰》,剖析士团精神、士团纲领及培训士子职、身、民、行、法五正要诀,讲解仁道践行路径。道经为塑三观之论,德经为定方法之学。根据我的阅读经验,这一解读既是新颖的,也是独创的。对经典的解读,提出"新说"并不难,关键是不是"创造",是不是有理据。我觉得许兄的见解就是独创的新说。读者不要急于抵触新见,而应该顺着解读者的思路,自己检验一番是否有其理据,值得信服。如果顺着许兄"道经为塑三观之论,德经为定方法之学"的说法,那么《上论》便是建体,《下论》则是发用。当然,《论语》的编者是否具有如此明确的谋篇布局、逻辑体系,还有太多可以商榷的地方。但无论如何,许兄给我们打开了一扇理解《论语》的新窗口,我们会发现一部新颖的《论语》。

就具体的解读而言,它并不是一般译注本那样的原文、注释与译文的固有模式,而是述议相合,训诂与考史相融,许兄以讲经人的口吻传授自己的儒家修行体会,直指本心,直击大义,一改过往注经晦涩难明的风格,一扫前人无数清规戒律的桎梏,让所有国学爱好者能更快更好更全面地领略儒家精神气韵,入道有门,修持有径。这与正在主编的《近思国学经典丛书》的理念有相通相似之处。

《中庸》云："人莫不饮食也，鲜能知味也。"对于许兄这部三十余万言的大著，我以上所说只是"管中窥豹""鼎尝一脔"。因此我实在不敢自诩解人，因为那必须在认真拜读其全部书稿后才有"知味"的前提。然而，已经被"勾引"起"兴味"的读者如我，尤其急迫地期盼着这部《论语》解读大著的问世！

许枫兄命序于予，以不佞的资历与学识，皆不足以胜任，故诚惶诚恐，敬谢不敏，但他再三坚持，并要我"望莫推辞"。我生怕许枫兄误会我不通人情，方才应承下来。在我，不论是一名读者，还是一名学者，都有义务推介传统文化的好书。就在这几年，《论语》重新回到国人的视域之中，越来越多的朋友或学员向我垂询《论语》读本。我郑重推荐过钱穆先生的《论语新解》，李泽厚先生的《论语今读》，尤其对初学者特别正式地推荐同济大学刘强兄的《论语新识》。我想，许枫兄的这部《论语枫解》，自然会成为我《论语》推荐书目上的另一部新书！

宋立林

辛丑仲春于圣城慢庐

（序作者系青年儒家学者、山东省泰山学者青年专家、曲阜师范大学优秀传统文化教育中心副主任、中华礼乐文明研究所所长、教授）

目录

上部——道经

下部——德经

●先进篇第十一

仁道之用是为中庸，何谓中庸？

● 颜渊篇第十二

如何履行仁道于为政？

● 子路篇第十三

士团纲领。

● 宪问篇第十四

正职，明确士之使命。

● 卫灵公篇第十五

正身，以己道约束己身。

● 尧曰篇第二十

夫子在历史长河中见到曾经存在的大世界。

上部

道

经

- 夫子之道，忠恕而已。

- 一以贯之！

学而篇第一

◎读书三重楼

子曰："学而时习之，不亦说乎？有朋自远方来，不亦乐乎？人不知而不愠，不亦君子乎？"

枫解：学之而后，时时、适时实践它，不也心生愉悦吗？有朋友从远方而来，不也很是快乐吗？人家不了解我，我却不心存郁恼，不也是君子吗？

概括而言，好好学习、广交良友、宏大胸襟——可谓读书人三乐事。《论语》为儒家百经之首，夫子开宗明义就只是传授这三乐事？学习、交友、器量，有何关联？若无脉络可寻，缘何并列于此？是否有思维疏脱之嫌？

试想之，夫子踞坐于上说，你们必须把知识吃透，时常温习，努力实践。话锋一转，好朋友从远方而来，才能开心一点儿……

读遍《论语》，可曾见夫子关于"有朋自远方来"之乐的论述？倒是前人遗留之知识不胜枚举。在刀简维艰惜字如金之年，夫子缘何做出一个似与大义主旨无关之叹？尤其是在开篇这样关键的位置。一个"朋"字更是值得深思，在古汉语中它指的不是"朋友"，而是同门，一起求道学习的人，隐含着共同的文脉传承。此"乐"不仅仅是快乐，更是真趣，是大喜悦、大欢乐，欣欣然、沛沛然，润心浸肺，虽历百世，余韵悠长。

若将此章分为三事，中间一断，意韵失去连贯性，"人不知"失去所指，以致难以确定"知"的对象，后来很多人把它解为"人家不知道自己"。若通章以"知识"贯穿，何来如此歧义？分明是：读书人三件事——学习、践行、传播知识，是为正道。只有不断地践行，我们才能真正掌握知识，才能理解它形成的脉络和内在的运作机理，才能体会到其中的真趣。

夫子这段话讲的是他对知识的看法及对儒家弟子的要求。分为三个层面：知识必须学，必须实践；这些知识是人类从漫长的历程里探索总结出来的，就像远方的朋友一样历尽艰辛方能至此，必须珍惜；遇到不知道这些知识的人，我们不应该焦躁，必须悉心指导，把知识传授给他。这个"愠"，不是恼怒怨恨，而是从心中升起的一丝燥气。

于细处着眼，"说""乐""君子"为读书人的三个层次，闻道为悦，入道为乐，传道者为君子。也就是说，对于知识，能了解并应用，能理解内在机理，能传授他人，三个层次，如同楼高三重。夫子循序渐进，解说得很清楚，将原文切割为三个没有关联的句子，难免导致底蕴流散，有失开宗明义之要旨。

道理很简单，无非一问，吾辈读书人，入得孔门要的是什么？精神世界与物质世界的鸿沟、道德世界与现实世界的违和如何消弥？这才是儒家要解决的问题，是知识，更是道理与智慧。学习、实践、传播，就是沟通两个世界的途径，将现实清晰地映照进梦想，让梦想真切地投射到现实，建立起稳固的渠道，形成良性循环和交互转换。在这个过程中，心觉与道体宛若孪生兄弟，同门而朋。

用更西化的语言和思维来阐述，解决人生观与世界观的统一，形成稳定的价值观，并将先人遗留的知识转化为自己的思维模式，孕育出一套个人、独特而又圆融自洽的思想体系和行为范式，以此为基础逐步解决身与心、己与群、人与天地三个层次的交互融合。内心觉醒的灵智与天地运行的至理，浑然一体。那束光，穿过亘古长夜，照在此生此刻的生命里，如朋自远方而来，该是怎样的一种安乐？

读书不能浅尝辄止，宜再三玩味，譬如这个"有朋自远方来"，仅从字面得"交友"之乐，不足。再深一层，是读书如晤良师益友，交流感应，悠然心会，此时，与你为友者，是穿越时空翩然而至的知识与智慧。更深一层，是身与心，是心觉与道体，是那束光，是过去与现在。

"学"者，效也，觉也，始于效仿，追求觉醒。那对生命中注定的孪生子呦，如何才能亲密无间地拥抱彼此呢？不妨一起去听听夫子的课……

◎君子有根脚

有子曰："其为人也孝弟，而好犯上者，鲜矣；不好犯上，而好作乱者，未之有也。君子务本，本立而道生。孝弟也者，其为仁之本与！"

子曰："巧言令色，鲜矣仁！"

枫解：有子以孝悌为根本，次第推进而论称，君子必须谨守礼制，严格自律，才能入道成仁——若是一个孝悌之人，而喜好犯上，那是很少见的；若是不喜好犯上，而好作乱的，从未见过。君子应当致力于根本之处，根本建立起来，道就由此而生了。孝悌应该是仁道的根本吧。

夫子说,花言巧语,面貌伪善者,罕有仁德。

或者更进一步说,夫子教诲,不能仅看表面现象,要深入地去理解仁的内核。

这样解释,字面上没任何问题,每个字的意思都表述完整,可是,能代入情境想象一下吗?

老师夫子讲述了学习的重要性,班长有若站起来振振有词地发言,我们要讲孝悌,守规矩,严格自律,当个好学生。夫子说,必须更深刻地理解精神,透过现象看本质,彻底理解仁的内核。

宛若,一堂其乐融融的正三观思想课。

此说貌通实歧,更可能的是,夫子讲了读书人的三层次后,有子站起来反问,老师,我们不是讲仁义道德的吗? 孝悌是一切礼制的根本,守住这个才是君子的本分吧?

夫子语重心长地说,言辞机巧,流光溢彩,很少能够抓住仁道的本质。——讲起大道理来一套接着一套,环环相扣,思辨严密,技法娴熟,也很动人,却让仁德越见稀薄。

直白些的意思是,说的比唱的还好听,过于强调言辞的表达力,仁德往往会打折扣。表面的光鲜亮丽,并不能掩饰内在的苍白,伦常之类的是表层现象,深入理解才能接近仁。

孝悌是什么? 孝悌是维系社会最小单元稳定的基石,也是社会秩序形成的开端。是长幼、同辈之间相处的良性模式,模式只是皮相,良性才是根本,只见其形,不见其神,焉能修得仁道呦? 执于一相,往往自障其目;逐于外表之光鲜亮丽,往往流于凉薄。

换言之,夫子所授乃君子之学,传的是仁道,是由此修行而温养的一颗仁善之心、一点智慧之光,不是孝悌。

◎第一门功课

曾子曰:"吾日三省吾身——为人谋而不忠乎? 与朋友交而不信乎? 传不习乎?"

子曰:"道千乘之国,敬事而信,节用而爱人,使民以时。"

子曰:"弟子,入则孝,出则悌,谨而信,凡爱众,而亲仁。行有余力,则以学文。"

枫解:何为"三省吾身"? 就是每天都反省自己——替别人办事是否尽心尽力

了? 与朋友往来是否诚信? 传授予他人的, 自己是否践行过?

"道千乘之国"就是领导和治理一个千乘之国, "千乘"是千辆兵车, 是当时大国的重要标志。怎么办呢? 临事谨慎专注、诚信无欺, 节省财力并以体恤人民为念, 使用民力当顾及其生产时令季节。

"弟子", 就是年少刚刚从学的人, 他们应该怎么做呢? 在家讲孝道, 出门友好同辈, 言行谨慎而有信, 有广泛的爱心, 对仁德心怀孺慕, 如果修行有余力, 再向书本寻求学问。

每日省察, 三思三复, 不断修正自己, 这是修身的关要之处。可是, 我们追随夫子只是为了修身吗? 不是的, 是为了有能力"道千乘之国"。

如果将之当作一段完整的课堂对话看, 情形约略如此:

曾子说, 老师, 我日三省吾身, 这样算得上是君子所为了吧?

夫子说, 我希望你们都能成为治理千乘之国的栋梁, 所以讲了很多敬事而信、节用爱人、使民以时的道理。

随后说, 当然了, 刚入门的时候, 还是要像你说的那样打基础的。

言下之意是, 参啊, 你的三省自我批评大法挺好的, 但离我的要求还很远啊。

日三省吾身、弟子规都是修身之法, 两者之间却是一段治国方略, 其中深意不值得深思吗? 读书第一忌: 断章取义。

此处, 不管是夫子, 还是门下记录者, 想告诉我们的是学习的目的, 在于修身、齐家、治国、平天下, 最终成为执政的栋梁之材。

夫子是实在人, "行有余力", 料理得了自身事, 再来学习文献研究学问, 再谈家国天下。

自省内求的确是修身养德的重要法门, 但如果不能立志高远放眼于外, 看不到真实的世界, 如何求得真章? 一味内讼, 不过是"坐枯禅"罢了。当然, 入门之始要定个小目标, 先起爱人亲仁之善念, 打理好日常生活。

"敬事而信", 在事上勘磨, 促其向善, 信念坚定尤为重要; "节用而爱人", 节用多敝于苛刻, 爱人常流于奢阔。微言大义, 细细玩味, 发人深省。

仁道在于行, 此为大根本, 而方向更是重中之重。抬头望天, 低首躬行, 是我们必修的第一门功课。

◎马步要扎牢

子夏曰: "贤贤易色; 事父母, 能竭其力; 事君, 能致其身; 与朋友交, 言而有信。

虽曰未学,吾必谓之学矣。"

子曰:"君子不重,则不威,学则不固。主忠信,无友不如己者,过则勿惮改。"

枫解:"贤贤易色"最常见的译法是,对妻子重贤不重貌,心理美才是真的美。故此,子夏长篇大论一番,归纳起来,也就如此:只要待老婆以真、待父母以孝、待君王以忠、待朋友以信,哪怕从未就学,也是三好学生。

夫子说,君子不庄重,就没威严,学知识不牢固。忠信两大品德必须记牢,不跟不如自己的人交往,有过错,一定不要忌惮自我改正。

当年长者这么教,流行译本也大抵这么解。可是我读着总有些不是滋味,子夏,姓卜名商,子夏是字,这位小卜同学貌似有些惧内,提起人际关系就把夫人放于首位。

人伦之始起于夫妇,论人际关系先从选妻重贤德讲,也能说得过去,《诗经》首篇也有此教旨,但人家是以"窈窕淑女"配君子,才貌双全啊,何曾有重贤而轻貌之说?

当然,也有人把"易色"作"动容"解,"贤贤易色"为"见贤思齐"意。但,小卜同学下文全讲人际关系,似乎无法贯通,所以未曾被纳入主流。

可是,我们不能把下文夫子那句衔接上去吗?

子夏说,看到贤能的行为,我必动容,努力看齐。比如,孝顺父母,忠诚君主,信于朋友。不限于学校、书本,都是我学习的课堂。

夫子说,君子没有稳定的重心,就无法勇猛精进,学习到的也就只是皮毛,无法牢固掌握。有了自己的原则和信念之后,再来看看周遭朋友有哪些我们不如的地方,以此为鉴,改正自己的错误。

另有一说,"无友不如己者",不如,不肖也,承于上文"主忠信",即不与自己原则、信念相悖者为友,其意与古人所言"同志为友"相通,亦可。

忠实纯良小郎君,循循善诱老夫子,多好的学习氛围和方法,完全对得起那几条腊肉。没有主心骨,东一鳞,西一爪,七拼八凑,整个花架子,貌似花团锦簇,不过空中楼阁。

所谓"重"者,是构建起自己核心知识体系之后的那种稳定状态,那种状态与"失重"相反,今时之语境何词足以称之?吾不知,或曰"得重"吧。现于外则为色相庄严,化于内则为思想成熟。以此稳之静制精进生猛之动,动静相抱,才是为学之道。

此处,夫子讲学习之方法也。

◎求知大秘诀

曾子曰:"慎终,追远,民德归厚矣。"

子禽问于子贡曰:"夫子至于是邦也,必闻其政,求之与?抑与之与?"子贡曰:"夫子温、良、恭、俭、让以得之。夫子之求之也,其诸异乎人之求之与?"

子曰:"父在,观其志;父没,观其行;三年无改于父之道,可谓孝矣。"

枫解:慎终追远、民风厚重、子承父道,挺好的,完全符合后来的纲常之说,百善孝为先嘛。"终"为父母之老死,"远"为先人之行迹。恭恭敬敬的,老人在时,晨省昏定,早晚请安;老人往生,四时祭祀,深切怀念。更重要的是,要谨遵父亲大人的教诲,按照他说的那一套来处理,至少也得三年。

子禽,姓陈名亢;子贡,姓端木名赐。他们俩一问一答,颇有趣味。在语义上倒是一贯没什么大争议,大抵是这样:

子禽问子贡,夫子到哪个邦国,一定会了解当地的政事,是主动的,还是被动的?

子贡说,夫子温良恭俭让,品德优良,美名远扬,想了解这些还不是小菜一碟。再说了,他老人家追求的东西,肯定跟平常人追求的不一样啊。

也有人把这段对话中的"求之",解为"求官"。子禽这刺头颇为挑衅地讥讽夫子四处求官,子贡立马予以坚决反击。所以,子禽终其一生也没能从旁听生的角色转正,正史上并没有把他列入夫子的门墙。

我还是比较愿意相信,子禽同学说的"闻政",是夫子的游学之行。那么,问题就来了,我们都要死守着老爹,或者祖宗的成法了,夫子干嘛还要去游学呢?而且,把游学心得通过两位学生的对话放于此处。没有来由吗?

温和、善良、恭敬、节制、谦逊——温良恭俭让,游学五字秘诀需谨记。可是,记来作甚呢?

如果,夫子鼓励我们走出去,多看看,那么这段话是不是有别的意思呢?能不能这样翻译一下:

曾子说,我们要谨慎地对待未来,必须好好学习前人的经验,这样整个族群才会有更厚重的底蕴。

子禽在旁边对子贡说,是啊,夫子就经常跑到别的邦国学习人家的政治经验,可是,那些人怎么会把治理国家的秘密告诉他呢?

子贡说,夫子有五字秘诀,总是能从别人那里偷师啊,而且,他能看到别人所无法察觉之处。

夫子说,对待学生,长者刚开始,应该了解其志向兴趣;然后,从旁察看其言行举止；如果三年期满，还能不忘初心，就算是步入正轨了。

"父"者，年长有识之男士；亦通"甫"，有初始之意。"孝"者，效也，子承父也，顺于道，顺天之经，循于伦，循地之义，可为正轨。为什么一提起"父""孝"就非得往人伦纲常上靠呢？再不济，用"事师如父"解也行啊。哦，对了，夫子之前好像还真没什么专业专职的老师，大抵都是父子相承。孝者，长幼相处之道也，孔门更注重于知识、智慧的传承，言传身教，点亮那点仁道灵光。

父在，观其志；父没，观其行……

对于"父"而言：与子当面交流，当察其志趣；过后，当知其言行。

对于"子"而言：与父相处，观察揣摩父亲的志趣；未曾与父亲在一起的时候，多想想父亲的言行和处事方式方法。

"在"与"没"未必非得是阴阳相隔，更多的情境只是一段空间而已——有没有在一起生活。

父与子，如此三年，会是什么模样？

知识、智慧是一代复一代传承下来的，孝之真义，正是传承，是心灯永续，是世代可宗之法。作为后来者，"温良恭俭让"就是学习的不二法门，也是传授学问的根本要诀。

◎上正道狂奔

有子曰："礼之用，和为贵。先王之道，斯为美，小大由之。有所不行，知和而和，不以礼节之，亦不可行也。"

有子曰："信近于义，言可复也。恭近于礼，远耻辱也。因不失其亲，亦可宗也。"

子曰："君子食无求饱，居无求安，敏于事而慎于言，就有道而正焉，可谓好学也已。"

枫解：很多时候，我们都会片面地把这个"礼"理解为礼节、礼仪，所以就会认为这段经文讲的是，人与人之间相处，要讲礼节，和气为美，无论大事小情都必须和和气气，处理得恰到好处。当然，如果一味讲和气，不用礼来作节制，也是行不通的。

相逢作揖，蓄须阿伯，盘髻阿婆，笑脸迎人不挨骂，我们都做五讲四美好青年。然后，就能天下太平海晏河清？夫子还追加一句，不要贪图物质享受，少说话多干活，向有道之人看齐，这才是好学生。读了万卷书，行了万里路，我们终于懂得礼貌的重要性啊。

更过分的是"因不失其亲，亦可宗也"，居然有人解释为依靠亲近的人，才能办事牢靠。大唱裙带赞歌，倡导任人唯亲。夫子闻之不知作何感想，胸中一口老血会不会喷出三丈远，溅出个十里桃花艳红？掌过权，闻过政，居然就靠这点稚嫩的手腕混江湖？

礼，礼乐，制度、规则也；和，调和、平衡也，亦有顺应之义；节，制也，约束之意；因者，循也，按章就法；正者，中也，向道直行也。

"因不失其亲，亦可宗也。"改句读为"因，不失其亲，亦可宗也。"

综上而重译之。

有子说，礼制的作用，就是为了调和平衡各方利益，做到这一点才可贵。回顾历史，前人被称为有道之王，被传颂赞美的，无论大事小情都是按照这个原则来办的。可是，有时候也行不通，一味为了平衡而顺着各方的意愿，没有明确的制度作为约束，当然搞不好啊。

想一想，补充说，所有约定成文的制度，必须接近，符合于义，讲出来才有可能实现。而且，大家都要严格地遵守，整个社会才不会发生那些令人感到耻辱的糟心事。依靠礼制典章，一切有章可循，也就无所谓得罪亲朋，也值得效法传承。

信，于内为信念，于外为成文之约，是为礼制，必须合宜才能实现；恭，于外为庄矜容貌，于内为肃正心神，是正己心，必须合乎礼制才能远离耻辱；因，是因依凭借，更是追远传承，是宗的起源和落处。

总之，必须制定一套好的"礼制"，让所有人按章办事有法可依，而不是像前人那样依靠人情关系，搞平衡。言外之意，老师啊，前人的经验未必靠得住啊！

夫子说（此处应该面带微笑），一个真正的君子，废寝忘食，敏捷做事谨慎言辞，沿着正确的道路大踏步向前。你呀，还只是一个好学生而已。

小子唉，知行合一更重要，你的理论说起来一套接一套的，却也只是一个嘴把式。

有若的确是个理论高手，所以夫子去世之后，曾一度被推举为众儒之师。但，上岗未久就被推翻下台，行动力估计差那么点意思。

这是对前一章节的进一步解说，理论只有转化为行动，在实践中不断"纠正"，才会真正产生意义。

◎子贡领红花

子贡曰:"贫而无谄,富而无骄,何如?"子曰:"可也;未若贫而乐,富而好礼者也。"

子贡曰:"诗云:'如切如磋,如琢如磨',其斯之谓与?"子曰:"赐也,始可与言诗已矣,告诸往而知来者。"

枫解:贫不谄媚,富不骄横;安贫乐道,居富崇礼。然后,子贡以玉喻君子,得到表扬。

贫富,只能指财产多寡地位高低吗?能不能指才学厚薄品德良莠呢?我们可以试着这样翻译一下。

子贡说,学力相对贫乏时,不曲意逢迎他人,不人云亦云;学力比较厚实时,不骄傲自满,而是精益求精。对吗老师?

夫子说,差不多,但应该更进一步,学力贫乏时致力于寻找其中的真趣,富实时致力于研究、实践礼制。

换言之,学习必须根据自己的实际情况,有目标有方向,不能好高骛远。

子贡说,就像诗经里讲的制作玉牙角骨之类的器物一样,根据材料的质地形态,进行打胚、磋顺、雕刻、抛光,我们要成器也得这样啊。

夫子说,赐啊,不错嘛,居然会引诗据典了,能推陈发新悟出道理,必须表扬。

如此这般,这朵小红花,端木同学才贴得不脸红吧?

很多时候,我们总会疑惑于"贫而乐",贫乏之时何来乐趣?若是志于学寄情于道,日益精进,真趣自生,安贫乐道,所乐者,道也。至于富足时,重心就应该转移到研究、践行礼制上来,坐而论道,不如起而行之,而后以行证知,以行促知;最有意思的是这个"好"字,不仅仅是动向,更是心为所属去领悟礼制的精神。

一个人在不同的修行阶段,会有不同的侧重点,应当详加体察。

当然,物质丰俭,环境优劣,往往也是很考验一个人修为的,红尘历练,只有经过才知其中滋味。富时之礼、贫时之乐,是我们在这场勘磨中当时刻绷紧的两根弦。

◎腊肉不好拿

子曰:"不患人之不己知,患不知人也。"

枫解:我不怕别人不了解我,怕的是我不了解别人!

每每听到别人这样解释此句时,脑海中不禁出现夫子飘带临风,对江长叹:寂寞啊!又是寂寞如雪!人不知我,我不知人,何其寥落?但我不怪别人,宽心大肠,忠恕无双。夫子难道真有如斯怪癖,喜欢对着学生感慨人生?一节课下来,以之开头,以之结尾,走沧桑大叔路线吗?细思极恐。

其实,夫子是说,不怕你们暂时不理解我的思想,而是怕我还不够了解你们!

换言之,你们到这里是来学习的,我对你们没有足够的了解,就无法因材施教。

在中古汉语中,"不知人"还有另一种用法,作为固定词汇,其含义类似于今天语境中的"不醒人事"——五识关闭浑浑噩噩。

哪怕全世界都在传播我的传奇,可是我却斩断了与这世界的联系,人间与我何干?——若是如此,则天下何日能复归仁道?吾辈读书又作何用?与遁世隐逸何异哉?

治学求道,怕的是学得沉缅于自己的理论里,不通人事;传道授业,怕的是对学生的素养、禀性、资质一无所知,徒劳无功。

这句经文怎么解才是正确的呢?依我之见,微言大义,往往是多层意思、多种侧面共同结合在一起才是完整的答案,执于其一,大抵就错了。读经最重要的收获是随着圣贤的指引,不断攀登不断思索,去蒙昧,生仁心。

至此,完美的开学第一课,打完收工。

···········

《学而》作为《论语》首篇,绝非偶然,而是极具深意的。夫子在其中,非常明确而且系统地讲了三个问题:学什么?为何学?怎么学?

没有一句废话,没有半点花架子,更没有假大空,平实自然,却又真知灼见,直指本源。非得解出一堆仁义道德、礼节忠信、人伦纲常、宽恕厚道,甚至弄出一根"裙带"飘啊飘的。整得虚头巴脑,云山雾绕,这样才是高人?

跳出前人窠臼,把那些注水的物事剔个干净。二十句台词,两句独白、七段对话,清清爽爽一堂课。夫子博学可亲、有子思辨无碍、曾子质朴厚道、子夏勤奋好学、子禽跳脱顽皮、子贡聪慧灵敏,每个人物生动鲜活,跃然于纸上。这是多高超的文学功底啊。

再往细处读,夫子教有若知行合一,授曾参志在学先,让子夏确立重心,期子贡磋磨成器,言简意赅,每发必中,绝对的因材施教,不愧为万世师表,功力深厚。

当然,七十二门徒才出场四个,加上陈亢这个旁听生,就可以看出这帮学生没一个好相与的,或带艺投师,或调皮捣蛋,或七窍玲珑多智近妖,一般人哪里能招架得住呦。

腊肉好吃难克化,难为夫子了。

为政篇第二

◎两千多年来最大的政治谎言

子曰："为政以德，譬如北辰，居其所，而众星共之。"

枫解：北辰者，北极星也，历来几无疑议。至于此句中另两个字眼——"德""共"，则是见仁见智，大抵分为阴阳两流派。阳者，以"德"为"道德"；阴者，以"德"为"获取"！

以道德治理国家，自己便如同北极星一般，处于中心位置，而众星自然环绕拱护。煌煌如大日，仅以"道德"一词概述国家天下之治略，阔大崇高。

治理天下就是耕耘收获，帝君就如北极星一样，雄居于上，与众星共享。缥缈如星空，帝王将相皆是星宿临凡，溥天之下，莫非王土，率土之滨，莫非王臣，直白犀利。

这都是墨客宿吏设置的语言陷阱。以"道德"解之，什么是道德？怎样做才符合标准？最终解释权都在他们手中，也就是说，顺我者圣君，逆我者民贼！以"德"通"得"，作"获取"解之，重心落于"共之"，是谓"与士大夫共天下"也，潜台词是，世间一切利益我们都要分一杯羹。

订一套《中小学生行为规范手册》，让大家五讲四美，就能治理好国家？把老百姓当庄稼，尽情耕耘收割？甚至，发展出所谓的"天人感应论"。历史的长河中，虽不乏士人限制君权、促民向善的野望，但更多的是别有用心者抨击异己、愚弄百姓的赤帜。

我们从未有异议处入手解之，北辰者，北极星也，何意？自古以来，北极星就是指引方向的。此处，夫子以"北辰"喻"为政以德"，则所谓"德"者必有指引方向之意。故取"德"之本义：顺应自然、社会、人类客观规律做事。以顺应自然规律为指引，重译之：

夫子说，治理国家必须按照客观情况顺应规律来办，这个基本方针就如同北辰一般，牢牢定在那里，其他一切事务就会与天上的众星一样，有序地运转。

用今天的语话来讲，就是必须确立一套"适应生产力发展的生产关系"，并以此为基础,建立完整的涵盖政治、经济、人文、宗承诸方面的治理体系,俗称施政大纲。

时刻铭记,让治下之民过上富足安乐的美好生活,就是为政者的最高道德!两千多年来,抛开夫子真意包装出来的那些谎言,让老人家蒙受了多少不白之冤?

◎怎样让一个人"思无邪"?

子曰:"诗三百,一言以蔽之,曰:'思无邪'。"

枫解:思无邪,思无邪,何谓正来何谓邪?《诗经》311篇,难道全都是思想纯良之作?

据说,诗三百为夫子晚年所编,有《风》《雅》《颂》三部,分别收录民间歌谣、正声雅乐、王室宗庙祭祀之乐。于今时今日之现状看之,无非就是风靡一时的流行歌曲、精英分子的时尚观点、政府倡导的主旋律,也就是一本集金曲、段子、红歌为一体的小册子。只是随着时代变迁、语言演化,我们读之,有些费心思,就非得给它贴上"古拙""优雅"等高尚拉风的标签。听不懂,好像很厉害,江湖手段,忽悠为上。

总之,诗三百反映了周朝五百年的社会风貌,这是没错的!那么,夫子为什么要编这么一本物事?肯定不是为了消遣自己娱乐大众吧?而且,在教弟子们"为政"时,放在第二段论述里,郑而重之。为什么?

社会风貌呀,老百姓在想什么?士大夫在议什么?朝廷在倡导什么?这不就是为政者所必须了解的吗?称为基本功也不为过吧?

夫子编诗三百,应该就是在告诉弟子们,如何了解天下吧?

了解之后应该做点什么呢?

夫子说,一言以蔽之,曰:"思无邪"!

我想,应该没有人觉得一位游历天下归来年近七旬的老人家会幼稚到如此地步,觉得当时的社会风气已然好到天下无邪了吧?再说了,仅以首篇《关雎》而言,就有"窈窕淑女,寤寐求之"——那美丽的女子呦,我日夜思念着她,甚至想得都"辗转反侧"了——这样的思想还能称得上天真无邪?

所以,只能是令其思无邪。

很多人觉得,夫子有大爱,引人向善。可是,讲治理国家,仅靠美好的意愿就够吗?夫子干过这活儿,应该不会如此虚浮吧?而且,老先生刚刚说了,要根据客观情况顺应自然规律弄个施政大纲，接下来应该干嘛呢？貌似现在一个略有常识的小企业主都知道吧？统一思想呗！

我今重译之：

夫子说，我编诗三百，就是为了干一件事，统一思想！

邪，古书之，左为狼犬之牙，右为城邑之形，其图象曰"突出于前方的堡垒"，如琅琊，其中"琊"字古籍多作"邪"。今语之邪，与纯良、天真相对，视为恶；古语之邪，则为固陋、偏见，并由此衍生出不当之解。小至一人一族，大至一地一国，如何"思无邪"？诗经所教者何？加深相互了解，让大家走出自我封闭的怪圈，有志一同，团结起来为了美好的生活而奋斗不息。

当然，这个统一，有引导和强制两说，下回再论。

◎ "最终解释权"的骗人把戏

子曰："道之以政，齐之以刑，民免而无耻；道之以德，齐之以礼，有耻且格。"

枫解：传统解法以为此处"道"通"导"，取引导之意。因而大抵翻译为：用政令引导，用刑罚约束，只能暂时减少民众犯罪，却无法唤醒他们的廉耻之心；用道德引导，用礼法约束，民众才能知廉耻而守法。

似乎通畅而且高尚，符合夫子非暴力治国、大美大善在人间的精神，清新脱俗靓丽优雅。呵呵……打完收工，"司法最终解释权"到手，金饭碗保住了！又见"道德"，治国万金油！

怎么解？

先把义理放在一旁，仅从语言逻辑入手，明摆着，夫子这句是说，"道之以政"和"道之以德"必然导致两种不同的结果，对吧？那么"免而无耻"与"有耻且格"就是反义！重点落在"免"与"格"上。"格"为守法，取大木长枝自然有序之貌；"免"则不可能为"减少""避免"之意，应取本义，脱也，似兔子般逃脱。

那么问题来了，民众为什么要逃？又因何而守？因为被仁义道德感化知廉识耻？如果治理国家这么简单就好办了，弄他十万和尚散布八荒四时念经，天下太平！

窃以为，此处，耻也应取本义，从耳从心，言自耳入，念生心头。如王阳明先生之"致良知"！怎么办？还讲道德礼仪？

顺应自然规律,切合客观现实!

故因此,我今重译此句。

夫子说,用政令给民众划定道路,并用刑罚来约束他们,民众只会尽力躲避而不信服;若是顺应时势为民指路,然后用礼制来规范他们,民众才能信服并自发遵守!

德,一以贯之,绝不虚妄空洞!合之近道,为礼制;逆之无道,必夭亡。此论另作细表。

在中古汉语里,"道"与"导"是两个不同的字,更是两个不同的概念。此处,"名词动化",训之通"导",译为引导、领导、诱导,形态固化,终究不美。道是规则之化,是运行于其中的道理,是为政者所秉持的理念,纵然动化,也是一种将化未化似显非显的中间状态,是没有明确指向的。如果我们为了把它转化为动词,拘泥而训,往往会失却三分内蕴,解经时这类例子其实并不少见,想要完整准确表述之,实在愁煞人也。

抛开闲话,这段经文大致的意思是,为政者所持的理念如果并不是顺应自然规律不切合客观实际情况,只是执拗于自己所认定的政令,画地为牢禁而锢之,老百姓不答应啊!

上古、中古时代的老百姓真的很悲催,不答应也没办法,只能像兔子一样逃到山林之中当野民,至于所谓的揭竿而起,那是有"鸿鹄之志"的陈胜开先河以后才正式大规模登上历史舞台的。在此之前,是贵族政治,能推翻一个贵族的只能是另一个贵族,"民"除了"免",最多也就能"道路以目"。

◎人间第一厉害的七十老人

子曰:"吾十有五而志于学,三十而立,四十而不惑,五十而知天命,六十而耳顺,七十而从心所欲不逾矩。"

枫解:仅以《论语》一书而言,这段话为人所熟知的程度绝对足以挤入前十,解说版本五花八门,多不胜数。尤其是,关于"知天命""耳顺"两大词眼的演绎最多,甚至弄得神乎其神的。

最为正统的版本,把这段话视为夫子总结归纳的"修身之道":十五岁有志于学问,三十岁建立起自己的知识体系,对世界有了自己判断能力;四十岁没有什么困惑;五十岁了解天命;六十岁能够听懂他人的话,明晰其言下之意,厘清诸多缘由;七十岁就做到从心所欲,却不逾越规矩。

好吧，我们好好学，七十岁就成大家了。但，不是说"人生七十古来稀"吗？夫子能活到七十有三，容易吗？万一我们没熬到那一天，岂不是这一辈子生生活成悲剧？当然，也有"朝闻道夕可死"之说，但，夫子七十多了还劳心费神的干嘛呢？让咱们享受一下临终关怀最后的晚餐？

最神道的版本，十五岁开始立志求学；三十岁有所成就；四十岁没有什么困惑；五十岁，上知天文、下知地理；六十岁，人家一翘屁股，我就知道他要拉干屙稀；七十岁，想干嘛就干嘛，绝对不算逾越规矩。

好吧，人老阅历多，吃的盐比年轻人吃的米还多，你说了算！我读书少，怕被骗，每当有人吹嘘自己多厉害，总会吓得转身而逃，逃跑速度与其言谈的玄乎程度成正比，有时甚至会突破自己的生理极限，譬如见到老而不修的某类"大师"。

一位年逾七旬当过鲁国大司寇、游历观政十四年的长者，会在自己的学生面前自我吹嘘？一位门下弟子三千，出了七十二贤的教育家，会希望自己的学生黄土埋颈才修炼到最佳境界？我不太相信！

其实，细心观察，我们不难得出这样的结论：

第一，志学、而立、不惑、知天命、耳顺、从心所欲不逾矩，六个境界是层层递进的；

第二，"矩"者，规矩、规则也。

这段话放于此处，究竟是何用意？窃以为，夫子是以个人经历为案例告诉学生们，如何做到"从心所欲不逾矩"，让他们少走弯路，尽快成材。结合这堂课的主题，此处之"矩"指的是"为政之矩"，也就是治理国家的规则。

能够按照自己的意愿来治理国家，而且不逾越规则。厉害了，我的先生！怎么样才能实现这样的目标呢？往后一步是"耳顺"，闻弦音而知雅意，听落叶而识风雨，耳闻而能顺之，任何政务只要听一下，就能知道来龙去脉，并且给出正确的解决方案。再退一步，"知天命"，了解自然之规律，清楚人世之客观情况。再退之，为"不惑""而立"，也就很容易解释得通了。

我今以此思路重译之。

夫子说，大家看看我的个人经历，十五岁有志学习；三十岁确立了自己的人生方向；四十岁在"为政"上做到不惑，能够实际解决问题；五十岁了解自然规律，清楚人世客观情况；六十岁，听到任何政务，都能给出很好的解决方案；七十岁才能达到按照自己的意愿来治理国家，而且不违背为政之要旨。

换言之，你们要达到最佳状态，必先耳顺、知天命、不惑，当然，得确立起"为政"之志，并努力学习。

德、天命、顺，顺应自然规律、切合实际情况，夫子只话家常，不忽悠，甚至解剖自己以示学生，这才是真正的大家风范。

◎蹭热点的也有不江湖的

孟懿子问孝。子曰："无违。"

樊迟御，子告之曰："孟孙问孝于我，我对曰，无违。"樊迟曰："何谓也？"子曰："生，事之以礼；死，葬之以礼，祭之以礼。"

孟武伯问孝。子曰："父母唯其疾之忧。"

枫解：其实，这是一个非常有趣的段子！老孟小孟爷俩分别前来询问什么是"孝"，夫子给出不同的答案，中间再给樊迟解释了一下。传统上注解有不同意见的，大抵只有两个节点：第一，关于"礼"的意思，礼节，还是礼制？第二，其疾之忧，是忧父母之疾，还是忧孝子之疾？

若将争议搁置，可以译成这样：

孟懿子前来问孝道。夫子说："无违。"

樊迟驾车，夫子对他说："孟孙向我问孝道，我对他说，无违。"樊迟问："怎么讲？"夫子说："老人在时，按照礼奉养；老人往生，按照礼安葬、祭拜。"

孟武伯前来问孝道。夫子说："父母只为'其疾'发愁。"

三个人向夫子问孝，得到三句不同的话，老孟跟樊迟还好点，至少获得的答案还有点承接关系，小孟比较惨，完全连接不上。"无违"和"父母唯其疾之忧"，有内在联系吗？

如果完全没有内在联系，夫子，或是写《论语》的人，把这段话放在这里究竟有何用意？总不会教导我们"见人说人话，见鬼说鬼话"吧？或者想展示一下夫子"因材施教"的风采？老孟这家伙不讲礼节，甚至经常干点有违礼制的事儿，夫子告诫他"无违"；小孟这家伙身体不太好，或者比较浑，夫子跟他说，锻炼好身体别让你爹妈担心。似乎都讲不通吧？

那么内在联系在哪儿？"生""死""疾"——生老病死，谁也逃不脱的自然规律也。若以此解之，夫子给小孟的答案就应该是这样的：

如果能够做到除了生病一类无法抗拒的自然因素之外，不让父母操心，就是孝了。

那么，"礼"是"礼节"还是"礼制"呢？我认为应该是"礼制"，毕竟这个段子是放在"为政"之中，谈"礼制"更符合此处的语境。那么，什么是"礼制"呢？这个的解释就更多了，两千多年来各种版本拢在一起可以组成小半个国家级图书馆。但，从此处对于"孝"的探讨观之，夫子对于"礼制"的定义，也肯定不会违背自然规律。

接着，还有一个问题，正探讨"为政"呢，为什么突然插入一大段关于孝的讨论呢？难道夫子想确立一下"以孝治国"的理念？貌似还讲得通。可是，前面讲的那些"德""礼""天命"什么的呢？难道那些是传说中的忽悠套路之高大上开场白？

窃以为，孝，是当时的社会热点话题，就如同此时在中国，大家一聊起来，难免关心一下"二孩""房市"什么的。前面讲了如何确立施政大纲、统一人民思想、明确司法要旨，甚至不惜牺牲自我把自己扒得通透，一套理论拳打下来，举个案例有针对性地分析一下，更有说服力吧？所以，这段经文，我是这样翻译的：

有一次，孟懿子问夫子什么是孝，夫子跟他说："无违。"

樊迟驾车去接夫子的时候，他们聊起这事。小樊问夫子怎么解释，夫子说："老人在时，按照礼制奉养；老人往生，按照礼制安葬、祭拜。"

后来，小孟也跑来请教夫子这个问题，夫子对他说："父母，除了生病这类自然因素外就不操心其他的了。"

要做到这些，一是要关心父母的健康，二是要保养好自己的身体，除此之外，凡在礼制之内，皆可无违不悖，由着老人的心思而行，别将己之忧乐加诸双亲，也莫让时之悲欢扰其安宁。

老孟、小孟其实姓仲孙，是鲁国三大家族中人，大小也算是政治明星。夫子若是向学生授课时，提起与此类人物的对话，完全无关主题，或者有些牵强，难脱江湖大师的嫌疑吧？你看，每逢大事发生，总会有绝世风姿出来指点山河，令人赞叹。这些人有两大特征：一、是个热点就蹭；二、见人说人话，见鬼说鬼话。譬如，某名人无意中犯个小错误，你不道歉吧，肯定是傲慢无礼的死硬派；你道歉吧，肯定是姿势不对的伪君子，而且是三十六个姿势等着你，总有一款适合你。

如果能将夫子搓到那一堆去，还读个甚的《论语》！终究还是有些不同的，"大师们"在无数赞叹声中最后留下了什么？似乎喧嚣之后，只有一地鸡毛。夫子呢？不妨再往下听听……

◎如何成为真正的孝子？

子游问孝。子曰："今之孝者，是谓能养。至于犬马，皆能有养；不敬，何以别乎？"

子夏问孝。子曰："色难。有事，弟子服其劳；有酒食，先生馔，曾是以为孝乎？"

子曰："吾与回言终日，不违，如愚。退而省其私，亦足以发，回也不愚。"

枫解：又是三个答案，而且还是完全不同的。传统的解经者这样告诉我们：

夫子跟子游说，对父母必须有尊敬之心，不能像对犬马一样，给点吃的了事；夫子与子夏讲，有事你办，有酒我喝，还不能面带难色；然后还点评，我每天与颜回谈话，他从不反驳，好像傻乎乎的，可是回去之后却能够刻苦钻研，并有所发挥，他其实一点也不傻。

甚至，朱熹的集注以为孔子退而省颜回之私，"则见其日用动静语默之间皆足以发明夫子之道"，用实际行动来证明老师说的就是对的。从字义上来讲，也是通的。还能跟上面两小节形成完美的结合，编撰出一个门规二十四条之类的范本。可是，读之不禁泪流满面！好嘛，老师说的不得违背，而且必须坚决用实际行动来证明其正确性；有酒，先生喝，有事，弟子办，还得面带微笑，心怀崇敬。

不管怎么解，有一点是可以确定的，夫子觉得颜回"不愚"。也就是说，不管他是用实践在证明夫子的正确性，还是回去有所发挥，总之做对了。

那么，我们不妨回过头来想一下，夫子一生曾就学于多少先生？是对先生之说有所发挥，还是只用行动去证明先生们的正确性？难道夫子想在学生面前进行一下"自我批评"？显然不是。那么，夫子究竟想说什么呢？

剥皮剔肉，直取核心，八个字——"不违如愚""以发不愚"。非常明显，夫子肯定了"以发"，否定了"不违"。"不违"既然是错的，那么先生说的话就不是"金科玉律"了，可以思之省之。窃以为，夫子认为弟子们仅仅听话是不够的，必须能践行，能发挥，有所作为，才是真正的尽孝！

回过头再来看前面两句，"有酒我喝，有活你干"，应该不是夫子想要的；"能养"，就更不可能了。重心只能落在"色难""不敬"两处。面有难色，心怀不敬，肯定是错的，无需讨论。如何才能做到有敬无难？端正心态，发乎于心，悦之于颜。似乎对了。若承接下文，夫子对于"孝"的要求可就高了，不仅得遵守门规二十四条，还得有所作为。古往今来，几人能称"孝子"？

若是能行者如凤毛麟角，夫子提之为何？尤其是在讲"为政"之时？严要求高标杆？似乎不是一位历世数十载的智者会办的事。

每读至此处，我总会想起，幼承庭训——驯子听话，不如教儿明理。今且思之，似乎更合夫子之道。

…………

退而省其私，亦足以发。

我愿你能明事理，有所作为；并不想把你当作犬马驯你听话。你能视我如犬马乎？

不视若犬马，何以"不敬"？何以"色难"？

…………

这三段话，逐段解读，没有太多疑难，我也就不作赘述，只讲一点个人思索：夫子应该还是提倡人必须尽孝道，而且是要根据客观情况，尽心尽力吧。唯有切合实际，才能尽孝无难！

◎老师的"真身"在哪里？

子曰："视其所以，观其所由，察其所安。人焉廋哉？人焉廋哉？"

子曰："温故而知新，可以为师矣。"

枫解：考人察事，看其背景，观其由来，察其动机，就不会被蒙蔽。

温习旧知识，并能够有新体会，甚至推断出即将发生的事情，就可以当老师了。

单独拎出来，哪一句的翻译都没有任何问题，甚至可以称得上是金句名言。可是，真的没有问题吗？

我们都知道，离开语境解语意，无异于缘木求鱼。稍微有点社交常识的人，都会懂得，酒场的话不能当真，为什么？以"温故知新"为例，假如，夫子置身于食肆之中，面对满桌珍馐美味，对我们说这句话，大家有何感想？无非感慨一声，"您老好胃口"，谁会为此幽思千载，念念不忘？

此处何处？夫子授学生"为政"之道的课堂，教考人察事还多少能说得过去，教怎么当老师，太牵强了吧？其实，这是夫子对"孝"这个热点话题进行详尽的分析之后，总结处理政务的具体办法。故，重译如下：

夫子说，对于政务，我们要看到它的现象，了解它的缘由，洞察它的处理方法。做到这样，谁能蒙蔽你？

夫子说，回顾以往，并从中总结规律，推演出未来的趋势，才是你们必须学会的思维模式。

此处，我取"安"之本义，安定，安全，安稳。事安之所，意译为处理方法或解决方案。"可以为师矣"，以"温故而知新"为师可矣，以这种思维模式作为我们师法的对象就可以了。这个"师"，是"前事不忘，后事之师"的那个"师"，是值得效法，而不是真正意义上的老师。

两千年后，我作为一个小职员向领导汇报工作，写个演示文稿什么的，都懂得一定要分成三个部分——什么事? 为什么? 怎么干?

若以此思路, 回过头解夫子论孝所言, "无违""唯其疾之忧""不敬""色难""不违如愚""以发不愚", 豁然开朗。那个时代, 铁器耕牛大量用于农耕, 物产开始丰饶, 孝道自然成为社会热点⋯⋯ (此处省略五百字, 诸君回阅前文, 自行脑补。)

当然, 读经习典, 微言大义, 往往发人深省, 触类旁通, 偶有所得, 必有注疏, 是前人的智慧, 是极丰厚的财富。但, 这却是后来人, 尤其是初学者的灾难。省发之处, 如神游八荒, 怎一个迷字了得? 再加上时代特色、认知局限、政治需要、利益诉求等诸多因素的折射, 那叫一个斑驳陆离。还是必须拉回到落脚之处啊。

解经第二忌: 脱离语境!

◎君子六格律

子曰: "君子不器。"

子贡问君子。子曰: "先行其言而后从之。"

子曰: "君子周而不比, 小人比而不周。"

子曰: "学而不思则罔, 思而不学则殆。"

子曰: "攻乎异端, 斯害也已。"

子曰: "由, 诲女知之乎。知之为知之, 不知为不知, 是知也。"

枫解: 关于君子定义的讨论, 历时数千年, 遍地开花。若引经据典, 阐述开来, 绝对是一本皇皇巨著。我更愿意把这段话局限于此情此境, 理解为夫子对于一个合格为政者, 提出的六条格律。

一、不当工具。

二、以身作则。

三、有坚定原则和信念。

四、知行合一。

五、给人说话的权利。

六、没有调查就没有发言权。

前两条最容易理解, 字义上几乎没有什么疑难之处。第三条历来解释很多, 主要在于"周""比"二字, 传统的说法是: 君子用道义来团结人, 小人只是短暂的利益勾结。大家都是群居动物, 你们在一起叫"团结", 他们在一起就叫"勾结"？道义大旗在手，天下我有？抛开这些虚头巴脑的，从语法入手，毫无疑问，"周"与"比"绝对是一组反义词，至少在这句话里是如此，而且周为褒，比为贬。团结也好，勾结也罢，总之是一帮人在一起，至少外表是看不出差异来的。有没有更显而易见的分辨方法呢？《国语·鲁语》有云，"忠信为周"。忠者从心，中正为本；信者从言，念之所及。不就是发自内心的中正原则和坚贞信念嘛？反观"比"也，字之本义，二人为从，反之为比，有相对之意，小人之行，较他人而来，因时因地因人因事，搓之则圆，捏之则扁。察其言行可得，何必大费周章？再说了，动辄就拿道义品德说事，往往成了"党同伐异"，遍观史书，例证多不胜数，血训之深，夫子焉能不察？

"学""思""罔""殆"，学与思，必须两条腿走路，不然就会陷入迷惘、危险的境地，可是，学得再好，头脑再清醒，若不能干点实事，又有何用？不过穷经皓首之荒野村夫，岁月刀下的老棺材瓤儿罢了。夫子授学生以"为政"，想必还是希望他们有所作为吧。

"攻乎异端，斯害也已"，历来有两种截然不同的说法：一是，攻击异端，就可以消灭危害；二是，攻击异端，危害就产生了。我比较倾向于后一种，毕竟夫子一向提倡有教无类。甚至都用编《诗三百》这种手段去了解时代，怎么可能容不下他人有不同说法，喊打喊杀的呢？哪怕退一步讲，对于冥顽不灵之辈有诛杀之举，至少还是能容得下他们辩解一二吧？再说了，先民主，后集中，可不是现代的产物，远古部落打猎还得团坐篝火讨论一下呢。更重要的是古注至此，曰："攻，治也；善道有统，故殊途而同归；异端，不同归也。"这个攻可完全没有威慑力，不过研读治学而已。

解至知与不知处，我脑海中蹦出来的第一句话就是——没有调查就没有发言权。知道就是知道，不知道就是不知道，这是正确的明智的。意译于此，也算通达吧？解经者，必须把经书嚼烂了，咽下去，消化之后，用自己的语言复述出来，才算是完整。至少，能有点意思。

解经第三忌：食古不化。

形态固化、思想僵化，那就是"器"，容易被人拿来当工具使，此，君子所不为也；当然，真正的君子也不会拿别人当工具用。前者是智，是能力；后者是善，是悲悯。

◎高薪从哪来？

子张学干禄。子曰："多闻阙疑，慎言其余，则寡尤；多见阙殆，慎行其余，则寡悔。言寡尤，行寡悔，禄在其中矣。"

枫解：多听，有怀疑的地方，加以保留，其余足以自信的部分，谨慎地说出，就能减少错误；多看，有怀疑的地方，加以保留，其余足以自信的部分，谨慎地实行，就能减少懊悔。言语的错误少，行动的懊悔少，官职俸禄就在这里面了。

这样的译文，抄得我手指生疼。若持此论，十六字可也！多听多看，谨言慎行，少犯错误，长领工资。

宛如一积年循吏于夜半无人时阴私密室中，对将踏入社会的小官迷，传授十六字秘诀。画面太美，不堪想象啊！

如此苦口婆心，历来能起到的效果都是微之又微。再说了，只带着耳朵、眼睛，就能禄在其中？这官也当得未免太轻松愉快了吧？

据说，明嘉靖年间名相徐阶曾训弟子张居正为官之道，曰："兢兢业业，如捧卵子过河"。张也是一代名相，彪炳青史，明万历十五年那场后世极为推崇的改革就是他主导的。显然，他应该是领悟到自家先生这话儿的神髓——"捧卵子"不过手法，"过河"才是目标！既然这河非过不可，那么有怀疑有危险的地方，多了解多留心，也就是必需的。

故，我解此句为"多闻于阙疑"。阙者，道路上之门坊式建筑也，示意路人即将进入某地。是以重译如下：

对于容易出现疑难和危险的地方，必须多听取各方意见、多了解具体情况，其余的也得谨慎处理。尽量减少过失，这份禄米才能领得稳当啊！

当然，哪些地方容易出问题，想要知道，就得好好学习了！

我曾经做过另外一种假设，子张比夫子年少四十有八，求学时，至多不过二十岁上下，甚至更小。上课带点捣蛋性质问："夫子呀，咱学了半天，怎么才能去混到禄米呢？"

夫子如菩提老祖斥孙悟空，笑着骂道："你这猴狲，不懂就多听多看，总是如此冒冒失失，将来怎么能混到饭吃哟！"

貌似也无不可，而且更合本人的心意。但离经文有些远了，是以，还是维持原判：抓住重点，慎行其余！

◎讲理莫认人

哀公问曰："何为则民服？"孔子对曰："举直错诸枉，则民服；举枉错诸直，则民不服。"

枫解：传统上，这段话的解读重心一直放在"错""诸"两字上。错者，放置或废弃；诸者，众多或之于。可是，不管怎样解，终究只有一个意思——亲忠良而远奸佞！作为君王，或执政者，只要用正直的人，抛弃奸邪之辈，民众自然服膺！

为政之道，讲讲用人原则，尤其是任人唯德。完全说得通！还处于道德高地，占尽上风。可是，民众怎么知道谁为忠谁为奸？他们又没有像戏台上的角色那样画着红脸或白脸。再说了，民众几人见过大老爷？哪怕再基层的亲民官，治下百姓也识之者寥寥吧？口口相传的青天大老爷，如果不能为民做主办实事，又有何人服他？

若要人服，不外乎讲道理！

枉、直者，树枝生长之貌，一弯曲，一不弯！错者，纠正也！"举直错诸枉""举枉错诸直"，夫子喻义，何其生动？你拿个弯树枝去纠正一个直树枝，让人家怎么听你的？

要不怎么说这帮读书人坏呢，把枉、直提高到个人的道德层面上，冠冕堂皇的，一下子就把用人的"最终解释权"收入囊中！谁忠谁奸？谁说了算？有标准吗？我读书少，千万别拿虚头巴脑的言辞来忽悠我！

遍观青史，环视周遭，好人就没干过孬事？扪心自问，你可曾服之？当然，对于正直善良之人，我们还是认可尊敬的，哪怕偶有行差踏错，大家也会多点包容之心，却与服膺二字无一丁点关系！

吾以为，夫子言德，为顺应自然规律，有正见直行意，此为一例证！

◎使民三板斧

季康子问："使民敬、忠以劝，如之何？"子曰："临之以庄，则敬；孝慈，则忠；举善而教不能，则劝。"

枫解：季康子问，怎么样才能让百姓敬畏、忠诚，并相互勉励着走正道？

夫子说，你面对百姓时庄重认真，他们就敬畏你；你倡导孝顺父母、慈爱仁义，他们就忠实效力；你提拔好人，教化后进，他们就会勤勉了。

季康子，季孙肥也，鲁哀公时正卿，三桓季孙氏之宗主，堪称当时之权臣。那个时代的百姓还是很幸福的，你看，国君前脚刚跑来问怎么让百姓服膺，权臣后脚就跑来问怎么让百姓敬畏忠诚走正道，多么重视民心民意啊！不仅要让人服，还得发自肺腑的尊重、忠诚，甚至相互劝勉效忠。好一个致君以尧舜，俨然君圣臣贤之作派。可是，你高居其上，宝相庄严，大唱慈爱，人家就一定会敬服如仪忠诚不二？庙中菩萨若从无灵应，也难免香火凋零吧？难道传说中的王霸之气一振便有四方英雄来朝真的存在过？或者说，那个时代的百姓好糊弄，而现在的人民太精明？

那么，能不能有别的解释呢？

劝者，说服，讲明道理使人听从也，古今字义基本一致。所以，"举善而教不能，则劝"最是易解，无非是"拿良善之行止去教化未能做到之人，那就是劝"，雅达一些，译为"倡导善行，教化后进，是为劝"。至此，不难看出，此句中之"劝"者，"使民"之法也，而非"使民"为之；是方法，而非结果；是对"为政者"的要求，而非对"民"的要求。同理，"敬""忠"也必如此。追根溯源，探取古义，不难发现。敬者，从苟从攵（支），会意字也，古意原义为以手执杖或鞭促之言行端肃。忠者，从心从中，古意为令心不偏不倚之意。故此，我遵从古字义，意译敬、忠、劝为"正行""正心""正风"，称之为"使民三板斧"。

临者，俯视也，有居上之意；庄者，草盛貌。居其上，郁郁葱葱，气壮而盛。孝者，顺天经循地伦，泛指长者与后生相处之道，至于这道的内容、模式却都是后来定义、附加的。至少，在夫子那个时代，绝对还没有现在如此之多的内涵。其实，很多字都存在这样的情况，譬如敬，譬如忠。若不寻根溯源，抽丝剥茧，很多经义必如雾中青山。此乃解经之第四忌：不识根脚！

重译此句如下：

季孙肥问，统治民众，有正行、正心、正风三法，怎么做到？

夫子说，率身垂范，引领风尚，可正其行；循伦定序，心怀慈爱，可正其心；倡导善行，教化后进，可正其风。

当然，后世把"敬""忠""孝"归入个人道德素养的范畴，导民向善，也无不可。只是个人认为，哀公为君，问使民之道；季康子为臣，问使民之法。更符合夫子一贯主张的"尊卑有序"，而且上下文逻辑也更严谨。

◎圣人不为王

或谓孔子曰："子奚不为政？"子曰："书云'孝乎惟孝，友于兄弟，施于有政。'是亦为政，奚其为为政？"

子曰："人而无信，不知其可也。大车无輗，小车无軏，其何以行之哉？"

枫解：有人问夫子说，你怎么不去当官呢？夫子说，《尚书》里讲了，"孝顺呀，孝顺父母、友爱兄弟，并把这种风气影响到政治上去。"这就是为政，何必非得当官呢?

说得多好,为政不等于当官!

显然,发问之人多少有些来者不善,至少带着诘难挑衅的意味。言下之意,无非如是:你讲起来一套接一套,怎么不去试试看能不能干得好行得通?

依传统译法,回答得有些无力、牵强,接近于强辩。为政不等于当官?我要把孝顺父母、友爱兄弟的好风气影响到政治上,怎么影响呢?教三千弟子育七十二贤徒吗?那还不如一句"老子要教书,没空!"来得更爽利一些。

这段问答若真如斯无趣,两千年以降,早就有儒门信徒将其湮灭于历史尘埃之中了!为何至今尚被数以亿计的人奉为圭臬?

关键在于文中所引《尚书》之言——"孝乎惟孝,友于兄弟,施于有政。"施者,旗也;政者,匡其正大也。吾将为世间树起大旗匡其正大!怎么办?"孝乎惟孝,友乎惟兄弟"!让孝顺成为长幼相处的唯一方式,让友爱成为同辈相处的唯一基调。分乾坤,定伦序,调和阴阳。这是圣人干的活儿呀,老夫都在成圣的路上狂奔了,哪来那么些闲散时间去搭理此等杂七杂八的事啊!

这话太狂?那就低调点呗,这也是为政的一部分呦,你怎么能狭隘地把为政理解为当官呢?

至于下面夫子的那句补充性回复,一贯被割裂出去。译"信"为信誉,人无信誉无以立世,貌似铿锵有力掷地有声,实则令人疼入心扉!我都从心所欲知天命了,世人谤毁于我何惧?世人赞誉于我何加?

信者,古语有两义,一谓成文之言,为约;一谓发乎本心之言,为信念。夫子历经格致诚正,心如磐石。向道而行者,惟信念尔!虽千万人,吾往矣!

《青囊经》佚矣!《青囊经》佚矣!呜呼!好好的屠龙技,生生练成敲猪术,再跳着脚骂祖师爷传的物事不体面,能要点脸不?

行笔至此,心怀激荡,宜深呼吸三百,收敛情绪,重译经文如下:

某人跑来问夫子说,你怎么不为官参政呢?

夫子微笑着说,《尚书》上有这么一段话,"让孝顺成为长幼相处的唯一方式,让友爱成为平辈相处的唯一基调,把这样的大旗交给有志于匡扶天下正气的人。"这也是为政,怎么可以把为政理解为当官呢?

夫子停顿一下说,人没有自己的信念,就不知道他能做什么。就像大车无輗,小车无軏,怎么走得了呢?

◎一眼看穿三千年

子张问："十世可知也？"子曰："殷因于夏礼，所损益，可知也；周因于殷礼，所损益，可知也。其或继周者，虽百世，可知也。"

枫解：此句中，经常争议的字眼有三——"世""因""礼"！

世者，上有纪，下有期，泛指某一段时间，也有定量为三十年的；另有一论，称下文涉及夏商周三朝，以为此处之"世"应作朝代解。这个字眼不管怎么细究，追根溯源，大致意思并无差别，子张此问，无非是夫子对未来的预测。

因者，一谓众围而成其大，就也；一谓事物发展之前已具备的条件，申义为沿袭。前者认为夏礼成就了商礼，商礼成就了周礼，其中得失一目了然，并据此而言，必须全盘接收周礼，继承大统，才能千秋百世，基业永固；后者认为商礼沿袭于夏，周礼沿袭于商，在此基础上的减少增加部分，是可以了解的，若后来人能从中总结出规律，则百世之礼也能推演得知。

"所损益"对于接盘侠而言，只是姿势问题；对于沿袭者来说，却是皮相之别，可是要抽筋扒皮敲骨吸髓，学到神韵的。两大流派皆言之凿凿，掐了近千年，甚至今天还余音袅袅！吾取后者，不独两千年历史明证，更为夫子前训——学而不思，则罔；思而不学，则殆！若啃先人老本能万事无忧，何必思之？依样画葫芦不就行了吗？无罔殆之忧，何必浪费那些脑细胞呢？若能无灾无难到公卿，此生痴愚又何妨？

任何事物都有规律可循，小到一人一事，大到文明演化天地运行，或草蛇灰线，或浩荡奔腾。得之，则临事如庖丁解牛，治国若烹制小鲜。规律明了，十世百世焉能不知？就好像问偶数序列，四之后是什么一样，何必思索？

礼者，大抵译为礼仪制度，或礼制。两者的争论并非在"制"，而是在"礼"，是对于礼所涵盖范畴的界定。前者将之限定在仪节，或某种特定的行为准则；后者将之扩展到一切人世间的治理规则。吾依然取后者，大至一世一国之治，小至一夕一家之理，何曾是一套仪节可以达到令其圆融自洽的？《礼运》概括礼云："承天之道，以治人之情"。虽然，史有公案，称《礼记》乃托夫子之名以问答形式而作，我却以为这个概括比较符合夫子的原意。通读上下文，与"奚不为政"联系起来思考。夫子所倡之礼，若局限于仪节，为政不等于当官参政，实在有些解释不通。若如礼运所言，则教书育人是为政，经商富国也是为政；写词作赋是为政，修路通渠也是为政；悬壶济世是为政，保境安民也是为政……修齐治平皆是为政，一切遵循自然规律的济世行为都是为政！礼之所涵者，人间一切之治理也。合道成规，则是礼制。我曾以政治、经济、人文、宗承四纲十六目稍作分解，此处不作细表。

"奚不为政"貌似唐突，子张预世宛若顽劣，合而为一，却是夫子将为政提升到前所未有的高度，并引入"礼制"的概念！

◎几两硬骨头

子曰："非其鬼而祭之，谄也。见义不为，无勇也。"

枫解：祭祀不属于自己的鬼神，是谄媚；见到应该挺身而出的事情，却袖手旁观，是怯懦。

这样的翻译没什么差池，只是不够准确。古人祭与奠是有区别的，人之初死陈饮食以安其魂为奠，追念先人以祈自身之福为祭，故有凶奠吉祭之说。鬼与神也是有区分的，人死之后，有位为神，无位作鬼，神有庙可受众生香火，鬼就不同，只能受血脉供奉，故而才有"非其鬼"之说。无视"鬼"之谁属，有奶便是娘，自然就是谄媚了！大道在前，不敢阔步前行，自然就是无胆之辈！

很多人把这句话当作夫子对礼仪的阐述，我却看到夫子在《为政》课末，对门人弟子的殷切期望：别为求吉而献媚，软了膝盖；别因惧怕而怯懦，塌了脊梁！每读至此处，我总会想起夫子离世两千多年之后，一位儒家弟子林则徐写的那两句诗——"苟利国家生死以，岂因祸福避趋之"。正气浩荡，至此尤见峥嵘！
…………
通读《为政》一篇，夫子从立宪、立政、立法之要旨发端，以自身经历为示剖厘精髓，以热点问题"孝"作案例分析正确的思维模式；进一步提出为政者的六格律和工作重心；答鲁哀公、季康子之问，阐述使民之道、之法；就"奚不为政"、子张预礼，发礼制之正念。最终，寄殷切期望以收尾！

这一堂课，只讲道法，何曾有一术示人？绝对的授人以渔，而非授人以鱼！高屋建瓴，气势磅礴，鼓荡奔腾，如龙在田，神形俱足，何需鳞角增色，何需爪牙添威！历两千多年，依旧声宏音清，振聋发聩，引人深思。后人为得一鳞半爪之具象，失浩然正气之贯通，少智乎？利令乎？

讲威严示人，教观颜察色，习谨小慎微，表忠诚效力，谈信用毁誉……世间之冬烘野叟，谁没有弄几点这物事传诸儿孙？可曾有一人名传十世？更甚者，满口仁义道德堂而皇之，私底下谋夺"最终解释权"以傍身！一位年逾七旬历游十四年尚且心怀天下苍生的长者，能做出这样的事来？

若真不过如此，我们要这《论语》何用？

八佾篇第三

◎究竟错在哪里

孔子谓季氏，"八佾舞于庭，是可忍也，孰不可忍也？"

三家者以雍彻。子曰："'相维辟公，天子穆穆'，奚取于三家之堂？"

枫解：夫子谈到季氏，说，"他用八行六十四人的规格在自己的庭院中奏乐舞蹈，这样的事都忍心去做，还有什么事情不可狠心做出来呢？"

孟孙氏、叔孙氏、季孙氏三家在祭祖完毕撤去祭品时，命乐工唱《雍》这篇诗。夫子说："（《雍》诗上说）'诸侯公卿来助祭，天子仪容很端庄。'用在你三家的庙堂里取于哪一点？"

周代，"八佾"者，天子之祭舞也；"雍"者，天子之祭乐也。是以，传统解经人据此为论，认为这帮权臣超规格了，是僭越，以致"礼崩乐坏"，夫子闻之，大怒！后果很严重啊，这帮人被儒家弟子拉出来当靶子，刺挠了两千多年。哪怕季康子为儒门立下归孔大功，也不能稍稍减刑，享受半点"为尊者讳"之礼遇。

很有意思的是，讲到此处，有人寻幽访古搜索"老季"，季桓子、季康子、季平子都被点名批评过；也有人着眼于"忍"字，说"恻隐怜人谓之慈，反慈为忍"，所以，夫子生气不仅因为这厮僭越，而且太狠心了，为一己之乐居然用六十四人乐舞！但是，作为引爆点的"八佾"和"雍"却少有人问津，我忍不住心痒，也深究一下。

关于"八佾"，除了祭舞、天子及八行八人这寥寥几个关键元素之外，如今已经找不到更多的细节了。还好，《雍》尚完整存于《诗经》，全文如下：

有来雍雍，至止肃肃。相维辟公，天子穆穆。於荐广牡，相予肆祀。假哉皇考！绥予孝子。宣哲维人，文武维后。燕及皇天，克昌厥后。绥我眉寿，介以繁祉。既右烈考，亦右文母。

用现在的话说，大概是这样的：

客人和悦心舒畅，严肃恭敬到庙堂。

诸侯公卿来助祭，天子仪容很端庄。

进献肥美大牺牲，帮我祭品摆妥当。

皇考文王真伟大，保我孝子得安康。

百官通达多智慧，文武兼备好君王。

上天平安无灾变，子孙后代得繁昌。

赐我平安寿命长，助我福禄多无疆。

既劝烈考受祭享，又劝文母来品尝。

前六句描写一下宏大场面，后十句祈求一下祖宗护佑，请享祭品。这听着就是一篇祭诗呀，正跟祖宗说着话呢，祖宗们也正享用着呢，怎么就撤祭品了呢？难道天子家上供比较多，给老祖宗摆着流水席，轮番上菜，边吃边说？似乎也不太合常理吧？《雍》怎么就成了"彻歌"的呢？追寻来追寻去，能看到的最有力的证据居然就在此处，《论语》云，"以雍彻"！敲定此论者，据说是东汉末年的郑玄大宗师。好吧，也许我真的是典籍不精熟，难究其源。

但，我总是会做这样的假想，夫子都"是可忍孰不可忍"了，仅仅是因为这帮人看"八佾"用"雍诗"僭越了吗？还是因为"舞于庭""以雍彻"？奚取于三家之堂，"取"的重点是落在"辟公""天子"，还是"穆穆"呢？

直白点说，我觉得也许夫子如此生气，是因为这帮人不仅用天子之礼，而且还用错了！大骂："这帮土狗，以为在庭院里看个八佾，在祭礼上唱个雍诗，就是天子了？沐猴而冠，不伦不类！"就如同现在某些个暴发户给老娘贺寿非得让人家唢呐匠吹个《百鸟朝凤》似的。

且带此疑，细读《八佾》……

◎敢问礼之本

子曰："人而不仁，如礼何？人而不仁，如乐何？"

林放问礼之本。子曰："大哉问！礼，与其奢也，宁俭；丧，与其易也，宁戚。"

子曰："夷狄之有君，不如诸夏之亡也。"

枫解：生为人，却不仁，怎么来对待礼仪制度呢？生为人，却不仁，怎么来对待音乐呢？

林放问礼的本质。夫子说，你的问题意义重大呀！就一般礼仪来说，与其奢侈，不如节俭；就丧礼说，与其仪文周到，宁可发自内心的悲伤。

夫子说，夷狄虽然有君主，还不如诸夏没有君主哩。

没文化，好可怕，有个头头，还愣是比不过人家没有的！而且这话还是夫子他老人家的"圣训",源此而流,居然逐步发展成极为庞大缜密的"夷夏之防"体系。此后数千年,总是有人极为傲骄地用此言以鄙视那帮落后的夷狄。夷狄是大牲口吗?不属于同类吗?无法教化吗?说好的"有教无类"呢?

夫子发斯言是为了炫一下诸夏的优越感贬低一下蛮子们的粗鲁不堪吗?其实,不过是用两个族群做对比,以察其区别罢了。夷狄与诸夏究竟有何不同呢?礼乐?难道这些"夷狄"就没有礼仪吗?没有音乐吗?或者是没有制度?不是吧?人家最原始的状态下,表示臣服还会仰卧于地露出肚皮呢,这不也是一种礼节吗?人家也顿踏而歌以祭天地神灵啊,这不也是一种礼仪吗?人家也有明确的分工和等级制度啊,这不也是一种仪轨吗?

据经典所载,譬如《礼经》之类的,都有明确提到,礼是有文本之分的。所谓文,指的就是节、仪、轨之类的外在表现形式,还细分为成文与不成文,也就是写在典章里的和约定俗成的;所谓本,指的是内在的,大根本。林放小朋友正问着呢,夫子似乎并没有正面给予回复,但提到一点——"丧,与其易也,宁戚"。情绪饱满很重要啊!那,我们是不是可以推之以理,曰:"祭,与其盛也,宁穆"!若祭礼以肃穆恭敬为"本",则仪节、音乐这些形式化的东西不过就是"文"了吧?夫子对三家之怒,为本,还是为文?若为文,何以鄙"夷狄"之辈?若为本?究竟什么是本呢?尊卑有序之等级制度吗?貌似人家"夷狄"的等级制度更是森严,甚至近于苛厉!观个"八佾",唱个"雍诗",肯定有问题,犯错误了啊,这检讨要写出超过"夷狄"的高度可不容易啊!按照这样的思路来看,至少仅用一句"僭越"肯定对付不过去喽!难道戳到礼的根本了?

据说,礼的根本是仁!而仁,就是那些个"仁义道德",孝悌忠恕智勇宽敏信,好大一篇文章,讲了两千五百多年。莫非,用六十四人跳舞太多了真的有点残忍?莫非,正唱着祷词抢了祖宗们的祭品违了孝道?可是,孝悌忠恕智勇宽敏信……这些不也是仁之"文"吗?人而不仁,如礼何?如乐何?若依此而解,始终不得要领!乐者,五音八声之总也。闻"关关雎鸠"而"辗转反侧"者,不当人子乎?

◎谁违悖了礼

季氏旅于泰山,子谓冉有曰:"女弗能救与?"对曰:"不能。"子曰:"呜呼!曾谓泰山不如林放乎?"

子曰:"君子无所争,必也射乎!揖让而升,下而饮,其争也君子。"

枫解：其实，这是一个很好的段子，但被人切成两半了！他们一般是这么讲的：

季孙氏去祭祀泰山。夫子对冉有说："你难道不能劝阻他吗？"冉有说："不能。"夫子说："唉！难道说泰山神还不如林放知礼吗？"

夫子说："君子没有什么可与别人争的事情。如果有的话，那就是射箭比赛了。比赛时，先相互作揖谦让，然后上场。射完后，又相互作揖再退下来，然后登堂喝酒。这就是君子之争。"

而我是这么讲的：

季氏召众聚于泰山。夫子对冉有说："你难道不能劝阻他吗？"冉有说："不能。"夫子说："唉！从处理'旅泰山'这件事来看，你还不如林放知礼啊！"

顿了顿解释说："我们经常讲君子无所争，但还比射箭呢！揖让而升，而后饮，这叫君子之争！"

正"旅泰山"呢，又跳跃到"君子之射"去。传统解法认为，这是两件事，前斥小季之僭越，后释射礼之精要，两者同讲规矩的重要性！貌似也通，可是有两个疑问难以释怀：一、射礼另有课时修习，缘何插播于此处，举别的例子不行吗？更怪异的是后文还有一句"射不主皮"，如此杂乱无章，是何缘故？二、若只为讲规矩的重要性，把冉有捎上干嘛？因为他劝阻了？不也没劝住吗？更为关键的是，夫子居然会拿林放与泰山之神作比，泰山之神可是享受天子之祭的，林放却不过夫子门下一小徒尔。小季"旅"一下都是僭越，夫子以之作伐不违礼吗？

夫子讲这个段子，是想说，射礼之本在于争，只要恪守礼仪就不失君子之风！言下之意，冉有同学作为季氏之臣没有尽到忠之本分呀。忠之本，在于令君上正心意，不在于死守礼节无违于君主！你没有拦下季氏做出"旅泰山"如此违悖礼制的事儿，就是不合格，不如人家林放！

"季氏旅于泰山"，此中一个"旅"字有《春秋》大义，值得再三玩味。

◎底子好才是真的好

子夏问曰："'巧笑倩兮，美目盼兮，素以为绚兮。'何谓也？"子曰："绘事后素。"

曰："礼后乎？"子曰："起予者商也！始可与言诗已矣。"

子曰："夏礼，吾能言之，杞不足征也；殷礼，吾能言之，宋不足以征也。文献不足故也。足，则吾能征之矣。"

枫解：传统上都把这段分为两个章节。前一节为夫子与子夏的对话，后一节夫子言夏殷礼制之征。故事的大概是这个样子的：

子夏拿着三句描写美女的诗句，跑来问夫子说，"老师，这三句诗讲什么呢？"

夫子回曰："绘事后素。"

子夏接了一句："礼也是后来的事儿吧？"

夫子大悦，说，小商啊，你给了我很大的启发呀，咱爷俩以后可以一起聊聊《诗经》啦！

另起一行，夫子独白如下："夏朝的礼制，我能讲清楚，虽然作为它继承人的杞国无法验证；殷朝的礼制，我也能讲清楚，虽然作为它继承人的宋国无法验证。现存的资料和贤者不够呀。要是充足，我就一定可以验证啊！"

"绘事后素"一直被定为《八佾》的通篇之眼，字义上解释为，所有五彩绚丽的织绣都是在洁白的丝绢之上展现的。引申为，所有优雅端庄的礼制都是建立在"仁"的基础之上！子夏从吟哦美人的诗句中悟出如此至理，所以得到夫子的赞赏，成为《论语》所载第二位"可与言诗"的古典文学科代表，上一个是子贡端木兄。

那三句诗究竟写了什么呢？我用现代歌词的方式演绎一下：动人的脸颊笑容嫣然，美丽的眼眸顾盼生姿，洁白的衣裙上花纹绚丽多彩！十三个字，寥寥数笔，一位俏佳人若在眼前，子夏看得那叫一个春心荡漾啊！这姑娘好在哪？笑容甜美？眼神灵动？衣服上有花？错！若非盘靓条顺，你会口水流三尺？底子好呀，人长得漂亮，怎么看就怎么顺眼呗！

据史载，子夏这同学虽勤敏好学，但还是比较跳脱的。他文学功底非常之好，这么简单的几句诗怎么会不理解呢？大概是从《诗经》上截取了这几句，跑来找碴儿了，老头，你整天一副高人模样，怎么编的诗三百里居然有把美女写得如此细致入微的句子呢？夫子老辣呀，四两拨千钧只拿姑娘的衣服说事，你看，这些绚丽多彩的花纹都绣在洁白的丝绢上哩！这位也是个脑子好使的，立马把话题引到"礼"上，逃过一劫，还被表扬了。

至于夫子那段独白，我一直心存疑惑，既然继夏礼之大统的杞国、承殷礼正朔的宋国都无法验证，夫子为什么能说得清楚？而且确信只要文献充足就能证明自己是对的呢？当然，这样的问题在一般的老师面前是不能提的，不然会被赶出教室！其实不难理解，为什么我们凭一个头盖骨就能还原北京猿人的大致模样？为什么专业人士凭半幅画卷就可以推断出原作的风貌？因为，根底在那儿，知道规律的人就能推演个八九不离十！就像看到一个美女，咱就知道人家笑得迷人、眼波勾魂！

礼制如绘，花团锦簇，若无素绢为底，终究是过眼云烟。可是，这"礼"的素绢是什么呢？"仁"吗？夫子还没说！

◎莫听鬼神说

子曰："禘自既灌而往者，吾不欲观之矣。"

或问禘之说。子曰："不知也；知其说者之于天下，其如示诸斯乎！"指其掌。

祭如在，祭神如神在。子曰："吾不与祭，如不祭。"

枫解：这段非常有意思！自汉朝，尤其是祭出"天人感应"大杀器的董仲舒先生之后，这段经文从未合体出现在公众场合。为什么？我们慢慢道来，基本上，大家都这么翻译：

夫子说，禘祭，从"灌"之后，我就不愿意看了。

有人来问"禘之说"。夫子说，我不知道！知道的人对天下，就像这样。说着指了指他的手掌。

祭祖如祖在场，祭神如神当面。夫子认为，如果我不能亲自祭拜，如同没有祭拜一样。

禘，是当时最高的祭祀典礼，既然要讲"礼"，当然必须从这"领头羊"开始吧？"禘"有两说，一谓祭天之礼，祭者之祖先只是配享于天，也就是说，咱是祭拜天神，祖宗们跟着沾沾光；二谓始祖之祭，把自己祖宗的祖宗追溯到三皇五帝这类天神那儿，祭拜祖宗就跟祭拜天神统而一之了。

"灌"呢？又称裸礼，是禘的重要环节，怎么办？找个活人，以俊美秀丽之童男女为佳，扮作主祭者要拜祭的先人，称为"尸"，据说是取自"始之躯"的意思。这"尸"接受"酌郁鬯酒"，闻香不饮而灌于地。说来简洁，这过程还有繁复无比的各种仪轨、诗乐相随！裸献为礼毕，这礼算成了！可是，裸是为什么呀？给自己找个"活祖宗"吗？一般来说，这个"尸"还得开口说话，讲讲祖宗们从天神那里得到的"钧旨"。这就是"承天牧民"的最高凭藉了！

所以，很多解经人都说，夫子"不欲观之"，是因为鲁国搞"禘"不合礼法，超规格了。然而，这个可是周成王特许鲁国先祖周公旦办的呦。再说了，如果"此禘"为僭礼，缘何"自既灌而往者"始"不欲观之"？难道不应该一开始就"非礼勿视"吗？所以，我们不难读懂，夫子不想看的，只是禘礼中"灌"之后那一部分！其实，那部分才是禘礼的高潮啊，"禘之说"，禘代表啥，老天爷究竟说了什么！这老先生倔啊，估计是翻着白眼回的话，"我不知道，我要知道了，天下事还不是如掌上观纹！”

传统中将"禘之说"解为"禘礼章程"，吾不取之！若夫子不知章程，以其为人，应该不会说"灌"之后"不欲观"；若因僭越而推搪不说，更为不通！你要是觉得我的推论有点缺少证据，那么你能解释一下"祭如在，祭神如神在"吗？夫子为什么非得把祭祖与祭神分开说？还死倔死倔的说不能亲祭同如不曾祭！不就是对所谓禘礼中的"祼"之后极为不屑吗？

祭祖就祭祖，拜神就拜神，别搅和在一块！祭祖就为了缅怀先人，恭穆为本；祭天是为感恩天地自然，敬畏为本！

当然，这么解，逻辑缜密了，道理也通了，但那时节的统治阶层肯定得掀桌子了，这是从根本上否定了"君权神授"的合法性，难怪夫子终身不得重用。直到汉朝，儒门做了妥协，肢解此节，而通过"天人合一"学说以限制君权，才为王朝所接受，逐步兴起。

◎重祭不求利

王孙贾问曰："与其媚于奥，宁媚于灶，何谓也？"子曰："不然，获罪于天，无所祷也！"

枫解：王孙贾问，与其奉承奥神，不如巴结灶君，这是为什么呢？夫子大义凛然地说："不对！你若是获罪于天，求谁也没用！"

奥者，屋内西南角，供奉一家主神的位置！主神高高在上，当然不如灶王爷日夜作伴来得亲密。王孙贾此问，貌似俚俗不文，实则直切时弊！历三千年，犹未过时。

获罪于天，民间俗称"得罪天老爷"，这事儿可就大了，咱这蝼蚁般的货得干出什么事才能得罪他老人家呀？就是能呈到他"儿子"龙案之上的罪行也不是一般人能鼓捣出来的呀！传统的这个解释，让夫子太不食人间烟火了，咱只是问一下小家小户的日常祭祀好吧，用不着如此拔高八度上纲上线吧？更好玩的是，很多人把奥神灶君当隐喻，居然考证出极为完整的"王孙贾索贿案"或"夺权站队案"，那种牵强附会的所谓典故，大家伙听个乐子就行了！

这个段子放在这究竟有何用意呢？我一直把它当作是对上一小节的补充，时人重祭礼，夫子以此为突破口，讲述自己对祭礼的观点——你要是逆天道而行，求谁也没个甚用！本来，这应该跟上一小节合并的，只是这段子大家玩得挺嗨的，也挺完整的，所以我就单拎了出来！

不循天道，求谁也不好使，禘祭当然也就是一场空喽！这耳括子扇的，啪啪啪的，正反各八个呀！"敬鬼神而远之""非其鬼而祭""不语乱力怪神"……这样的话，夫子说过多少？他老人家重祭，可不是为了求好处的，而是重视祭祀的本质！

当然，也许王孙贾问者别有用心，夫子心里亮堂却装作糊涂，绵里藏针给推了回去，潜台词是，我辈从政做事为的是替天行道，不是为了求什么个人利益。后学之人又何必强作解词而不体其心？

缅怀先人，敬畏天地，唯此而已！

◎通才与专才

> 子曰："周监于二代，郁郁乎文哉！吾从周。"
> 子入太庙，每事问。或曰："孰谓鄹人之子知礼乎？入太庙，每事问。"子闻之，曰："是礼也。"
> 子曰："射不主皮，为力不同科，古之道也。"

枫解：这段经文中，有争议的其实只有两处。一是"从"，有译为"服从"者，意为"按照"；有译为"跟随"者，意为"遵从"。无非"尊周"与"遵周"之争，"复古"与"袭古"之争！我一以贯之，坚定取"遵周"。仅从此句而言，若夫子主张搬取周礼，言周"于二代"缘何用"监"一词？"从"之可也！再说了，"吾从周"从的就非得是周之礼制吗？不能是"周监于二代"的精神吗？"监"与"从"两个词联系起来细细玩味，颇有意思。抠字眼是好的，但也不能顾腚不顾头啊。

二是"射不主皮"，有说射礼只看重箭矢是否射中，不看重能否箭穿皮侯；也有说，箭射得好不好，全看是不是能箭贯皮侯的。前说，射礼比的是技巧，不是力量，"为力"的"力"解为"力射"；后说，射礼比的是力量与技巧的结合，不是简简单单地比力气大小，"为力"的"力"解为"力事"。若从目前存世的资料来看，依古之射礼，当取前者。

故而，我译经文如下：

夫子说，周朝借鉴了前两个朝代的礼制，所以丰富多彩啊，我愿意跟随她！

夫子到了太庙，每件事都要问。有人说："谁说叔梁纥这个儿子懂得礼呢？到了太庙，每件事都要向人请教。"夫子听到此话后说，这就是礼呀！

随后补充说，射不主皮，礼射与力射从来就不同一科目，这是从古至今都一样的道理。

此处，夫子借用射礼，更多的是说明一个问题，礼制是一个系统性的体系，可不是一个太庙仪轨仪节就可囊括的，就如同擅射者，也有礼射、力射之别，他知周礼，可未必就熟悉周庙各种细节。就如同，一个领导者未必知道所有技术领域的细节。勤问，是对专业人士最大的尊重！

解经者还是要注意到经文前后的内在联系机理，不细察之，此处一射，实在太突兀了些。

◎形式胜于无

> 子贡欲去告朔之饩羊。子曰："赐也! 尔爱其羊，我爱其礼。"
> 子曰："事君尽礼，人以为谄也。"

枫解：按照周礼的规定，周天子每年冬季，就把第二年的历书颁给诸侯。这历书包括那年有无闰月，每月初一是哪一天，所以叫"颁告朔"。诸侯接受了这一历书，藏于祖庙。每逢初一，便杀一只活羊祭庙，然后回到朝堂听政。这祭庙称为"告朔"，听政称为"视朔"。到子贡辅政的时候，鲁君不亲自去"告朔"，也不"视朔"，只是杀只羊虚应故事。所以，子贡提出去掉"饩羊"，反正不过是个形式，干脆连只羊也省了。夫子告诉他说："赐啊，你是爱惜那只羊，我是爱惜那种礼啊！"

以子贡当时之身份地位，自然是不会真的心疼一只羊，估摸着是恨极了这种"形式主义"，怒鲁君之不争吧。以夫子之睿智，自然也不是珍视"告朔"之仪轨，非得杀只羊来遮遮脸皮，更多的还是期望鲁君应当"视朔"听政。这才是"告朔"之根本所在！

随后这句，很多人都把它当作夫子通过自嘲进行自我辩解，"我严格按照臣子的礼节来服事君主，世人还以为我是谄媚哩。"文法上，也是通顺的。我却不以为然，彼时，夫子游离政坛之外已经很多年了，谁还会没事嚼这舌根子？哪怕是有，依他的性子，又怎会用这样的方式前不挨村后不着店的冒这么一句呢？窃以为，这是补充上一句，告诉子贡，事君得尽礼，哪怕让人家以为你是谄媚哩。留着"告朔"这节吧，尽力去劝服鲁君听政吧，别一生气，就由着性子来，连正事也给忘了。

另有一说，认为子贡欲去饩羊，夫子对其不恪守周礼的言行感到不满，有怨责之意。吾不以为然，若真如此，估计"赐也"会变成"赐"了，直斥其名何必用"也"作助词缓和语气，更甚者会呼门人弟子"鼓而攻之"！

◎君臣如恋人

定公问："君使臣，臣事君，如之何？"孔子对曰："君使臣以礼，臣事君以忠。"

子曰："关雎，乐而不淫，哀而不伤。"

枫解：朝仪无非二事，君使臣、臣事君。夫子讲理说事大多会从不同侧面进行分解阐述，这在《论语》中表现得非常显著。子贡去饩羊，是仰，臣事君也；定公问朝仪，是俯，君使臣也。

夫子缘何告子贡说"事君尽礼"，对定公曰"臣事君以忠"？作为臣工，"尽礼"为了什么？行"忠"之本分！忠者为何？正君主之心意，为天下苍生之公义，遂"治国平天下"之宏志！若国事颓废，民不聊生，纵使臣礼如仪，于君上何益？于天下事何补？膝盖骨跪成八瓣、脑门子磕出青花，又有何用？

君礼臣忠，都是素上之绘事，治国才是根本啊！有共同目标，才能一起共事。如同君子与淑女一样，在一起为了什么？你侬我侬？是为了组建家庭、繁衍后代、共度人生！不以结婚为目的的恋爱全是耍流氓呀，仅仅为了一时肉体欢愉的交合哪能算得上是爱情呦。

有了共同目标，臣工们尽心尽力了，君主应该怎么办？"使臣以礼"，按照规章制度和仪轨来给臣工们安排工作。您可不是高踞龙椅一脸庄严会说声"平身"就完事了，也不是弯一下腰说声"先生辛苦"就是礼贤下士了，而是要认认真真扎扎实实地听政、理政。君臣各尽其责、各守其礼，这才是朝仪之本！

最妙的就是"关雎"这句，"乐而不淫，哀而不伤"，一切情绪表达都必须有所节制啊！一个"节"字切中朝仪之要害！作为臣子，你要令君主正心意，干正事，必须有礼有节，不能以为"真理"在手就可以肆意胡来；作为君主，您要让臣工尽心竭力，也必须有礼有节，不能把人家当自家坊中拉磨的驴使唤。这样，才有君臣相得阴阳相济中正平和的朝仪。

夫子借《关雎》之诗，讲朝仪之要，婉转而又明了，不失礼而又尽本分，堪称奏对之典范！可是，这个"节"字，三千年以降，几人能够做到？

◎不要找后账

哀公问社于宰我。宰我对曰："夏后氏以松，殷人以柏，周人以栗，曰，使民战栗。"子闻之，曰："成事不说，遂事不谏，既往不咎。"

枫解：哀公问宰我关于社神的事。宰我回答说："夏后氏用松树，殷人用柏树，周人用栗树，希望'使民战栗'。"夫子听到了，给了这样的评价："成事不说，遂事不谏，既往不咎。"

"使民战栗"，某些人解释为，使百姓战战栗栗，以敬畏王权。所以，很多人都据此而言，认为宰我言辞中有讥讽周礼的意味，夫子颇为不快加以斥责。

我觉得夫子差不多"被愤青"了，而且是老而弥坚愤世嫉俗那种。你看，《八佾》一篇，按某些人的解法，至此为二十一小节，生几回气了，见"八佾舞"气一回，听"以雍彻"气一回，"旅泰山"气一回，"去饩羊"气一回，这又气一回……无论三桓，还是门徒，逮谁办谁！乐崩礼坏嘛，夫子卫道，可不得天天痛斥这帮乱臣贼子嘛。世事纷纷，一骂可解？万世师表，一骂可得？真是荒天下之大谬！

也有结合当时鲁国之政局，认为哀公问社只是一种隐喻，是向宰我请教如何夺回三桓所掌之权柄，宰我建议用铁血手段操办。最终事败。夫子评论，觉得宰我看不清大势，帮了倒忙，多有责备意。这折子"宫斗剧"情节宕荡，又合情合理，很有看头。

还是回到正题吧，夏商周三朝之社缘何有差异？夏社用松、殷人用柏，各有其独特的政治寓意。夏社以松，取其祖鲧之封地"崇"的谐音，使祖先得以配享神祇之祀；殷代夏而有天下，改社木为柏，使民于寒食之后，至社取新火，以追念其始祖契（xiè）之功绩。立"社"是为保境安民，也就是祈求得到神主的庇护。到了周代，"社"与"稷"逐渐合祭，稷为谷神，所以开始用栗木。社也从庇民的单一功能，增加了五谷丰登的祈愿，成为使民以"战"以"栗"的精神偶像，是周民"耕战一体"的主神。这样的礼制脉络，宰我、夫子能不知道吗？其时，鲁国之社木杂乱，松、柏、栗皆有，甚至有用梓的。这才有哀公之问、宰我之对。夫子之评价实际上也仅仅只是字面上的意思——对于已成定局的事，你就别指指点点了！

这个例子置于此处，是对"事君尽礼""臣事君以忠"的补充，是"臣事君"的"节"字第一要诀——君上既成之事实，不说、不谏、不咎！窃以为，过多引申演绎反而不美，也不合文理！

◎功业流散格局小

子曰："管仲之器小哉！"或曰："管仲俭乎？"曰："管氏有三归，官事不摄，焉得俭？""然则管仲知礼乎？"曰："邦君树塞门，管氏亦树塞门；邦君为两君之好有反坫，管氏亦有反坫。管氏而知礼，孰不知礼？"

枫解：传统上对这段经文都是如此解释的。

夫子说："管仲这个人的器量真是狭小呀！"有人问："管仲节俭吗？"夫子说："他娶了三个老婆置办有三处豪华的住所，家里的管事也是一人一职而不兼任，怎么谈得上节俭呢？"那人又问："那么管仲知礼吗？"夫子回答："国君大门口设立照壁，管仲在大门口也设立照壁。国君同别国国君举行会见时，堂上有放空酒杯的设备，管仲也有这样的设备。如果说管仲知礼，那么还有谁不知礼呢？"

这话听着很是耳熟，不就是"生活作风有问题"的文言文版嘛？

还有另一说，解"三归"，为"市租常例之归公者也"。好嘛，靡费公帑竭使民力，这小子问题很严重呀，岂是一个"器小"能囊其罪哉？

管仲何许人也？春秋霸主齐桓公之宰相，法家先驱，有辅桓公成霸主之功业，为世人称道，夫子也不吝赞誉！缘何此处贬为"器小"，就其"不得俭""不知礼"严加指责？公事挑不出毛病，咱就挑挑"生活作风"的刺儿？还真是一骂解千恨、一斥解万忧啊，非得让夫子在"老愤青"的路上肆意狂奔吗？

此处，俭者，贫乏，歉收也；摄者，牵曳也，申义则为引持！夫子觉得管子"器小"，指的是他的身后事，没有留下足够的政治遗产，导致人亡政息。虽有"三归"改革大功，却因"官事不摄"，未能引导形成良好的政制，很是可惜，生前功业，身后流散！故，我重句读为："管氏有三归，官事不摄焉，得俭！"此处所论者，朝仪也，无关私德，怎么非得公私不分搅和在一起呢？

而下一句就更好理解了，夫子认为管仲人亡政息的最重要原因是"未尽臣礼"，没有令君上正心意，君上搞啥你就跟着傻搞，他弄照壁你跟，他弄"反坫"你也跟。承接上一节，夫子的意思就很完整了：我让你对既成事实不说、不谏、不咎，但也不能一味纵容，还是要恪守臣礼，用自己的言行去规劝君主，形成良性的礼制。

不够节俭、不守礼制，这跟一个人的"器"大小有什么关系呢？难道生活作风有问题、私德不够完美的人，就都是器量狭小之徒？这种思维逻辑我无法领会啊！

非得说管仲"树塞门""有反坫"违礼僭越，夫子斥之。我也没意见，反正三桓咱骂了，三弟子也斥了，不在乎多挠他一个管仲。只是我依旧更愿意这样读此经文：

管仲之器小哉！

难道他的功绩还不够大吗？

管氏有三归，官事不摄焉，得俭！

那么管仲懂得礼制吗？（难道他就不会健全礼制吗？）

……………………

◎真人无虚言

子语鲁大师乐，曰："乐其可知也：始作，翕如也；从之，纯如也，皦如也，绎如也，以成。"

仪封人请见，曰："君子之至于斯也，吾未尝不得见也。"从者见之。出曰："二三子何患于丧乎？天下之无道也久矣，天将以夫子为木铎。"

枫解：这两个段子一般都是分开来讲的，故事的大概是这个样子的。

夫子给鲁国的大师，或者职居太师的乐官讲解演奏音乐的道理说："乐理，是可以知道的：开始演奏，各种乐器合奏，声音繁美热烈；继续展开下去，纯净和美，音节分明，连绵不断，最后完成。"

有一次，夫子路过仪这个地方，当地的边防长官请求拜见夫子，他说："凡是有道德学问的人到这里来，我从没有不和他见面的。"夫子的随行学生引他去见了。仪封人出来后，对夫子的学生们说："你们几位何必为没有官位而发愁呢？天下无道已经很久了，上天将以夫子为圣人来教化天下哩。"

第一个故事，夫子给鲁国最高乐官讲乐理，展示了极为高超的音乐思想和欣赏水平；第二个故事，借仪封人之口盛赞夫子的文名远扬天下景从。可是，故事这么讲，在这里讲，究竟是何用意？若仅为赞誉夫子，难脱自我标榜的嫌疑吧？尤其是仪封人的出场，君子至此，吾未尝不得见，大师牛人咱见多嘛！见了夫子出来说，别怕没官当，你跟随的可是教化天下的圣人呦！乖乖，这台词怎么有股传销的味道，仪封人就是传说中的"学托"吧？广告词如兹，跟着夫子混一定高官得做骏马得骑！

我稍微考证了一下，这个解释不太对！木铎者，木舌铜铃也，引申喻义为"宣扬教化的人"！这个喻义怎么来的？据史载，上古之时，用木铎的有两种人，一谓"巡者"，一谓"行人"。官府有新政令，就会派出"巡者"摇着木铎走四方，引聚百姓进行宣讲，为了方便并准确地传播，他们大都将政令编成富有节奏感、音乐性的辞谣，和着温和的木铎声进行说唱，成了百姓喜闻乐见的特殊艺术形式；孟春三月，蛰居一冬的人们走出聚居点开始各自新的忙碌与筹划，"行人"手持木铎在路上巡游，采集他们随口而唱、发自心声的歌谣以献给乐官，由他们配好音律，再演唱给天子听。简而言之，木铎是一种特殊的乐器，代表着一种艺术形式，是"乐"的一部分，它原始、简洁、平民化、直白易懂、便于流传。仪封人赞夫子为"木铎"怎么就拔到圣人的高度上去呢？至多也就是说，夫子是个真实的人，能发出正确而让人信服的声音吧？类似于"真佛无假话，真人话家常"这样的评语。丧者，失败也！仪封人不过鼓励一下随行学子，你们夫子有真材实料，应该不会失败!

不刻意拔就好理解了。夫子只是用见仪封人的段子告诉我们,与人交流,别忽悠,像当年摇着木铎唱着辞谣的人一样,简单直白平实易懂,而且发自内心!

夫子跟鲁国大师乐讲的不也是这个道理吗?演奏音乐,开始繁美热烈,但终究要纯净和美、音节分明,让人有所回味,这样才算成功!简而言之,音乐得让人听懂你要表达什么讲叙什么!

哪来的吹捧和自我吹嘘?夫子讲了两个段子,只想说一个道理:音乐就是要让人听懂才对哩!只是后来木铎在民间成了和尚道士作法蒙钱的器具,有些上不了台面,读书人怕令夫子蒙羞,讳言之,也就越演绎越是神道罢了。

◎颂歌何时休

子谓韶:"尽美矣,又尽善也;"谓武:"尽美矣,未尽善也。"

枫解:夫子讲到"韶"这一乐舞时说:"艺术形式美极了,内容也很好。"谈到"武"这一乐舞时说:"艺术形式很美,但内容却差一些。"

听说,这是古代特别有名的两曲乐舞,韶是歌颂虞舜的,武是歌颂周武王的。所以,一般都认为,夫子赞赏虞舜得位于禅让,周武王伐纣虽出于正义,毕竟是以暴力上位,有些美中不足,不够"善"。故有此论!好吧,反正这两首乐舞,无论曲谱、辞谣,还是舞蹈,早就湮灭于历史尘埃中了,无从考证。

我还是好奇,翻了许久的旧书堆,得到这样的线索:"韶"还有一个名字——九歌,据传夫子离世大约两百年后,有位叫屈原的楚国人,依着流传的调子,重写《九歌》,至今篇章完整。但,这个却是一首祭乐。而且,许多史料也记载着韶为祭天神之乐舞。故此,窃以为,因政权更迭方式不同,而导致夫子对"韶""武"评价有异,不足以采信!

所以,我理解这句话,只是一味按字义而行:韶形式美,内容也好;武形式美,内容不够好!换言之,夫子赏乐,不仅重形式之美,也重内容之善,只有两者俱佳,才是好作品。我们在评价一件艺术作品时,美、善就是最高境界吗?其上,还有一个"真"吧?这是否有联系?夫子似乎不曾直言以告,但联系上文"木铎"之说,结论却不言而喻!

夫子说乐,作诗为赋填词谱曲,甚至雕刻绘画,哪一个不是如此呢?你捣鼓半天,没人听懂你要讲什么,再是锦绣繁华,又有何用?

乐歌者,一言以蔽之,说人话!

这万物, 好好相处, 和谐与共。仁, 就是 "与之作良伴" 的念头罢了!

这样简洁化就好理解了。"里" 作为动词有两种意思, 一是居住; 一是通 "理", 按事物的自然规律进行处理。择, 拣选也; 处, 置身也; 约, 本义为绳索, 引申为共同议定要遵守的条文; 乐, 喜悦之情。至此, 可以译经文如下:

夫子说, 遵循 "与之作良伴" 的规则来处理周遭关系, 是美好的; 如果在作拣选抉择的时候不遵循这一规则, 怎么能算是明智之举呢? 没有如此良愿的人, 是不可能长久接受人世共同秩序的约束的, 也就不可能长久的享受到人间的欢乐和喜悦。真正的仁者会在这一规则中平静安定地生活; 有智慧的人也会选择这种有利于自己的生活方式。

发乎内心的良愿才是仁的真正内因, 是基础, 是一切的根源。当然, 像 "与仁德之士共处" 这样的外因也是非常重要的, 它往往会是良愿生根苗壮开花结果的必要推动因素。

儒家也有三界——观、信、择——我们观察、相信与拣选的三个世界, 如果拣选的那个世界里没有仁道真意充盈, 智慧哪里会孕生呢?

良愿让我们能在 "久约" 中 "心安", 智慧却是良愿之火生生不息的源泉。呵护好这点良愿火苗, 我们一起来解读夫子的《里仁》吧, 但愿可以找到通往 "仁境" 的路径……

◎良愿除真恶

子曰: "唯仁者能好人, 能恶人。"
子曰: "苟志于仁矣, 无恶也。"

枫解: 只有仁德之士才能够喜爱某人、厌恶某人。为什么? 因为 "贵仁者所好恶得其中也", 居中为正, 恰到好处, 恰如其分。这是多么美好的理想之境呀, 如果真有那么一位先生, 仁德公正, 明辨是非, 臧否人物, 晓断言行, 人们奉而行之, 从容轻省, 实在是再方便不过了。可是, 这位先生在哪里呢? 让我们等他 "五百年一出" 吗? 他不来, 我们就不过活了? 而且, 先生是什么模样, 让人怎么分辨呢? 难道他头顶上真的有浩然正气直冲霄汉? 再者说, 仁德之士也有了好恶他人的性子, 会选择谁与之 "居" 呢? 不得 "处" 者, 只能沦丧于蛮荒之地与野兽为伍吗?

立定志向践行仁德, 总没有坏处。也有人认为, 志于仁者, 无恶言恶行; 甚至有人认为, 志于仁者, 就不会厌恶他人。其实, 不管哪一种解释, 都是劝人行善为正。可是，传统上将"仁"解为一种模糊的没有边界的美好的品德，总是会让人摸不着头脑，无法拾阶登径，向上而行，只能望山却步。夫子的入门之学，生生读出十万个为什么，终究不是什么美事吧？

我们对于某人为什么会喜爱或厌恶呢？抛开人世间的一切功利因素，澄心静思，直指本源地问问自己。其实很简单，只是因为我们想"与之作良伴"，我们评判某人时，总会在潜意识里将之放在伴侣的位置上打量，所有的情绪也都是在其过程中悄无声息地形成。只有良愿之火，才是我们"好人"与"恶人"的根源，无关善恶，也无所谓高低。当然，对于一心想要跟这个世界好好相处的人来说，也就没有什么会是特别厌恶的了，这山，这水，这树，这花，这泥土的芳香，甚至牛粪中丝丝缕缕的青草味，都是那么的真实可爱。我今重译经文如下：

只要有"与之作良伴"的念头，我们就会有喜爱或者厌恶某个人的情绪。

只要真心实意地想要与这个世界和谐共处，也就没有什么会是你真心厌恶的了。

◎别被本能控制

子曰："富与贵，是人之所欲也；不以其道得之，不处也。贫与贱，是人之所恶也；不以其道得之，不去也。君子去仁，恶乎成名？君子无终食之间违仁，造次必于是，颠沛必于是。"

枫解：富贵，抑或贫贱，这是一个单一、现实而物质的标准，甚至是肉眼观之可得的！当人上人，过好日子，是人的本能追求；困于贫苦，操持贱业，人人视为畏途。没什么不能理解的，你如此，我如此，夫子亦如此！关键在于，"不以其道"，不谋取获得富贵，也不躲离摆脱贫贱！

这里的"道"是形而下的，是方法、规则和操守，是社会所共同认可的普适规则，显化定形则为"礼制"。简而言之，逐富离贫，趋贵避贱是本能，是个人的渴望，但我们不能放纵私欲而做出有损公众或他人的事情！你若举刀相向，何来"与之作良伴"之愿？谁还能与你作良伴？

仁人、志士、君子，都是儒家提倡褒扬的正能量人物，在传统的理解中都是模糊笼统的道德高尚者，我却认为还是应该有所区别。仁人，是萌生了"与之作良伴"的良愿者；志士，是立志践行良愿的人；君子，是践行仁道有所建树的人。其上，有贤者有圣人，合为儒家五境。层次分明，与"格致诚正修齐治平"结合对照，形成儒家修行的清晰脉络。这样的划分界定，从未见诸经典，是我根据典籍的文法理路依照今人之思维和交流习惯做出的，用以方便参解。

对于君子而言，仁道自然就是根本，因为你是践行此道而有所成就的嘛，抛却根本，何异于行尸走肉？功名利禄不过躯壳上华丽的外裳！一个人若是泯灭"与之作良伴"的那缕灵光，与人世无法融洽相处，纵使词文艳绝天下，不过一才子罢了；纵使财货充盈堆积，不过一土豪而已；纵使官居一品，也不过一干吏尔……自然当不得"君子"之誉，无法全"君子"之名！

君子可不容易炼成啊，得做到"无终食之间违仁"，连吃顿饭那么短的功夫也得呵护好那缕良愿之火！仓促之间不能忘，颠沛流离也得守。当然，也有人将"造次"解为成功，将"颠沛"解为失败，认为人的成败都是由有没有践行仁道所决定的。也通，甚至更美好，只是有些过于想当然了。每个人对于成败是有不同理解和衡量标准的，倘若他只想当个才子、土豪、干吏呢？倘若他一心"生食五鼎"不惧"死烹五鼎"呢？我们只能说他不够"君子"，却也不能将他的"功名"、他的才、他的豪、他的干从这天地间一概抹杀了吧？

以自己之道德标准去臧否人物，其实已然"违仁"，与修成君子正果背道而驰，渐行渐远！

◎夫子之未见者

子曰："我未见好仁者，恶不仁者。好仁者，无以尚之；恶不仁者，其为仁矣，不使不仁者加乎其身。有能一日用其力于仁矣乎？我未见力不足者。盖有之矣，我未之见也。"

枫解：夫子之未见，没有遇到过的是什么人呢？挚爱仁的"好仁者"吗？那他门下七十二贤三千弟子算什么？难道也算不上是好仁之士吗？

夫子之未见者有二，一是"好仁而恶不仁"者；一是"一日用其力于仁"而"力不足"者。通俗点说，一个是"挚爱仁"却"厌恶不仁者"的人；一个是终日践行仁道却力有不逮的人。

前者很好理解，对一位发愿"与之作良伴"的仁人来说，不去厌恶，甚至弃若敝屣般对待"不仁者"，对待那些还没有生发良愿的人，有体谅、同情之心，甚至尽自己的能力去启蒙、引导他们，这应该是分内之事。这样的"好仁者"，当然是"无以尚之"无可比拟的好人了！哪怕是"恶不仁者"，没办法与未发良愿的人相处，也不会，更不能去厌恶憎恨之，最多也就是让那些"不仁"的言行别加诸"其身"，别伤害到自己。仁人之志，不强加于人，这是对上文的进一步诠释，发良愿,体他人,循序渐进!

夫子做了假设,如果一个人能够做到"一日用其力于仁",整天把心思气力全部凝聚到践行仁道上,这已经近乎君子了,自然也就不会有"力不足"的情况发生了——良愿生,力自足!

前一节,从富贵贫贱之外因入手;后一节,自良愿生发之内因作剖。君子之行,始于足下,是自己修心持身之道,何曾成为公德律人?强扭着让他人按自己的意愿来,不然便斥为"不仁者",恶之,乃至鼓而攻之,哪里还谈得上什么仁呦?仁者能判定他人是否"违仁",在于是否"得其道",是否违悖了礼制公义,那是大家认可的普适规则,无论成文,或不成文,都有清晰界限,有章有法,非一家之言,非一己之喜恶。

但是,如何在滚滚红尘之中滔滔浊世之间,时刻护持住那一缕良愿灵火呢?扪心自问,道难且漫!

◎问题不过夜

> 子曰:"人之过也,各于其党。观过,斯知仁矣。"
> 子曰:"朝闻道,夕死可矣。"

枫解:党者,自然不是今日语境之政党也,有解为同类者,有解为乡党者。有人说,人的过错,五花八门各种各样;也有人说,人的过错,大多数是由乡党朋党造成的。前者反观自审,后者寻究外境。单持一论,未免偏颇,追寻过错之根源,挖掘过错之来龙去脉,为的是避免重蹈覆辙,自然内外必须兼顾。外因无所抗力处,当慎之避之;内因可自控处,当敏而改之。故此,夫子认为,"观过,斯知仁矣"。一个人只有学会分析过错,才是真正了解"仁",才算迈上仁道!当然,这"观过",也不仅仅是观自己,也观他人,他人之过当为自身之鉴!这才是批评与自我批评的真谛,不是一味批判那"过",而是不断修正自己提高自己的素养。

早晨闻道,傍晚死去也无妨啊!这个解释太美,美得让我肝儿颤!难道生命与大道真的就如鸿毛与泰山,轻重之比一至如斯?大道,我向往之;生命,我珍视之。为闻道而舍生,吾不取也!所谓"杀身成仁""舍生取义"为的可不是"闻道",而是"守道",守护自己的道,守护自己的根本,根丢了,魂散了,皮囊也就没什么意义了,舍也就舍了吧。若闻道之生命,不过朝夕之长短,这"道"怕是也不过蝼蚁之光吧?哪怕是闻了,悟了,可是死了,于修齐治平何益?求得个人圆满,于天下何加?故,此句我重作句读如下:

朝闻道,夕死,可矣!

联系上文,此处之"道"之"死",仅仅特指"观过"。也就是说,早晨我们知道了自己的过错,傍晚能够改正过来,这样就可以了!"闻道"是为了处理掉我们的过错,处理掉我们身上不合道之处,可不是为了处理掉我们自己!

夫子之诲,应该是道了吧?若一个个早上听了,晚上就可以蹬腿咽气,他老人家还教个什么劲呦!崇尚大道是美事,但一味拔高却未必是美事。若为别有用心者所惑,更是人世之大悲剧!

◎捅却外物真修行

> 子曰:"士志于道,而耻恶衣恶食者,未足与议也。"
> 子曰:"君子之于天下也,无适也,无莫也,义之与比。"

枫解:有志于道的士,如果以自己吃粗粮穿破衣为耻辱,这种人,不值得同他商议了。另有一说,认为看不起恶衣恶食的人,不能称之为士。其实,无论是鄙薄他人还是自己,终究是惑于外物,欠些磨砺,自然也就"未足与议"了,不值得提出来说,也不值得与之讨论。可是,甘于"恶衣恶食"就是对的吗?荣于锦衣玉食就是错的吗?经文易解,经义难明。很多人,为了成为"志士",抛弃优渥的生活条件,一味以粗茶淡饭为生,甚至以着破衣居草庐为荣。若是以此勘磨自身,倒也未必是坏事;若是当作一种标准,却是失了初心。真的是向道而行,心坚如铁,则粗粮破衣何妨?锦衣玉食又何妨?

人道"梅花香自苦寒来",人道"温柔乡是英雄冢"。可是,苦难也曾将多少志士磨成齑粉,膏腴之家也曾有多少志士铁骨峥嵘。为什么?差别在于,砥砺之中,有人守住了那缕良愿之火,并将之焠炼成"心",有人却泯然矣。

发良愿、体他人,只是开始;观众过,是为入门;却外物,始为登堂。至此,一切外物不萦于怀,一心向道而行。有朝一日,那缕良愿,历经千锤万击,炼成晶莹莹活泼泼的一颗雄心,圆融无碍,这就是成为君子了。天下的事情,没规定要怎样做,也没规定不能怎样做,怎样合理恰当便抬腿行之,唯大义而从之。

无适无莫,历来也有多解,有解为"情无亲疏厚薄"者,也有解为"无敌对与羡慕"者,皆通。只是我觉得朱熹集注的解法更为恰当一些——"适,专主也;莫,不肯也。"——不会一定得怎么样,也不会一定不肯怎么样。情无亲疏厚薄,唯义而从,自然是好的;无敌人,也不羡慕他人,也是好的。只是,终究有些寡淡无味了。无适无莫,若于规矩,通权达变,也就多了一丝"从心所欲不逾矩"的潇洒,令我更是心生向往。也许真的到了君子之境，这些也就不会成为疑难了吧？

◎无情才是真小人

> 子曰："君子怀德，小人怀土；君子怀刑，小人怀惠。"
> 子曰："放于利而行，多怨。"

枫解：土者，一谓乡土，一谓田地，皆通！以乡土喻乡情，丝丝如织，包裹人心；以田地喻财富，物物如引，吸附人性。乡情也好，财富也罢，不过常人之七情六欲。

刑者，一谓刑罚，一谓法度，吾取后者。古汉语中刑罚中的刑字是"荆"，从刀井，后来文字演化，两字统一皆书为"刑"。但此处解为刑罚，过于刚强凌厉，不美，也不全面。

《论语》之中，我最不喜欢解的就是这类"君子""小人"同台的句子。随着语言演化，在现代语境中，两者已然完全成了道德衡量的标签，高下立判，宛如云泥。君子高高在上如天人，小人打落尘埃碾入深渊。在先秦时代的语境中，小人，指的是今日语境中的小人物，普通人，或未觉良愿者，无大建树者；君子，指的是践行仁道而有成就者。其时，儒家虽推崇君子，但对"小人"并没有过多贬斥苛责。若不细察此义，则经义更为晦涩难明，故赘述之。

君子注重德行心性，普通人注重财富人脉；君子重视规则，普通人盯着蛋糕——夫子此处，以小人物之常情，重视乡情财富关心及己恩惠，反观自照，倡导君子应当把自己的重心从七情六欲转到道德修为和法度严正之上。

最为绝妙的是这个"放"字，大抵解法有二，一称放纵，一称依据。窃以为，这两层意思应该都有，固守字形会略显拘谨，统而合之为"一味依据"。是以译之为：一味依据个人利益而行，会招致很多怨恨。这个"行"有个人之行为，也有君子牧民之行为。

一味依据私利不行，那么完全摒弃私利就好吗？招怨者，不独于"利"，更在于"放"！放而纵欲，必失其节，失之中正，阴阳难济。世人解此，多着眼于"利"，我独重于"放"。承上文而解，君子怀德怀刑，是重心转移，但绝非挥刀而斩，断绝乡情，鄙视财富，切除七情六欲。这不是走上另一条"放"的道路了吗？从一个极端走向另一极端，遗世独立，孤家寡人，不但无趣，更是大悖"修身齐家治国平天下"的宗旨。

更无趣的是，孤高自标，鄙阿堵物轻贱人之常情，以道德之高妙律他人之缺失，把个人修持之要旨当作训世之戒条，扭曲人性之本来。

怀德怀土，德行私利是一思量；怀刑怀惠，法度人情是另一思量。"放"之无节，刃利伤人，则戾气丛生。

◎退一步的本领

子曰："能以礼让为国乎？何有？不能以礼让为国，如礼何？"
子曰："不患无位，患所以立。不患莫己知，求为可知也。"

枫解：能以礼让来治理国家吗？这有什么困难的呢？如果不能以礼让来治理国家，又怎样来对待礼呢？

传统解法大抵解"礼"为礼节仪轨，我不取也。治国者，礼制也，非仪节也。此处不作赘述。

治国之本在礼制，礼制之本在礼让。这一让，是既得利益者的退一步；这一让，是儒家仁义之根本君子行止之要害。抛除这一让，所有的礼制所谓的仁义，全都成了沙上宫殿空中楼阁。那诗书礼乐，那良愿之火，那向道铁志，那晶莹雄心，尽成了无根浮萍，无源腐水，终究被这俗世凡尘日销月铄，次第枯萎，化作故事，埋于黄纸堆中。

这一让，让出了"公"，才有"义"存活的空间。这一让，可不是抽身而退撤腿向后那么简单，是有章法，有大讲究的。需依礼制而让；需怀德怀刑，节放存中。这对君子的要求可就高了，不仅要心存仁德，通晓法度，更要秉心顺道，节制欲望，才能调理国事，调和阴阳。简言之，仁心要有，仁术也要有。

所以，夫子才说，别怕没有职位，只怕没有胜任职位的本领；别担心他人不知道自己，应该去追求足以让人知道的本领。此处，"为"作本领解。至明朝，王阳明先生将"为"当"作为"解，将"求为可知"意译成"知向为中求"，是以有"人需事上磨"之句，虽于上下文连贯处稍有违和，但经义更是高妙，吾不敢取，却难以割舍，存录于此。

以礼让，以事磨，从治国的层面对君子提出要求；怀德，怀刑，节放，是个人素养层面。至此，方知要修到"从大义"有多难，所谓的"无适无莫"哪里是什么抛开规矩怎么合适怎么来呦，完完全全是"从心所欲不逾矩"的翻版。一落足于义，一落足于矩。不逾矩，从大义，表里同一，一体两面，皆是遵循自然规律的礼制啊！

当然，也有将礼拘为礼节仪轨，用以逼迫他人退"让"者，仁义扫地，令人唏嘘！

◎拈花一笑

> 子曰："参乎！吾道一以贯之。"曾子曰："唯。"
> 子出，门人问曰："何谓也？"曾子曰："夫子之道，忠恕而已矣。"

枫解：我非常喜欢这个故事，富有现代语境的禅意，与"拈花一笑"有异曲同工之妙！稍加演绎，添些传奇色彩，更符合大众审美情趣，绝对有颠倒众生之功效。回到经文字义上来，故事大抵是如此翻译的：

夫子说："参啊！我的学说始终贯彻着一个基本观念。"曾子说："是！"

夫子出去之后，同学们便问曾子："这是什么意思呢？"曾子说："夫子的学说，就是忠恕罢了。"

这一段字眼在于"忠恕"，历来虽各有解说，但大致相同，未见左右互搏之象，这可能是因为夫子自己已经下过定义。忠者，己欲立而立人，己欲达而达人；恕者，己所不欲，勿施于人。

特别有意思的是，在后来儒家学说的发展过程中，有人着眼于"欲"，有人着眼于"心"，形成两次非常著名也影响深远的思想改良，是为宋之"理学"与明之"心宗"。个中是是非非，百万字也未必能细说分明。其中源流，又可推溯到"性本"之论，浩瀚如海，多有缥缈莫测之说。吾以末学之心窥视贤者之境，实在力有不逮，只能从基本字义上稍作分解。

忠者，中正其心也，正己心，也正他心，立己达人，中正处，自"与之作良伴"始，发良愿，守坚志，炼雄心，由己及人，心灯相传；恕者，如本心也，顺应自然规律，体他人，观众过，从大义，由人及己，心心相印。忠恕从心，不过一缕良愿灵火，薪火相传，始有仁道繁昌！若一灵已泯，则余事莫论！至于"节放存中""以礼相让"，如何通权达变至恰到好处，已然"无适无莫"，非我所能妄论了！

这样的解法，其实已经倾向于"心宗"，接近于后世之禅学，只有意境，而无途径，尤其是缺少了忠恕合一融汇贯通的方法，多少有些遗憾。

也许，大道至简，殊途同归吧，妄测之，妄论之……

◎义利之辩多冤魂

> 子曰："君子喻于义，小人喻于利。"
> 子曰："见贤思齐焉，见不贤而内自省也。"

枫解：每读至此，心生恐怖，万千思绪奔涌而来；提笔如举大鼎，战战兢兢，几难成言。斟酌再三，强作分解，录一管之见，与君同参！

义利之辩延绵数千年，直至此刻尤是回响嘹唳。经过长远的相持和博奕，最终形成了一股定势——利要服从于义。甚至，衍生出义利尖锐对立、非此即彼的观念。更因此，"小人"的地位每况愈下，节节沦陷，终于卑贱如刍狗！乃至，曾有天下无敢人前言利者！而，所有这一切，传言都是出于夫子之教诲，那时节，他已然被追封为圣人了，言出如律，"小人"只能在泥泞中匍匐挣扎，直至沉沦灭顶，或者爆发。

事实真是如此吗？《汉书·杨恽传·报孙会宗书》曾引用董仲舒的一句话，"明明求仁义常恐不能化民者，卿大夫之意也；明明求财利常恐困乏者，庶人之事也。"此解未必可以尽信，但我们可以留意一下他的措辞，他用的是"庶人"，怀利者，不过庶人，只是平民百姓，小人物，绝非今日语境中之"小人"！庶民言利，何罪之有？夫子可曾明言以告？君子居上，小人处下，社会地位的从属关系，却演变成了道理上的从属关系，不过是"拳头大的说了算"的蛮霸思维而已！我时常不自主想起，如果没有小人物，君子能干嘛？在云端里清谈吗？从社会结构上来看，谁都清楚，君子是塔尖，庶民是基础。那么，反照过来，君子之义是不是也以小人之利为基石呢？若利为义之基石，聊一聊，那叫脚踏实地接地气吧？怎么会成了耻辱呢？实在令我不解。

更令我费解的是，这个"喻"字，传统上都解为懂得、明白、谈论、商讨！那为什么不用"怀"，或者"言"呢？我细究了一下，喻者，口头直接告诉也，有使之了解的意思。道家学说是举事以令其明理，佛家因明学也有类近的含义。这就有趣了！谁能喻君子于义，又喻小人于利呢？至少得比君子高那么一点点吧？故，吾今重解之：

贤者喻，君子于义，小人于利。

真正的儒家大贤教喻世人，会让君子明白义，而让小人物明白利。

哪来的褒贬之说？哪来的高下之分？不过因人而异，因材施教罢了！君不见，夫子随后尚有一言：

看到贤的人与事，便应该与之看齐；看到不贤的人与事，便应该自己反省。

随时随地求进、反省，洗尘炼心，这是多么崇高的自律要求！非得把自律解为待人，多少人性在压抑中扭曲，皆源于此，居然还藉夫子之名，令我块垒难消！对于不好的人与事，夫子还用一个"不贤"称之，连不肖一类的重话都舍不得说，反观后来，无言以对！

我曾对朋友说，契约达成之前，锱铢必较，为利必争；约成，信守而行，唯义而从。这是礼，更是理！当然，也许是因为我的境界太低，妄测贤者之境，诸君姑且听之吧。义利之辩，无数冤魂，我今思之，不寒而栗……

◎真心大孝子

> 子曰："事父母几谏，见志不从，又敬不违，劳而不怨。"
> 子曰："父母在，不远游，游必有方。"
> 子曰："三年无改于父之道，可谓孝矣。"
> 子曰："父母之年，不可不知也。一则以喜，一则以惧。"

枫解：几者，有解为多次反复的，也有解为轻柔委婉的，一是方法，一是态度。但，不论怎么解，基本意思大差不差。这个"谏"，当然必须有个前提，父母言行上有什么做得不好的地方。至此，后世礼教所谓的"天下无不是之父母"也就有问题了，至少夫子无此教诲，只是告诉我们，对父母之不是，不能诘责非难，必须"几谏"，好言好语和颜悦色进行劝说！

纵使自己的心意没有被听从，仍然恭敬地不去触犯他们，虽然忧愁，但不怨恨。纵使是意见不同，也必须严守孝道，甚至还提出更进一步的要求：

父母在，不远游，游必有方。

方者，有解为方向、处所的，即目标、目的地；也有解为方式、方法，甚至有提出这"方"应该在"游"之前，没走之前就必须有安顿好父母的方法。我看，解得都挺好的！游，本来就有不固定、逍遥的意思，父母尚在，身为人子跑去潇洒，哪怕是为了求学问、建功业，对父母也必须要有交待有安排。

"三年无改于父之道"，我坚持解为"不忘初心，期限三年"，详解请见《学而》篇。此处，更多了一层承上启下的意思。比较浅显的是，哪怕我们离开父母远游在外，也不能忘却孝敬老人的初心，应时时记挂关切他们的生活状况；更深处想，在膝下承欢时，也必须时时秉持初心，和颜悦色，有敬不违，劳而不怨。这样做上三年，才算是上了正道，在孝道方面入了门槛。

更进一步，时刻铭记父母之年岁：一是为其高寿而喜，一是为其寿高而惧！喜忧交织，促使吾辈有紧迫之心，及时尽孝！

前两句说行，后两句问心，由表及里。比较则不难得知，此处论孝比之《为政》所论，要求更高，也更系统细致，细腻到连方式方法都更为清晰明白：父母之非，几谏；远游在外，有方；无改父道，三年；父母之年，必知！拔高升级，为什么？因为这是夫子对门下弟子的要求，是仁道修行的道德自律；而《为政》论孝是另一个层面，是为政者教化民众的公约，是他律，是待人，标准定得严苛，往往适得其反, 大家都做不到最好的, 那么最低的也干脆放弃算了, 这就彻底放了羊了。严于律己, 宽以待人, 这才是真正的仁道! 若反转而行, 则有乾坤倒覆之虞!

若是更深入地揣摩, 我们也不难发现, 夫子此处论孝, 四段话对应着四个层次: 承欢膝下, 远游在外, 不忘初心, 自我警省。由易到难, 层层递进! 从语境中体会经义, 我们会获得更多的奥妙, 从"仁"的角度去领会与父母相处的"孝道", 许多困难疑惑就能得到答案。而对论孝这个具体而普遍的话题进行剖析, 也有助于我们更深入体会"仁道"!

◎仁道不是嘴把式

子曰: "古者言之不出, 耻躬之不逮也。"
子曰: "以约失之者鲜矣。"
子曰: "君子欲讷于言而敏于行。"

枫解: 古时候的人, 言语不轻易出口, 就是怕自己的行动赶不上; 因为对自己节制、约束而犯过失的, 这种事情总不会多; 君子言语要谨慎迟钝, 工作要勤劳敏捷。

传统上, 将这三句经文分开, 大抵都作如上所译。其中, 约者, 约束也! 严于自律, 减少失误, 貌似说得不错。但我还是持不同意见, 此处, "约"有两个层面的意思: 一是共同商定要遵守的条文, 是信诺, 有约束限制之义; 二是节俭, 有简单扼要之意, 是简约。上下贯通, 可以这样理解:

古时候的人害怕自己行动能力赶不上言语, 就不轻易宣之于口。为什么? 因为, 守诺简言的人比较少犯过失! 怎么办? 说话不妨迟缓一些, 工作必须干脆利落一点!

视其所以, 观其所由, 察其所安。这样好的思维习惯, 我们在解经的过程中也必须秉持。结论自然还是一致的, 少说多做。但, 这样貌似繁复的说理方式, 自然比生硬的教条要好些吧? 也有利于我们理解。这, 其实也是仁的另一面, 仁术也。我不赞同传统解法, 不是因为其经义不通, 而是意蕴缺失, 所谓言传身教, 神韵有时候更重要, 留得满屋经文信条, 若无仁意, 徒劳无益。此为解经之第五忌: 因形害意!

脱于经文之形, 我们不难领悟到夫子这段言语还蕴含有另一层意思: 仁道, 不是嘴把式, 不能光说不练。坐而论道、煮茶清谈自是雅事, 但明得理, 还需事上磨, 没有行动, 一切都是假道学。仅知大鸣大放夸夸其谈, 于己于人于世, 益处无多。若因而生发口角，更是徒增烦扰。

经文之中，潜藏着很多隐性知识和道理，是真正的大智慧，甚至是文字所无法承载的，如果不能通过诵读、解析获取这部分精华，是最大的损失。所谓微言大义，正在于此。思考，远比经书重要；思考模式、学习方法，更是《论语》传授的重中之重，不可不细察之。

◎仁心与仁术

> 子曰："德不孤，必有邻。"
> 子游曰："事君数，斯辱矣；朋友数，斯疏矣。"

枫解：有道德的人不会孤单，肯定会有志同道合的人来与他做伙伴。

我喜欢这样的译法，寂寥中有崖崖孤高之气生发，有"我若盛开，清风自来"的洒脱意味，仿佛可见，夫子以之作结束语，鼓励我们在仁道上放胆前行，自有同旅之人作伴。只是，这样的美好却总让子游吊在末梢的那一句，显得格外突兀！

吾引"大学之道，在明明德"作旁征。德者，道之显也，一切顺应自然规律之行止也；孤者，失根之滚瓜也，无依无凭之幼子也；邻者，紧挨之意，左右之佐助也。故，重解如下：

夫子说，德从来不会孤立存在，必定有与之相伴而生的行止。

也可以说，德不会成为失根之瓜，那是因为它有所连接。源头有活水啊。

哪个说法更准确呢？听听补刀神手子游兄怎么说：对待君主过于烦琐，就会招致侮辱；对待朋友过于烦琐，就会招致疏远。

夫子此处言德，在仁。仁心应道而显，仁术合道而生，两者相依相藉，缺一不可。事君、与友当有仁心，"数"就是要懂得仁术。子贡问友，夫子曰："忠告而善道之，不可则止，毋自辱焉。"正是此理。那一缕良愿灵火，若无相应的修行方法、护持手段，怎么经受得住这俗世的骤风狂雨霜刀雪剑？终究会成为无根滚瓜，凄苦无依。夫子是实在人，可不会只教我们一堆嘴把式。君不见，论孝时之细致？讲言行时之精确？

我曾于《论语》扉页上书下五字——仁者人间事。仁者，儒家大道在人间之显化也；仁者，就是儒家所倡议的人与人之间的那点事儿。

┈┈┈┈┈┈┈┈

统观《里仁》篇，夫子论仁道，由浅至深，发愿、守志、炼心、自省，日益精进；由近及远，体人、观过、从义、喻世，步步青云。仁人、志士、君子、贤者，脉络清晰。有"心法"，也有"修诀"，更有节放存中、以礼相让、事上勘磨、尽孝有方、讷言敏行等等"仁术"。而蕴含于教喻过程中的"仁意"道韵，更是令人如沐春风！

经常有朋友问我，你说儒释道一样好，可人家佛门道教都有修行的方法，大家可以依法精进，儒家有吗？我大抵会说，有格致诚正修齐治平！如果再细问，我会让他去读《里仁》。偶尔还真有人跑回来问我，通篇仁义道德的，高不可攀啊！

我默然！

是啊，如果我们让一位奥运举重冠军举一百斤物品，是减负；如果让一个稚儿举一百斤，那是杀戮！

我对于传统解法不满之处，正在于此，一味孤高，令人仰止。山高千仞，壁立无径，于世何益？此，焉是夫子之道？更有违仁道的是，将自律之私德倒置为待人之公义，令人憎恨！

静坐，诵读，细细体会，夫子那一掌，穿过历史的长河，抚在你的顶上，百脉俱通⋯⋯

公冶长篇第五

◎夫子择婿的标准

　　子谓公冶长，"可妻也。虽在缧绁之中，非其罪也。"以其子妻之。

　　子谓南容，"邦有道，不废；邦无道，免于刑戮。"以其兄之子妻之。

　　枫解：夫子排行第二，上有兄长孟皮，生犯足疾，早逝，遗女为夫子所养，视若己出。正史无载，野史多歧，或不足信，但从此处不难得知，该女婚事是夫子所主持，择偶南容，跟亲生闺女一样，亦有标准。这两个女婿究竟是怎么挑选的呢？

　　先看看公冶长，夫子谓之"虽在缧绁之中，非其罪也"。缧绁，拴罪人之绳索也，泛指监狱。这位坐过牢，但不是自身犯了罪。民间传言，公冶长听得懂百禽之语，因失信于鸱鹰而遭陷害受羁押。此类轶闻，多是后人为圣贤粉饰，有趣却不足取，当作茶余之乐即可。简简单单地从字面来看，不外如此，虽有服刑之恶名，却无品德之污迹！

　　再看看南容，夫子谓之"邦有道，不废；邦无道，免于刑戮"。南宫括，字子容，亦称南宫适、南容，世家子弟，才识、智慧双全，"国家政治清明时，能够有所作为；即使在混乱年代，也能够善于自处，不会遭杀身之祸。"简言之，有用世之才，也有自处之智。

　　南容之终，已不可考；公冶长却有明载，婚后育二子，一为子犁，一为子耕。终身治学不仕，鲁君虽多次邀为大夫，不从，为著名文士，今墓室书院犹存，堪称"清明守道，得以善终"了。

　　特别有意思的是，后人解此章，常将公冶长与南宫括相较，议其优劣，比其短长，以期一窥夫子品人之要旨，有说南容更聪明的，有说公冶长更正直的，争论不休。宋时大注《论语》之年，大儒也不得不稍加分解。朱熹在注释中提到的，"或曰：'公冶长之贤不及南容，故圣人以其子妻长，而以兄子妻容，盖厚于兄而薄于己也。'"程颐进一步分析曰："此以己之私心窥圣人也。凡人避嫌者，皆内不足也。圣人自至公，何避嫌之有？况嫁女必量其才而求配，尤不当有所避也。

若孔子之事，则其年之长幼、时之先后皆不可知，唯以为避嫌，则大不可。避嫌之事，贤者且不为，况圣人乎？"

也正是存在这样的争议，这两段经文在历代解注中分分合合，多少有些无奈。若留心细察，夫子其实是很实在的，论人时，先子婿，次弟子，再及其他，非常讲究。而且惟持中作论，中肯而不及其余，平实直陈。我们又何必顾左右而言它，瞻前顾后而拘谨无措？其实，夫子此论以字面解之则可。是谓：

公冶长虽有缧绁刑名，却无品德污迹；南宫括能显达于盛世，也能善保其身于乱局。吾取之！老夫择婿，第一，秉性要好；第二，不能是榆木脑袋！

不过是，重品德，重才识，也重智慧。笑公冶长迂直者，可曾见其终乎？清明自守！功业也许能比，盖棺堪论；人品修为可要复杂得多，岂是一般人三言两语能说得的？

夫子不一般，我们品品《公冶长》……

◎君子不器有真意

子谓子贱，"君子哉若人！鲁无君子者，斯焉取斯？"
子贡问曰："赐也何如？"子曰："女，器也。"曰："何器也？"曰："瑚琏也。"

枫解：瑚琏者，古代祭祀时盛黍稷之器皿也，极为尊贵、华美绝伦、实有大用，贮能裕养，可以和鼎相配而且同用，只是尊贵稍次于鼎这欲世代享有、须臾不离并永远留传的大宝礼器。子贡无论在语言、外交、政治，还是经济，才能超凡功业卓著，位列儒门十哲，被尊为"儒商始祖"，太史公在《史记》中更是大书特书，自然配得上这"瑚琏"之誉了。

宓子贱呢？名不齐，子贱为字，有史可考的，只是曾任单父宰，即在今天山东省菏泽市单县当了一任县太爷。虽有"弹琴而治"之贤名，有"谏君掣肘"之轶闻，有久佚不传的《宓子》十六篇，貌似也当不起"君子"之誉吧？其实，这个考评是有缘由的，故事记于《孔子家语》中，大概是这样的：

孔蔑和宓子贱一起出师为官。有一次，夫子前往考察，先路过孔蔑那里，问他，工作一段时间了，有什么得失的？孔蔑说，没得到什么，却失去三样，"王事若龙，学焉得习，是学不得明也；俸禄少饘粥，不及亲戚，是以骨肉益疏也；公事多急，不得吊死问疾，是朋友之道阙也。"夫子听了不太高兴，径自离去。路过宓子贱处，问他同一个问题，宓子贱说，自从出来当官，没失去什么，倒是有三个收获，"始诵之，今得而行之，是学益明也；俸禄所供，被及亲戚，是骨肉益亲也；虽有公事，而兼以吊死问疾，是朋友笃也。"夫子感叹说："君子哉若人。若人犹言是人者也鲁无君子者，则子贱焉取此。"

谁说鲁国无君子了，子贱不就是吗？当得起君子者，宓子贱之言也！在实践中不断完善自身所学、以微薄俸禄泽及亲戚、忙于公务却不忘吊死问疾，夫子是以大赞。所赞者宓子贱不为名位所拘，向道精进也。此，为君子不器之真义！而反观子贡生平，后人所盛赞之斐然才具功业，却只关乎富贵而已。

后人以夫子考评论高低，认为子贱得"君子"、子贡得"瑚琏"，誉名与功业不相配，似乎有"失察"之嫌疑；更有称，子贡素为夫子所喜爱，断无置之以下之理。殊不知，夫子品人，注重修行，不拘于名声，不限于功业，更无关乎个人喜恶。

若为夫子而讳言，止步踌躇不敢将两段经文贯通，如何体会"君子不器"之要义？不惑于外物，不拘于情势，勇猛精进尔！

君子，不是谁赋予的，而是磨炼出来的。

◎好话也许不好听

或曰："雍也仁而不佞。"子曰："焉用佞？御人以口给，屡憎于人。不知其仁，焉用佞？"

子使漆彤开仕。对曰："吾斯之未能信。"子说。

枫解：某日，有人跑来对夫子说，冉雍这人"仁而不佞"。夫子说，何必要"佞"呢？强嘴利舌与人辩驳，常令人厌恶。冉雍的"仁"还不知道，但为什么要有佞呢？

仁，大抵解为仁德、仁厚；佞，取能言善辩意，解为口才。不知其仁，有说夫子代学生自谦的，也有说夫子认为冉雍还未达到仁的水平的。真是如此吗？

某日，夫子让漆雕开去当官。漆雕说，我对这个还没有信心。夫子听了很是欢喜。

信，作为动词，古语通"伸"，舒展意，我觉得自己未必能施展开来，对自己还没有太大的信心！可是，夫子听了为什么高兴呢？因为学生不自信？还是因为老漆雕无心仕途一心向道？问题有，我们一点点细细分解：

雍也，姓冉行二，字仲弓，与兄耕、弟求同从学于夫子，俱位列孔门十哲，世称"一门三贤"。此人品学兼优，宽宏大量，荀子极为推崇，称："下则法仲尼、子弓（即仲弓）之义"，将他和夫子并列而言。夫子也素喜爱之，盛赞他有"可使南面"之才。夫子觉得他这样的人还未达"仁"境? 要求好高哦! 代他谦虚一下? 中国式父母对外人的例行式客套? 这是传授门人的课堂, 语境合适吗? 我不作如此解。佞者, 巧言善语令人喜悦也, 不仅在口才, 更在辞令, 甚至是神情、态度; 仁者, 良愿之火, 待人之善心。故重译如下:

冉雍这人宅心仁厚待人宽容, 就是不擅辞令!

为什么需要辞令呢? 与人交往辩才无碍, 经常会引起反感的。你如果感受不到他的仁心只听他的花言巧语, 有用吗?

漆雕开, 复姓漆雕, 单名开, 字子若, 著有《漆雕子》十三篇, 精通《尚书》, 擅"性本论", 创"漆雕儒", 为孔门八氏儒之一。德行修为甚佳, 在夫子门下, 他属于年齿较长的, 只比夫子小十一岁。曾出仕, 无罪受刑, 致残, 重侍夫子。这个小故事, 应该是发生得比较早了。当时, 夫子为什么感到欢喜呢? 与上文承接, 不难得知, 因为老漆雕没有说大话, 而是诚惶诚恐的, 不像某些人, 未曾上任就胸脯拍得嘭嘭响口气大得不得了。"官咱没当过, 怕干不好啊!"这话听着寒碜, 却很了不起!

两段经文贯通, 夫子的用意很明显——先行其言而后从之! 在政, 是为"以身作则"; 在修, 是为"少放空炮"! 事情是做出来的, 仁道是践行出来的, 不是几句大话说出来的。

◎道心坚定莫裁度

子曰:"道不行, 乘桴浮于海。从我者, 其由与?"子路闻之喜。子曰:"由也好勇过我, 无所取材。"

枫解: 某日, 夫子说, "道不行", 我就乘个小木舟跑海外去。跟随我的, 恐怕只有仲由吧? 子路听到这话, 非常高兴。夫子点评说, 仲由太"好勇"了, 超过我了, "无所取材"。

道不行, 一说是"我的主张行不通了"; 一说是"大道不行于世", 政治环境太恶劣了。总之, 就是日子没法过了, 估计只有仲由会跟我去浪迹天涯。

无所取材, 历来说法就多了。一说, 材通哉, 意为没有什么可取的; 一说, 材, 桴料也, 子路闻而行之, 却"不知去何处取得木材"; 一说, 材通裁, 译为"子路太好勇了, 不知道节制、检点", "取"字无实义。可从整个段子来看, 夫子对子路是赞赏有加的, 如此解法, 终是有些违和之感吧? 我们再来细究一下。

子路, 大名仲由。史载, 为人果烈刚正, 且多才艺, 事亲至孝, 性格爽直, 极其勇武，信守承诺，忠于职守，随夫子周游列国时，充任"守卫者"。初仕鲁，后仕卫。夫子任鲁国司寇时，他任季孙氏的家宰，后任大夫孔悝的家宰。卫庄公元年，即前480年，孔悝的母亲伯姬与人谋立伯姬之弟蒉聩为君，胁迫孔悝弑卫出公，出公闻讯而逃。仲由在外闻讯后，即进城去见蒉聩，蒉聩命石乞挥戈击落子路冠缨，子路道："君子死，冠不免。"于系帽缨中被人砍成肉酱，享年六十有三。

猛哉斯人，无负勇名！

如此勇者，不足取乎？忠贞不渝愿随侍海外，不足取乎？吾不以为然！至于找不到木材，更是如同儿戏之语！

勇者，从甬从力，力之所至，生命勃发甬甬然也。勇者，气也。气之所至，力亦至焉。心之所至，气乃至焉，故，古文勇从心，有书为"愙"者。心力如一，无坚不摧。夫子曰："道不行，乘桴浮于海。从我者，其由与！"仲由之心何其忠贞？其志何其坚定？夫子更进一步赞之为"好勇过我"，这是多大的肯定？此勇，忠信无双也，岂是匹夫血气之勇可比？观其一生，也无愧于"孔门弟子志士境第一人"之称！

这样的人怎么会"无所取材"呢？窃以为，此为倒装之句，应为"无所材取"。材，通裁也！正是其勇超凡，甚至在夫子之上，道心坚固、志气完足，所以夫子都不知道应该怎么"裁取"，不知道应该把他往哪个方向"裁取"了。故，夫子曾叹而谓之，子路登堂而不入室。终其一生苦修"志士境"，却能位列"孔门十哲"，唯此一人而已。即使是夫子为千古一人，有圣人之位，难道就必须无所不能吗？何必如此讳言！

像子路这样的"天生将胚"，发其良愿，养其正气，培其天赋，远比"裁度"更为重要，也更为艰难。那个时代，天下将胚何其多？如子路这般幸运，得遇明师者又有几人？

闲言少表，秉直而述，此处夫子所讲者，君子周而不比也！讲向道志坚，行道心定，唯此，方有所成。这是信念，更是原则，为政、修行无不如此。扪心自问，当年立下的志向，而今可曾被红尘裁截消磨？

◎孟武伯踢馆

孟武伯问子路仁乎？子曰："不知也。"又问。子曰："由也，千乘之国，可使治其赋也，不知其仁也。"

"求也何如？"子曰："求也，千室之邑，百乘之家，可使之为宰也，不知其仁也。"

"赤也何如?"子曰:"赤也,束带立于朝,可使与宾客言也,不知其仁也。"

枫解:孟武伯跑来问夫子说,子路"仁乎"?夫子说,"不知也。"他追问,夫子说道,仲由呢,如果有一个千辆兵车的大国,可以让他去当统领军政的大臣,"不知其仁也"。

冉求怎么样呢?夫子说,他呀,千室人家这样的大邑、百辆兵车这样的封地,可以让他当总管,"不知其仁也"。

公西赤又怎么样呢?夫子说,他呢,穿上礼服立于朝堂之上,可以叫他接待外宾办理外交,"不知其仁也"。

子路,无须赘述。冉求,姓冉行三,字子有,多才多艺,尤擅长理财,精于政事,兼有治兵才能,曾任季氏宰。公西赤,字子华,长于祭祀、邦交之礼,精擅交际。这三位可都是夫子门下高弟,夫子也非常肯定他们的能力,称子路可为大国统帅、冉求能当大邑家宰、公西赤胜任一国外交,却总在评语之后,加上一句"不知其仁也"。为什么?传统解法将"仁"当为儒家修行的最高境界,故而断言,夫子以为他们哥仨还未入化境,谓之不知也。另有一说,此乃夫子谦逊的说法。也有说,仁涉及人心人性,夫子只知学生之才能,不知学生之心性,故称不知。真的如此吗?

如果有人跑来招聘,问老师,你的学生人品如何,你说:"不知道呀!"你觉得,他会怎么想?这样浅显的道理夫子会想不透吗?他老人家一生为提携门人弟子可是不遗余力的,为之奔走,为之张目!无论是谦逊,还是不知心性,都不太适合此处之语境。

难道,这哥仨真的是修为不够吗?且慢!如果把"仁"当作儒家修行之至境,那么,孟武伯这家伙就问得可笑了,进门就问:"子路的仁学修炼到最高境界了吗?"这家伙是来招纳人才的还是来招惹仇家的?踢馆吗?若有一吃货,进了传统川菜馆子打头就要一道"清水煮白菜",到了中餐馆就嚷嚷来个"满汉全席",会是什么结果?这哥们会如此不智吗?我倒是觉得,夫子给他的回答——"不知也",此知,应该通智,貌似说"我不知道怎么讲",其实就是说"你问得好外行"。所以,夫子会明确地告诉他,这三位学生可以胜任什么工作,但"我无法明确地告诉你他有多仁德",因为你是个外行,我的学生人品当然没问题,至于修到哪个境界,说了你也不懂!

其实,孟武伯这么问,还潜藏着另一个意思,你这三位好学生跟着你修了这么久的仁道,究竟学得怎么样了?夫子用"无法明确描述"委婉拒绝正面回复,又借机把学生们的强项介绍给潜在用人单位,整个对话过程本身就展现出极为高超的仁道艺术。

用人用其强项，看人看其长处，让人家说话，也让人家的本领说话，是为，不"攻乎异端"也！非得把"仁"字捧入云端，弄得夫子甚是尴尬，好不容易有个大型招聘会，差点让这一问三不知，生生给搅黄咯！

◎学习与思考

子谓子贡曰："女与回也孰愈？"对曰："赐也何敢望回？回闻一以知十，赐也闻一以知二。"子曰："弗如也；吾与女弗如也。"

枫解：这段对话，字义颇为浅显直白，但经义却很是值得品味。先看看夫子与子贡说了什么：

你和颜回，哪个更强些？

我哪里敢跟颜回相比？他能"闻一知十"；我呢，只能做到"闻一知二"。

在这方面是比不过他呀，"吾与女弗如也"。

此处之"与"字，历来有两种解法，一谓之为连词，译为"和"，我和你都不如他；一谓之为动词，为"赞同"，意译为"也觉得"，我也觉得你不如他。这学问做得实在讲究，一个字争辩很久。怎么解暂且置于一旁，可蕴含在这争论中的趣味我们不可不品。解为动词者称，你的解法把颜回抬得太高了，夫子都自叹不如，再说了，夫子乃圣人，别说"闻一知十"了，他应该能知百知千；解为连词者称，你的解法让这话变得太生硬了，若"与"为赞同，何必重复"弗如也"——不如他呀，我也觉得你不如他呀——问其不如以见其短，再强调称"我也这么认为"，伤上撒盐。如此反复强调让子贡情何以堪？夫子为人，怎么会如此抑斯抬彼？还讲得这么露骨而无艺术感呢？

公婆争理，各执一词，这样的学术辩论，往往谁也说服不了谁，渐渐地就成了儒门的家长里短。夫子自承在"闻一知十"方面不如颜回，会有损令名？他直言子贡在这方面远输于颜回，又能如何？

子贡端木兄，瑚琏之器，自是清贵傲娇，他自承"闻一知二"，远逊于回，措辞用的是"何敢望"，哪里敢？还是望其项背！这样的回复，大抵有三种潜在可能：一是真的自愧不如，实话实说；二是自谦之词，纯属礼貌；三是怨怼之语，对夫子平日里大捧颜回很是不满。我思虑再三，觉得第一种可能性最大，同门师兄弟，根底彼此清透，又是在老师面前，何必自谦？至于怨怼，能直问夫子"赐也何如""何器也"之人，跟夫子对话哪里用得着反嘲？如果是实话，那么颜回就厉害了，这位是什么样的人呢？

颜回，字子渊，十三岁入孔门，终生侍师，没做过官，也未留下传世之作，只有零言片语见于《论语》等儒家经典中，隐约能推断其思想与夫子基本一致。创"颜氏儒"，其天人合一、辩证思维为后世所称道，被尊为"复圣"。有轶闻称，若非早逝，其可能继夫子之后成为儒门领袖，也就无后来分裂之祸。此论虽不足信，但夫子对其喜爱、赞赏却溢于《论语》。仅从"颜氏儒"所传之学来看，颜渊确实是位学术达人，思辨无碍，冠于孔门。

闻一知几，闻者知识，能通过自己的思考、推演，知二知三，已然了不起了，知十，绝对通达了，心窍玲珑明如珠月！

这段对话，夫子想捧出的正是这"珠"这"月"，只是他与子贡这两位捧珠人，光芒四射至极，居然生生夺了珠月之皓光，几成买椟故恨。争于"与"，不如深思"闻一知十"之理，讲讲"学思双全"之法——推演、深究！

有朋友曾问，夫子有多高？

我笑答之，九尺有六！

夫子一生所求索者，治国平天下之大道也，但他也只是帮后人指明了方向，路还得我们自己走。若无门人及后来者的探索、总结，何来儒学之鼎盛？非得把他弄成全知全能的神，何其无趣，他就不能在某些方面不如自己的学生吗？真是岂有此理！

◎未经查证出冤案

宰予昼寝。子曰："朽木不可雕也，粪土之墙不可杇也；于予与何诛？"子曰："始吾于人也，听其言而信其行；今吾于人也，听其言而观其行。于予与改是。"

枫解：宰予昼寝，这是《论语》所涉儒门最著名的"公案"之一。"昼寝"一词，我见过的解释大约就有两大流派六大种类。一为"原词派"，解为：大白天睡觉或上课打瞌睡、宰我因身体病弱在屋内休息、大白天待在卧室里；一为"画寝派"，称"昼"为"画"之误，解为：给寝室粉刷墙壁、自己制订作息时间、给陵寝绘壁画。

这段公案是谁最早提出控诉的呢？目前能见到的有明确文字记载的是汉代王充，他在《论衡·问孔》中写道："昼寝之恶也，小恶也；朽木粪土，败毁不可复成之物，大恶也。责小过以大恶，安能服人？使宰我性不善，如朽木粪土，不宜得入孔子之门，序在四科之列。使性善，孔子恶之，恶之太甚，过也。"大概意思是说，宰予"昼寝"是"小恶"，孔子所斥之"朽木粪土"是"大恶"，以"昼寝"这样的小事去判断人的善恶，从而对其大加斥责，无疑是"责小过以大恶"。

随后，儒门弟子轮番上阵，各种辩解。

其中，最有名的辩法是，宋朝朱熹在他的《四书章句集注》中提到的："昼寝，谓当昼而寐。……言其志气昏惰，教无所施也。与，语辞。诛，责也。言不足责，乃所以深责之。……宰予能言而行不逮，故孔子自言于予之事而改此失，亦以重警之也。"大概意思是说，"昼寝"就是白天睡觉，宰予的行为说明他志气昏惰，不能成器，因而，才受到夫子的严厉斥责。同时，朱熹又引用范氏、胡氏的话来强调这一观点。

最可爱的是"画寝派"，包括韩愈、李匡义、周密、曹之升、刘宝楠等大家都是此中高手。其中我读过的最有趣的解释，故事大概是这样子的：宰予跑到宗庙祭祀的地方乱刻乱画，夫子知道后，批评他说，这宗庙里的木头都朽坏了，不能乱画了；那些土墙也不结实了，不能乱画呀。你小子这么调皮，让我怎么责备你呢？他们把"寝"解为陵寝，我估摸着要是真的，按当时的社会氛围，宰予可能就不是受点"口诛"足以了事了。

所有的争论，其实只有一个焦点，夫子是圣人，不能犯错的圣人。每读至此，我总会想起夫子有关宰予的另一句名言——"以言取人，失之宰予；以貌取人，失之子羽"。子羽，澹台灭明也，史载，后来游学至吴地，有门人三百余，为当地儒学大兴做出巨大贡献，闻达于诸侯。"失之子羽"，显然富含遗憾之意；"失之宰予"难道就没有吗？世人为辩"昼寝案"，只言对错，我却听出夫子深深的遗憾：

以前我对一个人，只听其言就信其行；现在我对一个人，不仅听其言还观其行。就是从宰予（昼寝）这事得到的教训。

言，是某时某地某句话吗？行，是某时某地某个行为吗？

宰予能言善辩，更敢于直言，在夫子门下常与老师争辩，绝对是个"刺儿头"，为此也没少挨批评！可是，他依旧追随夫子周游列国，期间常受遣使于齐、楚。夫子晚年曾称之为"言语科第一"，列于子贡之上。仅从这些存在于《论语》及其他典籍中的零星片段，我们还是不难看出宰予是个很厉害的大才，后人也追认他为"孔门十哲"之一。这样一个人，夫子会做出"全面否定"？或者觉得这家伙除了能说，其他的就一无是处？我是不太相信，更不相信所谓的"圣人无错"论，宁愿相信这是夫子晚年对此的反思。

这反思，极具教育意义，我们看一个人，不仅要听他说，还要看他做，更不能凭他一时之言行，而臆断他的善恶，"宰予就是我深刻的教训"。此为君子六律之"没有调查就没有发言权"——知之为知之，是"观过"，是"自省"，是"勿惮改"。

据说，现在拍的电视剧，怕有碍夫子高光伟正的美好形象，居然将宰予这学生给"开除"了，不让他"上镜"。吾无言以对！夫子尚有勇气改错，我们却无勇气走出加持于他身上的"护体金光"……

◎谁都有欲望

子曰："吾未见刚者。"或对曰："申枨。"子曰："枨也欲，焉得刚？"

子贡曰："我不欲人之加诸我也，吾亦欲无加诸人。"子曰："赐也，非尔所及也。"

枫解：申枨，字周。在我的记忆里，生平、功业已不可考，唯有野史称之精通六艺、好与人辩。因《论语》传世，成了"无欲则刚"的反面教材，当了小三千年典型靶子。故事是这样发生的：

某日，夫子感慨说，我从来没见过刚毅不屈之人。有人就说，申枨不就是吗？夫子说，枨"也欲"，怎么能算得上刚毅不屈之人呢？

传统上都将"也"解为太多，申枨有太多欲望，所以就成了"坏分子"。我却认为，应该解为"还有""尚有"，为什么？因为下头这个"欲"字！朱熹曾引谢氏语说："能胜物之谓刚，故常伸于万物之上；为物掩之谓欲，故常屈于万物之下。"非常浅显易懂，"无欲则刚"，不外乎舍得下外物之惑求得仁心通明，可谁又能真的做到"不着一尘"呢？夫子曰："吾未见"！

夫子生平未见，我们又何必苛求于申枨？

子贡也有一"欲"，谓："我不欲人之加诸我也，吾也欲无加诸人"。加者，从口从力，本义为以呐喊之声助力，是赞誉；后申义为语言之凌迫。赞也好，欺也罢，总之子贡兄表达了"但愿世间一切温柔待我，我也愿温柔待世间一切"的超级美好愿望。夫子却是当头就给了他好大一瓢冷水——"赐也，非尔所能及也。"你做不到呀。为什么？夫子没说。

若贯通上下文，我们不难读懂，夫子没苛责申枨，也没有批评子贡，只是讲了一个极为正常的现象——人皆有欲，每个人都有欲望。哪怕是子贡这样的良愿何尝不是一种欲望呢？而只要有欲望，就无法真正的"刚"，无法真正的"无加诸人"。

夫子能做到"无欲"吗？我想肯定也不能，他自己不是称此人"未曾见"嘛。有欲平常事，那么该怎么办呢？

◎学问不等于修为

子贡曰:"夫子之文章,可得而闻也;夫子之言性与天道,不可得而闻也。"

子路有闻,未之能行,唯恐有闻。

子贡问曰:"孔文子何以谓之'文'也?"子曰:"敏而好学,不耻下问,是以谓之'文'也。"

枫解:孔文子,姓孔,名圉,卫国大夫,卒于公元前480年,卫国君赐谥号文。在中国的传统文化中,谥号堪称"盖棺定论",是对一个人终身功业德行的总结性"考评"。文,美谥也!孔圉究竟何许人也?据《左传》所载,太叔疾原来娶了宋国公子朝的女儿,并得其妻之族妹为嬖。宋子朝因故逃出卫国,孔圉就让太叔疾休妻另娶他闺女孔姞。太叔疾虽然答应了,却将嬖,也即将陪嫁过来的小姨子接出来安置在一个叫"犁"的地方,给她修了宫殿式住宅,享受妻子待遇。孔圉为此大恼,准备派兵攻打太叔疾,被夫子劝住了,但还是把闺女强行要了回来。公元前484年冬,太叔疾离开卫国逃到宋国,众人立他的弟弟遗继位,孔圉又将孔姞嫁给遗。

简言之,这家伙势利、无义,还违礼,所以子贡对他得"文"之美谥甚是不解,跑来问夫子"何以谓之",凭什么得到这样的考评?夫子说:"敏而好学,不耻下问",他聪敏灵活而爱好学问,谦虚并不以向地位不如自己的人请教为耻,做学问的态度挺好的。言下之意,这美谥表彰的是他做学问的精神,而不是人品、修为、德行,或者功业。

讲为学精神就好理解了,你看,"子路有闻,未之能行,唯恐有闻",子路这位猛人,貌似粗犷勇烈,多聪明,怕自己贪多嚼不烂,学了没办法实践,宁可少学点,做学问的姿势绝对正确!

再看看,夫子怎么教学的?只传"文章",不"言性与天道"。古语境中,文章是事表于外而有章法,蔚然有文采,指的是语言、思想、行为、举止、待人、处世等一切表于外的美好,是经世之学。性者,人之本性、本源;天道,一般指自然和人类社会吉凶祸福的关系,是形而上的学问。你看看,夫子可没传什么神神道道的呦。为什么?难道夫子不精于此?当然不是,《易经十翼》何其博达。非不能,实不愿尔!我教经世之学治平之道,就实打实地教,何必弄些形而上的大道理去扰乱学生们的思绪?

学问不等于修为,功业不等于德性……

有意思的是,我留意到一个细节,孔圉死于公元前480年,夫子逝于公元前479年4月11日,也就是说,"子贡问文"应该就是发生在这很短的一小段时间里。

这是我一直认为《论语》为夫子暮年授徒之讲义的例证之一，纵使全书后人有所充益，其龙骨也当成于其时。此为题外话，无涉于经义，略过不表。

◎无求大智慧

子谓子产有君子之道四焉：其行己也恭，其事上也敬，其养民也惠，其使民也义。

子曰："晏平仲善与人交，久而敬之。"

子曰："臧文仲居蔡，山节藻棁，何如其知也？"

枫解：夫子评论子产，说他有四种行为合于君子之道：他自己的容颜态度庄严恭敬，他对待君上认真负责，他教养人民有恩惠，他役使人民合于道理。

夫子还说，晏平仲善于和别人交朋友，相交越久，别人越发恭敬他。

接着，说臧文仲雕梁画栋盖幢楼养只大乌龟，这样的行为算得上智慧吗？

什么意思？恭敬惠义，君子四道？久交益敬，与友之道？怎么做到？好像没说。就像拳馆里的师傅打了四趟拳，转身走了，你们自己看着练吧。真的如此吗？

我们先来看看臧文仲吧，其实他姓姬名辰，臧为氏，文为谥，排行二，故身后人称臧文仲。为鲁国大夫，世袭司寇。史载，他从善如流，不耻下问，居要职而赏罚分明，不居功为己有，高风亮节世人景仰。若不是因"居蔡"被夫子质为"不知"，其实名声甚佳。那么，夫子缘何以此质疑？质疑什么？蔡者，大龟也，当时的人迷信卜筮，卜卦用龟，筮用蓍草，而且认为龟越大越灵。用今天的话来说，蔡就是吉祥物，还是大吉祥物。臧文仲"山节藻棁"以居之，非常讲究，为的无非是讨个好彩头，庇佑家运。他对"蔡"无论多郑重其事，终究还是为了自己。

晏平仲，名婴，字仲，谥平。为齐国上大夫，历灵公、庄公、景公三朝，辅政长达五十余年。当时之名臣，史载甚多，贤名极著。这人有个"毛病"，不太讲人情，亲友僚属求他办事，合法者办，不合法者拒。而且，从不接受礼物，大到赏邑、住房，小到车马、衣服，都被他辞绝。不仅如此，还时常把自己所享的俸禄送给亲戚朋友和劳苦百姓。也正是因为这"毛病"赢得人们的尊重！

子产就厉害了，姓姬，氏公孙，名侨，号成子，郑国人，子产为字。于简、定两公临朝时，宰执为相二十三年，其时，晋楚争霸交战不息，郑国地处要冲，能周旋于双雄之间而不卑不亢，更能内强不息，全赖此公。后人将其与管仲并列，称为世之良相。青史之上关于他的记载就更多了，举不胜举。我记得最清楚的是，他病危于榻时，再三交代，务必薄葬，这跟当时的社会风气有很大冲突。相关史载都不会忘记这样一项——其人"廉洁终生"——又是一位不谋私利的人物!

至此,我们不难得知,恭敬惠义也好,久交益敬也罢,讲的都是一种意思:做事待人不求私利,至少不能以自己为中心,啥都想往自己怀里扒拉,才能被人认可。像臧文仲一样,盖个豪宅供着大乌龟,有用吗?

三子行止之别,正是"择不处仁,焉得知"的最好注脚。恭者,发自内心,行止合宜;敬者,率身示范,促人美善。端正己心,亦端正他人,此真君子也。

◎马非白马

子张问曰:"令尹子文三仕为令尹,无喜色;三已之,无愠色。旧令尹之政,必以告新令尹。何如?"子曰:"忠矣。"曰:"仁矣乎?"曰:"未知;——焉得仁?"

"崔子弑齐君,陈文子有马十乘,弃而违之。至于他邦,则曰:'犹吾大夫崔子也。'违之。之一邦,则又曰:'犹吾大夫崔子也。'违之。何如?"子曰:"清矣。"曰:"仁矣乎?"曰:"未知;——焉得仁?"

季文子三思而后行。子闻之,曰:"再,斯可矣。"

枫解:此章所点评之人有三:令尹子文、陈文子、季文子,皆为春秋名臣。夫子对其点评,褒乎?贬乎?历代说法不一。我们不妨细细分解:

令尹,官职,楚国之宰相也。子文,字也,斗氏,名穀於菟。传说,因为老爹斗伯比跟表妹生情,未婚先孕所出,被外婆弃于云梦泽。外公郧国君去打猎的时候,看到有雌虎给他喂奶,大异,返告内室。终于促成一段青梅竹马的恋情,他也有了"家"。公元前664年被任为令尹,执掌楚国军政大权二十七年,为政清廉,不积蓄私财,史称"无一日之积",家无隔夜粮。族中有人犯法,即责有司依法处理。青史之上,功名卓著,美誉无数,据说两千七百多年后的今天,安陆尚有其庙以享香火。这样的人,夫子能贬乎?我们回头来看看经文。

某日,子张跑来问夫子:斗子文三次出任令尹,没有高兴的颜色;三次被罢免,没有怨恨的颜色。每次交接,都将原来的政务全部告诉接位的人。"何如"?

问题来了,传统解法都解"何如"为"这个人怎么样"。那么接下来的"仁矣乎?""未知;——焉得仁?"就成了人物考评了。夫子后来成了圣人,他老人家都没觉得"仁",这事就费思量了,难道斗子文的修为还未达"仁"境?夫子可是明确地称他为"忠"了呦?曾参"拈花一笑"时可是说夫子之道"忠恕而已"呦?正是在这种思维模式的推动下,"仁"成了高入云端的"大成化境",几乎与成佛异曲同工,你看斗子文这种人都达不到,得多高端?

吾对此很不以为然！子张问"何如"，不过承上三仕而问，您看他这事办得怎么样？夫子答曰："忠矣！"此忠，尽于职勤于事而已！无关乎正己心正人心，自然跟夫子仁道的"忠恕"无丝毫关系！故，子张再问："仁矣乎？"夫子答曰："就这事可看不出他的仁来。"对工作认真负责，跟"仁"哪来的关系？非得将仁道"忠恕"之忠解为忠于某人某事，真是莫名其妙！

思路廓清了，接下来的经文就好理解了。陈文子三违，每跑到一个国家，看到当地的执政者和"崔子"一样，就决定不跟着厮混。陈文子，名须无，即田文子，谥文，齐庄公时大夫。崔子，崔杼也，史载在齐执政二三十年，当国秉政，骄横异常，先后立庄公、景公，在朝大肆杀戮，使齐国政局动荡。是时，崔杼弑庄公，另立景公，陈文子弃家而逃。"有马十乘"，可不是说他有四十匹马，而是说他有"十乘之家"，算是极为富足颇有地位，面对暴政，依然毫不贪恋，弃而逃之，而且是再三而逃。对此行为，夫子评之为"清矣"。清者，纯净透明，无混杂之质。不过清洁自守，不愿同流合污尔，虽为高品美德，与"仁"何干？

季文子，姬姓，季氏，别名季孙行父，谥文，史称"季文子"，鲁国正卿。自公元前601年至前568年执掌鲁国朝政三十三年，厉行节约，开一代俭朴之风；推行初税亩，促进鲁国的改革发展。史载，执政时"家无衣帛之妾，厩无食粟之马，府无金玉"。丧后入殓，鲁襄公往视，慨曰：行父"廉忠矣！"夫子"再，斯可矣"之评，历代有二解：朱熹称季文子"三思而后行"是为自己的私利考虑，夫子此评为贬，后辈学者多有沿袭；另一论，"三思"也好，"再思"也罢，不过概数而已，关键在于把握好"尺度"，郑玄、何晏俱持此论。吾依旧不以为然！三思者，不论为公为私，无非利弊权衡，与"仁"何干？

三仕、三违、三思，可谓之忠、清、谨，皆美德良品，却独独于仁无关！"仁"可不是一个筐，什么好东西都能往里装。若是大道在前，秉心直行，何必左顾右盼斟酌再三？

◎铁肩多痴愚

子曰："宁武子，邦有道，则知；邦无道，则愚；其知可及也，其愚不可及也。"

子在陈曰："归与！归与！吾党之小子狂简，斐然成章，不知所以裁之。"

子曰："伯夷、叔齐不念旧恶，怨是用希。"

枫解：传统解法都将此"愚"解为"装傻"，据说是出自夫子十世孙孔安国之注——佯愚似实！是假托，还是实出，已不可考。吾鄙薄之！为何？

　　宁武子，名俞，武为谥，卫国大夫也。据《左传》所载，卫文公这位明君当朝时，似乎没有太多明确可陈述的作为。反而卫成公这不靠谱的当君主时，干了不少事。晋楚争雄，成公加入楚盟，公元前632年，城濮之战爆发，楚国战败，他就从卫国"出奔"，让元咺辅其弟叔武处理政事。晋文公击卫，与宋分其地。是时，宁武子随侍于成公。后来，晋允卫成公"复国"，"出奔派"与"留守派"内斗，几成分裂，宁武子多方斡旋，终"与卫人盟于宛濮"，完成复国大业。随后，晋文公在温地主持诸侯会盟，拟杀卫成公，周襄王未允，遂使医者"鸩杀之"，宁武子贿医者"薄毒"，佯称乃"天神所救"，公开诈呼欲与晋文公搏命，私底下却请鲁僖公代为求情，终以十双宝玉消了此祸。更有力阻卫成公"改祀"事例。

　　朱熹在《论语集注》中称："武子仕卫，当文公、成公之时。文公有道，而武子无事可见，此其知之可及也。成公无道，至于失国，而武子周旋其间，尽心竭力，不避艰险。凡其所处，皆智巧之士所深避而不肯为者，而能卒保其身以济其君，此其愚之不可及也。"大概意思就是，他于乱世中这份让大部分人退避三舍的"痴愚"，才是大勇气大担当，才是夫子所赞赏的！哪是什么佯愚作痴？

　　夫子不熟《左传》或此段历史吗？他会对不了解的人与事加以评论吗？生生将一位大智大勇的良臣，解成一个明哲保身的老吏，还假夫子之名而行，蹭他老人家的金粉遮掩自己的劣根，实在无趣！

　　伯夷叔齐不念旧恶，传统说法是这两位"不记仇"，真的吗？我翻了好久的资料，没找到证据，倒是将兄弟让国、扣马谏伐、耻食周粟、饿死首阳等事好好重温了一下。故事梗概是这样的：伯夷与叔齐是上古孤竹国君的两个儿子，伯为大，叔为三。父亲立齐为继承人，他过世之后，哥俩却相互推让不肯继位，国人只好拥立老二为君主。这时，哥俩听说西伯姬昌能够很好地赡养老人，冲着他的仁德想去投奔。可是到了那里，西伯昌已死，其子武王追封之为文王，并以兵车载其灵牌，向东进军讨伐殷纣。这哥俩居然跑去勒住武王的马缰谏诤说："父亲死了不葬，竟发动战争，能说是孝顺吗？作为臣子去杀害君主，能说是仁义吗？"武王身边的随从人员要杀掉他们，还好被吕尚救了。后来，周代商得天下，他们却以食"周粟"为耻，跑到首阳山去隐居，靠采野菜充饥。最后据说是饿死在了那里，死前留有一歌，其辞曰："登彼西山兮，采其薇矣。以暴易暴兮，不知其非矣。神农、虞、夏忽焉没兮，我安适归矣？于嗟徂兮，命之衰矣！"

　　后来，太史公司马迁在此辞中读出了怨气，故对夫子此处之议提出质疑。再后来，解经人干脆就不提伯夷、叔齐是否有怨气了，只是含糊其词地说，这两位大贤不念旧时仇恨，所以很少招惹怨恨。其实，我们若贯通三节之经文，细考夷齐之生平，不难得出这样的结论：不念旧恶者，不宥于旧事不萦于喜恶，秉心直行也，自然也就无须怨言怨行了。

这两脚踩实了，夫子在陈曰："回国吧！回国吧！我们那里的后生志向远大，文彩斐然可观。我还有什么可考虑的呢！"就非常好理解了。

"不知所以裁之"，或谓夫子还没想好如何"裁度"故国这帮后生，我一哂对之，良材众多，缘何非得削成一般模样的胚子？夫子或是怕了这帮"不知所以"的"刀客"坏了这些斐然成章的好苗子，才如此急于归去吧？

解出一个明哲保身的老吏和两个以德报怨的老好人，前后一夹，把夫子返鲁为国育材虽九死而不悔的雄心，生生消弥于无形，整成一锅夹生饭。是时，夫子归国，可不是易事，史载之艰辛，历历可见。此章，夫子不过借三位先贤以剖己心，只言一事：逢决大事，循道秉心，方为正理！虽夫子无一字自夸，吾以为仁矣，为国育材，不避艰险，仁乎？非也！秉心而行尔，如伯夷、叔齐死于首阳山、谏武王于将伐，吾心所指，直行无悔！生有所信，死得其所，唯信念不灭！

◎失真如失身

> 子曰："孰谓微生高直？或乞醯焉，乞诸其邻而与之。"
> 子曰："巧言、令色、足恭，左丘明耻之，丘亦耻之。匿怨而友其人，左丘明耻之，丘亦耻之。"

枫解：谁说微生高这个人爽直耿介了？有人跟他讨点醋，他却向邻居转讨给人家。

微生高，或谓尾生高，有说为夫子门人者，也有说为夫子同乡者，已不可考。若为尾生，却有一逸事载于《庄子·盗跖》，相传他与心仪女子约定在桥梁处会面私奔，久候女子不至，水涨，乃抱桥柱而死。因坚守信约而被广为传颂，屡见于历代诗文戏曲之中，却与是否"直人"无关！

既然查无旁证，只好回到经文之上，以字面之义作解。传统解法一般都会加个小情节，人家来讨醋时，微生高自己家里没有，所以才跑去邻居那里讨要。如此古道热肠合于人情世故，不好吗？进而解释曰，微生此举心窍玲珑，故，夫子觉得他算不上什么"直人"，没有醋何妨直言告之？若如此，"直"字译为坦诚率直似乎更佳。

窃以为，微生与醯，夫子不以为其有违仁道，而是失于"求真"，不够务实，非批其"与"，而是批其"乞于邻"。与人为善，与人方便，是好事，但没必要如此大费周折，以邻人之醯做自己之人情，从某种意义来讲行止已然近于伪。所以，夫子接着说：

花言巧语、伪装讨喜、过分谦卑，左丘明认为可耻，我也认为可耻；隐藏内心的怨恨去结好那个人，左丘明认为可耻，我也认为可耻。

必须抠一下字眼，"足恭"中的"足"，读"巨"，是过分的意思，足恭是过分要求自己而至失真，让谦逊压弯了自己的腰杆，显得有些卑微。

至此可明，夫子所倡之仁，首重于心，忠于己心，秉心而行，不惑于人情世故，不一味求全，不为友而友。所谓直者，真也，坦诚率真，自当无拘无束！

后人也有一说，夫子此处，借微生、左丘明之言行为自己返鲁做铺垫，宣告故旧：我不会以德报怨，也不屑于跟你们虚与委蛇，只是要回去好好教书育人，咱们井水不犯河水。承于上文，此说也通，稍嫌演绎过度，吾亦不取之！

◎真情正他心

颜渊季路侍。子曰："盍各言尔志？"
子路曰："愿车马衣轻裘与朋友共敝之而无憾。"
颜渊曰："愿无伐善，无施劳。"
子路曰："愿闻子之志。"
子曰："老者安之，朋友信之，少者怀之。"

枫解：这段经文历来都循字义而解，吾也不例外，谨录如下：
某日，颜渊季路俩随侍于侧。夫子说："何不各自说说自己的志向？"
子路说："我希望能够有车马、轻裘可以跟朋友共享，即使用坏了，也无所谓。"
颜渊说："我希望自己能做到不夸耀自己的好处，不表白自己的功劳。"
子路说道："希望能听听夫子的志向。"
夫子说："老者安逸愉悦，朋友真心实意，少年人心存想念。"

有争议者无非两处：一是"施劳"，有言应解为不将自己的辛劳施加于他人身上，语义通，甚至更高妙，却与此处文理有违，吾不取之；一是谓夫子之志，只讲自己与周边人的关系，老者能因他而心安，朋友能信任他，年轻人能怀念他。吾不以为然，当是时，夫子与周遭之人未得安信怀乎？天下有所恶之者，无非政见不同或利害相冲之辈也。夫子之志，当在天下，岂能混同于一村叟？

回首一望，子路怒马轻裘共于友，有豪侠之气；颜渊不自夸不表功，有贤者之相；夫子之志，吾不敢揣度之，狗尾续貂稍为分解。安、信、怀虽表于外，却从乎心。喜悦始于心安，信念多自意诚，想念总因情真。此应为正他心三法！仁道之忠，在于正心。正己心在于真，正他心在于情。发乎情，止乎礼；秉于心，循于道。

若天下人皆有此忠，大同景象近矣！

夫子的那个"之"，是仁道，是正心，老者因此而安，朋友藉此而信，后生怀此以为宝。

愿，坦荡荡活在天地间……

◎真理正己心

子曰："已矣乎，吾未见能见其过而内自讼者也。"

子曰："十室之邑，必有忠信如丘者焉，不如丘之好学也。"

枫解：已矣乎！算了吧，不说了。我还从来没遇见能够看到自己的过错便自我责备的人哩。

就是在只有十户人家这样的小地方，也肯定有"忠信"如同我一样的人，只是没有我这样好学而已。

自讼者，其律己更苛于自省，不仅是自我反省，更自我批判与问责。忠信者，周也，君子之德，正心之原则，从心之信念。君子易见，而精益求精勇猛进取之君子不常有。

路漫漫兮吾将上下而求索，此中有真意兮欲辩已忘言！

…………

统观《公冶长》篇，夫子以择婿起始，告诫我辈修身不独于养德性，更在于长智慧；而后，就门下众弟子日常之言行，分解君子六律之精义。进而，陈述"人皆有欲"之常情，讲解修身之要在于克制欲望；以子产四道、晏平仲交友、臧文仲居蔡为例，讲解制欲之要在于不以自己为中心，是为克己；以三仕、三违、三思为例，讲述美德不等于仁道；借宁武子及伯夷、叔齐之行止，剖自己归鲁之心曲，确立仁道之要在于秉心而行；尾生借醯、左丘明所耻，例证正己心之要在于求真；师徒论志，讲解正他心之要在于用情。短短数百字，涉及人物二十有六，虽繁复无比，若抽丝剥茧静心细思，其实脉络清明，所问者无非心也，仁道之心也。

以君子六律为脉，以格致诚正为思，分解此篇，自可心澄神清。意诚心正时，重诵此文，但见夫子信手拈来，点评人物，无褒无贬，持中而决；就事论事，无苛责，也无过誉；不宥于功业，不拘于内外，秉心而言，洒脱自然。这方是仁道之"忠"也，不惑于外物，不萦于喜恶，惟中正心，信念贞坚。若剥离此"心"，于此求齐家治国平天下之术，却是缘木求鱼。

请让此心熠熠生辉，莫令往事前尘沾染之！

雍也篇第六

◎两个好学生

子曰:"雍也可使南面。"

仲弓问子桑伯子。子曰:"可也简。"

仲弓曰:"居敬而行简,以临其民,不亦可乎?居简而行简,无乃大简乎?"子曰:"雍之言然。"

哀公问:"弟子孰为好学?"孔子对曰:"有颜回者好学,不迁怒,不贰过。不幸短命死矣,今也则亡,未闻好学者也。"

枫解:可使南面,一谓南面者,君王之位也,故解夫子此言为"冉雍有君王之才";一谓南面者,尊贵之位也,众聚,位尊者南面而坐,故解夫子此言为"冉雍有贵人之相",能当得起一部一地之长官。我更倾向于后者,其时对于人才有主贰佐使之分,主官为尊,南面而坐,夫子此言应谓"冉雍有领导才能",或领袖潜质。倘为君王,何人可使之?随后之对话也能看出此人高明之处。

冉雍问起夫子对"子桑伯子"这个人的看法。夫子说,此人做事简约,挺好的。

冉雍接过话头说,存正其行之心而简约处事,如此治理民众,不也可以吗?存简便之心而简约处事,可能就太过简单了吧?

夫子说,你这番话很对呀!

子桑伯子,一说为子桑户,一说为秦穆公时之公孙枝。《庄子》所载之子桑户与子舆交厚,冉雍称之为"伯子"说得通,但其人为鲁之隐士,何"以临其民"?若为公孙枝,缘何称为"伯子"?无从旁证,实不可考矣。

简者,大抵解为简单,或简化,朱熹言"简"之所以"可",在于"事不烦而民不扰",比较合理,以今日之语境,解为"简约",简洁扼要不烦琐,应该更为贴切。敬者,促之行以美善,此处意译为正其行。冉雍以为简约行事是对的,但必须存"正民行"之心,不能为了简单方便而一味追求简约。此言深得"于繁复中抓要害"之三昧,夫子赞之,以为有领导之才也。

　　衡量这"简"是否"可",用现在的话讲,就看它是约法三章,还是惰政思想。

　　哀公问夫子门下谁最为"好学"。夫子说,只有颜回。为什么这么说?因为他"不迁怒,不贰过"。好学者,不仅爱好学习,而且是学得其法,学得有成。夫子门下,爱好学习之人何其多也,岂独颜回一人乎?逢事不迁怒于外,而内省自求,为学之法也;从来不犯重复性错误,为学之果也。得如此者,天下能有几人?是以,夫子谓之"未闻"也。惜乎英年早逝,短命先丧。

　　冉雍之领袖才具、颜回之学者风范,都是夫子所赞赏的,但为其所最爱吗?我以为未必!

◎给还是不给?

　　子华使于齐,冉子为其母请粟。子曰:"与之釜。"请益。曰:"与之庾。"冉子与之粟五秉。子曰:"赤之适齐也,乘肥马,衣轻裘。吾闻之也:君子周急而不继富。"

　　原思为之宰,与之粟九百,辞。子曰:"毋!以与尔邻里乡党乎!"

　　枫解:公西赤受派遣前往齐国当使者,冉老三替公西母向夫子请求要点粟米。夫子说,给她一"釜"。冉老三请求增加。夫子说,给她一"庾"。冉求却给了她五"秉"。夫子知道后说,公西赤到齐国去,乘坐高头大马拉的车驾,穿着轻便舒适的皮袍。我听说过:君子只是雪中送炭,不去锦上添花。

　　子华,公西赤之字也;冉子,冉求,字子有,冉家老三也。釜、庾、秉,古时容量单位也,与今时之换算如何,说法不一。大概意思是,夫子先给了一锅,后来给了一袋,冉老三却偷偷给了五车。这家伙慷夫子之慨,居然还没挨呲,只是换得一番悉心解说。周者,后人有改书为赒的,称为救济,不甚通。所谓周急者,于人有短急时替为转圜也,故意译为雪中送炭。

　　有疑夫子吝财货者,吾鄙之!夫子坚守者有二,一是周急之义,一是配给之制。接下来就是一例:

　　原思,即原宪,字子思,出身贫寒,幼入孔门,曾为夫子家宰,即孔府大总管,工资"粟九百"。升、斛、石皆有人说,若从秦汉官事,应为石,具体数量不确,但肯定是挺多的,他估计自己用不了这么些,所以推辞,不想要。夫子却说,不行!可以拿回去给你的邻里乡人。

　　传统解法中,大抵都将这两个故事分开,解原思辞粟时却也察其家贫,承上文周急之义,谓夫子与之,是希望他拿回去接济家乡穷苦者。朱熹将两段归一,我循之。至于济贫之意,或有,虽雅达;字面无,我不取!窃以为,"粟九百",乃原思家宰之禄米,是为应得;"五秉",却非公西赤之母所应得,故夫子只给"釜庾"之量。此乃守制,不可不察!周急之义,反在其次!

当然,周急者,善举也,夫子也从之,却节量如"釜庾",此中深意,非久经世事之智者难察知。后人极为推崇冉有,谓之为冉氏三贤之最,在《论语》,甚至儒家经典中,独尊称之为"冉子",于此处,却实不如老二冉雍,或未长成吧。

◎为弟子张目

> 子谓仲弓,曰:"犁牛之子骍且角,虽欲勿用,山川其舍诸?"
> 子曰:"回也,其心三月不违仁,其余则日月至焉而已矣。"

枫解:犁牛,耕牛也。古之祭祀,宰杀浑体纯色之牲畜为牺牲,却不用耕牛,大抵断言耕牛为贱畜,不配做祭品,我不以为然,或许这是古人爱惜农耕之力也。

传统解法称,冉父属贱人,雍却有大才,故夫子给他打气说,耕牛的儿子长着赤色的毛,锐角齐整,虽然祭祀不想用它来做牺牲,山川之神难道会舍弃它吗?骍,赤色牲畜也,周以赤为贵,牺牲多用之。据此而言,我以为稍过,重译如下:

犁牛之子骍且角,人们虽然不想把它当作献祭的牺牲,山川之神难道就会抛弃它吗?

…………

我家的小牛犊,毛色艳丽,头角峥嵘,虽未得大用,但山川大地将任其耕耘,舍它其谁?

…………

是激励,更有得意溢于言表。你看,他接下来就夸另一个得意门生:

颜回呀,他的心能够长久地不违背仁道,一般人只能短时间内偶尔做到罢了。

三月、日月,有谓当为虚指,喻长期与短暂,吾以为通达。其余,大抵解为其他的学生,吾以为欠佳。

骍且角,面貌焕然;不违仁,德行高洁。夫子对这两位学生可真够有爱的,一夸再夸。开篇刚夸冉雍"可使南面"、颜回"唯好学者",隔着两辆粮车又变着花样夸一回,爱之甚一至如斯?可是,为什么要隔着那两个"与粟"段子?无所指吗?吾不以为然!

"与粟"两事,夫子所讲之理,守制、周急也。若贯通上下文,其意自见,夫子为门人弟子张目,师者守制,题中应有之义也,有溢美处也无不可。据此断言,冉雍、颜回为夫子最得意之门生,我以为稍过矣。观两位生平,或可谓德行高洁、学问精深,却未见大功业载于史,夫子晚年多盛赞,固赏其才德,也应不无"周急"之义!

另有案稽据《中弓》第一支简称,"季桓子使仲弓为宰,中弓以告孔子",引发了师徒之间的对话,始有"骍且角"之语。却也与经义无碍!此处或为夫子暮年故事重提,更有"老父惜弱子"之情。那年头,牺牲能够被宰了献给神灵,据说是一种"荣幸",是极好的归宿,"山川舍诸"常被解为极大的不幸——大神都不吃了俺啊,那是我的血脉不够纯正高贵——那些大牲口,我没办法跟它们交流,对这种荣耀也就无法感同身受,但愿它们能在神眷中安详。

冉雍确曾为季氏宰三月,谏不能尽行,辞而归,终生侍于夫子,不曾"使南面"……

◎不许当逃兵

季康子问:"仲由可使从政也与?"子曰:"由也果,于从政乎何有?"曰:"赐也可使从政也与?"曰:"赐也达,于从政乎何有?"曰:"求也可使从政也与?"曰:"求也艺,于从政乎何有?"

季氏使闵子骞为费宰。闵子骞曰:"善为我辞焉!如有复我者,则吾必在汶上矣。"

枫解:季康子问"能不能用他处理政务"?夫子说,仲由果敢、端木赐通达、冉求博艺,"于从政乎何有"?让他处理政务何难之有?

有谓之,怎么可能处理好政务呢?称仲由果敢当统军,从政过刚易折;端木通达当为文,从政过于超然,实在不妥;冉求多艺宜做名士,从政未必有果。言之也自成理。另谓之,其时季氏秉持鲁国权柄,嚣张跋扈,多有违礼,夫子不愿门人弟子事之,是以,婉言辞之。随后便有一例证:

季氏请闵子骞到费地当邑宰,他对传命的人说,请帮我婉言谢绝吧!如果再来找我的话,我一定会逃到"汶上"去的。

有说汶上,为汶水之北,暗指齐国之地,跑国外去;有说汶上,为汶水之上,宁愿跑去当渔夫。我倾向前者，但不管怎样，就是不干了，你再来，我就跑。闵子骞，闵损也，字子骞，以孝称于世，为孔门七十二贤之一。据史料记载，闵损虽曾坚辞，后经夫子劝解，终任费宰。可见夫子婉拒之说不足信也！若无婉拒意，"从政难成"之说就有些不太牢靠了。反观孟武伯问仁乎，夫子可曾拒之？由"可使治其赋"、求"可使为之宰"，言尤凿凿，莫非同为三桓之列，孟孙德行高于季孙乎？再观史载，三子可曾仕于季氏乎？

故，吾从"何难之有"说，自是没什么困难了！至此可见，果、达、艺，从政之优良基因也。子路、子贡、子求三位在功业上，的确也颇有建树。

较之孟武伯问"仁乎"，季康子问"可使从政也与"，更为高明，简洁扼要，且透着诚意。夫子答孟武伯曰："不知其仁也"，答季康子曰："于从政乎何有"，也就顺理成章。果、达、艺三词足以概三子之妙，何必耗费口舌？这才是行家交流，实言真语，直捣黄龙。我把他们的优点讲透，怎么用，你看着办吧；能不能用好，我等着瞧。

◎贫病不易志

伯牛有疾，子问之，自牖执其手，曰："亡之，命矣乎！斯人也而有斯疾也！斯人也而有斯疾也！"

子曰："贤哉，回也！一箪食，一瓢饮，在陋巷，人不堪其忧，回也不改其乐。贤哉，回也！"

枫解：伯牛，名耕，冉老大也，这人命不好，在《论语》里甫一亮相就有疾将亡，命不久矣！据史载，此人德行高洁，善待人接物，官至中都宰，卒于何年何月却无从考证。

后世诗文中，"伯牛之疾"指不治之恶症。朱熹集注谓之曰："'有疾'，先儒以为癞也……'自牖执其手'，盖与之永诀也。"这样解释，缘于有人责难，其人将亡，夫子怎忍心不临榻以探而诀别于堂外？倘若惧恶疾传染，"执其手"何解？窃以为，夫子不过痛人心扉不忍直视罢了，故曰："完了，这命没得救了！这样的人竟然也得这样的病！这样的人竟然也得这样的病！"反复哀叹，如泣如诉，怜子如何不丈夫？何必矫饰过盛。

另有一解，句读为"亡亡之命，矣乎！"谓亡通无，矣乎为感叹虚词，无实义。没有这样的命理呀，这样的人怎么会得到这样的恶疾呢？文理勉强通，但反观子贡曾说"夫子之言性与天道，不可得而闻也"，此说实不足取！至于"亡之"解为"完了"，取古语之法，许多地方语言至今还保留有这种用法，泛指事之不可为也，非确指性命之事。

伯牛有疾，夫子意在何处？似不曾明言。且往下求解：

贤达啊，颜回！一竹筐饭，一瓜瓢水，居住在简陋的巷子里，别人都受不了那穷苦的忧愁，颜回却能不改变自有的乐观。贤达啊，颜回！

又是反复强调，赞叹不已。穷困之中，不改其乐，确实豁达！那么，得疾之伯牛呢？夫子岂能言之惟表其哀？吾不圈断此章，意正在此。历来贫病为大劫，多少人在此中意销志损，终致一无所成。伯牛、颜回处之坦然，不易其志，不改其乐，不愧贤者之名，此也是夫子记兹念兹之所在也。倘若伯牛于病中满是愁绪，怨天尤人，估计夫子往问，也不至于感叹悲伤如斯。无只言片字，执手于牖，唯闻师长白发之悲，这样的画面不难想象，有恬淡之气充盈，哀而不伤也。

轻飘飘的几行文字，写得简朴，读之轻省，越品却越是分量沉重，这份修为，谈何容易啊！

◎士不可不弘毅

冉求曰："非不说子之道，力不足也。"子曰："力不足者，中道而废。今女画。"

子谓子夏曰："女为君子儒，无为小人儒。"

枫解：不是我不喜欢夫子的学说，而是我力量不够。

如果真是力量不够，走到半道就会停下脚步了。现在你还没有起步呢。

画者，本义为划分界限，此处解为截止、停止，源自何晏集解引孔安国曰："画，止也……自女自止耳，非力极。"还没有达到自己力量的极限，何必故步自封？重振雄心再出发，今日何妨重启程。

另有一说，冉老三此处言"力不足"，非指自身修学，而是指推广夫子之道，觉得自己的力量太微小，无法实现老师平生之愿，有内疚意。夫子是以劝勉之。此说也通，却无旁证，有演绎过度之嫌，且与本篇语境难以贯通，故不采信之。是谓：学无止境，莫画樊篱。

你要当"君子儒"，不能当"小人儒"！

历代《论语》解家多喜此节，仅一"儒"字，从字义到源流，从职业到派系，就能解出无数花样。大注经典的年代，一字而成之文章，蔚然可观。诸君有雅兴，可另作参阅，吾只取"读书人"称之。若杂以"君子小人"之辩，更是累牍塞屋。其或提至道德高度，其中最为广泛流传的当是《三国演义》中诸葛亮舌战群儒那段，精彩无比，录之如下：

儒有君子小人之别。君子之儒，忠君爱国，守正恶邪，务使泽及当时，名留后世。若夫小人之儒，惟务雕虫，专工翰墨，青春作赋，皓首穷经；笔下虽有千言，胸中实无一策。且如扬雄以文章名世，而屈身事莽，不免投阁而死，此所谓小人之儒也；虽日赋万言，亦何取哉！

践行仁道者，君子之儒；知而不行者，小人之儒。

汝为，君子儒；无为，小人儒。

…………

子谓子夏，夫子如此评价子夏这位才华横溢的学生，规劝其知行合一，有所作为。

此论极妙，却总是觉得多了些许杂味。吾以为夫子此处，当无褒贬之意，这个"小人儒"不是斥责对象，只是庶民中的读书人，心态依旧为庶民之儒，德功言无一所立，毫无建树。旁参"君子周而不比，小人比而不周"之义，实为告喻弟子：读书人必须有坚定的信念和原则，切莫只会空谈道理，而是要坐起立行。

是谓：士不可不弘毅也！自发正己心于前，劝勉正他心于后，当为此章之本意。

◎心中有正气

子游为武城宰。子曰："女得人焉耳乎？"曰："有澹台灭明者，行不由径，非公事，未尝至于偃之室也。"

子曰："孟之反不伐，奔而殿，将入门，策其马，曰：'非敢后也，马不进也'。"

枫解：澹台灭明，复姓澹台，双名灭明，字子羽，鲁国武城人。经子游推荐，受业于夫子，因状貌甚恶，夫子以为才薄，后退而修行，游学吴地，有门人三百余，成为影响力颇大的教育家，夫子遗憾地称："以貌取人，失之子羽"！

径，小路也，便捷之途；偃，仰面卧倒，偃之室意为休憩之私所。或说，偃，是子游自称，"偃之室"即"我的家里"，更合文法，却也于经义无碍。

子游到武城当邑宰，夫子问他，你在当地有没有发现什么人才？他回话说，有个叫澹台灭明的，这人从来都不抄小路，哪怕不是公事也如此，也从来不到我的私宅来。

不走捷径，不跟父母官套交情，看起来有恪守礼制的君子风骨。

另有一说，谓径为道，行不由径，不走常道也，即是不按套路出牌。但"非公事未尝至于偃之室也"，也就是说他这么干从来不是为了个人私事，没有公事不到子游休息的私宅。

这种解法多了几分通达和不羁，我更为喜欢。哪种正确？没有更多的资料可以作旁证，无法确定，总之子游兄很欣赏他，把他引到夫子门下。可怜这小子长得极为丑陋，拜入孔门后不为夫子重视，学了一段时间，就离去自修游学。

孟之反，姬姓，孟孙氏，名子反，或谓子侧，生卒年不详，春秋末年鲁国孟孙氏族人，《左传》中作"孟之侧"。另有一说，此处"孟"指孟孺子，谓"孟之反不伐"是孟孺子全师而返不愿意打一场不义之战。吾以为不足取信也！此战，据考，当为鲁哀公十一年春，即公元前484年，发生的齐鲁之战，是役，齐攻鲁，于孟孙氏而言，乃卫国之战，何来"不愿征伐"之说？若连为国守土都不干，夫子能不斥责反而赞誉之？据《左传》所载，此战冉求、孟孺子分别统领左右军。左军击齐，入其阵获甲首八十；右军自奔，在孟孺子带领下甫一接战就撇下友军独自跑路。孟之反也在右军中，殿后而行，将入门，抽出箭来策马，大呼小叫，不是我有胆量走在后面，只是这马跑不起来呀！

孟之反不伐，品行超脱，而且他的不自夸幽默风趣，一方面给足同袍面子，另一方面也不让领军的家族继承人孟孺子有借口找后账。处理善后事宜，周全而富有艺术性，堪称练达！而潜藏在这份诙谐之下的是一股赤诚之心，宗族的命令我违抗不得，但我依然可以曲线报国，譬如徐缓撤退以牵制敌人，譬如殿后以保全自身力量。我想，这才是夫子肯定他的基础，如果祸国殃民，哪怕是手段再高明百倍，又何足道哉？

若承应于上，"行不由径"意译为不走寻常路，应该更为恰当。是谓：心有正气，不拘一格！

◎狗洞钻不得

　　子曰："不有祝鮀之佞，而有宋朝之美，难乎免于今之世矣。"
　　子曰："谁能出不由户？何莫由斯道也？"
　　子曰："质胜文则野，文胜质则史。文质彬彬，然后君子。"
　　子曰："人之生也直，罔之生也幸而免。"

枫解：如果没有祝鮀的辞令之才，哪怕有宋朝的俊美之貌，在今天这样的世道也难免遭受祸害。

祝鮀，大祝子鱼，卫国大夫。大祝为官职，司宗庙、国家祭祀，字子鱼，据《左传》载，擅于辞令，为卫灵公所重用。宋朝，世袭宋国公子，单名朝，故多称宋国子朝、宋子朝，或宋朝，卫灵公之宠臣，以美貌称于世，如今时之超级小鲜肉。一个口舌涂蜜，一个鲜嫩诱人。居然，还有人把"而"解为"与"，这得祸祸了多少人？你看看子朝兄，一个人就把君主卫灵公的嫡母襄夫人宣姜和夫人南子都勾搭上了。甚至跟齐豹、北宫喜、褚师圃勾结作乱，将灵公赶出卫国。后来灵公复国，不得已才逃亡到晋。再后来，居然还让南子弄回卫国。这样的人如果再有祝鮀那种花言巧语媚惑人心的口才，怎么会混不开？

夫子此叹更像是一句反讽，祝鮀、宋朝之流当道，世乱纷纷，没点真本事日子可不好过呦。可是又怎样呢？

谁能出不由户？何莫由斯道也？

谁能够不经过房门就走到屋外呢？为何总是不从我们倡导的正道走呢？或谓，"斯"者，"出不由户"也，为什么"放着好好的大门不走，却偏偏非得去翻窗越户钻狗洞！言下之意是，人终究还是要走正途的！为什么？

质胜文则野，文胜质则史。文质彬彬，然后君子。

质为内在，文为外表。内之胜在于朴实，表之胜在于文采。野者，粗鲁无文也；史者，载事之文书也，此处有流于表面之意，纸上之得来也。简言之，朴实多于文采，就未免粗野；文采多于朴实，又未免虚浮。内外兼修，配合适当，这才是君子。下一句就接了上来：

人之生也直，罔之生也幸而免。

直者，不弯曲也。有谓人之行事，宜在直中取；有谓人所生存之社会终究是有正义的，是公正的。罔者，不正直也。简言之，人的生存还是必须正直的，不正直的人虽然也能存活，不过一时侥幸免于惩罚而已。

祝鮀、宋朝这样的人，无论古今，大多数时候都挺吃香的，只是鲜能得以善终。佞言、美貌，终为世之皮相，因人而成事；若人不赏之，则一文不值。似浮萍寄世，毫无根基，于乱世中更如风中弱花，难经霜雪。故，君子当修身，心中有定，始能屹立于世。是谓：内外兼修真君子，何必侥幸学小人！

◎请君上层楼

子曰："知之者不如好之者，好之者不如乐之者。"

子曰："中人以上，可以语上也；中人以下，不可以语上也。"

枫解：经文之上，知、好、乐，三者依次递进，历来几无异议。"之"却有多解，有谓学问者，有谓事功者，或谓兼而有之者。至于学问一途，有人称，乐之不如知之，世间知识无穷尽，作为一个有志于学问的人，必须有更多的科学精神、求索精神、实证精神、民主精神与终极探索精神，不能躺在前人的成果之上享受。道理非常正确，只是对"乐"字理解有偏差了，所谓乐者，乐在其中也，是真趣，非独享受也。若能乐此不疲，必是真爱好；若是真爱好，必有永不满足的求知欲。

吾谓之：不格致何以知之？不知之何以好之？不好之何以乐之？能于学习之中，找到自己的爱好，这是修学、授学非常重要的一步，也是我们确立自己学习重心的关键，是儒家传统启蒙学的真正要害，惜乎今不得见矣。

回归到现代语境，"中人"之句争议更大，有谓人生而平等，何来上中下之分？一下子就上纲上线，称夫子此言是"秩序格式化"的封建残余。真是岂有此理！中人，人中之中等水平也，讲的是学力、资质，与人格何关？而且这是非常科学、公平的道理，没有任何褒贬之意。举个例子，某人在数学方面，就是个"中下之人"，天赋一般、学得也一般，你非得让他听什么高等数学，有意义吗？他乐意吗？但他可能就是个音乐天才，是"上上之人"，当然可以学习最高端的乐理了。这是因材施教的典律，听风就是雨，实在有些莫名其妙。

更令我觉得莫名其妙的是，没有人提及过"仁道"修行的。而我却认为，夫子这两句经文，讲的就是"仁道"修行，至少在此处是这样的，当理解为：

知仁者不如好仁者，好仁者不如乐仁者。

仁道修为中人以上者，可以语上也；中人以下者，不可以语上也。

懂得仁道的人不如喜爱仁道的，喜爱仁道的不如以行仁道为乐的！

"仁道修为中人"者，当为君子了，也只有到了这个境界和层次，才能跟他讲讲贤者之境，不然讲了只是徒增压力而已，甚至乱其心境，适得其反。如人之负重能力，必须通过锻炼逐步提高，循序渐进。

愿天下皆为乐仁者，纵使遍地"中人"也是大同矣！

◎两手都要硬

樊迟问知。子曰："务民之义，敬鬼神而远之，可谓知矣。"问仁。曰："仁者先难而后获，可谓仁矣。"

子曰："知者乐水，仁者乐山。知者动，仁者静。知者乐，仁者寿。"

枫解：樊迟向夫子请教关于"知"的问题。夫子说，"务民之义，敬鬼神而远之"，这样就可以算得上是"知"了。

此处之"知"通"智"。有解为"聪明"，即明智；有解为"智慧"。但对夫子此言理解上大抵相同，大概如此：必须致力于把人民引导到"义"的正道上，对待鬼神恭敬而保持距离，这就是"知"。只问苍生，不问鬼神！很好，很妙，只是这样或许可以称为明智之举，说智慧多少有些牵强吧？

为什么说"敬鬼神而远之"会产生智慧呢？这得从当时的社会风气讲起，是时，民智初开，一切未知之事皆归为鬼神之力。比如见到有雷击树而树未死，大家会认为这树成神了，赶紧拜祭一下；比如遭受水灾，大家会认为水里的神灵恼怒了，也赶紧拜祭一下……这拜拜，那拜拜，鬼神漫天。大家都一拜了事，也就没人去思考这些现象背后所隐藏的道理和规律了。所谓"鬼神生于天地"，不外乎自然现象之产物。夫子提出，对这些"鬼神"，也就是自然现象，要保持敬畏之心，但不能深陷其中，而是要保持距离，这样才能去思考探索，也才会有智慧产生，格致之用始于此也！所谓"务民之义"当为"教导民众之要旨"也！故此，夫子才会说：

仁者先难而后获！

先克服这些心理上的难关，才能有所收获！

历代解家大都会说"先付出后收获"，或者"困难先己后人，收获先人后己"，字义皆通，比我之解高妙，却无法贯通一气，吾不取之！所谓仁者，先正己而后正人，你自己都过不了"鬼神"这关，如何"务民"以知？

夫子进一步解释说：

知者乐水，仁者乐山。知者动，仁者静。知者乐，仁者寿。

这句在解法上的争议就更大了，可谓"见仁见智"！一谓知者乐于水，一谓知者乐如水。我倾向后者，有智慧的人更喜欢水，逻辑上讲不太通，应该说智者之真趣如同水一般。当然接下来的经文也就有所变化，窃以为当作如是：

知者乐如水，仁者乐如山；知者乐动，仁者乐静；知者乐乐，仁者乐寿。

智者之真趣如水，仁者之真趣如山；智者之真趣是灵动的，仁者之真趣是清静的；智者之真趣在于欢愉，仁者之真趣在于永年。

很多解家非得据此争辩出知者仁者孰高孰低，实在无趣得紧！智者灵动，于万物变化之中求不变其宗之至理；仁者冲和，以不易之恒常大道应对世间诸多变幻。哪来的高低呦，不过修身中两种不同途径罢了，智者求知，仁者问心，心智两健，始为君子！

◎形变神不变

> 子曰："齐一变，至于鲁；鲁一变，至于道。"
> 子曰："觚不觚，觚哉！觚哉！"

枫解：齐国一变，就接近鲁国的水准；鲁国一变，就进而合于大道。

这一变指的是什么？有说政治经济者，有说文化教育者，却总是讳莫如深。大抵说齐鲁是周王朝经济文化之重要区域，这里一变，就推动整个天下的发展。西汉《淮南子》书称，"齐得姜太公举贤尚功遗风，鲁得周公尊尊亲亲真传。"一是道家正宗，一是儒门大统，确为中华文明之源。齐鲁风动，天下自是景从。事实究竟如何？又是怎么变的呢？而鲁变为什么强于齐变呢？

周武王封太公姜望于齐，封周公旦之子伯禽于鲁，逐成周王室之强藩。及至周末，铁器耕牛广泛应用，农业大兴，私田泛滥。齐桓公约于公元前630年，重用管仲实施变法，重视商业、重定税法、革新官制及兵制，始有齐桓公之霸业。此为"齐一变"也！及至公元前594年，鲁宣公推行"初税亩"，也开始变法，其后更有"作丘甲""用田赋"等税收政策。此为"鲁一变"也！

鲁之变法是在齐变的基础上进行改良的，所以更强更周全。而正是这一变，诸侯纷纷效仿，推动了井田制的瓦解，也加速了周王朝的削弱，造成"礼崩乐坏"的局面。这样的史实让历代解经者不得不含糊其词，称鲁之变法"至于道"让那帮老先生情何以堪？刨了他们"周礼"之根呀，焉能不如丧考妣？天都塌喽！你看下一句：

> 觚不觚，觚哉！觚哉！

他们只能拿个酒器说事了，觚者腹部、足部各有四条棱，每器能容当时量二升（或曰三升）。一猜夫子时，流行之觚为圆形，而非昔日上圆下方之状，因而慨叹当日事物名实不符，如世风日下；一猜夫子时，流行之觚容量大增，失去令人少饮莫沉湎之意，是人心不古。貌似言之成理，不过迂腐之见！窃以为，夫子此感慨，有欣然之意，乃承上文而曰，这觚看着没有觚的样子，它不是觚吗？确实是觚啊！故而改一句读如下：

> 觚不觚，觚哉？觚哉！

觚者，饮酒之器也，吾辈饮者，酒耶？觚耶？礼制者，治天下之道也，吾辈守者，礼耶？道耶？

脱不下形骸，放不下皮囊，哪里看得到层层外壳包裹着的那颗种子？仁呦，从哪生发？

莫将夫子当腐儒，蝇蝇苟苟说《论语》！

◎别耍小聪明

宰我问曰："仁者，虽告之曰：'井有仁焉。'其从之也？"子曰："何为其然也？君子可逝也，不可陷也；可欺也，不可罔也。"

枫解：要不说宰我这小子坏呢，你看看他都问了什么样的问题：

仁者，如果告诉他说："井有仁焉。"他会不会跟着跳下去呢？

"井有仁"，有说井里有仁人的，也有说井里有仁道的。一为救援同侪，一为奋力求道，貌似皆通，却也都令人费思量。夫子怎么解答的呢？

何为其然也？君子可逝也，不可陷也；可欺也，不可罔也。

传统解法说：你为什么要这么做呢？君子可以叫他远离此处，却不可以陷害他；可以欺骗他，却不可以愚弄他。这个解法对君子爱意满满，洋溢着保护之情。

也有谓"逝"通"折"，是为可得而摧折之，不可非理陷害之。谓"欺""罔"者，是"君子可欺以其方，难罔以非其道"也。这其中还牵涉到《孟子·万章上》中的一段对话，故事大概是这样的：有人送了些活鱼给子产，子产让校人放在池塘里养着，这家伙把鱼烹去吃了，然后回来复命说，鱼刚开始有些蔫蔫的，一会就活蹦乱跳的，然后游着远去了。讲得煞有介事。子产说："得其所哉，得其所哉。"校人一出来就跟人讲，谁说子产聪明了？我把他的鱼吃了然后回去忽悠他，他却说"得其所哉"。讲得洋洋得意。孟子的结语就是"君子可欺以其方，难罔以非其道"。关于这个"方"，都说是技巧、方法，也有说是"方正"的，简言之，就是君子书多人傻，只要巧妙些就能骗他呗。

君子可得而摧折之，不可非理陷害之；可以使点技巧欺骗他，不能用不合理的手法愚弄他。

这个解法很有"杀身成仁"的壮烈之气。可，这是君子，还是书呆子？

我以为，方者，当面也！校人烹鱼归以复命，子产真的一无所察吗？我看未必，鱼入人腹，不也是"得其所哉"吗？人是小吏，不更是"得其所哉"吗？非是不知，只是不争，只是心怀怜悯罢了。我虽称不上什么君子，可也经常面对"说谎者"而不戳穿之，权当付点小费看场戏，一笑而过。

"折""欺"皆为正面之举，"陷""罔"皆为背后阴谋。对待君子，不应该耍阴招。真正的君子，都是智仁双全之士，人家会轻易看穿的，也许不会跟你计较，但会小看你，甚至再也不跟你玩了。这是夫子对宰我的告诫：

你怎么可以这样说呢？

你怎么可以有这样的念头呢？

别抖这样的小机灵，很危险的!

◎夫子也有绯闻

子曰:"君子博学于文,约之以礼,亦可以弗畔矣乎! "

子见南子,子路不说。夫子矢之曰:"予所否者,天厌之! 天厌之!"

枫解:君子广泛地学习文献,再用礼制加以约束,也就可以不至于离经叛道了。

此处"畔"通"叛",意译为离经叛道,堪称传统解法中最雅达者。有争论的是,这个"之"字究竟何所指? 一谓指"君子",一谓指"文"。有何不同呢? 若指君子,是为以文博之,以礼约之,使其博学而守礼;若指文,是为以文博君子,以礼约其文,是"由博返约",由广泛而入精深。前者指人,后者指学问。毛奇龄的说法颇有道理,录之如下:

博约是两事,文礼是两物,然与"博我以文,约我以礼"不同,何也? 彼之博约是以文礼博约回;此之博约是以礼约文,以约约博也。博在文,约文又在礼也。

其中言及的"博我以文,约我以礼",出自《子罕》篇,是颜回所讲的夫子对他的教育方式。

两种解法都有道理,仅从此段经文的字义上来解读,肯定无法得到明确答案,我们不妨往下看看。下面这段可就有意思了,"子见南子"可称为儒门第一公案了,至少也得说是最著名的,历来争议极大,在近代还因之闹出一场大官司,弄得举国瞩目。其实也不奇怪,夫子乃千古圣贤,南子是艳名灼灼的女政治家,两人只需站在一块,那就是一台现代宫斗戏呀,若在如今,得让多少段子手热血沸腾? 还是把这些绮念收回来吧,看看史书上怎么说的。"子见南子",典有两出:一是《论语》,也就是上头那段;一是《史记》,可就详细多了,录之如下:

灵公夫人有南子者,使人谓孔子曰:"四方之君子不辱欲与寡君为兄弟者,必见寡小君。寡小君愿见。"孔子辞谢,不得已而见之。夫人在絺帷中。孔子入门,北面稽首。夫人自帷中再拜,环珮玉声璆然。孔子曰:"吾乡为弗见,见之礼答焉。"子路不说。孔子矢之曰:"予所不者,天厌之! 天厌之!"

隔帷相见、礼数如仪、环珮玉声璆然,却无一语落于青史,太史公这笔墨功夫实在了得呀。关键的关键还是出来之后这一段,面对子路之不悦,"矢之曰",太是启人疑窦了。赵翼在《陔余丛考》中写道:

《论语》唯"子见南子"一章最不可解。圣贤师弟之间，相知有素，子路岂以夫子见此淫乱之人为足以相浼而愠于心？即使以此相疑，夫子亦何必设誓以自表白，类乎儿女之诅咒者？

这个观点历来就有，他算是说得最直白的。面对这种质疑，各种辩解纷纷出炉。其中最得我心的还是毛奇龄反诘朱熹的那一句，"古并无仕于其国见其小君之礼，遍考诸《礼》无所见"。夫子说："吾乡为弗见，见之礼答焉。"子路于是不悦，你去见人家的"小君"本来就是违礼了，还说什么见之礼答。夫子这事本来就办得不爽利，又是心虚又是委屈的，一见子路面露不悦之色，可不就得赌神罚咒的：

我若有不合礼，不由道者，天将厌弃我！天将厌弃我！

多率真可爱的一个老头呀，非得解释得那么麻烦。不就是去见了个名声不太好的女强人嘛，搞得好像多大罪过一般。

关键的关键在哪儿？《论语》中为什么要有这段？而且就放在这个位置？窃以为，两段经文，所讲者，皆礼也！贯而通之，才能得正解！子见南子，违礼也，虽辞而不得，也是违礼了。所违者是其"小君"身份，私见有违臣礼；而不是什么美艳妇人、名声不堪，流言蜚语。那么，这上一段的"之"也就显而易见了，所指者"君子"也！

我这么博学的人，就干了见南子这么一件有违礼制的事情，还被子路甩脸子，逼得对天发誓，你们看着办吧，别以为书读多了就可以由着性子胡来，可以无视礼制了。

◎一步一个脚印

子曰："中庸之为德也，其至矣乎！民鲜久矣。"

子贡曰："如有博施于民而能济众，何如？可谓仁乎？"子曰："何事于仁！必也圣乎！尧舜其犹病诸！夫仁者，己欲立而立人，己欲达而达人。能近取譬，可谓仁之方也已。"

枫解：夫子说，中庸作为一种品德标准，已经是最高级别了。民众已经长久地缺乏它喽！

子贡接过话头说，如果有人能够广施恩惠，泽及万民，而且助力大众，周济四方，怎么样？可以称得上是仁人了吧？夫子说，岂止是仁人，这肯定是圣人了！尧舜都无法做到这样完美无缺。什么是"仁"呢？"己欲立而立人，己欲达而达人。""能近取譬",可以说是实践仁道的方法了。

中庸,这个词细解起来需要的笔墨可就多了,简而言之,不偏不倚,中正平和。权且依用原词,不做展开详述。

所谓立,独立、自立也,挺直脊梁立于天地间。何谓达?行于大路之上,通达通畅无阻碍,念头清明事理精晓。能够帮助他人像自己一样自立,也能帮助他人如自己一样通达,这就是"仁"!当然,自己先得自立通达吧?

此为仁道之"忠"也,是仁修之始也,是推己及人。其所"欲"者,良愿之火也。子贡小朋友一上来太高端了,夫子给他压一压,磨一磨,别想着圣人的事情,先从身边的小事做起吧,此为"能近取譬"也。深思之,其中也不无以近及彼、自亲及外之意。

············

观《雍也》篇,夫子起始外用浓墨重彩夸耀冉雍、颜回这两位高徒,内表"守制""周急"两义。随后借季康子之问、闵子骞之逃,说士之道在于仕;以伯牛之疾、颜回之贫,说士当不易其志不改其乐,在红尘之间历练在贫病之间锤打。通过和冉求、子夏的对话,引入"忠"的主旨。以澹台灭明、孟之反为例,讲君子修身心存正气为根本。进一步指出,内外兼修、循序渐进、心智双健为要旨。从齐鲁之变,说君子需适时而易。对宰我之问,劝他人莫与君子抖机灵。更以自身为例,告诫弟子,守礼为第一要务。最终提出中庸之德,言及仁道修行始于足下。

依然只讲一个"忠"字,一点良愿之火如心灯,浩然正气传千古,矢志不移,其乐不改,内通外达,圆融无碍,在红尘中勘磨,于礼制中生根,从细微之处着手,向高洁之处求存。

《公冶长》偏于心,是心诀;《雍也》偏于中,是修诀。中者,正也,因时而易,随势而准,代有不同。能持中而正者,须定其心,明其智,博其文,约其礼;世事洞明,人情练达;质朴而文盛,不迂腐,不虚浮,有真趣;闻达不夺其志,贫病不改其乐。炼心修智,缺一不可,失心则妖,失智则愚;心胜于智则痴,智胜于心则狂。

愿诸君能勤修不辍,令此心灯传承不灭……

述而篇第七

◎所求无非一个字

子曰："述而不作，信而好古，窃比于我老彭。"

子曰："默而识之，学而不厌，诲人不倦，何有于我哉？"

子曰："德之不修，学之不讲，闻义不能徙，不善不能改，是吾忧也。"

枫解：阐述而不创作，以相信的态度喜爱古代文化，我私底下拿自己与"我老彭"相比。

"我老彭"历来有二解：一谓我的老彭，为夫子所亲密之友人，名号"老彭"，史无所载；一谓老子、彭祖，或独指殷商时代之彭祖，此处之"我"指夫子思想上与其亲密，类似于我的偶像意。承上"信而好古"，当取老子、彭祖，也符合夫子素日里对此二老之崇敬。

观夫子生平，《诗》《书》《礼》《乐》《春秋》《十翼》，六经所书，更多的是文献上的整理，继承前人的学识，而少有自己的创作，确为"述而不作"；而其所信者，必考而证之，后始有信，非是照单全收，有笔削春秋之举，有删减诗经之为，是为"信而不迷"。

对于传统文化，历来有"信古"与"疑古"两个流派，纷争甚多。窃以为，并无高下之分，古可信也可疑，不可者乃"走极端"也。吾从夫子而信，却不因之复古，唯沿袭其善而从之，此题外话。

上面是夫子对自己的总结，下面就是心得体会了：

默记所知所学于心，不断求知而不厌倦，教导别人而不疲怠，"何有于我哉？"

品德不培养，学问不讲习，知道义却不跟从，有缺点不能改正，这些都是我的忧虑！

何有于我哉，有解为"做到这三样我还有什么好说的呢"，有解为"这三样我做到哪些了呢"，吾取后者，与下文合并，称之为"三省四忧"，是夫子修身的诀窍。

静心，退而默之，所知始能在心头生根，化为"识"；不厌，有乐，真趣自生，修行始得勇猛精进；我诲于人，有所思，有所践，乐此不疲，所学始得去芜存精。而这三样，我能做到哪些呢？时时自问，自我鞭策！

进一步，更从四方面严格要求自己，以身不能行之而忧心忡忡，哪四方面？修德、讲学、从义、改过！其他三者在前面多有论述，可不细表，唯"讲学"得好好论论。何谓"讲学"？如同今日之学术达人到处宣讲吗？与"诲人"可有区别？窃以为，夫子之"讲"有三层涵义：一是讲究，注重并探求之，令学精深；二是讲习，共同讨论研习，学而践行；三是宣讲，至此方为传播。三省实为一讲也！

四忧者，岂独于人乎？所谓乱世者，有几个不是从这四忧里生发出来？但见风气转劣，也是令人忧心忡忡啊！

述而不作，信而好古，三省四忧，夫子所求者，无非一个"真"字。行守真意，学求真知，能得真趣，愿做真人。

◎学点方法论

子之燕居，申申如也，夭夭如也。

子曰："甚矣吾衰也！久矣吾不复梦见周公！"

子曰："志于道，据于德，依于仁，游于艺。"

子曰："自行束脩以上，吾未尝无诲焉。"

子曰："不愤不启，不悱不发。举一隅不以三隅反，则不复也。"

枫解：燕居，日常之闲居也；申申，整束之貌；夭夭，和舒之貌。简单点说，夫子平常在家，也就求个整洁方便、舒适欢悦，没什么特别的，最多也就干净整齐一些，笑容多一些，绝对是一个和蔼的邻居老伯。下面这句可就没办法简单了：

我衰老得多么厉害呀！我好长时间没有梦见周公了！

周公，周公旦也，姓姬名旦，周文王之子，武王之弟，鲁国之始祖，夫子之偶像，奉之为圣。就字面而解，未有疑难，有异议者如是：夫子因"衰"而"久无梦"，还是因"久无梦"而"衰"？一是身体衰弱到连梦里见见偶像都做不到，一是以梦代思，长时间不与周公进行"思想交流"，感到"灵智不足"。依今日之医学常识，若是体衰，正是多病之时，莫不是体衰而梦无力，连圣人都不愿会？仅以此句而言，此疑无解，且向下求之：

以道为志向，以德为根据，以仁为凭藉，游憩于礼、乐、射、御、书、数六艺之中。

此为修身之道也，承于上，不难得知，不论是无梦，还是燕居，当有此意。与周公之梦会，是日之所思梦之所萦也，朝圣慕贤尔，衰者自是灵智而非躯体。而燕居之平常和乐，不过修身显化之象罢了，是谓于朴实之处见不凡。志道、据德、依仁、游艺，修身四课业尔。以志道为心，据德、依仁为魂，游艺为体，能得自身圆满。

修得自身就完事了吗？夫子所倡者，可不止于此，还有下面的另一半：

只要自愿前来奉上束脩的，我从来没有不教诲的。

脩者，腊肉也，也称干肉，或脯，一条为挺，十挺为束，古代以束脩为见面之礼。自夫子之后，却成了儒家弟子的拜师礼。束脩奉上，以示求学之诚意——只要你愿意来，我就不吝于教！这在当时可是不得了，认个字都是神圣得很，各种文献堪称国之重器，但凡称得上为手艺的都是父传子承，甚至传嫡不传庶，六艺岂是一般人能够得闻的？以束脩换取艺业，真是一个令人瞠目结舌的创举，代价也实在菲薄得令人不可思议。更为离经叛道的是，不分良贱，一律施教，完全打破了原来的知识传承体系，也难怪很多大贵族对他恨之入骨。腊肉收下，入得门来，怎么教呢？

不到他想求明白而不得的时候，不去开导他；不到他想说出来却说不出的时候，不去启发他。告诉他东方，他却不能由此推知西、南、北三方，便不再教他新知识。

什么意思？愤者，发愤之心，求知之欲也，这种情绪不饱满，学起来怎么能够牢固呢？悱者，久思若有得，却难以诉诸于口，形而成言，一层薄如窗户纸的"知识障"让人百爪挠心时，往往一字可破，且能记忆终生；举一反三，再受新知，思学并重之旧事也。

燕居、梦周、四课，立己也；收束脩、启发复，立人也。立己有方，立人有法，夫子此处所讲者，无非一个"法"字。

◎心安是吾乡

子食于有丧者之侧，未尝饱也。

子于是日哭，则不歌。

子谓颜渊曰："用之则行，舍之则藏，惟我与尔有是夫！"子路曰："子行三军，则谁与？"子曰："暴虎冯河，死而无悔者，吾不与也。必也临事而惧，好谋而成者也。"

子曰："富而可求也，虽执鞭之士，吾亦为之。如不可求，从吾所好。"

枫解：夫子在有丧事的人旁边就餐，从来没有吃饱过。

夫子"于是日"哭泣，就不再"歌"。

在有丧事的人身边，食不得饱，这个不难理解，无非人之同理心罢了，心有怜悯而已。若不是癫狂痴愚之辈，焉有他人饮泣我饮酒的行为？

"于是日"就有争议了，一说特指有丧事的那一天，一说是泛指有"泣"的哪一天。歌字，传统上解为唱歌，令人费解。难道泣与歌皆是情绪大动，反复有伤其身，不合夫子持中之道？纵是治丧之时，悲而歌之，也不算违礼吧？窃以为，歌者，可唱可听，也可作，此处与泣相对，当意译为娱乐。两段分拆虽无不可，但合一貌似更佳，可译之如下：

夫子吊丧，在其家用餐，从不饱食；当天大抵会跟着流泪，也不参与娱乐。

不过一个平常长者，何必神而化之。关键是，记述这平常无比的"丧"，究竟想表达什么？讲夫子多守丧礼多重丧葬吗？还是讲夫子推己及人的同理心？且从下文分解。

谓颜渊与答子路，分合各有人持之，吾愿合之，成一饶有趣味的段子，故事大概如下：

某日，夫子对颜渊说："用我呢，我就去干；不用呢，我就隐藏起来，只有我和你才能做到这样吧！"子路在旁边听了，有些不爽地问道："如果您去统帅三军，会选谁共事呢？"夫子说："赤手空拳与老虎搏斗，徒步涉水过河，这样死了都不会后悔的人，我是不会和他共事的。我要找的，一定要是遇事小心谨慎，善于谋划而能完成任务的人。"

用行舍藏，千年以降，对这个话题的讨论从未停止，其中很多都是著名的文人士大夫，笔墨功夫、典籍掌故，乃至人生阅历皆超强，写出来的东西自然非常有看头，但总的来说，大家关注的点还是落在"行""藏"两字，讲的是进退得失。我比较奇怪，每读至此，首先刺入眼帘的总是"用""舍"两字。曾经有朋友问及此话题，我告诉他，其实，夫子看得多清楚，这话就是说："你我这样的读书人，就像夜壶，需要的时候拿来用一下，不需要就扔床底下！别往自己脸上贴金涂粉！"其中虽然不乏打趣的成分，却藏着心酸的实情。古往今来，有不被夫子言中的吗？

暴虎冯河，夫子所论者非常明白，勇者，非血气匹夫之勇也，而是慎行善谋之勇，是大智大勇。

谓颜渊，是人择我；答子路，却是我择人。他人择我，在于用舍；我择他人，见其慎智。推己及人，推人及己，终究是在同理心上打转，总还是得有个原则性的标准吧？就是下面这句了：

富而可求也，虽执鞭之士，吾亦为之。如不可求，从吾所好。

富贵如果可以轻易求而得之，虽是操持"执鞭之士"这样的贱役，我也会干。如果不可求而得之，我就遵从自己所"好"。历代解家总是称"求"为"合道之追求"，虽堪称妙论，我却无法从字面上读出这种意思，我所见者，无非得失而已。富贵者，人之所欲也，虽夫子也不例外，不因役之贱而不为，那总有不为之原则吧？我有一问，夫子所好者为何？道也！德也！汝之所好者为何？若富贵所得，以失所好为代价，如人失心，行尸走肉，则这富贵于我何加？终日惶惶，纵是锦衣玉食、权势滔天，也是无甚趣味。窃以为，唯求心安而已！丧食不饱、泣而不歌、谓颜渊、答子路、求富贵，哪一个不是如此？

汝有所好，他人何如？

◎专注得真趣

> 子之所慎：齐、战、疾。
> 子在齐闻韶，三月不知肉味，曰："不图为乐之至于斯也。"

枫解：夫子生平所"慎"的有三件事情：斋、战、疾。

历代解家俱谓"慎"者，谨慎也，小心慎重以处之。真的仅仅如此吗？且看三事为何：

古经文中"齐"通"斋"，斋者，斋戒也，旧时指祭祀之前整洁身心。依夫子经义，"斋必变食，居必迁坐"，祭天为敬畏天地，祀祖为缅怀先人，在敬在穆。由外而内，唯诚其心尔。

战者，后人多称为战争，谓此乃国家生死存亡之大事，故夫子慎之。其实，古文字中"戰"与"战"是有区别的，"戰"从单从戈，力大之士在前，兵仗在后；"战"从占从戈，占之目的为先。戰为争，战为斗，前者倾向于道义，后者倾向于利益。夫子所慎者为何，自是一目了然，为利而斗何必慎之？刺刀见红胜之可也！唯涉大义，须慎之又慎，思虑再三。

疾者，病也，自然之事，虽无可抗力，却关乎人身之安危。若推而及之，他人之疾，社稷之疾，当也如是，焉能不慎？

此三事，大事也，小心慎重处理，应当应份。然而，人生大事，岂独于此乎？向道何如？为学何如？功业何如？缘何独慎此三事耶？

慎者，从心从真，本义为抛开心中一切，一心一意认真对待，是谓谨而诚也，因其真而诚，因其诚而益真。夫子之慎，当问之于心，求之于真；合乎天道，而面对现实。据此而言，斋者所重在其诚，戰者所重在其道，疾者所重在其实。此说是

否在理? 且再往下解之:

子在齐闻韶, 三月不知肉味, 曰:"不图为乐之至于斯也。"

韶, 舜时祭祀之乐舞也, 夫子曾谓之"尽美矣, 又尽善也。"这一听, 如痴如醉, 连饭都吃得没滋没味了, 最终叹曰, 想不到乐舞居然能做到这样啊! 哪样啊? 形式美、内容佳。我觉得最有意思的是其中形容夫子神态的那句白描——"三月不知肉味", 心神俱在其中, 再无旁鹜, 这得沉浸其中无法自拔到什么程度呀? 绝对不是简简单单的肉体感观享受所能达到的, 唯动其心魂直入灵海可为也, 俗话就叫戳心窝子了, 而且是戳到点上了。夫子的这个点在哪儿? 仅从经文字义上, 没有明确答案, 追溯韶乐, 惜不可考, 细品之, 此事不过描绘了一个"专"字, 专心致志到了极点浑然忘我的神态跃然纸上。

传统解法大抵都将这两节经文拆分开来, 一讲夫子慎重三事, 一讲夫子沉浸古乐, 也能自成其理, 却总是缺少了一些韵味, 求其高则过于古板, 流于下则有些不雅, 终究多了一股冬烘之气, 吾甚为不喜。故, 贯联上下文, 慎者, 闻韶, 不外乎意在于"专", 专注其事! 在心, 在真, 不在于外。倾情于真者, 谓之"诚"也。

◎篡位的谣言

冉有曰:"夫子为卫君乎?"子贡曰:"诺, 吾将问之。"入, 曰:"伯夷、叔齐何人也?"曰:"古之贤人也。"曰:"怨乎?"曰:"求仁而得仁, 又何怨?"出, 曰:"夫子不为也。"

枫解: 冉有说道, 夫子"为卫君乎"?

子贡答道: 知道了, 我去问问吧。

子贡到了夫子的住处, 问道, 伯夷、叔齐是什么人呢?

夫子说, 是古时的贤者。

问, 他们有怨气吗?

答, 求仁而得仁, 哪来的怨气?

子贡出来, 说, 夫子肯定不会干的!

"为卫君乎", 也是一段争议颇多的儒门公案, 所争者为何? 历代解家, 一说是"帮不帮卫君", 一说是"当不当卫君"。为什么会有这样的争议呢? 这段对话究竟发生在什么时候呢? 史书之上并没有明确的记载, 比较被认可的是发生在夫子第五次入卫前后, 其时卫国的政治环境大概是这样的:

公元前496年, 卫太子蒯聩谋刺灵公夫人南子, 未遂, 逃往宋国, 后投奔晋国赵氏。公元前493年夏，卫灵公薨，少子郢辞让，蒯聩之子辄即位，是为卫出公。同年六月，赵简子送蒯聩回卫，希望他能上位，意图藉此从卫国分得一杯羹。卫人听说后，发兵击蒯聩。蒯聩不得入，入宿而保，卫人亦罢兵。内斗的祸根埋下了，更沦为天下诸侯之笑柄。

公元前485年，夫子再次来到卫国。卫出公有意让夫子执掌政务。此时，夫子门人仕于卫者甚众，五出五进，也让他在卫国攒下很多声望与人脉。另，此前，夫子奔楚，昭公拟欲大用，却为其令尹子西所阻，于为政上并无大作为。辗转天下十三载，抱负始终不得施展，年岁已然六十有三。

有机会，也有动机，此疑似乎成立。我却颇不以为然！《史记》中有明确记载的另一段对话，可见端倪。录之如下：

子路曰："卫君待子而为政，子将奚先？"孔子曰："必也正名乎！"子路曰："有是哉，子之迂也！何其正也？"孔子曰："野哉由也！夫名不正则言不顺，言不顺则事不成，事不成则礼乐不兴，礼乐不兴则刑罚不中，刑罚不中则民无所措手足矣。夫君子为之必可名，言之必可行。君子于其言，无所苟而已矣。"

人主礼聘于子，子谋其国，能正名乎？

若这段对话并非发生在此次入卫，则此疑更是荒谬，前四次，卫国灵公当政，哪来的可乘之机？

帮不帮呢？当然是不帮了！为什么呢？有违仁道也，为一君位，父子相争，君不君，臣不臣，父不父，子不子，我何必趟这浑水！

这事，其实也怪冉老三和子贡兄。一个有疑不当面而询，师徒之间，居然需要婉转周折成这样，搞得跟有什么不可告人的密事一般；一个才华满腹按也按不住，入而问夫子，不学子路直言而说，语涉伯夷、叔齐二君，这两位彪炳青史的第一桩功绩，就是相辞推让孤竹国君之位。如此行事，如此问答，怎能不启人疑窦？夫子命数估计也跟卫国不太合，来了，不是传出绯闻，就是疑为宫斗，实在无趣。

历来注此经文者，以郑玄所言"为犹助也，卫君者，谓辄也"最是精当。摆在夫子及诸弟子面前的是一个复杂的局面，孱弱的正统和诈力的强梁、公室的大义与血脉的私德，诸多冲突形成的急促夹逼，此时，当作何"为"？

次年，夫子离卫，结束长达十四年的漂泊，回到故国，开始另一段更为重要的人生旅程。此处，只留下七字"求仁得仁又何怨"，无怨则心气平！

◎好生幸福

子曰："饭疏食饮水，曲肱而枕之，乐亦在其中矣。不义而富且贵，于我如浮云。"

枫解：食粗粮兮饮凉水，弯起胳膊当枕头，自有真趣兮在其中。失去道义的富贵兮，于我如浮云。

这是一段我无法用现代语言翻译的经文，它文辞精炼，意境优雅，越是诵读越觉韵味悠长，不忍败之。那就抠着字眼逐词讲讲吧：

疏食，或谓粗粮，或谓糙米；水，古称热饮为汤，凉饮为水；肱，胳膊也。粗茶淡饭、曲臂为枕，却悠然自得，自有一份洒脱。最妙的就是"浮云"一词，看似飘逸，实则直白，无贬损，无谴责，只是一味云淡风轻，那种看尽繁华之后的淡泊，那种历尽沧桑之后的超脱，令人神往。

在整个《论语》中，这样诗歌般的语言并不多见，尤其是直抒胸臆式的咏叹调。传统解法一直都在赞叹其意境，为之歌，为之诗，为之曲，但总是将它独立于通篇之外，当作一着无理手，花边新闻或逸闻轶事般的存在，我却一直把它当作是答"为卫君乎"的补充，是对"求仁得仁又何怨"的阐述。简言之，这一小节本来应该与上一小节合而为一。但上节涉公案，此节多精妙，权且拆分之，以作细解。

此段妙在"浮云"，窍眼之重却落在"乐""义"两字。乐是什么？是快乐，是趣味，是幸福的感觉，一万个人对此必定有一万个不同的答案，这是一件非常个人的事情，也是一件非常唯心的事情，就如天上的浮云般变幻无常多姿多彩。义是什么？天下合宜之理，是公约，是礼制，是可以摆到台面上来的道理，虽然不同的时代会有不同的准则，但具象到某人某事时，却只会有一个明确的答案。富与贵是什么？历来只说物质和社会地位，我却说此处应该还包含着精神世界，学力富足、品味高贵。这个也会碍着人间何事？当然，自持修为精深唬弄世人者，史书之上不胜枚举。你如果只活在自己的世界里，那么你的乐，你的富与贵，自然跟人间无干，义与不义也就不重要了，但你来了，我来了，这事就得坐下来好好谈一谈了。

夫子是个豁达的人，他可从不会视富贵如粪土，反而是鼓励人们追求富贵，无论精神上的，还是物质上的，只是倡导两点原则：一是不能为求富贵而失己之所好；二是不能以伤害他人伤害社会为代价。不失好为求心安，不失义则为守仁心！

终究还是为了心头那一缕良愿灵火，若是熄灭了，自己的世界也就陷入无尽的黑暗之中，那还有什么真趣？那还有什么幸福？

◎读真经与说人话

子曰："加我数年，五十以学易，可以无大过矣。"

子所雅言，诗、书、执礼，皆雅言也。

枫解：如果老天爷能够给个机会，让你穿越回十年前再活一次，你最想做什么？购房置地？换个活法？夫子却只想好好研究一下《易》，为什么？他觉得这样可以做到不犯大过失。在传统的说法里，《易》是一部古代占筮的工具书，难道练成了还真能趋吉避凶遇难呈祥？据史所载，夫子晚年精研《周易》，甚为喜爱，有韦编三绝的典故，为《易》作传，厘定儒家弟子学易正解，现在流传下来的卜辞和爻辞就是他的作品。

《易》究竟是什么？窃以为，这不过是一部先人在长期生活实践中总结出来的观察、探索我们所处世界的方法，而不是什么占筮工具书。是系统化的经验论，不是什么玄虚神术。我曾跟朋友开玩笑说，如果现在有人能够把世界百年来的变化浓缩成一本书囊其精华，这可不得了，绝对神乎其神。可是，人家《易》浓缩的可不是百年，甚至不是千年，想想都脑仁疼。

学易，始能从古代文明中汲取大量养分，避前人之覆辙，少走弯路少栽跟头。这话估摸是夫子暮年所说，他从《易》中悟通不少道理，也反思了自己的很多经历，应该是自我批评了许久。好好的一句饱含人生哲理的经验之谈，非得解出个算命卜卦的江湖郎中，着实乏趣。

雅言，春秋时代世所流通的语言，就如今天中国的普通话、全球的英语，与什么古拙、文雅没有丝毫关系。略有语言学常识的人都知道，这东西才是一个不折不扣的工具，只是用来沟通而已，也是为了更好地沟通，而不是为了彰显自身。你看，夫子就讲通行语，诗、书、执礼都是它，读是它，写也应是它，只为时人能听得懂读得通。当然，随着时代的变迁、语言的演化，他的"雅言"对于今天的我们就真的"雅"了，变得古拙，甚至有些晦涩，但这绝非他的本意，此点不可不察。

特别有意思的是，唐中及宋，中国文坛上曾有两次古文运动，当时的读书人一味追求声律、辞藻、排偶、典故，文章写得那叫一个华丽，却空无一物，文坛领袖们也是被逼无奈，不得不发声反对，重倡正风。其实，这种歪风，历来皆有，故弄玄虚绝非古人的专利。更有意思的是，每读至此我总会留心到其中的两个字——执礼，行礼不是动作吗？与言何关？实在耐人寻味。执礼之雅言，指的是用当时通行的礼节仪轨吧？那么，我们现在用流行的仪节，比如见面握个手、临别挥个手，难道也是雅事？

拉拉杂杂，如话家长里短。所有的话题只要牵扯到夫子，有人总是免不了戴上有色眼镜，或神化之，或质疑之。我以人情常理揣度之。故此二事，一言以蔽之，读真经，说人话！

◎天生我才必有用

叶公问孔子于子路，子路不对。子曰："女奚不曰，其为人也，发愤忘食，乐以忘忧，不知老之将至云尔。"

子曰："我非生而知之者，好古，敏而求之者也。"

子不语怪，力，乱，神。

子曰："三人行，必有我师焉：择其善者而从之，其不善者而改之。"

子曰："天生德于予，桓魋其如予何？"

枫解：每见叶公，脑海中总是不免浮现起"表里不一""言不由衷"之类的词语，此叶公正是彼叶公也，却非传说中的那般不堪，实是夫子时代的一个大才，真正的贤者。其人芈姓，沈尹氏，名诸梁，字子高。被楚昭王封于叶邑为尹，故称叶公。他在叶地治水开田，颇具治绩。曾平定白公胜之乱，担任楚国宰相。公元前489年，夫子特意由蔡及叶，与之交流治国方略，探讨伦理道德，史称"叶公论政"。所谓"叶公好龙"，不过汉朝文人刘向所编《新序·杂事》中一个有意贬损他的段子，与史实相去甚远。

某日，叶公问子路说，你老师怎么样？子路没有回答他。回来后，夫子对他说，你为什么不这样告诉他，他这个人呀，用功便忘了吃饭，快乐便忘了忧愁，从来不觉得自己将要衰老，如此罢了。用现在的话讲，就是做事认真、乐观开朗、心态年轻。

此问或在论政之前，或在之后，无关其意，但叶公此问，其中除了询问其为人，也不无探究夫子学识由来之意，就像我们慕某君之名，或闻其高论，总是免不了想知道其是怎么学的？夫子却答得轻描淡写，是以，其后才不得不有所补充阐述，如下文：

我不是生来就有知识的，而是爱好古代文化，勤奋敏捷去求来的。

我从来不谈怪闻、异力、乱事、鬼神。

几个人一起走路，其中便一定有可以为我所取法的人：我选取那些优点而学习，看出那些缺点而改正。

简言之，就三个字——勤、智、法。所勤何事？从前人的经验里汲取养分以壮大自身。智从何来？不相信妄言虚无之事，大胆假设小心求证。以何为法？三人行,择善而从,观过而改。其实这三个字,是环环相扣的,若学不得法何来智生?若是智慧不生勤有何用?传统解法将这三段经文拆分,断了这层因果,少了一些内在机理,虽是各自为战,但总还能自成一体。下头这一段,切了出来就怎么看怎么突兀。

天生德于予,桓魋其如予何?

天生德于我,桓魋能奈我何?

天在我身上生出这样的品德,或是天将恩德加于我身。神光庇护,还是自带光环。讲不通呀!其实这句话涉及一段故事,太史公司马迁考证之后,载入《史记·孔子世家》,录之如下:

孔子去曹,适宋,与弟子习礼大树下。宋司马桓魋欲杀孔子,拔其树。孔子去,弟子曰:"可以速矣!"孔子曰:"天生德于予,桓魋其如予如?"

桓魋,向魋也,宋桓公后裔,夫子适宋时,魋为司马,掌控宋国兵权,深受景公宠爱。是时,兄弟五人,俱威名显赫,桓氏蓬勃兴旺,权势炙手可热。夫子入宋,景公希望能够把他和门下数十弟子留于宋国,使宋免受大国之欺凌,便准备出城去迎接。桓魋大力劝阻,说:"我主若收纳孔子师徒,委以重任,他们一旦发起难来,谁能抵御?这无异于引狼入室。"其后,不经宋景公同意,带领人马去杀孔子。也就发生了《史记》所载的那件事,有了《论语》中的这句话。

考于史,不难发现,夫子适宋无果而终,就是因为这个桓魋,他欲杀夫子也不过是担心夫子的到来会削弱,乃至夺取他手中的权柄。而夫子这句被解得高光伟正的金句,其实只是表现出一种面对残酷现实的乐观心态罢了,化作唐诗,不外乎一句"天生我才必有用"而已!

今天重读夫子经典,心态也很重要,不摆正了,纵是勤智法三全,估计也是于事无补。不语怪力乱神,只从经文,只考史载,只追于古义,无神化,也无诋毁。为学不外如是乎?

◎绝没留一手

子曰:"二三子以我为隐乎?吾无隐乎尔。吾无行而不与二三子者,是丘也。"

子以四教:文,行,忠,信。

枫解:"隐"字之解,也属儒门公案之一,而且是涉及根本的争辩。现在流传最普遍的说法是,隐为隐蔽、隐瞒之隐,就这还分为两种完全不同的解法,我分别录之如下:

你们以为我有所隐瞒吗？我对你们是没有任何隐瞒的。我没有一点不向你们公开，这就是我孔丘的为人。

你们何必替我隐蔽呢？我没有什么需要遮遮掩掩的。我的所作所为都是向你们公开的，这就是我孔丘的为人。

前者是对自己教学的阐述，看似剖心沥肝，教不藏私，却依旧有一股村儒冬烘之气；后者更像是面对他人质疑的自我辩护，貌似堂堂正正，却多了一缕浊世滔滔我自清的孤高与不甘。

另一种解法就更有意思了，谓此隐，乃隐括之隐，即檃栝之檃也。隐括者，矫正曲木之器具。这个差别可就大了，我先录之如下：

你们拿我当檃栝吗？我从来没有去矫正你们。我只是把自己的一言一行摆在你们面前，（由你们自己去自我观照）这就是我孔丘的教学方法。

哪个是正解呢？或者说哪个更符合夫子此言的真意呢？字面上看，三者都解说得通。没有任何史料可以作为旁证，也就无法从此言的语境入手，自然无从判断，我们且往下走，看看是否有答案。

子以四教：文，行，忠，信。

夫子设案授徒，开了四门课业：文、行、忠、信。

文者，历代文献也，知识和文学；行者，社会生活的实践，修齐治平俱在其中。忠、信就有争议了，传统解法谓：忠者，对人对事之忠心也；信者，待人处事之信义也。什么是忠心？什么是信义？答应了就至死不渝，头可断血可流诺不可失呗，很是慷慨壮烈的。后来还弄出一套三纲五常，"君要臣死臣不得不死，父要子亡子不得不亡"，居然流传了近两千年，堪称世界人文史上的一大奇观。

忠信，周也，君子之德也。忠者，正心之学；信者，从心之念。这可不仅仅是什么思想品德课呦，仅一个忠字，在《论语》中，夫子就用了大量笔墨，自公冶长而下，至此犹未平息。信这一课业包括的就更多了，从仪轨到律约，从成文到语言，更重要的是如何通过这些外在的"文"砥砺出内在的"质"，形成坚定的信念。

夫子四教，后人有传者几何？今日今夕，别说真正的系统化传承了，知其大概内容的又有几人？只见一鳞半爪，甚至一无所知，却敢大声痛批怒斥，实在令人言以对。

行文至此，"教不藏私说"或许也通，但我还是倾向于"隐括矫正说"，并没有特别明确的实证，只是个人情感上的选择，也是从典籍所载的夫子言行中感受到的一种隐性知识——言传身教！所有可以言说的，都是知识，但夫子教的绝对不仅仅是知识，更重要的是智慧，是灵智慧心。那是需要"身教"的，需要手把手教的，一举手一投足，甚至一个笑容一个皱眉，都包含着多少隐性知识，这些隐性的知识才是智慧的具象，是无法用语言来承载的。

那个人身上有浓厚的书卷气，你感受到了吗？那个人身上有浓郁的慈悲意，你感受到了吗？那个人身上有满满的阳光味道，你感受到了吗……很多时候，只需要坐在他的身边，甚至看上那么一眼，就可以学到很多，这不是什么神神道道的说法。我一直在等，等那个人出现……

◎最怕假大空

子曰："圣人，吾不得而见之矣；得见君子者，斯可矣。"

子曰："善人，吾不得而见之矣；得见有恒者，斯可矣。亡而为有，虚而为盈，约而为泰，难乎有恒矣。"

子钓而不纲，弋不射宿。

枫解：对于"吾不得而见之"，历史上有一种解法非常高明：吾虽目视未得却已见之。什么意思？虽然我还未曾用肉眼见过，却曾用心眼观察过。甚至还进一步化生而来，观于内，性自足，天下皆圣人，世间皆善人也。是以，行于外，有君子，有恒者，这样也就可以了。

更传统一些的解法是：圣人已往，吾不得见之。什么意思？圣人已经不存在这人世间了，我从来没有见过。那么，真正的善人也就成了传说中的存在。但是，我见过君子，也见过有恒者，这样也就足以自慰了。

这就是心宗和理学了，心宗所见，世间多佳气象；理学所观，人间存大絮乱。两者俱有根脚，无非性善、性恶两论之延续。哪个是正确的呢？见仁见智吧，诸君可自选。接下来这句，倒是没什么争议。

亡而为有，虚而为盈，约而为泰，难乎有恒矣。

本来没有，却装作有；本来空虚，却装作充足；本来穷困，却要豪奢，这样的人便难以保守一定操守了。

不懂装懂、弄虚作假、打肿脸充胖子，想不到这三种货色在夫子时代也存活啊，看来生命力实在顽强，虽无恒心恒志，却有恒命，可谓祸害活千年也，哦，不止千年了，或者亘古长存吧。这帮货的出现，让理学家们一下兴奋了起来，你看，世间哪是只有君子？心宗却说，他们貌似行有所悖，却心头一灵未泯，只是为俗世尘埃所蒙蔽，稍为拂拭略加引导，便能明珠重现。

这样的争执，我们听听就好，更重要的是，以之为鉴，慎之戒之，才是重点！世间纷扰也好，清明也罢，修身终究还是自己的事情，你看夫子：

钓而不纲，弋不射宿。

纲者，系网之大绳也，此指捕鱼之利器。弋者，用带绳子的箭射鸟。简言之，捕鱼只用钓而不用网，射鸟用带绳子的箭，还不射其归巢。为什么？渔猎只为饱腹，不是取乐！有所制约，不行滥杀。于细微处见仁义，在起手处看慈悲。传统教育里，像珍惜食物、爱护生灵之类的细节非常之多，其理如一。

无论观于内，还是求于外，所忌者就是一个"伪"字。而仁道之始，在于一个"细"字，不以恶小而为之。没有宏大气象，也无豪言壮语，只有真实的生活，零碎如同邻里之间的闲谈。更没有什么三令五申六律七戒，不外乎一点日常行止，朴素而真诚。

戒虚伪，戒假大空，这才是"恒定"之要，切切，切切……

◎标签祸害人

子曰："盖有不知而作之者，我无是也。多闻，择其善者而从之；多见而识之。知之次也。"

互乡难与言，童子见，门人惑。子曰："与其进也，不与其退也，唯何甚？人洁己以进，与其洁也，不保其往也。"

子曰："仁远乎哉？我欲仁，斯仁至矣。"

枫解：也许有一种自己不懂却凭空造作的人，我没有这毛病。多听，选择其中好的加以接受；多看，才能记知于心。"知之次也"。

"知之次也"，次是差一等，少一个等级的意思。"知之次也"何解？一引季氏篇之语"生而知之者，上；学而知之者，次也"，解为仅次于"生而知之"的；一以"知"通"智"，解为智力反在其次；我却以为，识在知之上，高一个等级。哪个说法比较靠谱呢？可以看看下面这个段子：

互乡这个地方的人比较难以沟通，有一次该地的一个童子得到夫子的接见，门人感到非常不解。夫子对他们说，我们支持他进步，不赞成他退步，又何必做得这么过分呢？他把自己弄得干干净净地来追求进步，便应当对他的干净表示赞赏，不要守着他过去那些往事来干涉。

互乡这地方在哪里？现在已经没办法考证了，估计当时名声不是一般的差，恐怕不仅仅是难以沟通这么简单，夫子接见该地一个童子，门人都会觉得不可思议，可见一斑。

另有一种说法认为"互乡"并不是确指某地，而是异乡往来的意思，在那个时代，异乡代表着语言不同，"难与言"，难以沟通，而口音不同意味着不可信任。

很多时候我们见到一个人，总会了解其各种各样的情况，比如籍贯、职业、学历、家庭、年龄等等，为什么？不外乎给他（她）贴上一个又一个的标签，以方便我们凭着自己的经验来判断——这位究竟是什么人？

哪来的？

某乡的！

什么？某乡的？夫子怎么会接见他？太匪夷所思了！

这就是"知之"，简单的了解，固有的认知。面对门人的这种"知之"而后"惑"，夫子曰，"唯何甚"！我只见人家清洁了自己的仪容，很是端正地到这里来，求取进步，所以就接见他了，这是我的"多见"，并"多闻"！

不宥于所知，多见，多闻，才能有识在心头，才能慧生灵窍。所以说，"知"次于"识"。我非常不喜欢一句流传颇广的所谓金句——知识改变命运，知识不过是相对高级一些的工具罢了，除了在某个特定的环境中，工具怎么可能改变人的命运呢？智慧或许还靠谱一些。有知识就等于有智慧吗？略有常识的人都会给出否定的答案。如果不打破固有的认知，下一句解起来可就费劲了。

仁远乎哉？我欲仁，斯仁至矣。

仁德难道离我们很远吗？我要它，它就来了。

把后世附加在"仁"上的那些标签贴上去，孝悌忠恕勇宽敏信……一听脑袋就大了，离得远吧？可是，夫子说："我要它，它就来了！"那，我们只能说，您是圣人，当然招之即来了，俺不行，做不到哇，还是回家洗洗睡吧。

如果，我们把这些标签一张张撕掉，把这些固有的认知一层层打破，"仁"只是你心头一缕"与之作良伴"的良愿灵火，你会点不亮这盏心灯？你不想与他人与这人世好好相处？

我们也洗洗吧，清洁一下那些陈旧的认知，留下一颗活泼泼净莹莹的心，对"仁"说一声："我要你！"

它会来的……

◎避讳避出毛病来

陈司败问昭公知礼乎，孔子曰："知礼。"

孔子退，揖巫马期而进之，曰："吾闻君子不党，君子亦党乎？君取于吴，为同姓，谓之吴孟子。君而知礼，孰不知礼？"

巫马期以告。子曰："丘也幸，苟有过，人必知之。"

枫解：这也是一个颇有争议的段子，争议的焦点在于，夫子究竟知不知道鲁昭公有违礼之事。其中倒是有一小段是大家一致认可的，那就是陈司败跟巫马期说的那一段话。我们暂且把争议搁置，就从这段话解起吧，他的话讲了什么呢？

我听说君子无所偏袒，难道像你老师这样人称君子的人物也会做出偏袒之事吗？鲁君从吴国娶了位夫人，吴鲁为同姓之国，不便称为吴姬，于是叫作吴孟子。这事都办了，他说鲁君懂得礼，那谁还不懂得礼呢？

春秋时代，国君夫人的称号一般是所生长之国名加上她的本姓。鲁为周公之后，姬姓；吴为太伯之后，也是姬姓。鲁娶于吴，这位夫人便应该称为吴姬。但周朝礼法有明文之规——同姓不得通婚，鲁昭公以叶障目，不敢在称号中把"姬"字明告，所以改称这位夫人为吴孟子。如此明显的"违礼事件"，夫子会不知道吗？那么，当陈司败问昭公知礼乎，他为何曰"知礼"？

汉儒有过这样的解释，根据《荀子·子道篇》关于夫子的另一段故事，和《史记·仲尼弟子列传》对这一事"臣不可言君亲之恶，为讳者礼也"的解释，谓夫子并非不知，而是不说罢了。

至宋，朱熹进一步考证，在集注中曰："陈，国名；司败，官名，即司寇也。"至于姓甚名谁，生平如何，史无所载。这么一说，倒跟夫子成了同行了。陈司败之问立马成了"邦交事件"，老陈话里有话，带着针呢，夫子故作不知，为君上而隐言，顺理成章。

所谓"隐"说，疑点颇多。其一，若真为外交争言，老陈刀都抽出来了，何必等夫子走了才对巫马期说？何不当面诘难？其二，巫马期归告夫子，夫子为何说："丘之幸，苟有过，人必知之"，而不直告巫马同学以实情，"吾为君上隐"？您把过错自个一肩扛了，倒是义薄云天的，但您就不怕巫马小朋友万一领会不了其中的高深意图，下回友邦人士问起类似问题说秃噜了嘴？

昭公这事儿办得不地道呀，俺老师都没觉着他办对喽。

"为亲者隐"对抗"大义灭亲"涉及儒道之争，其来龙去脉，另作详解。可是，仅从这个段子来说，明显的，不管是汉儒，还是朱熹，多少都有为夫子"隐"的意思，而且此隐还就是他们所认为的隐瞒、遮掩。这使我想起不久前自己遇到的一件趣事：

我在郊外路遇一位朋友带着儿子踏春，孩子六岁，我们聊天时，恰巧有农夫牵牛路过，小子大是兴奋，手舞足蹈狂叫："你们看，你们看，有只大象。"我微笑着说："小弟，这不是大象，是牛。"小孩很倔，梗着脖子说："这就是大象，我爸说的。"看其神态，还真的是把这玩意当作大象了，我有些诧异，朋友尴尬地指着牛解释说："我爷爷小名叫这个，所以我们家只能叫这个为大象。"

为尊者讳，这是古礼，至今在我们这里尚有余风，但通晓此道者，教育子弟时，总是会给他解释清楚，我们为什么要这么说，免得孩子长大了还真的把牛当成大象了。夫子会不清楚这个道理吗？

正是历来各种所谓的"隐"，一层一层的雾纱笼上去，使得许多经典变得如此扑朔迷离，《论语》也是如此。把"隐"这层东西拿开，这个段子其实非常简单，鲁昭公习于威仪之节，当时以为知礼，故有陈司败之问。若夫子只是一时疏漏，只记大节，未记"取于吴"这一小节。老陈有疑，巫马期归告，夫子说：

我真是幸运，假若有错误，人家一定给指出来。

简简单单，仅从字面解之，不过是"闻过则喜"的典范，过则过矣，夫子不可有过吗？更有意思的是，太史公司马迁也不知从何处考证得来，大作《史记》中居然在夫子此言之后还真给加上一句：

臣不可言君亲之恶，为讳者，礼也。

姑且不说这礼夫子认不认，在此处讲此礼，跟通篇所讲之理搭吗？哦，我忘了，传统上的解法，可没有通篇一体这说法，反正一小段一小段的，弄得通就行了！怕就怕，切着片独立讲都没问题，讲着讲着却讲出毛病来了。我还是坚持此处，不过说一个道理：

闻过则喜！余者无它。

◎小的做不到哇

子与人歌而善，必使反之，而后和之。

子曰："文，莫吾犹人也。躬行君子，则吾未之有得。"

子曰："若圣与仁，则吾岂敢？抑为之不厌，诲人不倦，则可谓云尔已矣。"公西华曰："正唯弟子不能学也。"

枫解：夫子"与人歌"，觉得好，一定会请他再唱一遍，然后"和之"。

传统上解"与"为和、跟，我总觉得读之不畅，都跟人家一起唱上了，还请人家再唱上一遍？不太合乎逻辑，我觉得应该是参与，参与人家的歌会什么的。一听，这歌好，咱再来一回，然后"和之"。这个和，也不是跟着唱上一回那么简单，而是根据人家的乐谱，对其内容加以演绎，是有自己东西的，不是照单全来。一个"必"字可见其爱好乐事之深，一个"和"字可见其音律乐理之精。而接下来这句却透着谦逊：

文，莫吾犹人也。躬行君子，则吾未之有得。

此句在句读上历来有争议，一如其上，遵朱熹之解，以"莫"为疑辞，是为：

书本上的知识，大约我同别人差不多；一谓"文莫，吾犹人也"，称"莫"通"漠"，是为：文事广大，我与他人差不多。前者自谦中略带不居人后的自许，后者多了一丝"道漫漫"的韵味。我觉得都通，或者两层意思都应该有。下半句的自谦可就瓷实了：在实践中做到君子，我还没有成功啊。

我一直把这段与"文质彬彬然后君子"同参，夫子此说虽有自谦的成分，但其中应该还有另一层意思：文事之上，我尤有可言处；内质修为，还是有些不足啊。内外兼修，道漫且艰，吾当上下而求索。你看，下一句就接着阐述了：

若圣与仁，则吾岂敢？抑为之不厌，诲人不倦，则可谓云尔已矣。

历来都解此"与"为"和"，谓：讲到圣和仁，我怎么敢当？我很不以为然！夫子称"我欲仁，斯仁至矣。"言犹在耳，于今此言何意？不自相矛盾吗？窃以为此"与"，当作"合乎"解，是为：若说合乎仁道的圣人，我岂敢以此自居？也许在"为之不厌""诲人不倦"这方面，我做得还略有心得能够讲上一讲。为之不厌，行仁道而不厌，不觉烦累，甚至乐在其中！将"为之"解作"为学"，似无不可，却有两个缺憾：一是无法与上文形成承接关系，少了层次感；二是过于丰满，自得之气充盈。历来引《孟子·公孙丑》中子贡的一段话——"学不厌，则智；教不倦，仁也。仁且智，夫子既圣矣。"——作为此句注解旁证，吾却以之为引子，正是有此一说，夫子才会说：我可还没有达到呀！只是在其中的某个小部分努力践行中。若是夫子自称为学不厌、诲人不倦，哪还有什么自谦的意味？智且仁，您都成圣了！我们学不来岂非甚是正常？公西华又何必说什么"正唯弟子不能学也"？

就这，也是我们学习不来的呀！

此处，夫子不以文盛而自得，反观自身，谦称仁道之修未至化境，唯此而已！若无此意贯之，经文变得驳杂，经义甚是难明。

另有解者称，"莫"者，无也，文莫，即除却文事，吾犹人也；或称"莫"通"瘼"，文莫，即文病，文饰之病，我也如常人有之。两说文理亦通，意韵稍逊，吾不取也，录之以为参考。

◎潘多拉的盒子

子疾病，子路请祷。子曰："有诸？"子路对曰："有之，诔曰：'祷尔于上下神祇。'"子曰："丘之祷久矣。"

子曰："奢则不孙，俭则固。与其不孙也，宁固。"

枫解：夫子生病了，估计病得很严重，子路"请祷"。夫子问他："有诸？"

这个情节有两种不同的解法，我列之如下：

子路跟师兄弟们提议，大家去拜拜神吧。夫子听说了，找他确认："有这回事吗？"

…………

子路向夫子请示，我去拜拜神吧。夫子问："这有用吗？"

…………

子路回答说："有啊！诔文上写着：'替你向天神地祇祈祷。'"夫子说："我早就祈祷过了。"

情节上一个小小的变化，整个段子的意思就截然不同了。若是"这管用吗"，可就透出一股对神祇之力浓郁的不信任感。哪个解法更合理呢？我比较倾向于不信论，因为夫子听完子路的解释之后的这句回答——丘之祷久矣！现实是，我还大病卧床呢。

这样的解法逻辑没问题，但放在当时的社会环境中，可就是石破天惊了。子路请祷是为孝，人嘛，没办法了可不就只能把各种超级伟力当作最后的救命稻草嘛；夫子不信是为智，这也比较符合他一贯的作风，无论是"敬鬼神而远之"，还是"获罪于天无所祷也"，皆可证之。而接下来这句就更有意思了：

奢则不孙，俭则固。与其不孙也，宁固。

传统解法，奢者，奢侈也；孙者，通逊也；俭者，节俭也；固者，寒碜也。是以译为：

奢侈就会显得骄傲，节俭就显得寒碜。与其骄傲，宁可寒碜。

语法、文理都没有什么问题，经义也甚为高妙。可是，能不能有别的解法呢？我来试试。

奢者，奢求也；孙者，孳生之枝也；俭者，于思想行为上加以约束也；固者，坚定也。是以译为：

奢求就会杂念孳生，约束就会坚定不移。与其紊乱，不如坚守。

若从此解，承于上文，作为夫子不信祷的补充说法，可就有意思了。我们不妨捋一下看看：

我已经祈祷很久喽。人啊，不能奢求太多，否则就会杂念丛生，只有对自己严加约束，才能心志坚定。纵是祈神有得，我也宁愿选择坚守自己的道啊。

我见过很多非信者，最后却成了狂信徒，大抵都是在人生某个特定的时刻祈求了，也不知是碰巧还是真的有灵应，心愿居然还真的实现了，这可不得了了，立马皈依，至死不渝。人在困境之中，是最脆弱的，尤其到了"请祷"的时节，几乎是面临崩溃，正是一切外物夺魄移志的良机。修身炼心，此为危难之时。自古以来，多少人一时不察落得个道消魂散。夫子病中，闻子路请祷，缘何问之？唯恐弟子一颗莹心蒙尘罢了。若离此意，何以解之？

此节之意，贫病危难之际，才是修身炼心之关口，宜固！

◎夫子的期盼

> 子曰："君子坦荡荡，小人长戚戚。"
> 子温而厉，威而不猛，恭而安。

枫解：夫子说，君子行止坦率胸怀宽广，小人进退局促患得患失。你看，夫子严厉不失温和，有威仪却不凶猛，庄严而又安详。

每次见如此传统解法，多少有些难过，文理通，经义妙，却总觉得少了点什么。君子为何？小人为何？吾辈修身又为何？谁不知小人物难当？生活拮据、身居下位，手中无权腰间无铜，有嗷嗷待哺之口，无纵横捭阖之能，甚至想学点知识都未必有门路，彷徨无措岂非情理中事？何必受苛责非难千百年不变？倘若真有君子往来，缘何不助其点亮心灯一盏？我很是一厢情愿地觉得，夫子这句话就是在告诉门人弟子：修身有成，风光霁月，但不能忘记那些长期处于忧患之中的底层民众！

慕贤孺圣，是一桩好事，但愿朝拜的不是一尊木胎泥塑，我想了想，把后人描写夫子的句子也重译了一下：夫子虽然要求严格但言谈温和，威仪自生却不举止粗暴，谦逊有礼而且平和安详。

一句期望，一个眼神，够了……

《述而》篇夫子以自叙起手，述而不作、信而好古、三省四忧，求一"真"字；燕居、梦周、四课业，乃至收束脩、启发复，讲一个"法"字；丧食不饱、泣而不歌、谓颜渊、答子路、求富贵，为的就是心安；慎三事、闻韶乐，专注于事；为卫君乎，是为无怨；疏食枕肱，守者仁心；学易雅言，读着真经、说的人话；自叶公问到桓魋难，层层分解，讲的是摆正心态；从隐字案到设四教，俱是言传身教；见君子、有恒者，到渔猎，无非剥去伪装从细微处做起；互乡之见，不宥旧知；慨叹学文之易修身之难，只为道尽坚持之贵；子路请祷，夫子告诫，厄中宜固，修行之大关口也；末了，也不过是一句饱含殷望的心愿之语。

娓娓而道，没有慷慨而歌，没有豪言壮语，不过日常之行止朴实之言谈，却如春雨润田和风拂面。世间或无圣人，却有真人，读真经，求真知，修真道，做真事，说真话，得真趣，浑然一身真，自然坦率。

　　真信真知始有真心，唯真心能正己心；真见真言始有真情，唯真情能正他心。一个"忠"字至此完结，无它，真尔！正是这一点真守住心头一缕灵，亮起人间无数盏灯，虽历经万年岁月而不改，虽受尽俗世千般风霜而不移，在颠沛中磨炼，在困厄中固守，在浩浩学海中指路，在漫漫长夜中启明……

　　千百年之后，我于夜灯之下，读斯文字，神思溯流而上，朝见圣容，只见得一邻里故老，青衫不新不旧，神态安详和蔼，笑容平静纯净，就坐在那里，拉着家常，言速不疾不徐，声音不亢不郁，没有口吐青莲，更没有天花飘坠。依稀可见的是，清亮的眸子里透着一丝怜悯和淡淡的愉悦……

　　你来了。

　　我来了。

泰伯篇第八

◎哪头更重些?

子曰:"泰伯,其可谓至德也已矣。三以天下让,民无得而称焉。"

枫解:泰伯,那可以说是品德崇高极了。屡次把天下让给他人,"民无得而称焉"。

民无得而称焉,传统上解为百姓都没办法找到恰当的词语来称赞他;但也有不同看法的,认为应该是,百姓虽然没有得到什么好处却还是对他赞誉有加。这三让天下究竟是怎么回事呢? 还好史载文字并不缺乏,故事大概是这样的:

泰伯,亦称太伯,姬姓,是西岐周部落首领古公亶父的长子。太伯的母亲名叫太姜,是有台氏之女,亶父的正妻,育子有三,长泰伯、次仲雍、再次季历。泰伯也是才识卓绝、德行昭著之辈,助其父亶治理西岐,深得臣子之心。可是,季历有个儿子叫姬昌,即后来的周文王,自小聪明过人,才华出众,深得亶父之宠,并言"我世当有兴者,其在昌乎!"意欲传位于季历再传姬昌。但当时西岐礼法为传长不传幼,亶父只能作罢。泰伯察觉父亲之意,为成全父亲的心愿,避免龙蛇相争之祸,遂决定让位于季历。说服二弟仲雍留下子嗣,趁父亲病重之时托言至衡山采药,离开周原。后亶父病逝,泰伯、仲雍赶回来奔丧,季历与众臣请求泰伯即位,泰伯不受,治丧完毕携仲雍再次离开周原,前往长江以南梅里避居。不久后,季历被商廷暗害而死,泰伯再度返岐山奔丧,群臣与其侄姬昌再次请求泰伯即位,泰伯仍不受,姬昌继承大位。泰伯与仲雍又返江南梅里,"断发文身"以明不承周位之志,全心全意开发江南,引导人民兴水利养桑蚕种稻谷,使原本蛮荒的江南得到第一次文明的跳跃。

当然,称赞泰伯的可不仅是江南一隅之百姓,而是九州天下之民,所赞者在其"三让"之德,说是"无所得而称"也无不可。这些都是微末枝节,每每读至此处,我总有些疑问难消:

一、其时,让以天下者何其多,数十年之后,史有明载者有伯夷、叔齐,是德性沉淀至此集中爆发,王者视权位如敝屣? 还是部落传承制度出了大问题,到了不得不改变的程度？

二、若为让天下者赞，夫子此处为何独提泰伯？其上有尧舜禹，其下有伯夷、叔齐，贤名有过而无不及，怎么数也数不上独一份。难道是因为让的次数多一些？还是周朝最终得了天下，影响大一些？

三、泰伯之让，在当时的西岐是明确无误的有违礼制的行为吧？这与夫子提倡的守礼有没有冲突？或者说，德当在礼先？还是体察父亲心意，孝在礼前？继承法，宗氏之制，公义也，岂能为求私德之全而忘公义之重？或以周得天下之果而论泰伯三让之因？

十万个为什么，此起彼伏，愿《泰伯》篇有以明示，我们且往下看看……

◎别越雷池半步

子曰："恭而无礼则劳，慎而无礼则葸，勇而无礼则乱，直而无礼则绞。君子笃于亲，则民兴于仁；故旧不遗，则民不偷。"

枫解：这段经文，在传统解法中，前半段重心在"礼"，后半段在"亲"，大抵如下：

容貌端庄，却不知礼，多是徒劳无功；只知谨慎，却不知礼，流于畏葸懦弱；一味勇猛，却不知礼，就会盲目闯祸；心直口快，却不知礼，就会尖刻伤人。君子能够用深厚的感情对待亲族，那百姓就会走向仁德；君子不遗弃自己的老朋友，那百姓就不致对人冷漠。

这个"礼"只是仪轨礼节、人情世故吗？这个"亲"只是血脉之承、情感之续吗？我不太认同！试着抠抠字眼吧。

恭者，肃也；在貌为恭，在心为敬；貌多心少为恭，心多貌少为敬；是谓美善之心表之于貌也。慎者，从心从真，谨而诚也；因真而诚，因诚而益真；是谓全心全意专注于事也。勇者，从甬从力，气也；气之所至，力亦至焉；心之所至，气乃至焉；是谓气血心力合之于行也。直者，枝木不弯曲之状也，也有正曲矫枉之意；是谓心口如一显于言行也。恭慎勇直，看起来都是非常优良的品德呀，怎么会造成劳葸乱绞这样的不良后果呢？

夫子说是因为"无礼"，传统解法说是"不知礼"，此"礼"为何物？礼节仪轨乎？人情世故乎？讲个礼貌通个人情，就能让良德成良行好心有好报？似乎有道理！你看，接着就是要亲善族人、提携故友嘛。人情大于仁德，礼法大于德性，那我们还跟夫子学个什么劲修个什么身？回家跟大伙儿一起和和美美过日子就行了!

吾一贯鄙夷此解!夫子之礼,为礼制,是合道之制度,是循天之道理,是人世之行止之准绳。你越过去了,再美的个人品德,也会成为祸患之根源,他人之伤痛。比如,你很勇敢,路见不平拔刀相助,可是把人打成残废,这就成了乱子了;你很专注郑重其事,病人来了,你考虑再三,最后病情耽误了……

以合道之礼制为基准,私德之美不能侵公义之理,我们还可以推演出很多,宽而无礼则纵,敏而无礼则滑,孝而无礼则愚,忠而无礼则迂……

夫子之仁,岂独于亲友故旧?我们的良愿只为身边的人与事而生发?若是君子所忠厚者所不遗弃者,都是自己的亲戚故友,与民何干?起个带头作用唱个爱满人间吗?大家把门前雪扫干净了,其他的呢?窃以为,所谓"笃于亲"者,亲善笃于行也,以亲善之心行厚实之举;所谓"不遗故旧"者,故旧不遗于风也,保持优良传统不缺失于民风。只有这样,民众才有仁德可言,才不会投机取巧。

此处所讲,公义也,私德之美,不能凌驾于公义之上,是原则,更是遗风。泰伯三让,是私德吗?为部族之共利,大义也;继承法,虽为宗制,却是一家之小义,宜悉心细察之。

◎曾参的遗言

曾子有疾,召门弟子曰:"启予足!启予手!《诗》云:'战战兢兢,如临深渊,如履薄冰。'而今而后,吾知免夫!小子!"

曾子有疾,孟敬子问之。曾子言曰:"鸟之将死,其鸣也哀;人之将死,其言也善。君子所贵乎道者三:动容貌,斯远暴慢矣;正颜色,斯近信矣;出辞气,斯远鄙倍矣。笾豆之事,则有司存。"

枫解:曾子有疾。这个曾子就是很多年前拈花一笑时,说"夫子之道忠恕而已"的那位曾参同学。此时病了,而且病得非常严重,自称"人之将死",有点病榻之前交待遗言的意思。那么,这事应该发生在公元前435年前后,其时,夫子往生已经四十余年。题外之话暂且不说,先来看看他说了什么。这遗言有两份,一份是给门人弟子的,一份是给孟敬子的。给门人的那份是这样说的:

看看我的手,看看我的脚,《诗经》里有句诗是这样唱的:"战战兢兢,如临深渊,如履薄冰。"从今往后,我清楚知道自己可以"免夫"!"小子"!

免夫,大抵都说是免于刑戮之害——当年爹娘给咱一副好躯体,如今咱能全须全影回去了——此身得以保全,是为孝也!貌似能说得过去,一生小心翼翼,混了个善终，足以自夸。再提升一点，"君子全身，君王全国"，保护好祖宗基业，就是大孝啊。顺着这个思路往下走，我们基本上可以非常明确地回到山洞里围着篝火跳草裙舞。另外，我觉得那样译解得太过拘谨了，与后面"小子"的称谓在语气上不太匹配。所以，意译为：从今往后，我可以不干了，小的们！——视往生如归途，有得大解脱之喜悦。所不干，正是如诗所云般的恭谨行止——你们看看我的手脚，一辈子不敢乱动一丝一毫啊，往后终于自在了。

给孟敬子这位鲁国大夫的那份呢，是这样说的：

鸟之将死，其鸣也哀；人之将死，其言也善。我就要死了，给你讲点掏心窝子的话吧。君子在践行仁道上最需要注重的有三点：重视容貌，要避免粗暴和懈怠；端正表情，要趋近于诚恳可信；言谈语气，要避免粗俗和过度。至于仪轨的细节，按照有关职司人员的要求来做就行了。

动容貌、正颜色、出辞气，现于表宣于外也，可概括为合宜之言谈。合宜，无非愉悦于人而已。当然，也有一说，自"动""正""出"三词着手，考此段所讲，谓言谈为末节，不过心之外象，曾子之意，重在持中而正己，理虽高妙，只是过于牵强，吾不取之。

无论行止，还是言谈，都是非常个人的事情。曾子临终为什么只说这个呢？也许正在于"战战兢兢，如临深渊，如履薄冰"的人生信条吧。我想，不管是临深渊也好，履薄冰也罢，人生的路终究还是要走的，只是怎么走而已，是以"战战兢兢"，心存敬畏。敬畏礼法？还是宥于人情？当然不是，此"笾豆之事"也，存于有司即可！那敬畏的是什么？貌似没说！

曾参在夫子之后，为儒门发扬立有大功，门人众多，备受推崇，我却一直认为他远逊于夫子，少了一份自然和洒脱，虽恭行慎思，却无风光霁月之相，终了始得释放。夫子一生求仁，欣欣然乐在其中；曾参却几近苦不堪言，需要死亡来解脱。这差别从这两份遗言，也能见其一二。不过其门人众多，故有充益《论语》之力，这一段增补，虽主旨无违，但气韵有差，素来为我所不喜，幸好下一段略强一些，堪可一读。

◎曾参心目中的君子

曾子曰："以能问不能，以多问于寡；有若无，实若虚；犯而不校——昔者吾友尝从事于斯矣。"

曾子曰："可以托六尺之孤，可以寄百里之命，临大节而不可夺也——君子人与？君子人也。"

曾子曰："士不可以不弘毅，任重而道远。仁以为己任，不亦重乎？死而后已，不亦远乎？"

枫解：昔者吾友，何人也？大抵称，所谓者，颜渊也，却无旁证，也无伤此处大意，不作详考。曾子的这位老朋友能做到什么样子呢？

以多才多艺之身向没有多少才艺的人请教，以学识渊博之身向学识欠缺的人请教；知识丰富却如常人无异，满腹经纶却似空无一物；被不如他的人冒犯了，也不计较。

不耻下问、虚怀若谷、宽宏大量，三种非常好的品性。另有一说，称"以多问于寡"，多指通才，寡为专才，有请益于专业人士之意。那就加上一个尊重专业、实事求是、精益求精吧。总之，这个人为学端正为人谦和，必须给百十个赞。另一个更值得大赞特赞者，紧随其后，此君如斯：

可以托六尺之孤，可以寄百里之命，临大节而不可夺也！

六尺之孤，未成年之幼子也；百里之命，万千族人之运脉也。可以托之寄之，生死操于其手，荣辱系于其身，何以如此？一是信誉，二是能力。更重要的是，这位还能做到，面临安危存亡之紧要关头却不动摇屈服！人品好，能力足，心志坚，这样的人堪称君子。

前段为学，后段炼心，修成君子了，然后呢？曾子曰：

士不可以不弘毅，任重而道远。仁以为己任，不亦重乎？死而后已，不亦远乎？

字面意思就是，"士"不可以不刚强而有毅力，因为他负担沉重，征途遥远。把推行仁道当作自己的责任，能不沉重吗？不到生命终结绝不罢休，能不遥远吗？这个"士"传统都解为读书人，我觉得有些狭隘了，应该是一切有志于仁的人。弘毅者，强魄也，壮魂魄，更壮体魄。唯其强，气力不衰，始能致远。

另有一说，解"弘"为"宽广"义，能包容众说，不以一善自足。"毅"谓有决也，博而后采，厚朴而志坚。

为学以长智慧，炼心以坚信念，强魄以远其足，如浪相推，层叠而来，还好最终拍在崖壁之上爆出花来了——以仁为己任，死而后已！一切都是为了他，千呼万唤始出来。若是多溯几步，他疾中遗言，一生所敬畏的，应该也就在于此吧？唯恐有违仁而已！

这是我不太喜欢曾子的原因，话讲得四骈八骊的，词藻华丽，文采飞扬，言辞昂扬，内质却远远逊色于夫子，整个就是一副高声疾呼慷慨陈词的模样，成了喊口号的高手，甚至，在慷慨激昂的言辞中我们还能感受到一丝委屈与不平衡。当然，也可能是他的那班门人弟子给他抹了黑了。

如果我们把关于曾子的这段补充给剔除干净，是不是会影响整个篇章的格局呢? 是否会有言之未尽之困, 或词不达意之惑呢? 不妨试着往下看看……

◎请别忽悠老百姓

> 子曰: "兴于诗, 立于礼, 成于乐。"
> 子曰: "民可使由之, 不可使知之。"

枫解: 启发于诗, 树立于礼, 完成于乐。

传统解法说, 这是夫子对教育, 或者学习过程的概括: 以诗歌来启迪激发人的爱好和兴趣, 引导其向学之心; 以礼法约束其言行, 令其能在社会站稳脚跟; 以音乐使其所学得以圆满完成。诗如何启? 礼何以立? 乐怎么成? 没有答案, 甚至这乐是什么, 也说法不一。实在令人摸不着头脑, 更是迷雾漫天的是下面这一句:

民可使由之, 不可使知之。

原来的解法是: 百姓, 可以使他们依照我们所指的道路走下去, 不可以使他们知道为什么。这个解法脱胎于《史记》所载西门豹与商鞅的说法, 两位仁兄非常有默契, 颠来倒去其实只有一句话——民可以乐成, 不可与虑始。老西门是何门派我不太清楚, 商君却是个不打任何折扣的法家杰出人物, 他的这种解法能代表儒学吗? 两千年后, 时至民国初年, 很多读书人就觉得这种解法甚是不妥, 不民主, 于是另作别解。刘宝楠称, "上章是夫子教弟子之法, 此'民'字亦指弟子", 以"民"代弟子, 自古未有之说, 实在牵强; 宦懋庸则称, "对于民, 其可者使其自由之, 而所不可者亦使知之。或曰, 舆论所可者则使共由之, 其不可者亦使共知之", 经义虽高, 语法却有些不通达, 有诘问说, 缘何夫子不曰: "民可, 则使由之; 不可, 则使知之"? 无晦涩, 也无歧义。重句读, 贯上下, 似乎都不太顺利, 貌似破不开法家之解。真的如此吗? 我来试试:

由者, 缘由也, 事理之来龙去脉, 政令之前因后果; 知, 智也。此处夫子所讲者, 君子使民之法也, 怎么使? 可由之, 不可知之。怎么讲? 必须跟百姓讲清楚政令的来龙去脉, 不能自作聪明以智欺民。

使民, 可由之, 不可知之。

民心如水, 自有行径, 谁人不知大江东去, 何必你来由之? 不信者可以去拨弄试试, 千古以来, 自恃才智高绝而欺民以愚者, 哪个最终不是在大浪之底尸骨无存? 读了几页书, 便一副天下我最大, 指点江山视百姓如草芥, 却不知小民也有三两香油在肚三招狡智在胸, 怎能不船翻人亡? 以君子之高位自居, 只要一天没有置身于民，就一天无法理解夫子之真意。不作此解，于民而言，君子所谓之仁从何来？使民之法，先通道理以蕴其仁善之心，再启智力以壮其行事之力，方为正途。仁善之心未生，智力强壮，世乱肇始。

从此解，则"兴于诗，立于礼，成于乐"另有新说，我解之如下：

以诗歌统一思想，天下兴盛之始；以礼制治理百姓，天下稳固之基；如此终成，其果如乐，各司其位，阴阳调和，如韶之至美至善。

如果你不让百姓清楚地了解缘由，你怎么去统一思想？当年，那些摇着木铎的"巡者""行人"干的可不就是这事儿吗？采风以了解民情，倾听民间的声音；颁令以传达上命，移风易俗。

其实，还可以有另一种解法，曰：民可使，由之；不可使，知之——民可使，随他去；不可使，教化之——儒家理想状态里的圣王之治！

两种解法，都是对上位者的要求，前解约束自己，后解着眼百姓，说法不一，其理却是相通。

夫子从治天下之道，而到使民之法，俱教之于君子也。核心所在，不外乎一个"使"字，何使合乎道？从义，从公义，从大义，无它！

◎人心坏则世道乱

子曰："好勇疾贫，乱也。人而不仁，疾之已甚，乱也。"
子曰："如有周公之才之美，使骄且吝，其余不足观也已。"

枫解：崇尚勇力而且厌恶贫穷，这是一种祸害。遇到不仁的人，对之痛恨太甚，也是一种祸害。

于个人而言，这是修身之祸；于社会而言，这就是动乱之源啊。当然，此勇，是血气之勇，是无智之勇，是违仁之勇；好之甚也，过头了，过分崇尚了，盲目相信了。拳头大的说了算，嗓门高的有道理。好勇争强，而且还厌恶"贫"。贫者，历来解为物质之贫。可以，但不全面。此处，应有学力缺乏之意。恶已智之不及人，是进步之源，若只为争胜于世，却易走偏锋。世间仗着智力学识而欺凌他人者何其多？这个危害更大为祸更烈。力大也罢，智高也好，如果凭之横行四海，蔚成风气，乱世之始也！

人而不仁，无仁心，无仁行，自然是不好的，是错误的，也是必须批判的，但这不能成为我们厌恶憎恨惩罚他们的理由。一个人道德上有瑕疵，并不能成为入罪的成因。你可以批评他，社会可以批评他，但不能放弃他，而是应该挽救他帮助他。"疾之已甚",过了,往往反成其害。一味谴责,从来不是好办法;如果只为谴责而谴责,就更是要不得了。站在道德高地,斥责四方,这是非常危险的信号。如果此风大盛,也是乱世之兆。

社会风气变坏了,往往是从具体的每个人开始散发出来的,对于个人而言,哪些是重中之重呢?夫子曰:

如有周公之才之美,使骄且吝,其余不足观也已。

周公,夫子的精神偶像啊,做梦都想着跟他相会的真正圣贤。哪怕一个人有周公那样美好的才能,只要骄傲而吝啬,那么别的方面也就不值得一看喽。

骄则满,则慢,则自视人上;学则无进,居已离地,人必离群,仁自背道。吝则惜,则不舍;钱财满心窍,羽毛珍如命。当然,这是比较极端的情况,每个人身上多少总会带有这两点气息,仿佛与生俱来烙在血脉之中的印记,修身为的就是克制它们,让这些祸因最小化。也许有人会说,他礼贤下士,虚怀若谷,不耻下问,总不能说他"骄"了吧?他非常慷慨,视钱财如粪土,为朋友两肋插刀,豪迈无双,怎么会是"吝"呢?有所建树,或是身在上位者,非常有意思,不骄者往往吝,吝惜于名,吝惜于羽翼;不吝者往往骄,自傲于名,自傲于功业。两祸同戒,令心清明,付诸笔端,似无疑难,施之于行,步履沉重。

俗世尘埃何其多,怎令此心不蒙尘?

君心如斯,他心如何?

◎信念与底线

子曰:"三年学,不至于谷,不易得也。"

子曰:"笃信好学,守死善道。危邦不入,乱邦不居。天下有道则见,无道则隐。邦有道,贫且贱焉,耻也;邦无道,富且贵焉,耻也。"

枫解:读书三年,不是为了做官,这是非常难得的。

谷者,禄米也,职事之酬,如今日之薪资,不过折合成实物给予,比如粟米。在那个时代,酬劳最丰厚的,无过于为官了。读书三年,求学三年,却只是醉心于学问,不存俗世欲念,没想着职位,没想着发财,当然是非常难得的。试想想,现实社会中,有多少人能够做到不为功利只为学问而求知?还一头扎进去就是三年。

不易得也,也有人译为,实在是难为他了。也可! 有怜悯之意,体察之情。

不易也好,难为也罢,终究是一场困苦,但为什么非得熬上三年呢?夫子没说。怎么熬过来的呢? 接下来的这段倒是能够品出一些味道来。

笃信好学, 守死善道。危邦不入, 乱邦不居。天下有道则见, 无道则隐。邦有道, 贫且贱焉, 耻也; 邦无道, 富且贵焉, 耻也。

笃者, 忠实, 一心一意也; 信者, 从心之言, 信念也。两相叠加, 何其坚也, 当为疾志不渝之信仰。信仰什么? 善道, 好的, 正确的, 与人与世为善之道, 于儒门而言, 就是仁。有信仰还不够, 还得"好学"。好, 不仅是喜欢, 更是用正确的方法, 是乐在其中; 学, 不仅是认知, 不仅是识记于心, 更是实践, 是传播。这个信仰得坚定到什么程度? "守死"! 传统解法是"誓死保全, 重于生命"。

个人认为这是一种误解, 将生死拘泥在肉体的生存与毁灭之上, 为践道卫道不恤己身, 壮烈而慷慨。当然, 这也是一种非常好的品德, 却不太符合夫子的教诲。所谓"死"者, 底线也, 越之无生, 或是肉体之终结, 或是生趣之了无。守者, 何越之有? 无越, 何谈生死? 真正的"善道", 何曾不是以毁灭生命为耻为恶事? 底线诚然是修身之要, 存亡之关, 必守, 却非以性命为墙。君不见, 夫子随后曰之:

不进入危险的领域, 不居住祸乱的国度。天下太平, 就出来做事; 不太平, 就隐居。

可见, 守也是要讲智慧, 讲策略的, 也可见, 此处之底线是个人的。大义, 当从之, 不违之, 却不可以公义为私德, 公私不分, 祸之肇也! 当然, 社会也是有底线的, 那是另外一回事, 不可混为一谈。于个人而言, 还有另外一条底线, 是什么?

政治清明, 自己贫贱, 是耻辱; 政治黑暗, 自己富贵, 也是耻辱。

大好年代, 无所作为, 不是无能就是无心; 混乱时代, 捞足个人利益, 不是违仁就是叛道。这些, 当然都是耻辱的行止。

看似拉拉杂杂讲了很多, 其实非常简单, 夫子只是从不同的角度, 深入浅出地分析了信仰的问题, 讲信之难, 讲信之重, 也讲守信之智。

一言以蔽之, 信也!

◎各就各位

子曰: "不在其位, 不谋其政。"

子曰: "师挚之始, 《关雎》之乱, 洋洋乎盈耳哉! "

枫解: 不在其位, 不谋其政。

这是一句无须翻译就能通行于当世的经文，在现代语境中甚至有一句极为粗俗，却颇有几分异曲同工之妙趣的俚语——屁股决定脑袋！

这也是一句富含人生哲理的话，为什么？不在其位，对于事情的来龙去脉能有多少了解？在资讯不足的情况下做出的任何决策都是盲目的。不观其所由，何来察其所安？此为其一。其二，决策时需要面对多大的压力，绝非不曾身临其境者可以凭空揣度，未经历练，自以为高明的人，多数不过另一个赵括而已。生活中，我们听过多少令人啼笑皆非的"外行话"？比如"何不食肉糜"。可是，偏偏越是外行，却越是喜欢指指点点，尤其是读过一点书有些许阅历的那些"半桶水"，总是晃荡个不停，今儿个高喊对某国开战，明儿个疾呼这个案子应该这么判，天下舍我其谁！

当然，这也是一句饱受诟病的话，总是被拿来当不作为的借口，老滑头油混子们的推搪之辞。这份"罪过"自然也都算到夫子的头上，在某些特殊时期，免不了被拉出来打倒在地踩上几个脚印。我总是非常浅薄地理解夫子的这句话，无非各司其职，各安其职，唯有如此，天下乐章才能和谐而鸣：

师挚之始，《关雎》之乱，洋洋乎盈耳哉！

始者，乐曲之开端也，古代奏乐，开始称为"升歌"，一般由太师表演；乱者，乐曲之终章也，一般为"合乐"，犹如今日之合唱。由"始"至"乱"，称为"一成"。师挚，鲁国之太师，名挚。你看：

太师挚在开始的时候领奏，最后以《关雎》合唱结束，整个过程漫耳都是盛大华美的音乐。

如果太师挚还未完成，突然有人嚷上一嗓子；或者该是钟鸣的时候，却有鼓响，这乐还能听吗？一场表演的成功，是每个人，每件乐器，共同努力完成的。所有的参与元素都必须按照拟好的乐谱来展现，任何临场的变化，都可能让一切努力付诸流水。治乐如是，治家如是，治国不也如是乎？

特别有意思的是，很多解家总是把"师挚之章"视为夫子复兴鲁国礼乐的实证，甚至将《论语》中诸多涉及"乐"的章节摘出来，自成一体，居然也能讲出个子丑寅卯来，花团锦簇，颇有趣味。这也挺好的！但，我更愿意从整体文理脉络来理解这些章句，不过是夫子用之作类比说明事理罢了，只是对于"乐"他比较精擅，比较喜爱，伸手则来信手而为，如将军多言兵事，伙夫喜说厨艺。

别忙着伸手，先干好自己的分内事吧！

◎何以治愚？

子曰："狂而不直，侗而不愿，悾悾而不信，吾不知之矣。"
子曰："学如不及，犹恐失之。"

枫解：狂妄而不直率，幼稚而不老实，无能而不讲信用，这种人我是不知道其所以然的。

传统解法基本如是，夫子不知之，我也听得有些莫名其妙，难道只要直率，就可以狂妄吗？只要老实，幼稚也能接受？只要讲信用，无能些也还可以？还是重新来过吧。

狂者，纵情任性放荡骄恣之态；直者，心口如一显于言行。侗者，未成器之人，幼稚无知之相，憨厚之貌；愿者，本义恭谨，老实谨慎也。悾悾者，浅薄而知少也；信者，从心之言，信念也。狂、侗、悾悾皆在貌，直、愿、信皆从心。遵从字之本义当重译如下：

貌似狂放却行不由心，貌似憨厚却心无恭谨，浅薄无知却缺乏信念。

世间有狂士，秉心直言，自有一番豪迈之风采；不喜者，佯狂恣意，却心有它指，如借酒装疯，似借论政而谋私利。世间也有憨人，心地厚朴，却是极好的；不喜者，扮猪吃老虎，面慈心狠智狡。"悾侗"就实在不是什么褒义词了，总归憨愚蒙昧之辈，空空如也，洞洞无物，关键是如此外相并非先天智力不足造成的，是浑浑噩噩混成的。这样的人若还不懂得实事求是，多点自知之明，有些许坚持，哪还有什么看头？

千人千貌，或雅，或温，或正，或狂，或狷，或憨，或痴，或拙，或清，或媚……这样的世界才有生趣，倘若都是一个模子刻出来，想来也是无趣得紧。环肥燕瘦，各有千秋，没得选，纵使心不累，眼也得累呀。夫子所不知者，不喜者，非在其相，实在其心。貌似有三，实指为二，一谓心相不一，一谓智浅志弱。志弱则无学心，不求进，纵有天赋，也终将空耗。是以，他进一步说：

学如不及，犹恐失之。

为学全力以赴，唯恐赶不上；略有所得，还担忧一不小心丢失了哩。

这是信念坚定、志在为学的人才能说出来的话，求学修身如逆水行舟，不进则退，从来就没有可以停下来憩一下的。今时今日，此言警省意味尤浓，时代巨变，知识更迭日新月异，三日不学，一个浪花就会将你拍在潮头之下。

以下文反思上文，意思更为明显，夫子所不知者，颇有几分"我搞不懂这些人怎么想的"意味。不直、不愿、不信，我全力以赴，还怕做不好哩，这帮人居然还如此三心二意？有这功夫耍心眼，还不如赶紧看看书，学点真东西。

细看世间, 还真有不愿跟随真知的人, 对他们能怎么办? 也只能告之一声: 学如不及, 犹恐失之!

◎非给不可吗?

子曰: "巍巍乎, 舜禹之有天下也而不与焉!"

枫解: 真是崇高啊, 舜禹两位圣贤, 贵为天子, 富有四海, 却终年为百姓而劳作, 一点也不为自己。

巍巍乎, 高山哉! 这段省略三千字歌颂性文字, 用现在的流行性言语——"厉害了"先顶一下。关键还在于这个"与"字, 传统解法谓此处有享受、私有之意。

我特别怕读到涉及远古史的经文, 没有多少资料可以作为旁证, 基本只剩下传说, 甚至是一堆神话, 真假难辨。后人的解说, 也就各称其是, 随意揉搓, 编得圆乎的还算功德无量了。还好, 三代之治多少有些痕迹可循, 若是三皇五帝, 就绝对傻眼了。当然, 忽悠的除外, 反正我也没办法证伪, 你说了算。所谓三代之治, 指的就是尧舜禹。其时, 中国正处于氏族—部落联盟制度行将崩溃的时代。夫子特别喜欢考证那段历史, 可能正在于此, 文明演化处在节点之上, 重定阴阳, 再造伦序, 有太多可资为鉴的地方。我们还是回到正题上来吧。

舜, 姓妫或姚姓, 名重华。因建国于虞, 故称为虞舜或有虞氏。除了接受尧帝考察那段经历, 各类史书记载比较多的大抵都有这样的说法: 尧用之, 使摄位三十年; 受位后定都于蒲坂, 在位四十八年。据说他每五年巡天下一次, 其余时间让各地君长到京城朝见; 据说他将天下分为十二州, 以河道确定各州的边界; 据说他在南巡中崩于苍梧之野, 传位于禹。稍有争议的是所谓四十八年, 是否包含摄位那三十年; 真正有大争议的是, 他是怎么从尧帝手中接过大位的。一说是"禅让", 德高才贤感于上, 和平交接; 一说是"夺位", 舜囚尧, 复偃塞丹朱, 使不与父相见。当然, 夫子之后, 所谓正统的儒家, 从来只认禅让说, 《竹书纪年》这类全被打为野狐禅。

禹, 姒姓, 夏后氏, 名文命。这位最彪炳青史的当属"治水"了, 十三年胼手胝足, 三过家门而不入。他是怎么从舜手中接过权位的, 暂且不论; 可他却成了中国历史上第一个具有完备国家制度的王朝创始人, 并把帝位传给了他的儿子启。虽另有一说, 禹也禅让于益; 益不服众, 启始上位; 或启夺益位, 始有夏朝。但不管历史之河在这里拐过几个小弯, 也不管后来有过多少次反复, 总之, 就是从这里, 流入"世袭制"的河段。

若是夫子这段经文高度赞誉的是"禅让制"，不以天下为私产，不为权位动心魂，在舜那里还可以争上一争，在禹这里还怎么争？

也有另辟蹊径苦作回护者称，夫子所盛赞者，舜禹因公忘私，与民同劳动共甘苦也。这方面，禹倒是有些史载，舜可没有。再说了，作为一个君王，最重要，最值得称赞的品质不能是躬耕如老农吧？此说多少有些"皇帝老儿用金扁担"的思维残余。

那究竟是什么意思呢？我曾经做过最离经叛道的假设，就是完全按字面本义作解。与者，赐予也。

舜禹之有天下也而不与焉。

舜禹拥有天下之后还就不想给别人了！

先别急着抽我！第一，这跟史载更为吻合；第二，这个更难更有高度。怎么讲？氏族社会正在崩溃，部落联盟制明显无法适应历史潮流了，如何建立起新的适应生产力发展需求的礼制，才是一位英明，其至堪称圣贤的君王应该考虑的。禅让也好，父子相承也罢，重要吗？若是阻挡了历史潮流，再好的私德、再美的情怀，有用吗？不是说我们不讲情怀了，也不赞美私德了，好的依然熠熠生辉，但绝不能以私之美掩公之瑕，为君为王者，衡量标准，自当公义在前！

正是不赐予，始有夏商周三代之礼乐传承，郁郁乎文哉！此，不也巍巍乎？何必死抱着"禅让"不撒手呢？

◎夸人是个技术活儿

子曰："大哉尧之为君也！巍巍乎！唯天为大，唯尧则之。荡荡乎，民无能名焉。巍巍乎其有成功也，焕乎其有文章！"

枫解：了不起啊，尧在君王之位上的作为！实在是崇高！只以天道为大，也只有尧能效法之。阔大雄浑，民众都不知道应该怎么来赞美他了。他的功绩实在太崇高了，"焕乎其有文章"。

焕乎其有文章，历来都说夫子盛赞其礼仪制度之美。我以为略有演绎之嫌，文章者，文献也，译之为"他的光辉照耀于历代文献之中"，可矣！

高山，又见高山！舜禹之前，尧是另一座高峰。大哉也，巍巍乎，荡荡乎，短短四十字，就竖了四次大拇指，夫子该有多崇拜这位圣贤？如此盛赞，其实只为了八个字——"唯天为大，唯尧则之"。我们不妨品品看。

尧，姓伊祁，号放勋；古唐国人，帝喾之子；十五岁辅佐兄长帝挚，二十岁代挚为天子，定都平阳。立七十岁而得舜；二十年后，尧老，舜代为执政。这是生平大概。赤龙梦孕、十日并天、六凶横行、战丹水、造围棋、创酿酒……太多的传说，我们且不去分辨真假；传位于舜是禅让也好，被夺也罢，也暂且搁置一旁。非常明确，历来史家无所争议的有两点：

一、命令羲氏、和氏根据日月星辰的运行情况制定历法，然后颁布天下，使农业生产有所依循，"敬授民时"。《尚书·尧典》中有他如何确定春分、夏至、秋分、冬至的详细过程。二分、二至确定以后，尧决定以366日为一年，每三年置一闰月，用闰月调整历法和四季的关系，使每年的农时正确，不出差误。

二、尧执政初期，还没有基本的国家制度，只是部落联合体，非常松散，不利于统一管理。所以，他积累了一定的施政经验后，开始建立国家政治制度。其中非常重要的一条就是按各种政务任命官员，在我国历史上第一次建立了较为系统的政治制度，为雏形国家的产生奠定了基础。

前为定历，后为定制，这才是圣贤君王应该干的事情。没有这两碗老酒打底，哪来中国五千年农耕文明之昌盛？定历为则天，这个明摆在那里，非常浅显易懂。定制"则天"之说又从何而来？古语境中，天者，道之始也，理之现也。唯天为大，唯道是从，唯理当先，以此分割阴阳，鼎定乾坤，确立人伦，健全秩序，是谓"则天"。这也是夫子一贯强调、秉持的为政之道！

从史证不难看出，尧之礼制，还是非常粗犷的，谓之"焕然成章"有些过誉；但毫无疑问的是，他所确立的思路、指明的方向是正确的，是符合文明演化进程的，是适应生产力发展需求的。如此创举，已然等同启明指引，任何赞辞都不为溢美！

舜禹之巍巍乎，在于完善；帝尧之巍巍乎，在于开创。三代之功，在于礼制之定，此为公义，为大德，岂是一个"禅让"之美所能比肩？若以"无私"论贤愚，上古之时，人何曾有私产？

唯天为大，若能以天心为己心，称个老二，也是应当，受夫子四赞也自无愧！荡荡乎！或许正是因其阔大，故"民无能名焉"，夸都夸不到点上，只能是：

大海啊，你全都是水。

姑娘啊，你真美。

◎分工是伟大的进步

舜有臣五人而天下治。武王曰："予有乱臣十人。"孔子曰："才难，不其然乎？唐虞之际，于斯为盛。有妇人焉，九人而已。三分天下有其二，以服事殷。周之德，其可谓至德也已矣。"

枫解：舜有贤臣五人便把天下治理得井然有序。武王也说过："我有十位贤臣合治天下。"夫子就此现象评价说："人才难得呀，不都这么说吗？唐尧和虞舜两个朝代，'于斯为盛'。武王时，还有一位是'妇人'哩，实际才九位罢了。周文王得了天下三分之二，仍然向商纣称臣。周朝的道德，可以说是最高的了。"

这是传统的解法，小节处先不讲，大概思路是：舜用五贤治天下，武王用十臣安国邦，夫子评价有二，一是人才难得，一是周有三分之二天下仍行臣礼成为道德模范。五贤也罢，十臣也好，谈谈人才问题理所当然，可是评论未完，话锋一转夸起"周德"，有些前言不搭后语吧？且一点点梳理吧。

所谓舜有五臣，一般都说是禹、稷、契、皋陶、伯益。稍有涉及这段历史的人，总会想起"八恺""八元"之说。这是尧逝之后，舜做出的一项非常重要的政治兴革，除命禹担任"司空"治理水土外，还明确了八个职位。命弃担任"后稷"，掌管农业；命契担任"司徒"，推行教化；命皋陶担任"士"，执掌刑法；命垂担任"共工"，掌管百工；命益担任"虞"，掌管山林；命伯夷担任"秩宗"，主持礼仪；命夔为"乐官"，掌管音乐和教育；命龙担任"纳言"，负责发布命令，收集意见。其实，这些人在尧时代就已经被举用了，只是职责都不明确，舜继承大位之后确立之，并规定三年考察一次政绩，由考察三次的结果决定提升或罢免。通过这样的整顿，"庶绩咸熙"，各项工作都出现了新面貌。这些人都有辉煌建树，其中尤以禹的成就最大，后来也就脱离同侪，成了他们无法比肩的帝王，是以，只有"八恺"。

传统解释中，所谓稷当然就是官任"后稷"的弃了，至于伯益是指伯夷还是夷，就不是我能揣度的了。若以史实论，所谓五臣之治，五当为概数，所指者应是"明确臣工"之事。

我们接着来访一访武王吧，且从这个"乱"字起手。《说文》与《尔雅·释诂》都曰：乱，治也。近代周谷城认为"乱"有"亲近"之意。吾皆不取之！《左传》昭公二十四年引《大誓》曰："余有乱臣十人，同心同德。"何解？所谓乱者，同也，合也，当从乐中解，乐之终章称"乱"，合奏也；所谓"乱臣"，当是受领于王而共治天下之大臣也，绝非后世语境中的"乱臣贼子"。非常有意思的是，仅"臣"字是原文所有，还是后人增加的，就争得不可开交。其实，于经义并无大碍，可暂时搁置。十人所指，周公旦、召公奭、太公望、毕公、太颠、闳夭、散宜生、南宫适八人无疑；另有荣公、虢叔谁占一席，各有因说；至于"妇人"，一说指文王之后大姒，一说指武王之妻邑姜。朱熹甚至按照性别对"十乱"进行大致分工，认为前九人治外，邑姜治内，吾以为大善！这是进一步的细化分工啊！

武王十乱之言，出于《泰誓》，是武王伐纣的檄文，是战斗宣言，自此拉开讨逆之帷幕。所谓文王"三分天下有其二，以服事殷。"于今来思，内政未修当是其中非常主要的原因。至武王时，有十乱共治，内外分工明确，始能成行。

统而论之，夫子所言之"才难"，一是人才难得，另一是分工难明。臣工分职，各司其务，始于舜，成于武王。周"可谓至德"，当指于此。也唯有指于此，才能让整段经文通达无疑难无晦涩。

唐尧、虞舜交替的时候，才开始有明确臣工的盛举。武王执政时，有妇人主于内，外政只有九人而已。文王三分天下有其二，为何以服事殷？周朝在这方面的制度，才可以说得上是最高了。

舜武之赞，在于分工制也！此义不通，究其细节何用？

◎破衣烂衫好皇帝？

子曰："禹，吾无间然矣。菲饮食而致孝乎鬼神，恶衣服而致美乎黻冕，卑宫室而尽力乎沟洫。禹，吾无间然矣。"

枫解：夫子说，禹，我对他没有批评了。他自己吃得很菲薄，却"致孝乎鬼神"；穿得很粗劣，却"致美乎黻冕"；住得很低微，却把力气完全用于建设水利沟渠。禹，我对他真的没有什么可以批评的了！

菲饮食、恶衣服、卑宫室，食衣住，个人用度很是节俭，私德甚佳，值得一赞；"尽力乎沟洫"，全力以赴兴修水利，发展农耕，这也有史证；黻冕者，祭服也，"致美乎黻冕"是把祭服做得极为华美；"致孝乎鬼神"，据说是把祭品办得极为丰盛。从字面上来看，这样翻译，我没意见；我有意见的是，一位破衣烂衫崇尚鬼神的帝皇，哪怕把水利工程修得再好，能是一个好君主吗？

美黻冕，是重祭祀没错，其时祭为国家百礼之首，此处不过借黻冕以代礼制，言说禹对礼制之完善，创造了"国家"这一新型的社会政治形态，结束部落联盟制，建立起完整的雏形国家治理体系；孝鬼神，其时之"孝"尚无后世诸多含义，当取其本义，是天经、地义、人伦三才之序，所谓孝鬼神者，实为三才之定，阴阳之分，落于公义处，首见祭司与政体分离，史简之缝痕迹可察。

力沟洫，民有所食；美黻冕，民受所治；孝鬼神，民智初启。此可谓禹之三大功德，是公义之皓辉，尤其是在"菲饮食""恶衣服""卑宫室"那样物质条件还非常低劣的情况下，能够创造出如此辉煌的成就，实在令人叹为观止，如此才称得上"无间然"之大赞。

赞美人绝对是个高级技术活，若是没有足够的功力，赞都赞不到点儿上。我每诵一遍《泰伯》篇，这种感触便深刻上几分。哪怕是赞美一位姑娘，还有容貌音色才气之分，服饰妆扮举止之别，岂是一个"美"字就能对付过去？

…………

观《泰伯》篇，其中曾子之疾所讲者，敬畏之心也；随后所展开剖析者，君子应有之行止也。以吾之见，若是将这两个章节拿掉，整体更为圆融，思路更为清晰。夫子以泰伯三让天下为引，以恭慎勇直不违礼、笃于亲不遗旧故之世俗常情作剖，提出"私德之美不侵公义之理"的观点；进一步，从诗礼乐讲治天下之道，从由知两务讲使民之法，强调公义之大；拨乱源、戒骄吝，以见人心之私；好学、笃信而到智守，以见信念之重；解"不在其位，不谋其政"，以见分工之要；以三不知之类，杀不为学之心；以舜禹之不与，证公义在前之实；析尧帝则天之法，讲唯天为大之理；剖五臣十乱之细，言臣制分工之旨；以禹之三大功业收官，誉圣人之巍巍乎。

公义、私德两分明，实为效仿先贤之要法也。此理不通，《泰伯》之篇无从解起，君子之修，也无从谈起，纵有敬畏之心，也是枉然。圣贤之道，君子之行，其大如象，不得其门，摸之如盲，何从效仿？不明其理，何从修起？

历来，每言圣贤君子，多讲私德之美，实在大谬！我曾多次反问友人：某官员位高权重，无不良嗜好，为人谦和宽容，从不拿群众一针一线，个人品德已是极好；可是，他上班不外乎开会，除了"哼哈"别无他言，未曾给百姓办过任何一件有实际意义的事情。这样的"君子"，要来何用？

修至君子境，当知大义所在；谈私德之美，须知人心所欲。前为公心，为天心；后为私心，为人心。辨得这两心，始可启"恕"道……

子罕篇第九

◎夫子不是跑江湖的

子罕言利与命与仁。

达巷党人曰："大哉孔子! 博学而无所成名。"子闻之，谓门弟子曰："吾何执? 执御乎? 执射乎? 吾执御矣!"

子曰："麻冕，礼也; 今也纯，俭，吾从众。拜下，礼也; 今拜乎上，泰也。虽违众，吾从下。"

枫解: 夫子很少"言"功利、命运和仁道。

历来谓"言"为谈及、语言。观《论语》一书，讲"利"者六处，讲"命"者八九处，若以此为计论，的确不多; 但是"仁"呢? 仅以《里仁》一篇就何其之多? 因有此疑，解经者分为四支: 一、重新句读，王若虚、史绳祖皆如此，谓之："子罕言利，与命，与仁"，与者，许也，是为赞成; 二、认为"罕"当读为"轩"，显也，是明显地谈及，黄式三持此论; 三、如杨树达之说，"所谓罕言仁者，乃不轻许人以仁之意"; 四、察微推理称，夫子言仁多为与他人对答之语，且仁为儒家根本，夫子有所言及，门人必记之，或不及生平所言之万一，却屡见于经典。至于更为旁僻之论，不提也罢。

众说纷纭，吾皆不取，从"言"之本义作解。言，直话己事也，有口舌说理以服人之意，故译之为说服，是为:

夫子很少用功利、命运和仁道去说服他人。

这是常人最常用的说服手法，百试不爽，功利动人心，命数勾人魂，仁道可以摆他三十六式不同的花样，夫子却很少用之。非不能，实不愿也! 可有例证? 即奉上:

在一条名叫"达"的小街里，有人说，夫子呀名声可大了。学问广博，可惜就是不知道成就他名声的是哪个专长。夫子听说了这事，就对学生们讲，我应该干什么呢? 赶马车? 当射击手? 还是赶马车吧。

"吾执御矣"，历来多有解家称，夫子以执御隐喻御天下之道，执世间之牛耳,气象恢宏。吾却以为演绎过度,不足取信也。此处,夫子当是笑而语之,如同今日有人问,你读了这么多书,看着很厉害,可是能干嘛呢? 笑而语之,曰: 我开车技术还行,回头弄个出租吧。

何必言利、命、仁?

夫子接着讲起另外一个社会现象,说: 过去,人们戴着麻织的礼帽去参加祭祀活动,这是符合传统礼节的;现在,大家都用丝织的纯黑色帽子,这样省俭一些,我也就随大流采用了。臣见君而跪拜,也是一种礼节,过去先在堂下磕头,到堂上再磕;现如今,改成只是升堂之后才磕个头,我觉得这是倨傲的表现。虽然跟大流有所违背,我还是选择老礼儿。

所言也无利、命、仁! 风俗时易,公义境迁,吾自守心,择其善者而从之,见其不善者而违之。理正,直行,何需以利命仁言? 俭,吾从众;泰,吾违众。如此而已!

其实,还有另外一个说法,进一步局化夫子所罕之言,合三为二,曰: 利与命、利与仁。释之为功利与命数,或仁道的关系,义理也通! 但持此说者,多谓夫子之所以罕言之,是高人行事,高深莫测,他们在下一个层次,自然就可以说上一说了。接下来的行当,就是我很难苟同的了。以命数、道德定人之功业利害,或诱,或镇,或驱,或役,不见白骨冤魂,就见行尸走肉。若在江湖,无非术士之流;若置朝堂,必是大奸之辈。捧夫子为圣,藉以行事,谋己之利。此,夫子恐非不愿,是不屑也!

是真人何必言虚? 无欲心何必说服? 讲理,足矣!

◎孔门的渊源

子绝四——毋意,毋必,毋固,毋我。

子畏于匡,曰:"文王既没,文不在兹乎? 天之将丧斯文也,后死者不得与于斯文也;天之未丧斯文也,匡人其如予何?"

枫解:这也是一段非常有意思的经文,历来解家,经义通者甚多,却总是语焉不详,我们不妨也来品品。

夫子所摒弃、断绝的毛病有四:不凭空揣测,不绝对肯定,不拘泥固执,不唯我独是。

大致无差,约略如此。关键是接下来这个段子——子畏于匡。据《史记》所言,故事大概是这样:

　　夫子离开卫国，准备到陈国去，路过匡地。因长相与残害过匡人的阳虎非常相似，所以当地人就把他当大仇家囚禁起来。拘了五天，危难之际，夫子说了这么一段话，"文王既没，文不在兹乎？天之将丧斯文也，后死者不得与于斯文也；天之未丧斯文也，匡人其如予何？"

　　周文王死了以后，一切文化遗产不都在我这里了吗？天若要断送此文脉，我也就掌握不了这种文脉；天若是不想断送此文脉，匡人能将我怎么样呢？

　　什么意思？大抵解释说，夫子有坚定的信念、强大的使命感，所以蹈凶险如履平地，坦然无惧。"后死者"，是自称，我没有意见，其时境况之险可见一斑，必然已是危及性命。此言告诸门人弟子，有宽慰之意，也有慷慨乐观之风骨。但，以文脉存续、天命加身而解之，未免有些光环自加吧？与四毋无违乎？这前后脚可是深浅得有些离谱了。

　　在我看来，夫子这段话，多少带有点"遗言"的意味，虽是宽心，却也交代了儒门学说之根源——承于文王，出于三易。当然，这层意思却是其后辈门人所极为讳言的，至汉尤甚。为何？儒道之争也。道家为三易之正朔，其时世人之共识。大家正抢九州天下这钵饭呢，怎么能从根儿上投诚呢？可是，不究根源，很多问题就解释不清楚，那只能故作高深自加光环左顾右盼了。所谓"文王遗脉"，就是三易之学。这可不是周文王创造出来的，而是上古文脉传承，是老祖宗们观察、探索这方世界的方法，是中华文明的根儿。文王秉脉而演，是为《周易》；夫子之后，至今无所进益。

　　拿起三易这把宝刀解起四毋来，才能有以无厚入有间的快感。怎么说？所谓意者，人对事物之情态、思想及态度，古儒以为好坏之识皆从意来。有了"意"的存在，才有了臧否、高低、内外、你我。其实，这完全就是道家学说里面的变化恒常、阴阳和合。这根儿通了，你就不会被自己的意识牵着鼻子走，不会理解不了因果消长祸福相倚的道理，不会故步自封拘泥于形，不会执着于你我之别而一叶障目。

　　宋儒更有意思，咬着牙根梗着脖子，就是不松这口。逼急了，却把外来老和尚的"无相神功"引了进来，用之解释，也通。天下至理，其实多有相通之处，就如九州饭钵只有一个。争可以，但一赌气就往里吐口水，未免太小儿女姿态了。

　　若不拘泥，夫子不过引用"畏于匡"时曾讲过的文脉根源，解释四毋之理。此乃心性之学，私德之基，儒家修身七贼，知四行三，这是思想上的四大害，怎能语焉不详？其理不通，毛皮何用？天不绝文脉，吾辈自断其根乎？

◎英雄不怕出身低

太宰问于子贡曰："夫子圣人与？何其多能也？"子贡曰："固天纵之将圣，又多能也。"子闻之，曰："太宰知我乎！吾少而贱，故多能鄙事。君子多乎哉？不多也。"

牢曰："子云，'吾不试，故艺。'"

枫解：传统解法，太宰与子贡一捧一逗，这段二人转唱得无滋无味，我听得昏昏欲睡，连抄录也提不起一丁点儿兴致来，故重译如下：

某日，有一官至太宰的人问子贡说："你们家夫子是圣人吗？为什么他会那么多的生存技能？"其时，多技者总操贱业，为士大夫所鄙，这家伙言中挑衅之意甚明。子贡兄是谁呀，辩才无双之辈也。他借坡上驴，顺着话头说："是啊，上天指定他老人家来当圣人，可不就得多赋予他些技能。"

夫子听说了这件事，哈哈大笑，说："太宰才是我的知己啊！我少时家境贫寒地位低下，所以学会了很多鄙贱的技能。真正的君子会觉得技多压身吗？我想是不会的。"

牢后来用夫子的另一句话来解释这件事，说："夫子说过，我因为不怎么被国家重用，所以学了很多技能。"

太宰何人？牢又何人？如今已是无从考证。郑玄称牢为夫子门人，姓其名谁，却不明确；另有称牢为子张之别名的，更是不知从何说起。看来貌似怪事，因何弄这么两个不知根脚的来这里当"群众演员"？其实，这是有原因的。

夫子贤名远播之后，上层社交圈里经常有人说怪话。他小时候生活困苦，学吹唢呐为人治丧以换取腊肉，也就是束脩，据说，为此还挨过先生的训斥，没少人拿这事嘲讽挤兑。太宰也好，牢也罢，无实证，有泛指之意。可见，时人抨击何其之烈，学术上，理论上扳不倒夫子，便拿出身说事。这倒是挺有意思的，小三千年过去了，此风犹存。更有意思的是，夫子对这事的态度，他居然还把束脩定为孔门弟子的拜师礼了。

当然，也有可能是夫子心善，不愿意指名道姓地说出来。这些，都是末节，关键是夫子对于此事所持之态度。他人敢嘲讽，后学儒者却为圣人讳而不敢明言，闪烁其词，一来二去，遂成了捧臭脚的，这也是我对传统解法非常不喜的理由之一。没有了语言上的冲突，怎么能把观点完整地展现出来呢？

也另有一说，夫子所谓"不试，故艺"，是谓因为不以功利为目的，故而求学有成，多艺博学。此理也通！有高妙处，却少了几分生趣，更于语境有碍。

不管怎么解，终究可见，夫子观点非常明确，艺无贵贱之别，不外谋生而已。贱役、鄙事，意妄之说，何必宥于人见拘泥自惭？若以此挤兑人，实在有失风度。

我还就多执贱役多能鄙事了，怎么了？束脩也挺好的，你要来跟我学，还就得奉上这美味。

真是一位老顽童！

◎智慧从何而来？

子曰："吾有知乎哉？无知也。有鄙夫问于我，空空如也。我叩其两端而竭焉。"

子曰："凤鸟不至，河不出图，吾已矣夫！"

枫解：夫子说，我有知识吗？没有哩。若有一位庄稼汉向我提出问题，我也没有现成的答案可以告诉他。我会就着他的问题从前因到后果进行引导梳理，然后结论就自然而然地出现了。

历来解家只见夫子"无知也"之自谦，叹世间多自以为多智者之傲慢，实为买椟还珠也。我读此语，以为最妙者，"叩其两端而竭"也，这是非常高明的思维方式！求学求的是什么？不就是这个吗？世间知识无穷尽，却总有规律可循。庄稼怎么侍弄？耕牛如何喂养？桑麻之织、沟渠之灌，乃至日常烦事之安顿，即便简单如一鄙夫，他生活所需的知识有多少？按现在的路数来，足以弄上一座编制过千的研究院当指导机构了，夫子一个人能全知乎？谁最了解最清楚这些问题应该怎么处理呢？当然是提问题的庄稼汉了，但他肯定回答不了。为什么？因为他所有的知识是实用性的，也是零散的，不成体系的。如果有人能用良好的思维方式，帮他梳理一遍，答案可不就自然显现了吗？

知识，本来就是人类从生活中探索、总结而来的；智慧，却是经过无数知识洗练之后，根植于灵窍之中的，属于个人的独有的那个思维方式。"叩其两端"，就问题的因果而"竭"，就来龙以观其因，就去脉以察其果，穷尽事理；再加上"鄙夫"这个问题的"发现者"、解决问题的"专业人士"一起推演，还有什么问题解答不了呢？那只能是：

凤鸟不至，河不出图，吾已矣夫！

凤凰不飞来了，黄河也没有图画出来了，我这一生恐怕是完了吧！

循着字面如此翻译，我没意见；凤鸟不至、河不出图，据此而称，夫子以为当世无圣人，慨叹此生将尽而心生绝望，我不太同意。凤鸟、河图，在中国古代传说、先秦文学作品中，是有特殊含义的，可不仅仅是祥瑞吉兆那么简单。据说黄帝得凤鸟而通文，乃制礼以治民；伏羲得河图而晓阴阳，乃演八卦以肇三易。

《易·系辞传上》言曰:"是故天生神物,圣人则之。……河出图,洛出书,圣人则之。"

眼珠子别只盯着圣人看,小心被那万丈金光给亮瞎了,关键在"则"!凤鸟不来了,河图也没出现,夫子可不就没得"则"了吗?"吾已矣夫",我也找不到出路了呀!

黄帝如何则于凤鸟,能翻阅到的基本都是富有神话色彩的文字了。伏羲如何演八卦,《易经·系辞下》倒是有这样详细的记载:"古者包牺氏之王天下也,仰则观象于天,俯则观法于地,观鸟兽之文,与地之宜,近取诸身,远取诸物,于是始作八卦,以通神明之德,以类万物之情。作结绳而为网罟,以佃以渔,盖取诸离。"至于河图,更似是长考之中某一个开启思维的契机,或者引子。少了这点冥冥之中的灵光之火,夫子的"神游"没了落脚处。自尧舜禹三代之治,而到夏商周三朝之礼,捋了个遍,来龙是清楚了;可是,另一端呢,还隐在云里雾里,看不清楚啊。见礼乐之崩,观世象之由,却察不得其安,心何焦惶!

何必求诸圣贤?安能坐待圣贤?世间之事,又岂是一圣贤能平乎?无思无虑,无作无树,这书读来何用?这士要来何用?

叩其两端,竭"礼乐之崩坏"吧,吾欲见天下之平也!凤鸟兮,河图兮,汝安不至……

其实,还有另一种说法,个人认为是更为靠谱的,也是越来越多考古发现在不断证实的,"凤鸟"指的是九夷文化,"河图"却是上古的观星术——通过观察苍龙七宿与银河、北极星的位置关系来决定农事活动的方法,传说中创造这种观星术的伏羲,姓风,东夷人。所谓的"凤鸟不至,河不出图"是说,东夷那些从久远岁月里摸索总结得来的宝贵知识已经湮灭了,苍龙七宿依旧从银河中跃出,可又有谁能从这星象中看出它真实的含义呢?

一个不重视、不珍惜、不爱护文化传承的民族,还能有什么前途?"吾已矣乎"——吾族吾民,完蛋了!

◎举手便见大修为

子见斋衰者、冕衣裳者与瞽者,见之,虽少,必作;过之,必趋。

颜渊喟然叹曰:"仰之弥高,钻之弥坚。瞻之在前,忽焉在后。夫子循循然善诱人,博我以文,约我以礼,欲罢不能。既竭吾才,如有所立卓尔。虽欲从之,末由也已。"

枫解：身着丧服者、衣冠整齐的士、视力有障碍的人，夫子遇到了这三类人，哪怕他们比自己年轻，也会站立并整肃容颜；经过他们身旁时，一定弓身快步而行。

非常细节化的日常行止，肃颜、疾行，很小的两个动作，却能看出端倪。虽然，也有人说"少"字乃"坐"之误，"虽少必作"，是哪怕坐着也会站起来行礼，或通。

见服丧之人而心生悲戚，见冠衣周正而心敬国礼，见身有缺陷而心怀怜悯，同理、同约、同情，足矣！因其小而见其大，所谓修身，无非日常行止，见一叶而知秋。笔行至此，悠然念起幼时长者之言，看一个人的素养，只要看他对待身边弱者的态度就够了。不经意处，才是大修行。所以，颜渊也不得不喟然而叹曰：

夫子呀，越抬头观望，越觉得巍巍崇高；越是潜心钻研，越觉得颠扑不破。留心细看似乎在前面，忽然一瞟又到后面去了。高深莫测，韵味悠长。可是，他又非常善于用循序渐进的方法、温和平实的语言来引导我们，用各种文献来丰富我们的知识，用礼制来规范我们的行为，即便心生懈怠，在他的引领下也无法停止学习的脚步。每当我用尽全力，觉得似乎能够独立面对的时候，他的身影却在前方坚定而行，让我清楚地知道还未曾超越。

难怪夫子这么喜欢他，这家伙，拍得多有水准？绝对搔到痒处了，不仅蔚然成章，还富有韵律层次分明。仰之瞻之，如见神龙；学之受之，如入宝山；竭之从之，如随北辰。老长一段经文，最是刺我眼的只有两个字——"循""约"！

循者，循其天性，循序渐进，因势善导，因材施教。约者，制其乱行，节其滥思，存其灵性，守其良愿。于今来思，世之所缺者，正此二字也。斯时，我们有无数种途径可以获取自己所需要的各种知识，文之广博，史所未有，甚至非爆炸不足以形容。但是，我们解决问题的智慧可曾有增长？人心可曾变得更美好？世界可曾变得更和谐？不也面对如斯乱局似"礼崩乐坏"之年？我从来没觉得夫子那里有现成的解决方案可以给予，就如同他不会觉得古之先圣能给他答案一样；我们能够从他身上学到的只能是思考的方法，寻求答案的路径，就如同他求诸先圣一般。

则其思，而非搬其行！

无思虑，纵有凤至图现，又有何启耶？

那就从最细微处来吧，比如过马路得看红绿灯，比如车辆需让行人，比如给老人让个座儿，比如别讹上扶你的人，比如今晚就暂且放家里的熊孩子一马……

◎你知道我要什么吗?

子疾病,子路使门人为臣。病间,曰:"久矣哉,由之行诈也!无臣而为有臣。吾谁欺?欺天乎!且予与其死于臣之手也,无宁死于二三子之手乎!且予纵不得大葬,予死于道路乎?"

枫解:夫子病得非常厉害,子路"使门人"组织治丧处。期间,夫子病情略有反复,精神稍佳,说了这么一段话:"太陈旧了,仲由这种行为是弄虚作假的勾当啊!以我现在的身份,本不该有治丧机构,他却搞了。我这是欺哄谁呢?欺哄上天啊!而且,对于我来说,与其在治丧人手里收场,不如在你们这几个学生关怀下临终!纵使没有风光大葬,难道我就算是横死路旁吗?"

这是一个对人生终场持不同态度的冲突性事件,子路认为夫子是圣贤,应该享受一个高规格的丧礼,为人生画上圆满的句号,而且孔门弟子也有能力实现。古时,至少也得诸侯级别的人,治丧才能有"臣",这些人很早就开始工作,大到棺椁陵墓,小到往生者的最后衣衾、手足、须发整肃,都由他们来安排处理。"使门人",历来有两种说法,一是协调夫子的门人弟子,一是命令自己的学生,我认为应该是前者。也有人认为,子路此举有借治丧之名,行争儒门领导权之实,所以夫子才有"由之行诈也"之说,我不以为然!诈者,当是后语之"欺天"也,是"我没有这资格呀"!再说了,夫子认为:

且予与其死于臣手也,无宁死于二三子之手乎!且予纵不得大葬,予死于道路乎?

这话回答了人生终场两个问题:临终需要什么?死后需要什么?只需要"二三子"在旁,就要走了,或许需要人世最后一点亲情的温暖,或许需要熟悉的人来勾起最后的回忆,或许只是想安静地等待那束光的降临……不管怎么样,就是不希望有人来摆弄,一会儿修个指甲,一会儿整理须鬓,实在无趣。走了呢?风光大葬与死于道路有什么区别?已经完成了人生的使命,不是夭折,不是横死,只是身躯的自然枯萎,一次旅程的终结,别太在意形式化的东西。

这场冲突,其实并没有谁是谁非,子路有大孝心,夫子有大修行。世间有太多事情,没有明确答案,绝对不是非此即彼的。这个段子放于此处,究竟想表达的是什么呢?哀荣备至,可能就是很多人一生最后的追求,子路就是按这个世俗的思维,普适性的思维,想给夫子一份最后的荣光,可是,这却不是夫子想要的。

记得小时候父亲给我讲的另一个段子:早年间,跑内河运输的,大多都是两人搭伙。行船是体力活,总需要一些肉食来改善生活增加体能,那时节物资紧张,几乎没有不匮乏的。一条船两个人,一两天能弄上半斤肉可算是了不得的事情。有一对新搭帮的伙计，一老一少，一起干了三个月，就因为这点肉闹得不可开交，跑到父亲这儿来仲裁。父亲一细问，有些哭笑不得。原来，年少这位喜欢吃瘦肉，所以总是把瘦肉挑出来给年长的那位，自己就把剩下的肥肉打碎就着酱汁拌饭吃。不料，年长这位却爱吃肥肉，刚开始还忍着，认为这小子估计在家里就没怎么逮到肉吃，馋坏了，没想到一忍三个月过去了，还是这副模样，当然就不干了。饭吃了一半，破口大骂："吃个鸟！"掀了锅子就来找我父亲。年少的一下就懵了，过来时还一肚子委屈，不明就里……

臣个什么哩！死也不让俺死个安生！子路你小子太不够意思啊……

◎天下第一大生意

子贡曰："有美玉于斯，韫椟而藏诸？求善贾而沽诸？"子曰："沽之哉！沽之哉！我待贾者也。"

子欲居九夷。或曰："陋，如之何？"子曰："君子居之，何陋之有？"

枫解：夫子有时候也会跟学生们打趣。这不，某日，子贡就跑过来说，老师啊，我这儿有块美玉，您觉得我是应该裹以皮革盛以木匣收藏起来呢？还是找个识货的主儿给卖掉呢？夫子笑着说，赶紧卖，赶紧卖！我这儿也在等着识货的人呢。

"学得文武艺，卖与帝王家"，历来都以此作为注脚。以美玉暗喻君子，完全说得通；屠龙技、驭龙术，似乎也只能为帝王所用。剩下的不外乎价钱是否适宜而已。论起做生意来，子贡这"瑚琏"虽然号称"儒商始祖"，其实商业才识并不咋地，终其一生，也没谈成这场"大生意"。直到四百年后，儒家才出了一位真正的奇才——董仲舒，终于把"货"卖给了老刘家，才有了两千年之昌隆大运。期间，最为惊险的是，跟老赢家那次谈判，谈着谈着，居然谈崩了，弄出好大一个"坑"！

既然是"待贾而沽"，咱总得看看"货"吧。我经常会问朋友，或同好者一个问题，儒家最核心的价值是什么？得到的答案大抵跳不出八个字——仁义为本，诗礼传家。对，但不全面，还有一个"士"，士制、士团！中医书上有"五藏"之说，是心肝脾肺肾这五脏吗？那其中的精、气、血、意、灵怎么说呢？吾之管见，藏者，器气之合、象意之和。士团就是儒家的器与象，仁义诗礼是气与意，显隐互化，阴阳相生，缺一不可，这才是真"货"。不仅是一套治国学说，一套平天下的礼制，还有一支实施愿景的队伍，这才是夫子下半生一直致力完成的事业。

为什么说子贡不如董仲舒呢？子贡只会"零售"，人家董仲舒会"批发"，会"打包"，会"集成"，会"解决方案"啊！接着再品下头这个段子就有意思了。

某日，夫子提出要到九夷这个蛮荒之地居住。某人就提出质疑，那地方非常简陋，文身披发，民智未开，刀耕火种，经济落后，怎么能去呢？夫子曰："君子居之，何陋之有？"

君子到了那里，还会有简陋吗？"何陋之有"，北宋周敦颐抄了一回，成了名章金句，道德兰馨让茅舍蓬壁也有真趣，确是乐事。可是，仅止于此吗？试想一下，一块化外之地，岂是满口仁义道德所能改变得了的？口绽青莲妙笔生花就能安邦定国？人家要什么？要吃饭，要耕牛，要铁器，要织麻，要医疗，要识字……要的是实实在在地改善生存环境。

读儒家，只见仁义，不知士制，会越读越是迷茫，最后买了个"韫椟"乐滋滋地捧着回家。至于"士"，细叙起来就太长了，源流起于先民之"祭司"；大禹时开始分流，道统、政统逐步拆离，至春秋时已然蔚为可观；夫子肇学统，自八氏而至百家；汉时重新融合，唐宋明三度反思……脉络大概如此。儒家之学，就是流淌在这器、这象里的精血气意灵，貌似无形，却是有迹。

见君子之大相，可知何蕴乎？

买货也罢，卖货也罢，咱得先把货弄清楚，整明白吧？

◎公私必须分明

子曰："吾自卫反鲁，然后乐正，雅、颂各得其所。"

子曰："出则事公卿，入则事父兄，丧事不敢不勉，不为酒困，何有于我哉？"

子在川上，曰："逝者如斯夫！不舍昼夜。"

枫解：鲁哀公十一年冬，我从卫国回到鲁国，然后"乐正"，使雅、颂各得其所。

何谓"乐正"，一者说把音乐的篇章，或乐曲整理编纂完成；一者说重定礼乐之制，使秩序风俗皆中正平和，渐入正轨。要我说，前者为手段，后者为目的，当皆有之。

雅、颂者，类名也，《诗经》篇章如此分，《乐经》曲章也如此分。《诗经》犹存，《乐经》已轶。夫子之正乐，是正其诗篇，还是正其乐章？据《史记·孔子世家》和《汉书·礼乐志》所载，则以正诗篇为主，于今难取旁证，只能从之。仅以诗而言，雅分大、小，为朝廷之正声；颂赞成功，是宗庙祭祀之乐曲。据此，夫子正乐，使得《诗经》分类有序，自无不可；以之借喻，谓政体与祭司重新分离，各安其职，也无不可。哪个更侧重一些呢？也许答案就在下面这段经文之中。

出则事公卿，入则事父兄，丧事不敢不勉，不为酒困，何有于我哉？

出外便服事公卿，入门便服事父兄，有丧事不敢不尽礼，不被酒所困扰，"何有于我哉？"

以公卿代朝政，取为公事；以父兄代长幼，取为伦序。无非公私两分，工作和生活分开了。以丧事代亲友之困厄，是为周济之义。若以酒之熏熏，代世之陶陶，则是不为红尘名利之所扰。"何有于我哉"，要做到这些可就没那么容易喽。所以，在大河之上，夫子也不得不感慨说：

逝者如斯夫！不舍昼夜。

时光如水啊！

叹其流逝，也感其不舍，总是奔腾而前，不复回头。

这条河，一流就是二千五百年，川上的夫子已经不见了，可是公私却又搅和在了一起，雅颂更是数度分合。洪波涛涛，有大生机于其中，也有大凶险于其中，何时方能海晏河清？

分明，分明，还是分明。唯分能得清明！

白马非马，庄周梦蝶，若是分不清何处是梦，何处是醒，这人也就浑浑噩噩了此生。政祭浑一，民智从何而启？公私不明，仁道哪来出处？符号化的权力带进生活之中，人身如披重枷，怎能不让灵智萎靡？

时光如水啊，终有昼夜！

◎好色无罪！

子曰："吾未见好德如好色者也。"

子曰："譬如为山，未成一篑，止，吾止也。譬如平地，虽覆一篑，进，吾往也。"

枫解：我还从来没有见过好德如好色"者"啊！

这是理学家们经常拿来当刀子的话，推崇"好德"贬抑"好色"，而且把"色"进一步拓展到一切有形之色相，不止步于美人，流窜至衣食住行、物资财货，甚至所有个人嗜好，都必须一刀咔嚓了。刀举起来了，可是，"食、色，性也"何解？"饮食男女，人之大欲存焉"何解？有时我还会不自然地想起近代另一个超级牛人——希特勒，据说这家伙还真的没什么个人嗜好……

吾之管见，此语最精妙在于"见"，最难解在于"者"。时空相近，能得当面，是为见；时空相远，能得入耳，是为闻。未见不等于不存在，或在史册，或在异乡，或在他时，曾经听说，不曾蒙面。要解此"者"，不得不又一次提起南子，那位传说中的绯闻女主角。这段话在《史记·孔子世家》中有明载，故事如下：

居卫月余，灵公与夫人同车，宦官雍渠参乘出，使孔子为次乘，招摇市过之。孔子曰："吾未见好德如好色者也。"

以此言所出之语境而论，"者"貌似当谓如灵公这样的执政实权人物。夫子自鲁而出，历齐、陈、蔡、卫，据史书所载，的确是没见过"好德如好色"的君主呀。仅从语言上来看，这只是一句感慨的话，并没有取向判断，关键是夫子后面的举措——"于是丑之，去卫，过曹。"夫子所以为"丑"的究竟是什么？难道真的是传统理学家们口中必须挥刀一断的那些"人欲"吗？

有人别出心裁，解得非常巧妙，认为这话就不应该究得太深，夫子只是感慨：如果人能像爱惜美色那样不知疲倦地始终爱惜美德、爱惜贤人，那该多好啊。可惜，这样的人，我只听说过，却未曾见过。只是如此解法，仅一个颜渊就绕不过去喽。

带着种种疑惑，我们往下看看：

譬如为山，未成一篑，止，吾止也。譬如平地，虽覆一篑，进，吾往也。

好比堆土成山，只要再加上一筐土便成山了，"止，吾止也"；又好比平地堆土成山，纵是刚刚倒一筐土，"进，吾往也"。

这话历来有两种解法：一谓"为仁由己"，止也好，进也罢，是由自己决定的，选择停止，那就功亏一篑，选择前进，那就坚持不懈；一谓"唯义与比"，止与进皆取决于应该与否，如果公义不允，纵是功败垂成，也一篑不加，如果公义所在，纵是千里之途，也跬步不息。两解俱通，哪一个才是夫子的原意呢？或者夫子微言大义两层意思都涵盖了呢？不管从何解法，循吾心也罢，从公义也好，夫子所坚持的，有一条红线清晰可见，止进之间不违仁不悖义！

若以此为刃，"吾未见好德如好色者也"就很好解了。好德者，良品也；好色者，天性也。良品当赞，天性不绝。好德，抑或好色，有违仁乎？当"好色"之私欲侵凌"好德"之公理，违仁！例证，灵公好南子之美艳，放纵其行而阻塞贤士进身之道，侵害国之公器。此方为夫子所以为"丑"者也！此处经文中的"者"，指的不是某一类人，而是此类具体行为。一篑之加，足以葬身。

修身贵在坚持，守心从义，在山易为清泉，入世难经锤炼。积土为山，是登高望远，还是封堆为陵，活是我们自己来干。而这活是不是违仁悖义，却时迁事易，代有不同，终归得看礼制这把刀了。这把刀啊，若是举之向私处，断了的是子孙根；若是弃之不用，乱了的是江山社稷。

分得清私德公义，这刀才能用得游刃有余！但见强扭公私混淆视听者，可先切之，其人谋取者不外乎个人之私利也。

◎如何公允评价一个人？

子曰："语之不惰者，其回也与！"
子谓颜渊，曰："惜乎！吾见其进也，未见其止也。"
子曰："苗而不秀者有矣夫！秀而不实者有矣夫！"

枫解：夫子用三句话来评价颜回，抒发了一种感情——惜乎！——可惜了呀。

在所有的学生中只有他一个人能做到，我告诉他任何道理能始终毫不懈怠；只见他勇猛精进，未见他驻足停留。

最后，是一个隐喻句——有的庄稼长苗了却不开花秀穗；有的抽穗了却没有结果。

历来解家都会在"惜乎"之后加上一个界定，谓颜回之早丧，谓夫子之所惜"未见其止"者，乃未见其果也。这符合史实，吾却不取之。缘何？若有此意，何不曰："吾见其进也，惜乎未见其止也"？

细揣之，夫子之意无非如是，可惜了，多好的一棵苗子呀！可是再好，他也只是一棵苗子，一个好学生。这样的"终评"，才是公允的。

那么，我们来看看怎样做一个好学生吧，语之不惰，见进未见止。前者是态度，后者是坚持，唯此无它。

很多人读到这里总会思考一个问题，我们能从颜回身上学到什么；我却认为更重要的是，看夫子如何评价一个人。窃以为，评人之难甚于断事，因人性之复杂多变，更因情感之无可量化。事情可以有对错，人却只能有良莠。

我们先来讲讲事吧，任何一件事都是有对错的，纵使时易境迁，历代评判标准皆因时因地有所差异，但还是有基本的脉络可循，那就是理！当时之公理，当地之公义！时、地、人、事，再加上一个来龙去脉，描述清楚了，结论基本也就清楚了。可是人呢？我们应该如何去描述？相貌、衣着、气质、地位、言谈举止、人生阅历、为人处事？很全面了吧？真的全面了吗？你看得到他的灵魂状态吗？你看得到他的内心世界吗？或是"有矣乎"，吾却未见！

我是一个胆怯的人，因为怕自己搞错了，所以不敢评价他人。我们只是习惯性地去给见到的人归类、贴标签，然后用自己脆弱得可怜的标准去评价一个人，简单而且粗暴，这往往让自己陷入某种思维的误区。每当面临不得不对一个人进行判断时，我总是反问自己，坏人就一定不干好事吗？好人难道就不会犯错误吗？

更可怕的是，我们往往会因为自己的情感系于某人从而推及某事，进而影响自己的判断，是谓"爱屋及乌"，也可能是"恶其余胥"。这涉及另外一个原则——论事不诛心，辩言不及身。

简而言之，对人可以有情，对事只能有态度，止于礼，止于理！但是由于内心的微妙化，我们无法厘清自己，分不清楚哪种情绪是态度，哪种情绪是真正的感情。

我们不妨回过头来细细体味夫子如何评价颜回的——惜乎！可惜呀，多好一颗苗子。这是对人啊，这个"止"怎么可能是"果"呢，那个最终定格静态的事实？

学会区分情感与态度，是我们评人断事的基础！

◎聆听世界的心跳

子曰："后生可畏，焉知来者之不如今也？四十、五十而无闻焉，斯亦不足畏也已。"

子曰："法语之言，能无从乎？改之为贵。巽与之言，能无说乎？绎之为贵。说而不绎，从而不改，吾末如之何也已矣。"

枫解：后生小子是值得敬畏的，怎能断定他将来的成就赶不上现在的精英人士呢？一个人到四五十岁还没有什么名望，也就不值得敬畏了。

青出于蓝而胜于蓝、长江后浪推前浪、江山代有才人出……类似的格言，我们小时候就背了不少。高端大气上档次，早年先生就是这么教的，后来看到的书也大致这样解释，可是我总是觉得有些疑惑难消，后生有什么可怕的呢？哪怕他后来居上优秀远胜于我，又有什么可怕的呢？而一个人四五十了还没什么建树就理应受到轻视吗？世间大器晚成者何其之多也？我们判断一个人可不可"畏"的标准是什么？看潜力资质吗？夫子未免太功利了吧？十万个为什么暂且搁置，不妨往下看看：

符合礼法的正言规劝，怎能不接受呢？但只有按它来改正自己的错误才是可贵的。恭顺赞许的话，听了怎么会不高兴呢？但只有认真推究它的真伪是非，才是可贵的。盲目高兴，不加分析；表面接受，实际不改，这种人我是拿他没什么办法了。

几个意思？无非学会"听"！听得人言，辨得真伪，然后才是改过。听，而后取，不因逆耳而废，不因恭维而兴。仅止于此吗？在现实里，更能左右一个人"听"的是什么？往往是"权威"，是心先蒙迷了，因相而迷，进而生"畏"。回过头来看上面那句，也就豁然开朗：

不能因为年轻就轻视他的言行，也不能因为年长而敬服如仪啊！

畏者，敬服也，及我之言行，始有畏之情绪生。换言说，他厉不厉害，如果不涉及自身，跟我们有什么关系？哪来的畏与不畏之说？"闻"呢？哪是什么闻达，什么建树，什么名望？言之人耳，行之能远，谓之闻也！说得在理，行之有效，这才叫闻吧？

听，只有一个标准，那就是合不合理，跟说的人无关，跟态度无关，也跟辞令无关。取，也只有一个标准，那就是能否对我们有所促进。这个世界上，听着很厉害，貌似正确，却无甚用处的话，多了去了，听听也就算了。

从最基础的来吧，先学会听，不受身份、地位、年龄、阅历、功名、态度、技巧等标签所影响，只问一个"理"字！听只是手段，取才是结果，莫在纷扰的喧嚣中遗失了初心。

静心，正心，世界的声音才能推耳而入……

◎好基友的标配

子曰："主忠信，毋友不如己者，过则勿惮改。"

子曰："三军可夺帅也，匹夫不可夺志也。"

子曰："衣敝缊袍，与衣狐貉者立，而不耻者，其由也与？'不忮不求，何用不臧？'"子路终身诵之。子曰："是道也，何足以臧？"

枫解：忠信，周也，君子之德也；忠者，正心之学，原则也；信者，从心之念，信念也。这个解释过了，但我还是愿意赘述一二，恭恭敬敬地重译此句如下：

坚持原则、坚守信念，跟朋友交往别看他们身上不如自己的短处，而是要反观自照，不断修正自己的错误。

传统解法中一直在强调忠诚与信誉，这的确是非常重要的美德，以此为基石构筑一个人的德性，还可以理解，或者说是沾边。但是，反复强调别跟不如自己的人交朋友，实在有些让人啼笑皆非，逻辑不通，情理也不通。还好，下头一句是通的，而且古今通行，几乎不需要翻译就能够理解，经文曰：

三军可夺帅也，匹夫不可夺志也！

当然，此处之匹夫可没有贬义，不过就是一个普通的男儿郎。志呢？意志、气节、主张、人格……大致都用类似的词汇，可是，是什么元素构成这些的呢？无非就是原则和信念！

我极为推崇古文经典中遣词用字的精妙之处，比如这个"夺"字，什么是夺？外力强行干预迫使改变，在现实中，原则也好，信念也罢，除却生死存亡之类不可抗力因素外，能让其有所改变的是什么？往往是环境和情感的浸染，是悄无声息的润泽。比如这个"友"字，什么是"友"？同志为友，也就是我们现代语境中三观相近的那些人。比如这个"毋"字，是不要，不是勿，不是没有；"毋友"也就不是"没有某类朋友"，也不是简单地理解为"不要跟某些人为友"了，而是跟那些三观相近的人在一起"不要被他们的缺陷所传染"。怎样才能做到呢？"主忠信"，有自己坚持的原则和坚守的信念！择其善而从之，择其不善而改之。

真正的朋友在一起，你有你的忠与信，我有我的原则与信念；你不夺我，我不夺你。可是，我们会互相感染，如果这种感染是好的，是真趣交互、良愿共鸣，这将是多么美好的情境？我们不妨往下看看另一个段子：

夫子曾经这样说过，身着破旧之丝袍，与穿着狐皮貉裘的人并肩而立，犹气宇轩昂毫无愧色，能够有如此作派的人，恐怕只有仲由了吧？《诗经》上有这样一句诗："不忮不求，何用不臧"——不逞强，不贪求，用于何处不得顺遂呢——子路听了，便总是念叨着这两句诗。夫子又对他说："是道也，何足以臧？"

不忮，自然恬淡平静；不求，自然安宁坦荡。无所逞，也无所求，布衣也有与王侯并肩的气度。可是，仅止于此吗？"是道也，何足以臧"，传统解法大抵都认为，夫子觉得子路只是终身诵之，不够；还要身体力行，持之以恒。关键是，子路本身就已经这样做了，还是一贯的作派。是道也，在这条道路上；何足以臧？臧是通过顺从来得到"好"成为"善"，如果你真的理解了"道"，哪来顺从与否之说？不过是坦荡而直行，一切都是从内心深处自然生发出来的，言行俱得合义，德充沛而不自彰。夫子对子路的要求甚高，不只希望他能做得，还希望他能明白为什么要这样做，然后自觉地去做。

"不忮不求"就是子路的忠信，夫子用"其由也与"来高度赞扬，最后提出"何足以臧"的小要求，这个过程意味绵长，值得深思品味。

反过来，我们也可以得出这样的结论，要改变一个人是多么困难，是谓"三军夺帅易，匹夫夺志难"。志者，士心，忠信为主。没有足够高度浓度的能量，没有足够真诚真趣的情感，怎么浸染得了润化得了那颗金钢之心？

终究，只能是以心对心，心心相印！

◎同心不好结

> 子曰："岁寒，然后知松柏之后凋也。"
> 子曰："知者不惑，仁者不忧，勇者不惧。"
> 子曰："可与共学，未可与适道；可与适道，未可与立；可与立，未可与权。"

枫解：只有经过岁末寒流，才晓得松柏是最后落叶飘零的。

是啊，只有经过严酷的考验，才能知道一个人的修为究竟有多深厚，疾风知劲草、路遥知马力……人啊，还需事上磨，峻厉的环境如同利刃，会把一个人的一切皮相剔剥开来，自然显示出最真实的本相、最真实的灵心。你看：

知者不惑，仁者不忧，勇者不惧。

知通智，这是古语中很常见的用法，没什么疑难。有疑难的是"者"，何谓"者"？一般都笼统地翻译为"人"，没错，但不够准确。在儒家经典，或者古汉语中，代表人的最常用词汇有人、士、子、者，难道他们没有区别吗？不，他们是境界不同的逐级递升，我在《里仁》篇里曾经做过儒家五境的假定性解释，者，是第四境了。也只有这样，我们才能更好地理解这句经文的含义，修智、仁、勇至有大成就的人，在"岁寒"时，会表现什么异于常人之处呢？没有疑惑困扰、没有忧伤情绪、没有畏惧怯懦。

为什么？因为智者已经攀上知识的高峰，没有浮云遮望眼，自然没有疑惑困扰；因为仁者良愿之火已经汇聚成河，人世间那点负能量早被烧个精光，自然没有忧伤情绪；因为勇者精气完足心如铁石，没有什么东西可以撼动可以阻挡，自然没有畏惧怯懦。可是，要做到这样有多难呢？也许接下来的这段经文会告诉我们答案。

可与共学，未可与适道；可与适道，未可与立；可与立，未可与权。

有的人，可以跟他一同学习，却未必能够在大道的理解、选择上保持一致；哪怕能适道为友，却未必可以一起依礼而行有所成就；哪怕能共建功同立业，也未必能在通权达变上步伐如一。

立者，在《论语》中大抵都包含有"立于礼"之意，故译为依礼而行有所成就；权者，历来有两解，一称权力，一称通权达变，我倾向后者。是，很多人是无法承担起权力附带而来的压力、诱惑等等因素；但，都一起建功立业了，谁能赋予谁权力？任何团队的权力分割往往是在创建路上，自然而然地取得的一种动态平衡。这是另外一个话题，与此处文理关系不大，故不取之。

比较有意思的是，这段经文其实也包含了人际关系的四个层次——共学、与适道、与立、与权。在古汉语中有四个词分别与之对应，是谓朋、友、伴、侣。同门为朋，同志为友，共业为伴，共心为侣。我们回头反思，儒家所践行的"仁道"，本质是什么？是所谓道德吗？不是，其实是一种良性的人际关系，或者升华为人与世界的和谐，扎根在世俗生活之中，而非虚无飘缈。人与人，人与世界，这些关系是怎么确立起来的？可不就是通过无数或大或小的事情，一桩桩，一件件，日积月垒，慢慢磨出来的吗？真正做到他心、己心如一，公心、私心不二，内外浑然，晶莹剔透，这得多难？这得经历过多少次岁寒时节，才能有足够的冰刀霜剑洗得道心通明？

分得清，看得明；还能同呼吸，共脉搏，这才是心心如一！

◎你会谈恋爱吗？

"唐棣之华，偏其反而。岂不尔思？室是远而。"子曰："未之思也，夫何远之有？"

枫解：唐棣花开，摇曳生恣。怎能不想你呢？离得远啊够不着。

这是四句逸诗没有疑问，有疑的是"唐棣"究竟是什么？著有《毛诗草木鸟兽虫鱼疏》，号称对《诗经》涉及动植物最有研究的陆玑认为是郁李；著有《本草纲目》，对动植物认知非凡的李时珍却认为是扶移。都属蔷薇科，前者为灌木，后者为乔木。这还不是关键问题，问题是没了明确的旁证，接着这句就有大争议了。"偏其反而"，一说偏通翩，反同翻，乃花摇动的样子，晋时《论语》也确有书此"偏"为翩的；另说是反偏一侧，乃花朵的形状，暗喻正反两面映射偏差。朱熹被搞得头大，只能和稀泥说："上二句无意义，但以起下二句之辞耳。其所谓尔，亦不知其所指也。"

脱离语境、不知根脚，往往会让话语的解读失却约束，没了边际，这就是一个典型的例子。那就有得吵喽，我恰恰特别喜欢看这帮老先生吵架，一板一眼，甚至脸红脖子粗的，实在可爱，那种专注，那种纯净，洋溢着真实的趣味。有时还会忍不住想插上一嘴，就如此刻。老先生们，夫子不过就引了四句诗，啥诗？情诗。哥们看到唐棣花开了，想你，想起远方的小阿妹了……

然后，夫子告诉我，"未之思也，夫何远之有？"你想得还不够抓心挠肺的，不然哪会有什么远近之说？娇俏的小阿妹才是重点。至于眼前那树花是郁李还是扶移，看着这花，思念的是兄弟还是情侣，我才没空去搭理它，读诗不读情，观景有个何用？

夫子是俏皮的，对人心更是洞若观火，如果真的思念一个人，时间都无法冲淡，哪里是空间所能阻隔的呦。恋爱的时候，一个个心心相印的，讲起恕道来，就不会了？都说人心变幻莫测，无非努力不够而已！

…………

咱也努力一下，回过头来看看《子罕》，统篇而述。夫子开篇讲理，不以利、仁、命为说服他人之辞，举达巷党人、麻冕拜下两件生活小事为例；叙四毋之理，借"畏于匡"所言讲儒门文脉之根源，解四毋之真义；太宰之问、牢之结语，借世人之非难，坦承自己多艺之来由，说艺为谋生技并无贵贱分之理；对鄙夫之问，讲智慧之由来，叹真解之难得；见三者而作、颜渊喟然而语，述于细微处体会同理、同约、同情三同之心；疾病中子路使臣，答人生终场之需，说施予之根本——他要什么；待贾而沽、欲居九夷，谓儒家的核心价值——我能给世界带来什么？无陋；雅颂两安、出入各事，讲解政祭之分、公私之别；好德好色、为山止进，进一步阐述如何厘清公义、私德的界限；说颜回，教评人如何区分情感与态度；后生可畏、法巽之语，教听话如何只认真理莫忘初心；忠信之义、仲由之德，教体心如何以心感心以情浸染；智仁勇三者、朋友伴侣四阶，教同心如何心心如一分合如意；最后送上一朵唐棣小花，告诉我们，心念所及，无远弗界。

阿妹是需要怜爱的，不是用来想的；仁是用来践行的，不是用来说的。恕者，如心，如本心，如他心。首先要搞懂的，就是人心。这就得学会把一个人的社会属性和自然属性区隔开来，然后就是搞懂自己的心理状态，再搞懂对方的心理状态。这跟谈恋爱是一样的……

乡党篇第十

◎夫子会变脸

孔子于乡党,恂恂如也,似不能言者。其在宗庙朝廷,便便言,唯谨尔。

朝,与下大夫言,侃侃如也;与上大夫言,訚訚如也。君在,踧踖如也,与与如也。

枫解:夫子在故乡亲友面前,谦逊温和,诚实恭顺,宛若一个不甚健谈之人;但在宗庙之中、朝堂之上,却言辞便给,清晰流畅,只是语出谨慎而已。

朝议之前,与下大夫交谈,从容不迫而又条理分明;与上大夫交流,语气和悦而又明辨是非。君主临朝,他整肃仪容心怀恭敬,却又威仪合度行止安详。

什么意思呢?不同的场合,面对不同的人,持不一样的态度,说不一样的话?传说中的"见人说人话,见鬼说鬼话"?好像,貌似,我们从小就接受这种人情世故的开导、灌输,原来却是圣人遗训,真的如此吗?恶俗陋习居然有这般高贵的出处?

古人描绘仪态音容往往极为简洁,单字只词,如吉光片羽。而且随着语言、文字的演化,许多词汇含义已然发生了很大的变化,其中不少申喻之义更是源流难溯,如何推究、厘清、确定,难度颇巨。这种不确定性,赋予解经者极大的发挥空间,自然也给后来者带来更多的困惑。仅仅此节所涉者便有其六:恂恂、便便、侃侃、訚訚、踧踖、与与。

以恂恂为例,恂者,本义相信、信任;恂恂,引申为"谦恭谨慎,诚实恭顺"之貌。而这个申义,追溯其根,却是出自《论语》,出自此处,是后人对这段经文中这个词语的注解。另以踧踖为例,踧者,古通"蹙",为困窘之意;踖者,碎步徘徊之意;踧踖,本义有窘促踯躅的意思,申义为恭敬不安之貌,这个申义也追溯至此而亡。为何这么解释?不知道!只能以常理揣度,似乎合宜。精确度有多高?也许、大概、可能,实在说不好。

我们可以确定的是,这种描写,用的是叠词法,通过音律的叠加、字义的重复,展示一种韵味,一种气度。这种风姿究竟应该如何用现代语言准确描述呢?

我不知道，只能沿袭前人，然后不断揣摩，现把一己之思记录如下：

在这段白描里，夫子扮演了四个不同的角色——同乡、上司、同僚、臣子，言行、神态有很大的差别。在乡恂恂，在朝便便，或朴实冲和，或风度翩翩，但不管健谈与否，却终有一个相同的落足点——谨言；对下侃侃，对上訚訚，对君踧踖而与与，或平易，或坦率，或恭敬，却同样有一相通之处——悦色。貌似多面，实为一体，或可谓谨言慎行、仪容和悦。

我倒是见过一些修为甚佳的老先生，九流三教都能谈得来，各种场合也能应付自如，跟乡下老农盘腿田埂聊家长里短，与学者官员煮茶品酒论经国济世，却总是有一份别样的风采，令人倾心，大约就是后人创造的那个词吧，儒雅。

如此推测通乎？我们不妨一起读读《乡党》……

◎夫子十三相

> 君召使摈，色勃如也，足躩如也。揖所与立，左右手，衣前后，襜如也。趋进，翼如也。宾退，必复命曰："宾不顾矣。"
>
> 入公门，鞠躬如也，如不容。立不中门，行不履阈。过位，色勃如也，足躩如也，其言似不足者。摄齐升堂，鞠躬如也，屏气似不息者。出，降一等，逞颜色，怡怡如也。没阶，趋进，翼如也。复其位，踧踖如也。
>
> 执圭，鞠躬如也，如不胜。上如揖，下如授。勃如战色，足蹜蹜如有循。享礼，有容色。私觌，愉愉如也。

枫解：如此大篇幅的白描述事，在《论语》中甚是罕见，详细地记录着夫子在朝为官时的日常言行举止、礼仪神态，分别为傧、臣、使三节，我也只能沿袭前人，录之如下：

鲁君召夫子为傧，接待外国贵宾，他面色凝肃，矜持而庄重，脚步迅疾，丝毫不敢怠慢。趋身出列，向两侧同僚作揖为礼，或向左拱手，或向右拱手，衣裳随着动作前后摆动，却整齐有序，纹丝不乱。见到宾客时，快步向前，张拱端正，广袖自然微展，宛若鸟儿舒翼。贵宾辞别后，一定向君主复命说："客人已经不回头了。"

这一段讲的是夫子为"傧"时的表现，计有受召、出列、迎宾、复命四个环节。受召，"色勃""足躩"以示遵命，殷捷勤敏，无怠怠之态；出列，礼于同僚，周全自如，不慌不忙，有成竹之姿；迎宾，快步趋进，以步履表示敬意，热情而不滥仪，有大国之范；复命，"宾不顾矣"，事情完结，客人走了，流程有始有终，有贤良之风。接下来是日常臣仪：

走进朝廷办公的大门，形容恭谨，面色肃穆，如同鞠躬行礼般，就好像没有容身之地似的。站，不立于门之中间；行，不踩磕门槛。经过国君的座位，"色勃如也，足躩如也"，说话如同中气不足之人。提起衣服下摆向堂上走时，"鞠躬如也"，屏气敛息，轻微安静，如同没有呼吸之人。退出来，降下台阶一级，面色便稍微放松，一副怡然自得的样子。走完了台阶，"趋进，翼如也"。回到自己的位置，"踧踖如也"。

此段所涉常仪有六，进门、行立、过位、升堂、出堂、复位。进门、升堂，神态俱是"鞠躬如也"，宛若行鞠躬礼一般，恭谨肃穆，有其神而无其实，并非真的曲身为礼；过位如奉君召，"色勃如也，足躩如也"，整肃容颜，行动迅捷；复位如在君前，"踧踖如也"，貌似困窘无措，不自然之神态，有别于寻常之行止，吾意以为当是整肃仪容，而令己心恭敬。接下来就是奉命出使了：

手执玉圭，神情恭谨肃穆，如同手捧重物不胜其力。上举时好像作揖为礼，下垂时好像奉礼送人。面色凝肃，矜持庄重，好像在作战一般；步履紧凑而狭窄，好像是沿着一条线而迈进。献礼物时，满脸和气；礼毕，以私人身份与其君臣相会，轻松而愉快。

此段所涉仪礼有三，聘问、享献、私觌。行聘问礼时，无论执圭，还是面色、步履，俱庄重肃穆；行享献礼时，却是容颜和悦；私见，则是愉快轻松。这种角色转换间的细致描绘，品味起来实在非常有意思。聘问为国事，庄重其礼；享献为君交，和睦其谊；私见为人情，融洽其氛。

十三个情景，各有姿态仪轨，繁文缛节令人眼花缭乱，我却从中读出两个词，一是恭慎，一是恰当。唯恭其心慎其行，才能胜任公事；唯有恰其仪当其份，才能气度自生。

无论是为傧、为臣，还是为使，都是夫子的公众"身份"，是其社会属性的一部分，言行举止，乃至音容笑貌，自然都必须遵循从大义恪守公理的规范，如何在这些条条框框之中演绎出属于自己的一份洒脱呢？值得深思！夫子对他心的把握、对己心的克制，分寸拿捏，精妙绝伦。尤其是层层叠进，末稍处一笔点睛——"私觌，愉愉如也"，以私人身份会面，倾向于自然人形态出现，谈笑风生，轻松和缓。显得张弛有度，浑然无违，平添一份潇洒自如的韵味。

端正态度，恰到好处，知之容易，行之蹒跚……

◎人靠衣裳？

君子不以绀緅饰，红紫不以为亵服。当暑，袗絺绤，必表而出之。缁衣，羔裘；素衣，麑裘；黄衣，狐裘。亵裘长，短右袂。必有寝衣，长一身有半。狐貉之厚以居。去丧，无所不佩。非帷裳，必杀之。羔裘玄冠不以吊。吉月，必朝服而朝。

枫解：郁郁乎！美哉！实在是讲究啊，颜色考究、搭配合宜、品类繁多，令人叹为观止。难怪有人认为"华夏"之华指的就是服饰之华丽。别忙着唱咏叹调，我还是先按着文字翻译一下吧。

君子不用天青、铁灰两色滚边，不用红、紫两色制作家居服。暑天，着或粗或细的葛布单衣，必定内衬小衣。黑色的罩衣配紫羔，白色的罩衣配麑裘，黄色的罩衣配狐裘。居家的皮袄身量略长些无妨，但右边的袖子必须短些。睡觉一定要有小被，长度合本人之一身又半。用狐貉的厚毛皮作坐垫。服丧期满，各类饰品可以随意佩带。除了上朝和祭祀用的礼服，半身裙一定不用整幅布制作，一定要加以剪裁。紫羔和黑色礼帽都不穿戴去吊丧。大年初一，一定要穿戴全套齐整的上朝礼服去朝贺。

归类一下，其中涉及的服饰品类有，常服、亵服、暑装、冬装、丧礼服和大朝服。首先从颜色来看，就有大讲究，常、亵两服各有避忌。常服，也就日常所着正装，"不以绀緅饰"，绀者，深青中透红的颜色，接近于现在的天青色，緅者，比绀更暗，深多而红少，接近于现在的铁灰色。为什么不用这两种颜色当滚边配饰？一说绀为斋戒服色，緅为丧事服色，故不当用之；一说其时礼服正装为黑色，绀緅色系近之，故不用来饰边。我倾向于后者。亵服，也就是家居服，"红紫不以为"，古时，大红称朱，为贵重之色，红紫近于此，也为贵色，故不用以为亵服。

接下来看夏冬两装，夏天着葛布单衣，无论粗线细纱，必须内衬小衣，酷暑之中，莫因贪求凉爽而让单衣贴肉，无论是从健康，还是美观而言，都是讲得通的。冬天，常服分罩衣、皮裘，古代穿皮裘，毛向外，故外面一定要用罩衣。羔裘，黑毛羊皮袄，搭上黑色罩衣；麑裘，白毛小鹿皮，配上白色罩衣；狐裘，黄毛，罩黄衣。亵服呢？皮袄可以做长一些，保暖性更佳，但是右袖却得弄短一点，干活更方便。寝衣，有误解为睡衣者，实谬也，古时大被称为"衾"，小被称为"被"，也称"寝衣"。再以"狐貉之厚"为坐垫。常服、燕服、睡眠、座居，一个冬天讲得多细致？

丧期服满，"无所不佩"；羔裘、玄冠皆为黑色，其时以黑色为吉，丧为凶事，故不用之吊丧；至于吉月之说，虽另有告朔之说，吾不从之，大年初一，全服以朝，当为正理。更需要着重者，在"非帷裳，必杀之"，古时，男子下身也着裙，"帷裳"即为礼服的下半身,上朝和祭祀必穿,用整幅布制成,不加剪裁,富余处作褶叠,称为襞積,类似今时之百褶裙;"杀之"即先裁去余布,再行制作,一为省工,二为节料。缘何用"杀"不用"裁"?值得揣摩。

绀、緅、红、紫、缁、素、黄、玄,颜色有八;裻、絺、羔、麑、狐、貉,材质有六;加上配饰,诚然有花团锦簇的意味。历来解家多着眼于贵贱之别,等阶之分,这在今天已经全无意义。不远的数十年前,很多颜色要在衣料上实现,难度还非常之大,自然物以稀为贵,只是通过这种珍贵来表达重视、珍视而已,就像今时的我们在某些特定场合,会戴上名贵的珠宝、衣服和包包,不过一种礼仪而已。我更愿意着眼于此段经文提到的另一些细节:比如,"必表而出之";比如,"亵裘长,短右袂";比如"非帷裳,必杀之"。其中蕴含着一股"胡服骑射"之风,在追求美感的基础上,力求健康、方便、节俭,逆当时之潮流而动,这才是真正的引领风尚,做时代标杆。

杀,语气远重于裁,力道十足。爱美,却杀靡靡歪风!

◎给心灵一点空间

齐,必有明衣,布。齐必变食,居必迁坐。

枫解:齐通斋,历来无异议,有分歧的是关于"斋"所必须秉持的戒条。我且先将经文翻译一下:

斋戒沐浴,一定要有浴衣,布料。斋戒期间,一定要改变饮食,一定要挪移居室。

布,肯定不是像现在所指的棉线纺织物,当时棉花还未曾引进;一说为生丝绢,相对于练丝之帛而言;一说为麻制品,或麻苎葛之属类,相对于丝而言。吾取后者,盖丝为贵,布为贱。

变食,历来有三种说法:一说"不饮酒,不茹荤",其荤指蒜、韭、葱等气味浓厚之菜蔬;一说,非止不饮酒、不茹荤,也不食鱼类;一说"洁净饮食",是谓三餐食用必为新鲜,不吃回锅剩菜。吾取第三,前两者多为后世之礼,独第三为古法。

迁坐,古代上层人物日常与妻室同居,为"燕寝",斋戒时则居于"外寝",不与妻室同房,此礼至唐时犹有遗风。至宋,却逐步演化为"节欲",已近无稽;至近代,有说斋戒为大事,不宜受妇人阴气所侵,更是荒唐!

儒家传统,"斋"者有二,一为祭祀之斋,一为心斋。祭祀斋戒为重礼,心斋则是常课，所持律条却大同小异，其实不外是通过清洗身体、洁净饮食、静坐独处，摒却外物，求得心思安宁内外纯净，然后，观过，体仁，从义。缘何着布衣？为的就是除下外物，把所有的社会属性随同身上的泥垢一起清洗干净，还原一个最真实自然的本我。缘何变食？为的是健康，在当时，哪怕王者能日食三餐，也只是第一顿杀牲，其余两顿热点剩菜吃，不吃点好的，哪来的力气静思？不过，不好意思，那时候还没有丰富的新鲜肉品买卖，所以更多的只能是菜蔬、腊肉。缘何迁坐？燕寝不独有妻室，也更为舒适，翻阅唐代之前的资料不难发现，所谓的正寝大多是空荡荡的明堂之上，只有一张卧榻一床铺盖卷，那叫一个孤单寂寞冷，换到那里，就是为了清净。

当然，祭祀斋会有一些特殊的禁忌，大多数却是因祭拜对象而定。比如，集体回忆受祭者的丰功伟绩，甚至写个万八千字的咏叹调什么的；比如，受祭者平生恶食鸡蛋，那就得戒上几天，类似等等，后来，祭祀斋与心斋逐步混淆，许多条律也就杂合了。当然，后来也没什么人提及心斋了。

当然，后来有些人带坏了风气。不就是迁坐嘛，咱就弄个小妾暖被窝吧，更有甚者，喝个酩酊大醉。接下来，就有各种戒律……这一条条贴上去，最后就搞得不知所云了。

儒家所谓重斋戒，着重在于心斋，无论布衣、变食、迁坐，所有的手段，无非为了让自己的心安静下来，洗不了心上的尘垢，三千律令又有何用？

静心的第一步，就是剥除一切社会属性，把身上的光环标签如同身上的贵重衣物般一件件脱下来……

◎真正的吃货

食不厌精，脍不厌细。食饐而餲，鱼馁而肉败，不食。色恶，不食。臭恶，不食。失饪，不食。不时，不食。割不正，不食。不得其酱，不食。肉虽多，不使胜食气。惟酒无量，不及乱。沽酒市脯不食。不撤姜食，不多食。

祭于公，不宿肉。祭肉不出三日。出三日，不食之矣。

枫解：夫子时代，上层社会对于食物已经有非常明确的分类，可归纳为四，曰：食、脍、酒、姜食。食，粮食制成之主食；脍，肉类烹饪之菜肴；酒，粮食、果子酿制之饮浆；姜食，加姜、葱、蒜、茱萸等厚味调料烹制、腌渍的佐餐小菜，后来还分为"冷碟"与"咸酸"。其中，脍的要求最为严格，甚至有等级之分，如天子可食三牲，贵族只得食牛羊，大夫只能食鱼，除此之外野兽家禽可就算不上是肉了。

题外之话略过，且从字义细解：

主食不嫌制作得精，肉菜不嫌烹饪得细。粮食发霉、鱼或肉腐烂，不食；品相难看，不食；气味难闻，不食；烹饪失法，不食；不合时令、不对餐时，不食；刀法不当，不食；蘸酱不搭，不食；肉肴虽多，但取量不宜超过主食；饮浆不限量，却不宜至迷醉；外购的酒浆、肉干，不食；佐餐的姜食不撤除，但不宜食用过多。

参与国家祭祀的肉类，不留到第二天。其他祭肉留存不超过三天，若超过，便不食了。

无论主食，还是菜肴，都要求烹饪精细，更有八不食、三不宜。第一讲究就是食材的新鲜，粮食经久而腐臭谓之"餲"，鱼腐烂谓之"馁"，肉腐烂谓之"败"，这是首先要排除的。后面更对肉类进行补充说明，"祭于公，不宿肉""祭肉……出三日，不食"。其时，大夫、士都有助君祭祀之礼，是为公祭，都是头天清晨宰杀牲畜，然后举行祭典，次日再祭，称为"绎祭"，绎祭之后才令各人取回自己助祭之肉，或由君主按等级分别颁赐祭品，此时，肉品已经陈放有两宵；另有家祭，也称私祭，一般为当日宰杀牲畜，祭毕，多将肉品分送亲友。终而论之，即肉类存放时间不得超过三日两夜，取其新鲜而已。

除了食材新鲜，还进一步提出更为严格的要求，必须色、香、味俱全，甚至还得合时、割正、得酱。所谓"色恶"，当然不是色泽难看，而是菜肴品相不佳；"臭恶"，臭当为嗅，是为气味；"失饪"则是烹饪不得法，而使食物味道欠佳。所谓不时，一谓食物必须当时令，一谓就餐必须按时间，历来争执不休，后者常称其时并无"反季节食品"，岂不闻尚有"莫食三月鲫"之说？故，窃以为，两者俱在其列，不合时令、不当餐时，皆不食也。至于割正，考的是刀工、刀法；得酱，讲的是搭配。肉类不同的部位、不同的烹饪方式，需要不同的切法，也需要不同的蘸酱，一个真正的吃货，可以就此写出一本美食大典。

三不宜，讲究的无非一个适量，这在当今已然成为一种常识，在食物匮乏的时代，却是非常超前的意识。譬如"肉虽多，不使胜食气"，很多时候我们把这个"气"当作"既"解，是为饭料、主食，也通；从中医之说，则"食气"是一个专业术语，指人的消化能力，不能贪多导致食积。譬如"姜食"，因为制作方法、用料的特殊性，或刺激性强，或含盐量高，虽多爽口却也的确不能贪多。

不厌精细，诸多不食，却在后世让夫子饱受"诟病"，称为"臭讲究"，每每面对这种批判，我总是有些无语。且不论精心烹饪以示对食物的珍视，若是抽丝剥茧，不难发现，繁复之中，夫子所追所求，有一脉络非常清晰，用今天的话来讲，就是健康，无它！

或者，就是好好吃饭！

哪怕只有一个窝头，也请，净手，正坐，掰碎，细嚼，慢咽……

◎饭不能随便吃

食不语，寝不言。

虽疏食菜羹，瓜祭，必齐如也。

席不正，不坐。

枫解：吃饭的时候不交谈，睡觉的时候不说话。

这样的翻译其实不够准确，共同进餐，在社交活动中一贯是极其重要的项目，在家庭生活里也是一个必不可少的环节，当然不是聚在一起填饱肚子，而是进行情感上的互动，能不交谈吗？更令人迷惑的是，睡觉了怎么还会说话呢？梦呓吗？食，不是用餐，而是一个特定动作，咀嚼食物；寝者，卧也，是"寐"之前的一个环节，躺卧，还没有进入睡眠状态。食不语，一是为了雅观，二是利于消化；寝不言，是为了尽快平息思绪，进入睡眠。

简言之，好好吃饭，认真睡觉！这种专注的精神必须秉持，不因陋就简，如下：

虽疏食菜羹，瓜祭，必齐如也。

哪怕只有糙米饭、蔬菜羹，餐前的氾祭，也必须保持如同斋戒一般恭敬肃穆的神态。

瓜祭，有些版本上是"必祭"，以为瓜是错字，我不赞同。在传统礼仪中，用餐之前，必须将席上菜肴最珍贵的部分挑出少许来，置于食器间，当作供品，是为氾祭。有说是祭最初发明饮食之人，有说是供奉自家先人或家神的。最后，这部分食物，将归席间最长者所有。很多时候长者也会将之分赐给后辈，或以示怜爱，或以示奖赏，我小时候就经常因此蹭到好东西。这种餐前礼仪，素食称为"瓜祭"，其瓜，指菜羹中最为精华处也。

另有句读之为"虽疏食菜羹瓜，祭，必齐如也"，谓之"三物虽薄，祭之必敬"。貌似也通达在理！当然，这么争执下去，饭肯定是没办法吃了，很多古老的仪式，根源早就在历史长河中轶散，无法考证。但是，我们也不能因无迹可寻就不循规守矩吧？或可不祭，但可不可以把最好的食物拣选出来供给长者呢？至少，请长辈先动筷这点传统应该保存下来吧？所谓"必齐如也"，世人重斋，吾独重"如"，取其精神，不取仪轨！

讲起就餐礼仪，咱还得往前推推再论：

席不正，不坐。

夫子时期还没有现在的椅子，都是在地面上铺用蒲苇、蒴草、竹篾或禾穰编织而成的席子，然后坐在席子上。这种传统后来都被胡床胡椅淘汰埋葬于黄沙堆里了，但"席"特指正规聚餐的词语用法却还保存至今。而所谓"席不正"，历来也有不同说法，一称席位摆放不端正，一称座位安排不合礼制。就今天的礼仪来看，两者都是题中应有之义。所谓"不坐"，更重要的是表明态度，守制之诚心。

正座、氾祭、不语，通过一系列仪式化的规范，以虔诚的姿态、感恩的心情珍视每一餐饭食，情绪的饱满重于口腹的欲望。

在物质极度丰盛、娱乐堪称泛滥的此刻，吃饭、睡觉更是修行的重要课程，如何更科学、更合时宜地安排好这两件大事，值得深思。比如，用餐时拒绝手机；比如，夜里十一点之后尽量不打电话给他人……

◎我亲爱的家乡

> 乡人饮酒，杖者出，斯出矣。
> 乡人傩，朝服而立于阼阶。

枫解：乡饮，仪式结束，让拄杖的长者先行，自己这才出去。

乡傩，穿戴整齐的朝服，肃穆站立在家宅东边的台阶上，迎送游礼的队伍。

乡人饮酒，也称乡饮，《礼记》称之"少长以齿"，《王制》也称"习乡尚齿"。乡饮包括两种，一是在家乡故里吃酒席，一是与冠、婚、丧合称四大乡俗宴饮的一种礼俗，称为"乡饮酒礼"。

吃酒席，其座次可不是按社会地位高低贵贱来排序的，而是论辈分、年纪了。当然，在某些特殊情况下，也有例外。比如喜庆筵席，当庆者就主位；比如设宴款待久宦归来者，请人主位以为贵宾。习礼繁多，不胜枚举，但酒礼完毕，让长者先行，自己按序而出，是为尊重乡党伦序之意，在中国许多乡村还有这种古朴遗风。

酒礼则不同，其中有祭祀、有褒善贬恶、有平息争讼等等，是乡民自治的古老习俗，大抵将请到地方官吏主祭、清流名士助祭视为肯定和荣誉，称之为"宾"。而作为"宾"必须做到的就是"让杖者先行"，以示尊重乡俗，肯定其乡教化有成。

乡傩，是中国一种非常古老的祭祀活动，意在驱疫逐鬼，祈求乡境平安。乡野之间，年节游神赛会，正是此根源之余脉，乃乡党大事，动辄阖乡共同参与。夫子如何看待这类活动呢？朝服，着盛装；立于阼阶，站在主人位。然后呢？没有了。设案、供奉、点香、烧纸，或是共襄盛举，一概没有，只是表示尊重乡俗，行注目礼也。

乡饮论序、乡傩习俗，以夫子之地位，无论发何议论，或推，或逆，自是一呼百应从心而欲，他却没有，只是非常安静地不逾越，也不推波助澜，这份沉默的尊重，颇为值得玩味。

恂恂如也，似不能言者。

从乡序而到乡俗，乡党常事囊矣！恂恂之貌，长辈先行，盛装立于东阶，何必过多言语？

◎缘何要拜他？

> 问人于他邦，再拜而送之。
> 康子馈药，拜而受之。曰："丘未达，不敢尝。"

枫解：平常社交无非往来二事，郑而重之，细微处可见。

托人给身在异国他乡的友人问好赠礼，两次向受托者行拜礼并送其远去。

古时候，向友人问好，可不是简单的语言转述，或者一纸问候，大抵还会随赠礼物以示情意，《诗经·郑风·女曰鸡鸣》中就有"杂佩以问之"，《左传·成公十六年》也有"楚子使工尹襄问之以弓"。礼物大多数也有特殊含义，十分讲究，其繁复程度远甚于今日之"花语"。以当时之交通情况，去乡千里，可能就是音讯渺茫，有人往来可代为问候，实在是一大幸事，珍视自在情理之中。夫子更是如此，"再拜"以致谢意。拜者，拱手弯腰以为礼也，两度行之，是为再次请托，以绝轻慢之心。也有另外一种说法，认为首拜是遥问他邦之人，次拜才是酬谢信使，也说得通。

反观今时，万里之遥，一日可达，湖海之隔，通讯无碍，或在于便易，许多礼数简而化之，甚至逐渐流于形式。当然，有些仪节历经演化，也大有不同，譬如接受礼物：

康子馈药，拜而受之。曰："丘未达，不敢尝。"

季康子赠送药物，夫子行拜礼之后接受，却说道："丘对这药性没有足够的了解，不敢试服。"

朋友馈赠物品，先行礼而后受之，古今皆同，仪轨略有差别，今人欠身以致谢意，古人拱手而弯腰。迥异处在于接受礼物之后的行为，今人受而纳之，古人受而试之。那时候的人，率真得很，收到玉佩会即行佩戴，收到弓会挽而试之，食品也会尝尝味道，而且大多数还会把自己的体验结果说出来，"这桂花糕甜了点""这刀好生锋利""羔裘甚是合身"……这在当下得是多有违常礼？

季康子馈药，夫子受而不尝，实际上却是违悖了当时的社交礼仪，所以他非常认真、谦细地解释。"丘"，以名自称，译为"我"字义通，但自谦略带歉意的韵味就失却了。尤其是这一"拜"，以吾之见，不为"康子馈药"，而为"受而不尝"，是为有悖常仪，行尊礼以致歉意。

一往一来之间，我们可以看到夫子对社交一丝不苟，毫不敷衍，严谨而真诚，但他也不完全按照"套路"来，而是"择其善而为之"，这药我不了解，抱歉，"不敢尝"！

择的标准是什么? 善! 所谓守礼，不过循理!

◎请把人当人看!

厩焚。子退朝，曰："伤人乎?"不问马。

枫解：这个段子句读历来争议颇多，能通畅者有二，录之如下：
厩焚。子退朝，曰："伤人乎?"不问马。
厩焚。子退朝，曰："伤人乎?""不!"问马。
句读上的争议其实是由更深层面的质疑引起的，一直以来，不断有人诘难，夫子缘何问人"不问马"? 打理"厩"的，不是庶人，就是奴隶，依当时的社会风气，奴隶就无须置言了，一条命根本不值一提，庶人之命也抵不过一匹马，夫子之问，实在有悖常理。

汉儒曾作推理式辩解，大抵思路如此：厩为国有，周礼有明文规定，所以当时所谓的厩只会是国厩。为什么不问马呢? 因为国厩有圉人、皂人、趣马、驭马、仆夫、校人诸多职司主理，夫子不当问。怎么讲? 夫子时为鲁之司寇，按《周礼·秋官·司民》规定，"司伤人者也。"退朝之后，到现场视察灾情，问伤人是职责所在；马事，当为"圉师辈之执掌也"，不能越俎代庖。

这种貌似合理的推论并不能让非难者释怀，唐代李涪干脆釜底抽薪，在其撰写的《李氏刊误》中，对经文重新句读，试图从根子上掐了责难之源，不跟你们争了，问完人，没事，咱也问马了。

朱熹明显无法接受这种"妥协"，还是坚持原来的句读，只是解释说："非不爱马，然恐伤人之意多，故未暇问。盖贵人贱畜，理当如此。"

大约出现在元朝的《四书辨疑》对此却嗤之以鼻，曰：未暇问，乃是心欲问而无暇以及之也。理当如此，却是理不当问也。问人之言止是"伤马乎"三字而已，言讫问马，有何未暇? 虽曰贵人贱畜，马亦有生之物，焚烧之苦，亦当愍之。今曰

"贵人贱畜，理当如此"，其实岂有如此之理。

清代李颙却在其所著的《反身录》中解之，曰："伤人乎？不问马"，盖仓卒之间，以人为急，偶未遑问马耳，非真贱畜，置马于度外，以为不足恤而不问也。畜固贱物，然亦有性命，圣人仁民爱物，无所不至，见一物之摧伤，尤恻然伤感，况马乎？必不然也。学者慎勿泥贵人贱畜之句，遂轻视物命而不慈夫物。必物物咸慈而后心无不仁，庶不轻伤物命。——不是不问马，只是情急之下，一时疏忽了，夫子他老人家还是很爱惜性命的，马虽是牲畜，也当一视同仁。

也有人真是急眼了，从旧纸堆里生生翻出另一段公案，证之曰：此马厩为夫子自家的，《正义》云："夫子仕鲁为大夫，得有马乘，故郑（玄）以退朝为自朝来归，明此厩为夫子家厩矣。"——原来，夫子坐着马车去上朝，家里的马厩里已经没有马了，所以当然不会问马了。

这一仗干得那叫一个跌宕起伏，看得我那叫一个热血沸腾。特别有意思的是，这个争论焦点貌似一致，在于"不问马"，但内涵却是有所变化的。早期，疑者惑于马贵人贱，问人不问马，不合情理；宋后，急剧直转，惑于马也是一性命，夫子何以厚人而薄马？二李的态度更有意思，李涪说，也有问马；李颙说，他疏忽了！

我见猎心喜，也想来上一脚：有宋之前，儒门仁义所及，只限于人与人之间，还真没有上升到"众生平等"的高度，那是佛门的说法。夫子时代，奴隶制余风尚烈，庶人地位低下，奴隶更是贱似草芥，小民之命不如牛马，书载比比皆是，毋庸讳言。朱熹所言"贵人贱畜"，不是人命比牲畜贵重，而是相比牲畜，夫子视人之性命更为贵重，虽有悖于当时之风，却是他一贯秉持的理念。问人不问马，不过"有教无类"之余脉，何足为异？若人命不贵于牲畜，教之何益？夫子晚年所授，有教民之法，而无驯民之术，老赢家那把火没把书籍烧光，倒是把精气神烧了大半。后人以东来和尚的路数熬了锅"十全大补汤"，没补到肾，反而补了个大腹便便，实在令人啼笑皆非。此为题外之话，不宜飘得太远，扯回来些，还是讲讲焚厩那把火吧。其时，大火熊熊，如荼如烈，烧得最旺的是什么？是农耕技术进步带来的生产力大发展，奴制崩井田溃，甚至"人"的概念也发生极大的变化，在此之前，什么是人？贵族才是，庶民算半个吧，奴隶？那是财产。把奴隶解放出来当人，是生产力发展倒逼出来的。现在，有人讲什么夫子"以人为本"，有些言过其实了；讲"自由平等"，更是荒谬。不过是把一样直立行走、接受教化的"他们"当人看待罢了……残酷而血腥的现实！更残酷的是，二千多年过去了，依然有人还真未必把人当人看，或者不把自己当人看。

厩焚问人，把人当人看，如此而已！

◎君上是主人

君赐食，必正席先尝之。君赐腥，必熟而荐之。君赐生，必蓄之。侍食于君，君祭，先饭。

疾，君视之，东首，加朝服，拖绅。

君命召，不俟驾行矣。

枫解：事君，古代士大夫最重要的社交活动，没有之一。除了日常朝仪，还有什么必须特别注意的呢？夫子举了三种君臣往来最为常见的事项，不妨一一解之。

君主赐以熟食，夫子一定摆正座席正襟危坐，先尝一尝。君主赐以生肉，一定煮熟了，先给祖宗进奉。君主赐以活物，一定先蓄养起来。与君主一道用餐，君主进行餐前祭仪时，自己先试用。

赐食，古代君主对大臣表示恩宠最常用的招数，大抵有四种方式——熟、腥、活、餐。赐份熟食，比如早晨宰了只羊，膳坊拾掇得不错，想起某位大臣颇为辛苦，表示一下吧，给送一份过去；夫子接受了，"必正席先尝之"。赐份生肉，还没烹饪就送了过来；夫子"必熟而荐之"，为什么？在古代，家里煮啥好东西，肯定要先进奉祖先，君主给的如果是熟食，必定已经奉过了，自然不能再奉。赐以活物，那就先养着。赐餐呢？这可是大恩宠，夫子自降臣格以应，怎么讲？"君祭，先饭"，可不是先吃主食，或是大快朵颐，国君作为主人拣选席上最美味之物行餐前祭奉，一般而言，会有专门侍餐的侍人从每道菜最不显眼处挑出一小部分尝试，夫子却代替他们来完成这个环节，行人臣之卑节，致崇高之谢意。

比赐餐更进一步的恩宠是什么？如下：

疾，君视之，东首，加朝服，拖绅。

生病卧床，君主前来探视，夫子面朝东阶，将朝服披在身上，绅带束腰拖垂。

东首，古人卧榻大抵设于南窗西面，君主来访不行客位，拾东阶而上，夫子面朝此处，瞩目相迎，一是全人臣之仪，二是尊重国君为一国之主的身份；更有意思的是"加朝服，拖绅"，纵卧于病榻，无法起身着朝服束腰绅，也被之拖之，为什么？可谓君臣之交，公制在前。哪怕是来探病，咱也是先讲君臣之仪，再论私谊之情，不能持恩而骄忘却身份之别。

恪守臣礼还有更为普适的地方，如下：

君命召，不俟驾行矣。

君主"命召"，不等车马就驾，举步先行。

命，为正式公文；召，为口头转达。无论是命是召，俱奉而行之，即刻动身，连驾马备车这一小段时间也不耽搁。

赐食、视疾、命召，身已离朝堂公厅，却依然守礼如仪无丝毫松懈，迂腐乎？媚上乎？窃以为，不过首重公理而已，循其理而守其制，容有仪，行有轨，无它！事君，君者，一国主人之身份也。

我们回过头来看康子馈药，自"康子"与"丘"两个称谓侧面可见，这是一种友辈间的社交往来，情分大于身份，礼节与事君有所不同，细细揣度，必有所得。

综上，事君，首重者，君之主人名份也！

◎尊重专业人士

入太庙，每事问。

枫解：此节曾见于《八佾》，吾解之曰：尊重专业人士，是为礼也！公义形而显者，礼也；循而生者，理也。礼既然已经讲过了，咱就讲讲理吧。

到了太庙，事无巨细必提而问之。

为什么？因为人家专业，专擅其道，意味着在该领域垂直深度的知识层次足够。换言之，我们所尊重的，其实是知识。与友，重情；事君，重份；问专，重的是知识。正所谓，近水问渔，入山问樵。问渔民樵夫所为何来？水讯山情而已，无关情谊，也无关名位。

这个话题展而论之，有无限想象空间，在分工极为精细的现代，更有意义。可以举例试析之，比如教师，我们首先要尊重的是他们"传授知识"的专业技能，然后才是师德人品。医生、画家、演员、厨师、司机、电工、客服、售货员，乃至快递小哥，无不如是。

对知识和专业技能是否持有足够的尊重，往往反映出一个人的治学心态，更显示出一个人的修为程度。学识素养越是精深，为人越是谦和，正是由此，明知识来之不易，晓修学汗水之苦。

先把人品放在一旁，任何一个在自己从事领域足够专业的人都值得我们尊重，受得起我们的礼敬。哪怕一位餐厅的服务生，只要他够专业，也当得起我们一声谢谢！

当然，如果"德艺双馨"，就更需敬而重之！

◎收礼不必手软

朋友死，无所归，曰："于我殡。"
朋友之馈，虽车马，非祭肉，不拜。

枫解：朋友往生，没有亲属负责收敛，夫子道："丧事由我来料理吧。"

同门为朋，同志为友，古人称得朋友者，所交绝非泛泛，必有深情厚谊。对待朋友当持何种态度呢？非只在常仪细节，更在困厄之中。人生最大的"烂摊子"不外如是，死无所归，夫子轻淡寡素如白水，只发一言——"于我殡"！不见豪气冲霄，却直侵心肺。

正是有替朋友料理后事的心意打底，人情往来自然另有一番洒脱意味：

朋友之馈，虽车马，非祭肉，不拜。

朋友的馈赠，哪怕是车马，只要不是祭肉，夫子在接受的时候也不行拜礼。

"康子馈药"那一拜是为致歉，受祭肉所拜为何？与朋友之先人共享一物，此拜者，先人也，非礼物。其他礼物，哪怕是贵重如车马，夫子也坦然而受之，最多也就是说声："谢谢啊！"，或者是"我喜欢！"

历代以来，描叙友情之伟大者，多如恒河之沙，有伯牙子期之山高崖崖，有管仲鲍叔之波澜壮阔，有元伯巨卿之悱恻缠绵，有桃园结义之血脉偾张，有诗章句华丽，有词断人肝肠，却无一能超越这直白平实的三个字如此润心浸肺，当歌而忘辞者，唯此一言——于我殡！远比时人所喜的另外三个字，更质朴隽永，更高洁无求。

我爱你，可以是才，可以是貌，可以是德，可以是品，当然，也可以是财，可以是权，可以是势……我来葬汝，愿汝皮囊与草木同朽，尘归尘，土归土，吾得者，唯心安！

正是心安，所以理得，纵车马，也坦然受之。

受之，能殡之乎？

扪心自问……

◎率性不胡来

寝不尸，居不客。
见齐衰者，虽狎，必变。见冕者与瞽者，虽亵，必以貌。凶服者式之。式负版者。有盛馔，必变色而作。迅雷风烈必变。

升车，必正立，执绥。车中，不内顾，不疾言，不亲指。

枫解：总说夫子行必合义，言必循礼，笑如春风，正似秋日，威仪自生，一派凛然，其实并非如此，有证如下：

寝不尸，居不客。

就寝不作挺尸之状，常居不作会客之态。

古人坐姿有三，一是屈着两膝，膝盖着地，以足跟承接臀部，跪坐于席上；一是脚板着地，两膝耸起，臀部向下而不沾地，蹲坐也；一是臀部着地，两腿张开，或伸或曲，箕踞也。跪坐为待客，或为客之法，表示正式、尊重之意；蹲坐略显随意些，箕踞则有点放浪形骸了。所谓"居不客"，就是平常不作跪坐之态，历来都说是"蹲坐"，言之凿凿，有经有典，我却不以为然，不外怎么舒坦怎么来。睡觉不是躺尸，无须直挺挺倒着，该翻身就翻身，该抱枕就抱枕；常居不是会客，一个人爱怎么坐就怎么坐着，盘腿上坑又如何？还会影响读书修身了不成？

当然，纵是孤身独处，遇到一些特殊情况还是要有所不同的，如下：

见齐衰者，虽狎，必变。见冕者与瞽者，虽亵，必以貌。凶服者式之。式负版者。有盛馔，必变色而作。迅雷风烈必变。

见到着斋衰孝服之人，纵是极为亲密，也一定整肃容颜。见到头戴礼帽或是视力有碍之人，纵是经常相遇，也一定礼敬于貌。车行途中，遇"凶服者"，或背负国家图籍之人，必定手扶车前横木。

《子罕》有语曰：子见斋衰者、冕衣裳者与瞽者，见之，虽少，必作。吾解之为同理、同约、同情，三同之心，不因年齿而有所差别，私德也。此处谓"虽狎必变""虽亵必以貌"，不因亲近而废其礼，公义也。其事如一，用辞不同，有所偏重，不可不体察之。

凶服者，历来多解为"着丧葬服饰之人"，我以为不佳，当指兵甲之士，方得与"负版者"并列。式之，以手扶车前横木，曲半身示礼，对兵甲之士敬其为国披坚执锐之役劳，对负版者敬版图国土辟守之艰辛，如今人之礼敬国旗、国徽。

盛馔，丰富之菜肴、香醇之佳酿；变色而作，容颜有异于常，并有所行动。迅雷风烈，雷声轰轰、狂风烈烈；必变，变者色也，容颜之改。传统上，总是少不了加以演绎，令其合乎圣人之高光伟正，如"变色而作"，为整肃容颜起身相迎，以示对主人盛馔相待之谢意；"必变"，为容颜神态有异，谓之迅雷烈风，天色变也，圣人感之，容仪如天。这样的小动作，实在无味得紧，好好一个真性真情的老先生，非得泥塑彩绘，弄得了无生趣。见美味佳肴而食指大动，遇天地之威而心有戚戚，不过一个正常人的反应，有何不可？儒家修身，从不教深藏不露的阴谋家，也不教高深莫测的世外客，更不教道貌岸然的伪君子，一切当发乎情，合乎礼,在规范之中,恰到好处。

坐卧率性,笑怒由心,有态度就要表达。可是,有些特殊时期必须除非,如下:

升车,必正立,执绥。车中,不内顾,不疾言,不亲指。

升车为驾者,一定端正站立,执持手带。车中为乘者,不向内回顾,不高声快语,不亲自指点。

开车就认认真真一心一意,坐车也得规规矩矩,不能影响司驾之人,放至今时今日也同样有现实意义。

很多礼节就是表明一个态度,夫子对于礼的坚持总在常情常理之中,带着人间的烟火气,沾着世间的红尘意,正因其平实朴素,才显得真切动人。

所谓仁之公义者,首先学做个"人",直起脊梁,把态度亮出来……

◎世间最有名的那只山鸡

色斯举矣,翔而后集。曰:"山梁雌雉,时哉时哉!"子路共之,三嗅而作。

枫解:这段经文历来莫衷一是,从无一家之言能被广泛认可,多疑有脱误之处。争议尤以三处为甚,一是"色",夫子之容色,抑或雌雉之羽色?二是"时",借山雉飞翔之自由伤己身时运未济之情怀,抑或另有他指?三是"嗅",原典正确,抑或为"臭"之误?

众多解家之说,我认为算是比较通达者有二,且一一录之如下:

夫子心有触动面露欣然之色,看着一群山鸡乱糟糟地滑翔而去,然后重新集结成群,说道:"山梁上这个雌雉,来得恰逢其时啊。"子路拱手作礼,目送它们三次振翅远去。

所谓色举,乃见其"翔而后集",乱而后序,如世事之纷乱终有归于秩序之期,纵贱如山雉,也依雌雄而结群,况于人乎?礼崩乐坏不过一时,只要找到一个中心点,一切就会重新归于平衡常态。子路拱手为礼向山雉致谢,此举令夫子内心愉悦而现于面色。

有斑斓色彩腾空而起,滑翔一段距离又重新聚集成群。夫子说:"山梁上有雌雉,等会,等会。"子路拱手应命,历三嗅而重新举步。

山雉常性,喜居灌木草丛之中,路人过处,闻声而惊飞,乱翔而后集群;以"时"通"伺",停步等会儿吧,别再惊扰到它们。夫子爱惜良序,纵是山雉之集,也不忍扰之,也合其惯常之行止。子路拱手,不过噤声示意,应命而立。

还有很多种解说，无非见山雉之"翔"，叹命途之多舛仁道之不兴，自艾自怜，读得我恹恹欲睡，心情大坏。吾之见，此段经文的字眼在"集"，集而群居，始有公义之说。无论是先乱后序之感怀，还是不扰良序之悯心，皆发端于斯。用这么一件小事作为《乡党》之终结，或喜见秩序之曙光，或呵护良序之弱小，俱合其深意！余者蝇营，当扫归尘土。

…………

回顾《乡党》全篇，夫子以"公众身份"的形象出现，或沉默，或慷慨，或呆板，或洒脱，或战战兢兢，或长袖善舞，貌似零碎多面，实则浑然一体。自恂恂于乡党始，讲不同场合的不同言行；从侯臣使三种公职身份，讲守礼如仪恰如其分；讲究服饰，在追求美感的基础上力求方便；讲究斋戒，剥除社会属性给心灵自然宁静的空间；讲究饮食，追求精细的背后是力求健康；讲究餐仪，通过仪式化的规范让自己好好吃饭；透过乡饮乡傩，表明对于乡序乡俗只是尊重的态度；问人于他邦、康子馈药，社交往来重细节；问人不问马，遇灾逢厄重人命；事君三常例，君臣之交重名份；入太庙每事问，对待知识重专业；朋友相交，重心安；日常修合，重态度；最后，见山梁雌雉翔而后集，欣良序之将常存。看着散乱无章，其实思路严谨，从不同侧面全方位剖析一个人作为群居者一员如何在规范化的礼制中恰到好处地生活，如何在诸多条条框框中游刃有余地秉持自己的真性情，如何透过不同的侧面察视人性中的光辉……

论恕道，私德公义两心分明。私德之心在人，公义之心在理。明理方能晓义，晓义方能守礼，守礼方能合群，合群方能和谐。明理而生情，晓义而共鸣，内外始得无违，两心始得浑然。

所谓如心，所谓己所不欲勿施于人，首先必须有一盏心灯，面向光明，相信人世间的真善美，这是我们能够赋予生命最重要的意义，也是生存于世间的一缕曙光。

无数人赞美夫子，有诗曰："天不生仲尼，万古如长夜。"正是他点起了这盏灯，照亮了那个时代，在农耕技术突飞猛进所带来礼乐坍塌的废墟上，为人性种下一丝善根，使得华夏文明开出最绚烂的花朵。

今天，在农耕文明的废墟上，我们要播种什么？

暮春时节，山梁之上，还有雌雉翔而后集吗？

下部

德经

- 叩两端而竭焉。

- 允执其中！

先进篇第十一

◎起手分日月

子曰："先进于礼乐，野人也；后进于礼乐，君子也。如用之，则吾从先进。"

枫解：这段经文历来解法繁多，各执一词，且自成其理，追根溯源，探究思范，可归纳为三，且恭录如下：

先学习礼乐进而入仕为官者，在野之士人也；先入仕为官而后学习礼乐者，世袭卿大夫也。如果拣选人才而用之，我主张从"先进"者中录取。

这个解法脱胎于"学而优则仕"，春秋"官制"多为世袭，得父兄之庇荫，先有俸禄之位，再学任事之术，至夫子年代，已然无法适应时势。故，夫子提出先习礼乐为"士"，然后出仕为官。以人才培育、选拔为出发点，通！

在礼乐上，率先肇始的，是四野之庶民也；随后完善的，是治政之君子也。如果用礼乐来治理国家，我会从"先进"的源头着手梳理。

这个解法演化于"礼失求诸野"，礼乐不是凭空出现的，也不是从天而降的，而是从四野庶民不成文之习俗中沉淀生发出来的，君子的作用是什么？选取种子、培育良序、修正歧条。拣选良种是一切应用的基础，所以夫子提倡从始发地寻觅，取其朴素之质，去其机械之染。以礼乐创造、形成为出发点，通！

步履所踏礼乐未成之前者，化外之民也；举步所趋礼乐形成之后者，敦敦君子也。如果用礼乐治世，我会从"先进"处侧重用力。

这个解法多出现于"诸夏夷狄论"，什么意思呢？人类的活动远远早于礼乐的形成，游弋在礼乐之外的，是朴实无文之辈；得礼乐之熏陶守礼乐之范式的，是文质彬彬之君子。礼乐的作用是什么？就是教化那些"野人"的。以礼乐之源流、作用为出发点，通！

源自这三个中心，千年以降，百流奔腾，蔚成奇观。窃以为，皆对亦皆错！所谓对者，从一侧面以窥其核，各自成说，文理经义俱通；所谓错者，取其一点以概全貌，不得要领，执于相而不见于心。

在我看来，这段经文就是下半部《论语》的"起手式"，如同《学而》篇的第

一章,诸君可较而参之,其文如下:

学而时习之,不亦说乎? 有朋自远方来,不亦乐乎? 人不知而不愠,不亦君子乎?

入夫子之门墙学习什么? 礼乐! 礼乐是怎么来的? 用来干嘛的? 视礼乐之所以,观礼乐之所由,察礼乐之所安,天下良俗秩序了然于胸,治之则如烹小鲜矣。

诚然,夫子晚年所致力者,士团之建立也,选取、培育、建制,倾尽心力。构建士团为了什么? 实现礼乐治天下之宏愿! 如果不体察这一点,所有的解读,都会失去方向。

解经不仅是字面上的解读,更是思想上的解构。打个不太恰当的比喻,夫子拉开架式,摆了个姿势,大家就嚷嚷着,他要雄鹰扑兔锁咽喉,他要猛虎下山掏心窝……你过去试试,可能会被当头一棍闷个十里桃花春来红! 架不是这么打的,经书也不是这么解的!

只是一个"起手式",夫子拳向何方,我们无从得知,唯能观其身姿,会其招意——通过礼乐教化为天下培育一批治理之"士",怎么培育? 不妨一起静观夫子出招……

◎入门第一训

子曰:"从我于陈、蔡者,皆不及门也。"
德行:颜渊、闵子骞、冉伯牛、仲弓;言语:宰我、子贡;政事:冉有、季路;文学:子游、子夏。

枫解:夫子说,跟随我在陈蔡之间遭受困厄的那些学生,都不在这里了。

陈蔡之厄,《史记·孔子世家》有明确记载,云:"吴伐陈,楚救陈,军于城父。闻孔子在陈、蔡之间,楚使人聘孔子,孔子将往拜礼。陈、蔡大夫谋曰:'孔子贤者,所刺讥皆中诸侯之疾,今者久留陈、蔡之间,诸大夫所设行皆非仲尼之意。今楚,大国也,来聘孔子。孔子用于楚,则陈蔡用事大夫危矣。'乃相与发徒役围孔子于野。不得已,绝粮。从者病,莫能兴。"外有刀兵相迫,内有饥病交煎,其中滋味,非亲历者不能切肤也。

皆不及门,却历来各有因说。汉唐旧解称为"不及仕进之门",更有承袭孟子"君子之厄于陈蔡之间,无上下之交也",解为"孔子弟子无仕于陈蔡者",所谓不及门,是为学业未成仕途难就而不及官场之门也;另有解曰:"门,谓圣人之门,言弟子学道,由门以及堂,由堂以及室,分等降之差",所谓不及门,是为颠沛流离不得时运而不及圣道之门也；郑珍考之云："古之教者家有塾，塾在门堂之左右，施教受业者居焉。所谓'皆不及门'，及此门也。"郑说从于朱熹，"孔子曾厄于陈蔡之间，弟子多从之者，此时皆不在门"，吾也从之！

此当为夫子晚年于鲁国开门授教谓于门下弟子之言，约略是："你们的师兄们，早年间跟着我在陈蔡之间奔走，可就遭罪喽，他们现在都没在这里啦……"其中有回忆当年之感怀，也当有筚路蓝缕之慨叹，更不无砥砺后学之潜意。"你们这些师兄很厉害呀，各有所长"，如下：

德行：颜渊、闵子骞、冉伯牛、仲弓；言语：宰我、子贡；政事：冉有、季路；文学：子游、子夏。

或德行优秀，或精擅辞令，或长于政务，或通晓文学，济济一堂，群星璀璨，后人合称此十子为"孔门十贤"。朱熹在《四书集注》中称这十位即当年陈蔡之厄随行之人，从《左传》《史记》等相关书籍考证，实为谬误。但他所倡合此两段为一章，吾却欣然从之，其理如下：

德行、言语、政事、文学四种人才，当与《述而》中"子以四教：文、行、忠、信"对照参解，个中详细，前文有陈，此处不作赘述，只得一言以概之，虽课业一同，却因材而施，有所侧重，也各有成就。合陈蔡之厄、四类材具为一章，此为夫子告诫当时弟子之言：入我门墙，一要有吃苦受罪的心理准备，二要结合自身情况构建核心知识体系。是谓，师傅领进门，修行在个人！

如何根据自己的性格、爱好、强项等实际，从老师处汲取充足的养分，茁壮成材，实在是千古教学难题。故旧相传，儒门先生授业最重要的一课，就是为学生选一名篇作为"心经"，令其终身诵读，时时参悟，称为"筑基"，这也许就是核心构建吧？今来思之，悠然神往。

各有特长，各有风采！没有削足就履，无须拘于一格……

◎我心自皎皎

子曰："回也非助我者也，于吾言无所不说。"
子曰："孝哉闵子骞！人不间于其父母昆弟之言。"
南容三复白圭，孔子以其兄之子妻之。

枫解：颜回、闵子骞、南容鱼贯而出，三大高弟有何表现呢？我们不妨一一说道：
回也非助我者也，于吾言无所不说。

传统解法把这句话当作一种赞赏，认为颜回最是深诣夫子之道，故能闻之而"说"，心生欢喜！更与"不违如愚""亦足以发"同参，勒为戒律，总结为"谨遵师言，践行师训"。吾一贯鄙薄之！其一，"驯子听话，不如教儿明理"，详解可重阅前文；其二，因"于吾言无所不说"而欣喜之而亲近之，夫子村儒冬烘之气未免太重了吧？"我说啥你都点头称是，你就是好学生"，夫子会是这样的人吗？

传统之解重于"说"，我重于"助"，这就是一句非常简单直白的话——我说什么颜回都心悦诚服，所以无法助力令我精进。

孝哉闵子骞！人不间于其父母昆弟之言。

闵子骞是个大孝子，二十四孝都有一席之地，"鞭打芦花"这传统戏曲至今流传，"孝哉闵子骞"自是无异议，有异议的是后面这句。历来有两种解法：一谓"间"为质疑，人们对于他父母兄弟称赞他孝行的言辞从不质疑，是为孝名远扬也；一谓"间"为隔阂，他人之言无法令他对父母兄弟产生隔阂，是为孝心坚定。吾取后者，其因正是著名的"鞭打芦花"，故事梗概如下：

闵子骞十岁丧母，其父再娶，续弦李氏，继育两子。李氏经常虐待他，重活脏活让他干，好衣好食给老二、老三。邻人怜惜，多劝说他应该向父亲"告状"，他却始终"矢口不提"。某日，子骞及二弟随父亲坐牛车出门探亲，行至萧国一山村旁，风雪突起，车上的二弟眉开眼笑，子骞却冻得瑟瑟发抖。其父见状，怒而鞭之，鞭梢所及，袄烂而芦花飞，骞父诧异，撕开次子棉衣，却见丝绒充里，始明真相。立即驱车返家，怒火中烧准备休妻。子骞双膝跪地以情动父，曰："母在一子寒，母去三子单。留下高堂母，全家得团圆……"李氏深受感动，遂对三个儿子一般看待。

南容三复白圭，孔子以其兄之子妻之。

南容反复诵读"白圭之玷，尚可磨也；斯言之玷，不可为也"这几句诗，夫子便把自己的亲侄女嫁给他。这不是什么咒语，而是《诗经·大雅·抑篇》里的四句，大意为：白圭的斑点还可以磨掉，言语的痕迹却是没有办法去除的。故，传统解家称之，南容慎言而得孔氏女！《公冶长》篇有言，谓南容"邦有道，不废；邦无道，免于刑戮"，始被夫子择为侄婿，慎言就能太平年代大有作为混乱时期保全自身？品德、才具、智慧何用？真是岂有此理！品学兼优、才智双全才是择婿标准吧？那么南容三复白圭究竟有用何意呢？设想一下，如果你是一位父亲，这小子上门来求亲，什么样的话会打动你？

我会对你闺女好一辈子！

我不是随口说说的，而是经过深思熟虑的，绝不悔改，就像"白圭"那四句诗说的那样，一言既出，永不磨灭！

以回之悦我而自得、以父母昆弟之盛赞而为孝、以谨小慎微而得孔氏女，传统解法将这三个段子切开，化作三着无理手，越是深究越是令人迷惑。我一脉而贯通，注曰：心有定见，莹如白圭，他人之赞赏于我何加？他人之离间于我何妨？

我辈岂是蓬蒿人，顺风扬起逆风倒？

◎情再深也得能自拔

季康子问："弟子孰为好学？"孔子对曰："有颜回者好学，不幸短命死矣，今也则亡。"

颜渊死，颜路请子之车以为之椁。子曰："才不才，亦各言其子也。鲤也死，有棺而无椁。吾不徒行以为之椁。以吾从大夫之后，不可徒行也。"

颜渊死。子曰："噫！天丧予！天丧予！"

颜渊死，子哭之恸。从者曰："子恸矣！"曰："有恸乎？非夫人之为恸而谁为？"

颜渊死，门人欲厚葬之。子曰："不可。"门人厚葬之。子曰："回也视予犹父也，予不得视犹子也。非我也，夫二三子也。"

枫解：季康子问道："你的学生中谁最好学？"夫子答曰："有一个叫颜回的最是好学，不幸短命死了，现在就再没有这样的人了。"

《雍也》篇中鲁哀公也有此问，历来都将两者对照而读，常言夫子繁简有别其中自有深意，真的如是乎？若无，如此毫无新意重复夸奖，为何？窃以为，不过借季康子此问，表颜回之好，引出下文一事：

颜渊死，颜路请子之车以为之椁。子曰："才不才，亦各言其子也。鲤也死，有棺而无椁。吾不徒行以为之椁。以吾从大夫之后，不可徒行也。"

颜渊死了，他父亲颜路"请子之车以为椁"。夫子说："且不论才能高低，咱们谈的都是自己的儿子啊。阿鲤死的时候，也只有内棺，没有外椁，我并没有徒步而行将车驾用以作为他的外椁。我虽忝为卿大夫尾翼，也位列大夫，按礼制是不可以徒步而行的。"

或有疑曰：夫子很好面子，已然从大司寇之位去职经年，缘何还非得摆着架子，占着马车不放？儿子死了，没钱买椁，不舍得；最好的学生死了，他还不舍得？其实，这是一种误解，"请子之车以为椁"并不是如传统解法所说那样，请夫子把车卖了去制作外椁，以夫子当时之身家，或其门人弟子之地位，会缺少钱财至无力置办一具外椁吗？翻开《礼记》一类典籍不难发现，外椁可不是什么人都配享用的，帝后、上公、侯伯子男、大夫，以等差分别为四、三、二、一重，士不重。依此制，孔鲤也好，颜回也罢，当无外椁。但是，其时有人用了"权宜之计"，怎么办？请尊位者之车驾载棺归葬，并以之为殉，充作外椁。夫子当然不认可这样的做法，所以对颜路说，我能体会你此时的心情，你家颜回是我最好的学生，我跟季孙肥也这么说。可是，阿鲤死的时候，我都没这么干，因为我没有马车步行是不合礼制的。委婉而艺术地指出，把车马充作外椁，也是不合礼制的。

颜路，名无繇，也是夫子的学生，因体其丧子之痛，夫子说话还婉转一些，对其他门人弟子，可就有所不同了。其中有细节两则，如下：

颜渊死。子曰："噫！天丧予！天丧予！"

颜渊死，子哭之恸。从者曰："子恸矣！"曰："有恸乎？非夫人之为恸而谁为？"

"噫！天老爷这是要我的命呀！要我的命呀！"夫子哭得极为伤心，身边的人说："您哀伤过度了。"他说："算得上过度吗？我不为他痛彻心扉，还能为了谁？"

颜渊死，门人欲厚葬之。子曰："不可。"门人厚葬之。子曰："回也视予犹父也，予不得视犹子也。非我也，夫二三子也。"

颜渊死，同门师兄弟欲尽尽心意，丰厚安葬，夫子不许。没拦住，最终叹曰："回呀，你待我如父，我却无法待你如子啊。不是我不愿意，是你的那班同学违背了我的意愿呀。"

所谓"予不得视犹子也"，即是"无法把你当作阿鲤"那样按照我的意思来料理丧事。据《檀弓》所载，夫子有言，丧葬应"称家之有亡，有，毋过礼。苟亡矣，敛首足形，还葬，悬棺而封。"按照颜回的经济状况，当在薄葬之列。"夫二三子也"，责备之语气流露无遗！

重丧葬，爱颜渊，夫子从不掩饰。回之早死，他悲呼"天丧予"。可是，如此极端的情况下，他依然坚持原则，按礼收敛，称家落葬。甚至，还能细心地体谅颜路，婉言劝其守制。我将五节经文归为一章，正是为了梳理出脉络，揣摩夫子处理颜回丧事的思路。

持中有定，不为情惑！

◎过好这辈子

季路问事鬼神。子曰："未能事人，焉能事鬼？"曰："敢问死。"曰："未知生，焉知死？"

闵子侍侧，訚訚如也；子路，行行如也；冉有、子贡，侃侃如也。子乐。"若由也，不得其死然。"

枫解：子路向夫子请教服事鬼神的相关问题。夫子说："如果人都还无法服事，怎么能服事鬼？"子路紧接着问："斗胆请教一下有关死亡的事情。"夫子曰："如果连生的事情都没搞清楚，怎么能知道死？"

这段经文，古今字义并没有太大的变化，用现代语境稍作变通如此翻译，除了令其气韵流失，实在并无多大意义。有意义的是，我们必须深思，夫子此处抛出的两个观点——"未能事人，焉能事鬼""未知生，焉知死"，这是他一贯秉持的理念，还是在特定时期对子路的训诫？怎么讲？

鬼神、生死，不管是东西两地，还是宗教内外，向来都是最精深的学问，直指人类最核心的拷问——生命的意义何在？夫子曾言，"中人以下，不可以语上也"，子路，中人以下乎？若是，夫子不过委婉地劝阻他，别好高骛远，先把自己活明白了再论其余！若无此疑，此则为夫子惯常持守，事人重于事鬼、知生重于知死，用今时之话语讲，无非"活在当下"四字！

窃以为，活在当下，是儒家传统。崇敬鬼神、重视生死，知天道之深远星空之浩瀚，自当抬头仰望之；但是，儒家的脚踩在大地上，立在人世间，行的是仁，守的是礼，启的是智，讲的是理，挺直的是脊梁，燃起的是良愿心火，活的是此生此世此时此刻！知前世之不可追，晓来生之不可测，直面黑洞洞的前路，向死而生。故，只问苍生，不问鬼神。若是摒弃了这传统，下段经文自然就解得不知所谓。

闵子侍侧，訚訚如也；子路，行行如也；冉有、子贡，侃侃如也。子乐。"若由也，不得其死然。"

在传统的解读中，"不得其死然"皆释义为"怕是不得善终"。得死为善终，古语有此俗说，但此处如斯解，令我大惑！子路，夫子之爱徒也，对其喜爱毋庸置疑。君不闻"道不行，乘桴浮于海。从我者，其由与"，若知其必死于非命，夫子焉能"乐"耶？观其"行行如也"，而知其"不得善终"，这是算命先生的功夫吧？以子路受戮之终场证夫子预言之精准，貌似彰其大，实为显其小也，神神道道，术士之风，岂是儒门之尚？不循此义，当作何解？

如也，状似在貌，实取其神，当弃其言谈行止之表，见其风采气度之韵。訚訚、行行、侃侃，究竟有何神态风姿令夫子心悦而乐在其中？訚訚，语气和悦而又明辨是非；侃侃，从容不迫而又条理分明；行行呢？有阔步昂然之态，有生机勃发之韵，有气血奔腾之声，当谓之器宇雄壮而又洒脱不羁。闵子温润，子路豪放，冉有、子贡从容，弟子如此神采，夫子焉能不喜在心头？可是，"行行如也"缘何见其"不得其死然"？昂藏落拓，勇烈者貌，大勇之人何惧一死？不得知其死的样子，非夫子知其不得死，是由之不知也！

仲由啊，是一个早将生死置之度外的人啊！

这是向死而生的伟岸，是儒家倡导的铮铮铁骨，怎能解成江湖术士的媚态？

整肃衣冠，端坐于地，无违大义，纵千刃加身，何惧？何来不得善终之说？

生在红尘间，心放大光明！

◎言出必中的诀窍

鲁人为长府。闵子骞曰："仍旧贯，如之何？何必改作？"子曰："夫人不言，言必有中。"

子曰："由之瑟奚为于丘之门？"门人不敬子路。子曰："由也升堂矣，未入于室也。"

枫解：郑玄曰："长府，藏名也，藏财货曰府。"直白点讲，就是一个叫"长"的大仓库，历代解家多从此释义。或有异议曰：长者，掌也，一司之主官；简言之，"长府"是个官职，执掌财货物资仓贮之人。故，历来"鲁人为长府"有二解：一曰，鲁国人要翻修"长府"；一曰，某个鲁国人当上了仓大使。不管哪种说法，皆末节也，夫子会跟学生们讨论并郑重其事载之在案吗？我以为不美！所谓"鲁人为长府"，当谓鲁国人要修订国库管理条例，或是鲁国人要改革国库收入方案，如我们今天会讨论"美国人要怎么怎么样""英国人要怎么怎么样"。所论者，时政也，且必为期间之要！针砭时弊，方有随后闵子骞之言：

仍旧贯，如之何？何必改作？

按照原来的方案实施，难道不可以吗？为什么一定要变更作法呢？

子曰："夫人不言，言必有中。"

夫子说，这人不轻易说话，一开口就切中要害啊！

为什么要改？原来的方法有什么问题？貌似质朴无华，实则深谙其道。大抵议论时政，总会说人家要干什么什么啦，这样干就会怎么怎么样啦，附列上一堆自己的见解，指点江山意气丛生，一派舍我其谁的高人范儿。真正精通政务的人都懂得一个道理，所有的改革都是为了解决现存的具体问题的，新措施能否达到目的，才是衡量其优劣的标准。没有足够信息支撑的指指点点，不过是没用的"空炮"，轰隆隆地大放大鸣，啥也打不着，更谈不上什么切中要害了。如何言出似矢必中要害，不妨看看下面这个段子：

子曰："由之瑟奚为于丘之门？"门人不敬子路。子曰："由也升堂矣，未入于室也。"

　　传统解法的故事大抵是这么讲的，子路跑到夫子的门口鼓瑟，然后夫子责之"奚为于丘之门？"同学们因此觉得子路不值得尊重。后来，夫子又说了，子路呀，学问已经不错了，就是还不够精深罢了。

　　我百思不得其解，这故事逻辑上讲得通吗？子路干嘛跑到夫子门口鼓瑟？精擅热爱音乐的夫子为什么责备此举？这句责备就能引起门人的不敬？而夫子最后一句评语又是意指何方？捋得清这团乱麻吗？

　　奚，何也，古语用之以为略带贬义反诘之起始词。所谓"丘之门"，可不是什么夫子家的大门口，那是什么？进门、升堂、入室，古人求学三境也。知此路径方能解此经文，我重译之如下：

　　夫子说："仲由鼓瑟的水准为什么一直在我的门墙之外徘徊？"门人听到这样的评价，有些轻视起子路来。夫子乃说："子路呀，他的学识已然'升堂'了，只是还未'入室'罢了。"

　　子路同学估计真没什么音乐天赋，瑟实在鼓得惨不卒听，所以遭到夫子的批评，跟我学了这么久，水平还这么差。门人以为子路未列于孔氏门墙，是以鄙薄之。夫子非常严肃地告诉这帮学生，你们别以为这家伙被我骂了，可是他的学识已经非常不错了，虽然还未至精深，但也已窥堂奥。

　　历来以为，"未于入室"，是学得皮毛，未得精髓，其实大谬，学问之道，入门为基，升堂为启，得窥堂奥，已悟其门之妙也，其余不过修持厚积水磨功夫尔。两千年以降，儒门弟子数以亿计，能升堂者几人？敢以"升堂"之评薄子路者，令我瞠目结舌！

　　如何言必有中，先得看清要害！

◎知道为啥被骂吗？

　　子贡问："师与商也孰贤？"子曰："师也过，商也不及。"曰："然则师愈与？"子曰："过犹不及。"

　　季氏富于周公，而求也为之聚敛而附益之。子曰："非吾徒也。小子鸣鼓而攻之，可也。"

　　枫解：师者，颛孙师也，字子张；商者，卜商也，字子夏。或谓师为"传道授业者"，商为"货通天下者"，我无语以辩。不确定对象无以为解，且从主流，讨论子张、子夏两位高弟。

　　何谓"贤"？或说学识素养，或说德行才智。朱熹注释曰："子张才高意广，而好为苟难，故常过中。子夏笃信谨守，而规模狭隘，故常不及。"遂成主流定论，如黄式三的《论语后案》、康有为的《论语注》俱从此解。但我有数惑难以释怀：一、子张固才高意广，子夏何尝不是才华横溢？君不闻《论衡·知实》曾称其"有圣人之才"乎？二、遍翻典籍史载，子夏也是思想通达、性格温良之辈，何来"规模狭隘"之说？三、无论学识素养，还是德行才智，不是越高越好吗？若以才艺论，理当愈是精深愈是佳绝，何来"过"之说？

因有存疑，故求诸本源；字之本义，贤，驾驭财富也。若从此义，顺于下文"季氏富于周公"，似无不可！若是管理财富，何为过？何为不及？精打细算乎？量入为出乎？冉求有何过错致夫子怒火中烧革出门墙？至于贤之申义，所谓多才多德，又陷于前疑，实在令人挠头。

因其众惑难释，及至现代，解家只能和稀泥，将这段经文草草翻译了事，大抵如下：

子贡问夫子："子张与子夏两人谁更强一些？"夫子说："师呢，有些过分；商呢，有些不足。"子贡进而问道："那么，师更强一些吗？"夫子说："过分与不足同样不好。"

过，或不及，以什么为标准？只能把中庸抛出来了。穷而追问，不是背上半天《中庸》，就是云山雾绕扯上三五千字。倒是其中有一段经文如电光闪起，令我思绪大开，曰：

执其两端，用其中于民，其斯以为舜乎？

什么意思？舜于两端取其中点，用以教化百姓，这是他成为圣人的地方！用现在的话讲，叫取平均值，这方法是否正确，那是圣人的活儿，姑且不论。可是，我们不难看出，这里讲的是圣人治民之道。也就是说，过或不及也好，孰贤也罢，所涉者，仁道之践行也！关于仁，我们阐述了很多，抛开传统层层附加的标签，不过就是人与人之间的良性关系。至此豁然！所谓"师也过"，是子张过分求其仁，这就刻意，着相了；所谓"商也不及"，是子夏那根弦松了，有些懈怠，不完备了。仁为儒家之大道至德，也有"过"乎？前人或有此疑，却不敢宣之于口，恐为污迹，吾却不以为然。过分求仁，一味孤高，噬人无算，前车之鉴殷殷！据此而论，过犹不及，无非是取中以行仁。此解通乎？我们不妨来看看下文这个反面典型：

季氏富于周公，而求也为之聚敛而附益之。子曰："非吾徒也。小子鸣鼓而攻之，可也。"

季氏富有胜过"周公"，冉求却还代他"聚敛而附益之"。夫子说，这人不是我的门徒了，可以大张旗鼓地攻击他。

此处之"周公"，或谓周公旦，特指鲁国之公室；或谓周朝王公，泛指周之王侯公卿。总之，就是非常有钱了。当然，这并不能构成原罪，也不是夫子"鸣鼓而攻之"的理由。关键在于"聚敛而附益之",传统上都会参阅《左传》,见于哀公十一年、十二年。季氏拟用田赋制度,增加赋税,使冉求征询夫子的意见,夫子曰:"施取其厚,事举其中,敛从其薄。"最终,冉求却听从季氏,实行田赋之制。据此而言曰,夫子所怒而攻者,聚敛也。聚敛的原义是积聚和收集,申义为搜括,追根溯源,却出于此处。略有史学知识者,必知季氏此时所行者,"初税亩"也,冉求不过完善此制而已,若此为剥削搜括,其时尤有残余之奴隶制为何?夫子无知以致于斯乎?真是岂有此理!窃以为,夫子所怒者,非在"聚敛",非在"益之",而在于"附",附而失其忠,附而失臣节。什么意思?夫子反对的不是田赋制度的改革,因为说这个制度增加人民的负担,实在无法站得住脚;更不可能是帮助季氏发展经济,这不过臣子之本分。气恼的是冉求的"附",一味依附,只顾着顺从季氏,财税是收了,可是"施取其厚"呢?"事举其中"呢?税,你是收了,治民的其他事务却一件没办,比如兴修水利,比如赈济孤寡,等等若干。简言之,执政者有征税之权利,也有治民之义务。作为臣子,不仅要维护君主的利益,也要替民众谋取福祉,居于中间,调济阴阳!旧时大儒或通此节,却如何能直白而言?所谓臣节之忠,不是人身依附,而是致君王以正心,搞不好得人头滚滚吧?

至此,我们可以搞清楚一件事,仁之中者,没有那么复杂,更没有那么玄乎,什么非左非右,不偏不倚,不外就是由此及彼,想想自己,也想想他人,别净顾着自己!当然,手法要柔和一些,别宥于己见一味孤高,也别丢失自我一味妥协。

记住本分,守住底线,有我,也有你!

◎六种常见病

> 柴也愚,参与鲁,师也辟,由也喭。
> 子曰:"回也其庶乎,屡空。赐不受命,而货殖焉,亿则屡中。"

枫解:柴,夫子的另一个学生,此处是他在《论语》中的首秀,略作介绍:姓高名柴,字子羔,比夫子小三十岁,即公元前521年生人;于鲁、卫两国先后四次为官,是孔门弟子中从政次数最多、时间最长的一位;以尊老孝亲著称,为官清廉,执法公平;身短,或谓不足五尺,或谓不满六尺。闲话略过,回归正题,且看经文:

柴也愚,参与鲁,师也辟,由也喭。

唐孔颖达疏云:"柴也愚者,高柴性愚直也;参也鲁者,曾参性迟钝也;师也辟者,子张才过人,失在邪辟文过也;由也喭者,子路之行,失于畔喭也。"历来多从此义，所言者貌似德行，实指禀性也。事实真的如此吗？翻开史书，却是漏洞百出。鲁哀公十五年，卫国政变，高柴时为卫之士师，力劝子路不要回宫，不从，弃之独去，子路入宫，遂遇害。这样的人憨愚乎？耿直乎？夫子曰："吾道一以贯之。"曾参曰："忠恕而已！"拈花一笑，悟性何其之高？迟钝乎？至于言子张偏激、子路鲁莽，更是令人费解。

反究其理，深思一步，自有所得。我们评价一个人性格如何如何，讲的是什么？不就是他与人相处时言谈举止所表现出来的神态韵味吗？换言之，所谓愚、鲁、辟、喭是仁道践行中四种不佳表现啊！若再追寻字之本义，经义豁然通明也。愚者，久居山野，不谙人情；鲁者，鱼味美也，他人口中之佳肴也；辟者，法度也，森严之律令；喭者，古通谚，俗论也，质朴不文而能成理之言也。高柴之愚，是宥于自我，只见我心，不通他心；曾参之鲁，是忘记自己，舍弃己心，迷于他心；颛孙师之辟，是执于法度，唯从公义，不及私德；仲由之喭，是为洒脱不羁，障于私德，少顾公义。反观史载，四人事迹皆能印证此说。

细细品味这四大典型，我们就可以得出仁道之"中"的真意了。所谓"执其两端"，何为两端？一是己心，一是他心；一是公义，一是私德。在这两端中间找到一个动态的平衡点，那就是"中"！比如，你跟他如何实现关系良性化，就是在你跟他之间找到那个"中"，这是你们之间的特有体验，从来就没有什么放之四海而皆准的模式。如何找到这个"中"？这就是我们要向夫子学习，并终生修持的道。当然，仅仅学习是远远不够的，这只是漫漫修途迈出的第一步，下面就是另外两个反面教材：

回也其庶乎，屡空。赐不受命，而货殖焉，亿则屡中。

颜回的学问道德差不多了吧，可是常常穷得没有着落；端木赐"不受命"，却行商获利，居然每每有所斩获。

对于"不受命"有太多的解释，其中能讲得通者无非两种，一是不安于天命，一是不受命于官而货殖；故多译之为"不安本分"。一直以来，解家都把夫子这段话解读为，"美回而励赐"，赞赏颜回勉励端木赐，然后把"一箪食，一瓢饮，在陋巷，人不堪其忧，回也不改其乐"搬出来讲一通，可是，"邦有道，贫且贱者，耻也"怎么解释？此时为"邦无道"乎？若是，赐之富贵当为夫子之耻，何来勉励之说？不鸣鼓而攻之已属夫子一时心软了。至于说什么子贡"虽不穷理而幸中，虽非天命而偶富"，实为腐朽之见，能把生意做成子贡那样的，岂是什么"幸中""偶富"？至于"言有亿度之劳，富有经营之累，以此二事，何暇虚心以知道"，更是无端揣测，一个人事业成功了，生意做大了，就没有时间精力践行仁道？不会虚心求学？

在陋巷，夫子所赞者，从来不是箪食瓢饮，而是"不改其乐"！"屡空"，穷得没着没落, 绝对是批评, 批评什么? 回啊, 你学得挺好的, 就是不会用啊! 你是个好学生, 却是个书呆子呀! 君不见夫子屡屡荐颜回乎? 不就是想让他有个学以致用的机会吗? 居然还有人用佛道之说解此 "空", 谓颜回近道, 屡入于 "空境", 是为圣人异相, 真是岂有此理, 何不跳出五行去, 在红尘中乐个甚?

学而不用的那个挨呲了, 子贡用得不是挺好的吗? 难道是受了 "池鱼之殃"? 我们不妨试想一下, 像子贡这样的人往往会有什么样的缺失? 在追逐功利的过程中, 渐渐把求学的重心转向 "实用性"。只重知识的 "用" 走到极端, 会导致什么不良后果? 用现在最流行的定义讲, 就是 "精致利己主义"。此处之 "不受命", 就不是简单地不安于天命, 或非受于官命, 而是听不到自己内心的声音, 不受自己的 "命", 忘了初心, 让那一缕良愿之火慢慢枯萎, 乃至泯灭, 一步步走向黑暗沉沦。或曰: "涉世浅, 点染亦浅; 历事深, 机械亦深。" 但是, 经历可以成为降低道德底线的理由吗?

如何在学与用之间找到一个平衡, 在红尘勘磨中保住一灵不泯, 甚至日益通明, 这就是夫子仁道践行的另一个大学问, 谓之 "庸"!

中庸, 找到它, 用好它, 那个动态平衡的关键。

◎如何过上完美人生?

子张问善人之道。子曰: "不践迹, 亦不入于室。"

枫解: 如何成为一个 "善人"? 首先要理解什么是善人, 现在大抵云 "为善积德者", 追溯之, 义出释门; 持此而论, "不践迹, 亦不入于室" 就是不着相, 是谓 "有心为善, 虽善不赏"。理义俱通, 然非儒家之说, 有何不同? 请与《述而》篇另一段经文同参, 录之如下:

善人, 吾不得而见之矣; 得见有恒者, 斯可矣。亡而为有, 虚而为盈, 约而为泰, 难乎有恒矣。

其文详解, 可回首重温, 此处只挑出几个字眼, 以证善人, 则为恒、有、盈、泰。恒者, 无非恒心、恒守、恒态; 有者, 学识、素养、智慧、物质当俱在其中; 盈者, 充足也, 精气完备神明圆融; 泰者, 定、美、通, 内外和谐, 百相俱安。若是细细体味经文, 还得添上一个字, 就是 "真"! 难怪夫子说 "吾不得见之矣", 这是一位拥有 "完美人格" 加 "完美人生" 的 "超人" 呀! 或许不是仁道的践行者, 但与圣人无异。

儒门弟子修持追寻的是什么? 成就完美人格, 并据此获得完美人生。子张此问，正是此道，是实现的路径图。夫子答之曰：

不践迹，亦不入于室。

不重履前人之足迹，不宥于前贤之明见，不落于先哲之窠臼，脱其形骸而取其精义，此为其一；善与不善，因时而异，因地而移，与时俱进，顺势而导，自是题中应有之义，所谓无莫无适，此为其二。简言之，就是不按图索骥，子张所求，迎来当头一棒。

晦涩难明处，"亦不入于室"，不是说为学至最精深处称为"入室"吗？难道是得窥堂奥能悟其妙即可乎？或是，善人之学，博百家之采融于一身乎？宛若佛陀三十二相，相相皆佛，相相非佛。简言之，就是不执着于一相，是为君子不器。

也许修行到巅峰，终究殊途同归吧。今来思之，读经典，师夫子，当不害于字，不宥于行，推演其思维路径，方为正道乎？当谓之，学夫子者生，肖夫子者死！

还有另外一家解法称，如果不沿着前人的足迹走，其学问修养就无法到家。就字面而解经义，似乎也通。此家解法，循于程朱，谓善人为"质美而未学者"，即本质善良但没有经过学习的人；不经过学习，哪来的"有"，生而知之者吗？若是，何必学之？习儒门之经义修仁道之礼制乎？那个时代可还没有什么"独尊儒术"之说，夫子似乎也无此野望吧？起始立论已然有瑕，故为吾所不取。或谓子张才高质美而辟，故夫子希望他循途守辙，学习前人留下的东西，才能渐入化境。吾则鄙之，循途守辙，入门之径，世间有因此而入化境者乎？子张之辟，不正是在其宥守法度而失之孤高乎？

不按图索骥，不执着一相，善人斯近矣！

◎ "知行合一"的前提

子曰："论笃是与，君子者乎？色庄者乎？"

子路问："闻斯行诸？"子曰："有父兄在，如之何其闻斯行之？"冉有问："闻斯行诸？"子曰："闻斯行之。"公西华曰："由也问闻斯行诸，子曰，'有父兄在'；求也问闻斯行诸，子曰，'闻斯行诸'。赤也惑，敢问。"子曰："求也退，故进之；由也兼人，故退之。"

枫解："论笃是与"在唐之前的古注中，大抵与"子张问善"合为一章，谓论笃、君子、色庄三者齐备，或得其一可为"善人"。《集解》有云："论笃者，谓口无择言；君子者，谓身无鄙行；色庄者，不恶而严，以远小人。"及至朱熹集注则曰：

"但以其言论笃实而与之，则未知其为君子者乎？为色庄者乎？言不可以言貌取人也。"吾以为善，此解得"听其言而观其行"之妙趣，与夫子一贯鞭挞巧言令人之徒义旨相合，故从之，且译之如下：

总是赞许言论笃实的人，但这种人是真正的君子呢？还是只是神情伪作庄重之辈呢？

且不论世间有貌似宝相庄严，实则品行低劣之伪君子；更有言时头头是道，行则潦潦草草的残次品。夫子所倡者，是言行如一，内外兼修；阳明先生谓之，知行合一。吾细细品味，至此义理清明，却有余脉未尽，当在下文：

子路问："闻斯行诸？"子曰："有父兄在，如之何其闻斯行之？"冉有问："闻斯行诸？"子曰："闻斯行之。"公西华曰："由也问闻斯行诸，子曰，'有父兄在'；求也问闻斯行诸，子曰，'闻斯行诸'。赤也惑，敢问。"子曰："求也退，故进之；由也兼人，故退之。"

经文颇长，还好争议处不多，我在前人的基础上略作变通，当作一个段子来讲吧，录之如下：

子路问，得闻道理是不是要即刻践行之？

夫子说，你父兄尚在，怎么能"闻斯行之"？

冉有问，得闻道理是不是要即刻践行之？

夫子说，是的，必须"闻斯行之"！

公西华道，仲由问"闻斯行诸"，您跟他讲"有父兄在"；冉求问这问题时，您跟他讲必须即刻践行。如此一问两答，全然不同，学生大惑不解，斗胆请夫子释疑。

夫子说，冉求素常做事多退缩，故而我鼓励他放胆前进；仲由"兼人"，故而我压一压不让他冒进。

"兼人"，孔安国、朱熹皆解之为"胜人"，即争强好胜；张敬夫解为"勇为"，即胆略过人勇于作为。吾以为后者更合于史实，故从之。

这个段子历来都被列为夫子因材施教之典范，我则以为陈于此处另有深意。承接上文，闻斯行诸，当有"知行合一"之意，夫子是如何思考这个问题的呢？子路胆略超群，夫子以父兄尚在羁绊迟滞其步伐；冉有胆气不足，夫子则以言辞坚其信心勉励其行。简言之，"知"在与"行"合一之前，还另有一思，根据具体情况慎重处理，是谓先明事理，秉守持中以处之。

世人皆称知行合一，可明秉理持中乎？

◎真的不敢死!

子畏于匡,颜渊后。子曰:"吾以女为死矣。"曰:"子在,回何敢死?"

枫解:"子畏于匡",史有明载,过匡地,被误以为阳虎而受拘。"颜渊后",或谓探望来迟,或谓失群在后,我认为当是混乱之中被冲散而失去联系,更合理一些。夫子见之,应有悲喜交集之状,说:"我还以为你死了呢。"

颜渊答曰:"子在,回何敢死?"

夫子您还在,颜回哪里敢轻易死去?

这才是解读的重点,历来众说纷纭,莫衷一是。有着眼于"畏",据《檀弓》"死而不吊者三,畏、厌、溺",谓畏为民间私斗,故不当以死相搏。或着眼于"敢",谓明传道责任之大,晓事师如父之理,知夫子不轻死之情,故不敢轻死。

然我仍难以释怀,解"畏"为私斗,不以死相搏,当在有可选择之时。若危及性命,避无可避,能奈之何?其时,颜渊归来,虽五日,困尚未解,生死犹系匡人之手,言不敢私斗而死,逻辑不通。危难之际,生死关口,知情晓理通责任,奋力求全,逻辑上讲得通,也颇是高光伟正,却似不合乎人情。

就我一个得您衣钵,还得传扬大道呢,我怎么能走您前面?

我还得给您养老送终呢,您还在,我怎么能轻易死去?

您总是教育我们,不能死得轻如鸿毛,您老都没拼命,我怎么会以死相搏呢?

…………

窃以为,此段经文,不宜联想过多,当从字面而解,"回何敢死",理由只有一个,"子在"!何谓?生死,自然之律,当是时,更悬于他人之手,非己所能左右也;敢与不敢,心力所为也,纵不敢或也难躲此一厄,缘何依然说不敢?因为"子在",心有所系,情有所牵,陈情而已!

生死之间,有所羁绊,无它。

◎何必"致君尧舜"

季子然问:"仲由、冉求可谓大臣与?"子曰:"吾以子为异之问,曾由与求之问。所谓大臣者,以道事君,不可则止。今由与求也,可谓具臣矣。"曰:"然则从之者与?"子曰:"弑父与君,亦不从也。"

枫解：每读至此，我总是疑虑丛生，自汉唐古注，及至宋朝朱熹，甚至近代康有为，皆言"具臣"为"备臣数而已"，即备位充数之臣。观史之载，仲由、冉求任事于季氏期间，皆有所作为，何来尸位素餐之说？若是夫子自谦，缘何一贬至斯，归入臣属六邪之列？若真如孙绰所言，"二子皆政事之良也，而不出具臣之流，所免者唯弑之事，其罪亦岂少哉"，则何以得享从祀千年之礼遇？一边给人烧香磕头上供称贤称哲，一边却瞧不上人家斥为具臣，实在是咄咄怪事。

更为称怪的是，季子然何人？不知道，史无明载，生平不详，或谓季孙氏之族人，追溯而来，皆历代解家依此处推测之言。以夫子答问之称谓观，尊之为"子"，不是年长，便是爵高，其时季孙氏能有几人？焉能了无痕迹？若据《史记·仲尼弟子列传》，有"季孙问曰：子路可谓大臣与"之载，则当为季桓子。可是，冉求却为季康子之臣。差着辈儿呢，怎能搞到一起去呢？我回忆起唐之前的古注，多言"季子然自夸己家能得此二贤为臣，故问夫子以谓"，可是，这两位曾并肩事于季氏乎？

某日，我灵光一闪，独去"然"字，但见"季子问……"诸多疑虑俱云消雾散。难道是季子，季孙氏两代家主，都问过类似这样的问题？可是，翻烂经典，不见有"然问"之语法。除去一个"然"字，翻译起来就有趣多了，我且试试：

季子问，仲由、冉求可以称得上是大臣吗？

夫子说，我还以为您会拿自己来问这个问题，未曾想你会用仲由、冉求顶替之来作问。能够称得上是大臣的人，"以道事君，不可则止"。现在的由或求呀，只能称为"具臣"罢了。

季子接着问，这样啊，那他们会一切听从上级吗？

夫子说，弑父亲与君主的事情，他们肯定不会顺从的！

窃以为，倘是季氏之家主相问，夫子曰"以子为异之问"，你的地位才够得上是大臣呀，仲由、冉求不过你任命的僚佐家宰，哪里够格哟。

这样的争议、揣测，再辩上千年，也必然是莫衷一是，不如削尽繁枝缛节，只留枝干，此章所叙核心为何？毋庸置疑，论者，为臣之道也！"所谓大臣者，事君以道，不可则止。""可谓具臣……弑父与君，亦不从也。"

何为臣道？自秦汉以降两千年，论叙无数，儒家所言，无非四字——致君尧舜！吾深恶痛绝之，盖其已然背离夫子之训诫，曲解夫子之本意。此说何由？

"事君以道"，用仁义之理奉事君王，这是"大臣"应该干的事，臣之大者也，是臣道之至高处。以此为标的，可；以此为必需，不可。若是达不至高之目标，就撂挑子不干，天下苍生何辜？更何况，所有儒家弟子都奔着至高点去了，臣工百事由何人充任？君主有尧舜之望，吾辈从之；君主无尧舜之望，吾辈培之而后从之。"致君尧舜"成了一场魔怔化了的追逐，读得数卷圣贤书就以名留青史为己志，终以闹剧收场。

有至高点，当然也就有至低处，夫子曰"弑父与君，亦不从也"，纵是具臣，也得守住这底线，不得附从大逆之行！若以中庸为刃解此章节核心，则通畅矣。一端是"事君以道"，一端是"弑父与君"，其间则为臣道！所谓"不可则止"，绝非"如果行不通就辞职不干"，应该是屡谏而不从，暂且放上一放。

这样的揣度其实也没有多少价值，夫子时代与秦统浑一，所谓君臣之道，自然有所差异；至于今日，更不可混为一谈。宋儒所测度，与此时所窥探，正好是百步笑五十，或都谬之千里矣。今来思之，唯当铭而记之者，历史教训也！相处之道，若一味取乎其上，必定适得其反，如颛孙师之辟也。

上不了巅峰，不妨徐徐图之！

◎提携后进也有错

> 子路使子羔为费宰。子曰："贼夫人之子。"子路曰："有民人焉，有社稷焉，何必读书，然后为学？"子曰："是故恶夫佞者。"

枫解：这段经文在儒门之内的理解基本还是一致的，倒是有门外质疑之声不绝，归纳曰：子路提携同门，纵是有所偏颇，何以"贼夫人之子"责之，无过苛之嫌乎？先学而后仕，抑或仕学并进，不过理念之争，以"恶夫佞者"斥之，无论事诛心之失乎？过苛、诛心非违仁乎？

《论语注疏》云："子羔学未熟习，而使为政，必累其身，所以为贼害。"《论语集注》也云："子羔质美而未学，遽使治民，适以害之。"历代儒门解家难脱此两流派，不外谓子羔学未有成，夫子恐其受拔苗助长之害，此理能释"过苛"之疑乎？恐难服众。

至于"恶夫佞者"之斥，《注疏》云："今子路以口给应，遂已非而不知穷已，是故致人恶夫佞者也。"《集注》云："子路之言，非其本意，但理屈词穷，而取辨于口以御人耳。故夫子不斥其非，而特恶其佞也。"枪口很是一致，无非就是子路强嘴利舌引起夫子的反感，如此解释，"诛心"之疑恐也难消吧？

疑问暂且搁置，找找共识，无论内外何家解法，有两点还是普遍认可的，一是故事梗概，二是发生时间。我们不妨从此入手，先讲讲段子，大抵如下：

子路委任子羔当费邑宰。夫子说："你这是祸害别人的儿子呀！"子路解释说："那里有百姓，有'社稷'，难道一定要读书才算是学习吗？"夫子说："所以我讨厌那些强嘴利舌的人。"

仅从字面而解，稍有争议的是"社稷"一词，大抵分为两种说法：一谓社稷神祇，称治民事神皆所以为学也；一谓，土地与五谷，与百姓合为治事，即是政务。窃以为，当更进一步理解，所谓"有社稷焉"，意味着有可资耕作的成熟土地、有已具雏形的治理体系，再加上"有民人焉"，城邦的统治基础依然完整。

咱们再来看看故事发生的时间吧，几无异议，锁定在"子路为季氏宰"期间；再以"堕三都"曾有史载"费邑宰公山不狃起兵反鲁"，不难进一步精确，当是公元前498至前497年间事，因夫子于前497年离鲁周游列国。是时，据《史记》所载，子羔年约二十四；若据《家语》，不过十四岁。一是年轻，二是尚无为政经验，说其"学未有成"绝非无据。

稍微熟悉一下那段历史，我们就可以看出问题：其一，费城刚经战乱，而且是在邑宰的带领下冲击过鲁国都城，民心未定，百废待兴；其二，是时，夫子已见疑于三桓，定公也非英主，孔门执政举步维艰，政治局势极为不利，费城更是矛盾集结之要害。此时此境，把一位阅历声望不著、实战经验全无的年轻人放在这样的位置上，说是"贼夫人之子"，不为过吧？子路作为夫子"堕三都"计划的主要执行者，怎么会不清楚其中利害？虽说直陈"有民人焉，有社稷焉"，治理基础还在；却说什么"何必读书，然后为学"，明明知道夫子担忧什么，不解师忧，一味辩理，岂能不挨骂？跟你讨论是要解决问题的，你弄个学术探讨企图蒙混过关，骂一声"恶夫佞者"实不为过！

我想历代解家精熟此段史料的应该大有人在，只是儒门擎着"以天下为己任"的大旗，自然没有脸面拈轻怕重。人家直击要害心照不宣，大儒咬牙死守有口难言，攻守皆对实情三缄其口，后人不翻烂故纸堆，就看得一头雾水。若是走下神坛，完全可以理解夫子的用意，无非就是在为学与为政之间，要有个过渡，类似于朱明一朝的"观政制"；既然是过渡，就不能把这帮"实习生"派到最危险的地方去了。可谓是：

仕学两端也有中，不做炮灰误苍生！

◎一件都不能少

子路、曾皙、冉有、公西华侍坐。子曰："以吾一日长乎尔，毋吾以也。居则曰：'不吾知也！'如或知尔，则何以哉？"子路率尔而对曰："千乘之国，摄乎大国之间，加之以师旅，因之以饥馑；由也为之，比及三年，可使有勇，且知方也。"夫子哂之。"求！尔何如？"对曰："方六七十，如五六十，求也为之，比及三年，可使足民。如其礼乐，以俟君子。""赤！尔何如？"对曰："非曰能之，愿学焉。宗庙之事，如会同，端章甫，愿为小相焉。""点！尔何如？"鼓瑟希，铿尔，舍瑟而作，对曰："异乎三子者之撰。"子曰："何伤乎？亦各言其志也。"曰："莫春者，春服既成，冠者五六人，童子六七人，浴乎沂，风乎舞雩，咏而归。"夫子喟然叹曰："吾与点也！"三子者出，曾皙后。曾皙曰："夫三子者之言何如？"子曰："亦各言其志也已矣。"曰："夫子何哂由也？"曰："为国以礼，其言不让，是故哂之。""唯求则非邦也与？""安见方六七十如五六十而非邦也者？""唯赤则非邦也与？""宗庙会同，非诸侯而何？赤也为之小，孰能为之大？"

枫解：用小四百字记录一个事件，这在《论语》之中仅此一例，就字义而论，历来虽有争议，多在细枝末节处，我略作折冲，且译之如下：

子路、曾皙、冉有、公西华四个人陪夫子坐着。夫子说："我痴长几岁，你们莫因此而不敢在我面前畅所欲言。你们素常总说：'没有人了解我呀！'假如有人了解了，那你们打算怎样去做呢？"

子路不假思索地答道："千辆兵车的国家，局促夹于大国中间，外有军队侵伐，内有灾荒困民；让我去治理，只需三年，便可以使人们勇敢善战，而且懂得大道理。"

夫子微微一笑，倾首而问："冉求！你怎么做呢？"

冉求答道："国土六七十里或五六十里见方的小地方，我去治理，三年之后，可使百姓饱暖。至于修明礼乐教化民众，那只有等待君子贤者了。"

又问："公西赤！你怎么做？"

答道："我不敢说自己能做到什么，而是愿意这样学习：在宗庙祭祀的活动中，或者在同别国的盟会中，我愿意穿着礼服，戴着礼帽，充当一个小司仪者。"

又问："曾皙！你怎么做呢？"

曾皙逐渐放慢鼓瑟的节奏，以"铿"的一声收尾，离开瑟站起来，回答说："我之所想，和他们三位所讲不一样。"

夫子说："那有什么妨碍呢？正是要你们各自讲讲自己的志向呵。"

曾皙便道："暮春三月，换上轻便春衫，我和五六位成年人，六七个少年，去沂河里浴水嬉戏，去舞雩台上吹风纳凉，事后，一路唱着歌漫步而回。"

夫子长叹一声道："我赞成曾皙的观点呀！"

子路、冉有、公西华三位都出去了，曾皙后走。他问夫子说："他们三人讲得怎么样？"夫子说："也就是各自谈谈自己的志向罢了。"

曾皙说："夫子为何要哂笑仲由呢？"

夫子说："治理国家要讲礼让，可是他所述丝毫不通此理，所以我哂笑他。"

曾皙又问："难道冉求所讲的不是国家吗？"

夫子说："怎能讲六七十里或五六十里见方的地方就不是国家呢？"

曾皙又问："公西赤讲的不是国家吗？"

夫子说："宗庙祭祀和诸侯会盟，不是诸侯的事又是什么？像赤所描述那样的人如果只能算是一个小司仪，那谁又能称为大相呢？"

故事讲完，讲点道理，四子所述者何？仲由谓强兵，冉求谓富民，公西华谓礼事，曾皙却是诗意得紧。可为什么夫子却独独赞赏这诗化的描述？历来解家大抵称道，其所绘言者，尧舜治世之气象也；或圣贤退居之风流也，《论语注疏》更是曰："仲尼祖述尧舜，宪章文武，生值乱时而君不用。三子不能相时，志在为政。唯曾皙独能知时，志在澡身浴德，咏怀乐道，故夫子与之也"；也有称曾皙狂士也，猜度夫子之志而撰，故不明其理，而后退以问之。

的确，曾皙用极其诗意的语言描绘盛世之气象，可是夫子为什么称赞呢？历代解家笔下万言，却总是兜兜转转不取其要！窃以为，"春服"示其富足，"冠"示其礼事，"浴""风"示其悠然，"咏"示其教化，斯谓之盛世气象也；是治国的远景、蓝图，是最高境界！强兵、富民、礼事，一偏之径也！国是实情为底，曾皙所言为终；不知其终，何来方向？没有方向，何从举步？政经文宗四维当纲执于大政目标之手，始得高屋建瓴之旨；择一善而行，不过佐贰之才具也。

"相时""知时"，虽是老成之言，更是腐朽之词。至于哂笑仲由，不在其过勇而失谦逊，而在其不识"礼让为国"之精要，详述请重温前文，另作脑补。

故事长，义理深，文笔短，意难全，只得简而述之，谓：志存高远，全面发展，循序渐进！

至此，《先进》一篇结束。

《论语》历来有上下半部之分，上半部起始于《学而》，所授者，夫子之大道也，曰：忠恕；下半部发轫于《先进》，又当授何课业？

但见起手于先进、后进，已然明确，学什么？大道之用！以陈蔡之厄、四科高弟为入门首训，诚云：当受磨勘、宜有特色；从回非助我、人不间言至南容三复，讲学之首重，心中有定；以颜渊丧事为例，讲持中以定，不为情惑；从事人事鬼至子路无畏，讲夫子之学，立足人间；子骞论事、仲由鼓瑟，讲言必有中，看清要害；师商孰贤、冉求聚附，所论者，记住本分，守住底线；及至门弟子六失之相，详解践行仁道，两端求中，动态平衡之旨；子张问善人之道，讲修行之要，在于不按图索骥，不执着一相；随后从不同侧面综而述之，谓知行之间、生死之间、臣道之间、仕学之间，皆有中矣；末了，以四子言志结尾，谓取中为用，志存高远。

着笔千言，归于一处，依然只解决三个问题，学什么？怎么学？为何学？繁复倍于《学而》，脉络清晰如故，思路理顺，重新诵读之，别有一番滋味，简拙言辞之间，每每另具洞天。尤其是在一系列执中持定之后，夫子独独为曾皙言志而赞赏，目光温和却坚毅，透过数千年的历史迷纱，如神光照于今夕，令吾胸郁全消，此间从无因循苟且，不过徐步渐进！

或是大道至高，是以至简；运用至妙，是以至繁。仅仅一个"起手式"，便需沉吟斟酌，体味再三，端的是"道理易讲，实事难为"！但愿于经文之间，能解其义，能会其意，见道韵之真，悟众妙之门。

且解且行，始于《先进》……

颜渊篇第十二

◎战胜自己!

颜渊问仁。子曰:"克己复礼为仁。一日克己复礼,天下归仁焉。为仁由己,而由人乎哉?"颜渊曰:"请问其目。"子曰:"非礼勿视,非礼勿听,非礼勿言,非礼勿动。"颜渊曰:"回虽不敏,请事斯语矣。"

仲弓问仁。子曰:"出门如见大宾,使民如承大祭。己所不欲,勿施于人。在邦无怨,在家无怨。"仲弓曰:"雍虽不敏,请事斯语矣。"

司马牛问仁。子曰:"仁者,其言也讱。"曰:"其言也讱,斯谓之仁已乎?"子曰:"为之难,言之得无讱乎?"

枫解:古注本曾云,此三段经文所授俱"明仁"之课业也!有宋以前,解家多比较而读之,训为"明仁"之三侧面;自朱熹集注以后,却成了三个层次,遂分。"天下归仁"化作儒门宏图,"克己复礼"成了修行共识;仲弓之问,不及大道,等而次之;司马牛之问更为末节,权当"添头"。实已背离原经旨意,谬在其中。

此处所谓"明仁",绝非通明仁德为何,而是清明仁道的践行路径。夫子之道是上半部《论语》传授的内容,塑者三观;践行之法才是下半部的重点,习者方法。此理不确,诸解无根。

在古注本中,包括魏晋何晏的《论语集解》,大抵解曰:克为约,己为身。克己即是约束自身!隋朝经学大家刘炫始云:"克训胜也,己谓身也。身有嗜欲,当以礼义齐之。嗜欲与礼义战,使礼义胜其嗜欲,身得归复于礼,如是乃为仁也。复,反也。言情为嗜欲所逼,已离礼,而更归复之。今刊定云:克训胜也,己谓身也,谓能胜去嗜欲,反复於礼也。"及至朱熹更进一步明确曰:"己,谓身之私欲也。"自此而后,克己成了抑制自己的私欲!人身之所当克者,何止于斯?意、固、必、我、惰、过、不及,七贼哪个不当杀之?岂能为一个"我"中之嗜,放任其余?反观颜渊,此君都"一箪食一瓢饮在陋巷不改其乐"了,还能有多少私欲?夫子让他克哪门子嗜欲呦!别净顾着自己巍然通达,还要"立人""达人"!我教你正心大法,不是让你皓首穷经晶莹己心,而是要你传播仁道,广施天下的!"克己复礼为仁",

你必须战胜自己走回礼制之中去践行仁道；"为仁由己，而由人乎哉？"这事你得主动着点，别老是让我敦促也别独向鸡窗等人上门！颜渊听懂了，所以才问，夫子呀，我还得注意点啥？夫子曰：

非礼勿视，非礼勿听，非礼勿看，非礼勿动。

道家有"斗心兵"，释门有"斩情欲"，皆极为高明的修身诀窍。宋儒左道右释引为奥援，却忘了道家修行是为了超脱五行，释门修行是为了渡离红尘，而儒家的修行根基何在？正在五行之内红尘之中！修的不是个人，唯天下大同归于仁道，吾之世界始得归宿矣！这才是"克己"之精义！

仲弓问时，夫子曰：

出门如见大宾，使民如承大祭。

"出门""使民"，待人接物、治民处事也！"见大宾""承大祭"非取其仪轨，而取其精神，恭敬肃穆郑重其事！端正态度，举重临轻，再论其余。"己所不欲，勿施于人"为途径，"无怨"是目标。不独己心无怨私德不亏，更是他心无怨公义无缺。家国无怨，焉不归仁？

司马问时，夫子曰：

其言也讱。

还好，这段对话尚有旁证可参，于解经文有大裨益。《史记·仲尼弟子列传》载云："司马耕，字子牛。牛多言而躁，问仁于孔子。孔子曰：'仁者其言也讱。'"简言之，夫子授业是因材施教，是针对学生的具体问题提出针对性意见的，此理岂独适于司马乎？所谓"讱"者，戒多戒躁，宜慎宜缓，焉是"迟钝"能概之？当是速缓而气平，思慎而意绵，在于持中而守恒也。

颜渊成了"复圣"以承道统，仲弓南面才具以承政统，拔于同门，跳出序列。可是，在这里，在夫子的课堂上，依然只有一个身份，那就是学生，不外乎是门弟子向老师请教践行仁道的学问，此三位恰好成了典型。颜渊证忠，仲弓见恕，司马求恒，如此而已。忠恕恒才是仁道践行三要，焉能以"克己"只手遮天？吾思之再三，今敬以重译经文，录之如下：

颜渊请教践行仁道的途径。夫子说，"战胜自己重回礼制之中就是履仁。如果所有人都能够这样去做，仁道就能大行于天下了啊！践行仁道，从我做起，怎能坐待他人？"

颜渊道："请问践行仁道的行动纲要是什么？"夫子说："非礼勿视，非礼勿听，非礼勿言，非礼勿动。"

颜渊说："我虽然不敏达，也会竭尽心力遵从践行您的教诲。"

仲弓请教践行仁道的途径。夫子说："出门神态敬肃似会见贵宾，治民神态恭穆若承当大祭祀。己所不欲，勿施于人。令邦国家园皆无怨气。"

仲弓说:"雍虽不敏,请事斯语矣。"

司马牛请教践行仁道的途径。夫子说:"行仁道之人,说话慎重迟缓。"司马牛道:"其言也切,就叫践行仁道吗?"夫子说:"践行极为困难,说起来不更得慢一些吗?"

司马没有说"耕虽不敏,请事斯语矣。"也许还没搞懂夫子"切"之真意吧。

这个没搞懂并不可怕,可怕的是儒家弟子忘记了自己的根,忘了仁道之初心,也忘了,其实儒家也有类似于"斗心兵""斩情欲"的法门,那叫"观众过"。

不是观众人之过错,而是见世间一切失中之行也!观之,不是为了别的,是为了修正自己,然后引之皈依正道。

静坐,观过,以养仁心;行动,践道,以固仁本;持恒,守中,天下归仁!

◎天地良心

司马牛问君子。子曰:"君子不忧不惧。"曰:"不忧不惧,斯谓之君子已乎?"子曰:"内省不疚,夫何忧何惧?"

司马牛忧曰:"人皆有兄弟,我独亡。"子夏曰:"商闻之矣:死生有命,富贵在天。君子敬而无失,与人恭而有礼。四海之内,皆兄弟也——君子何患乎无兄弟也?"

枫解:我自问心无愧,何来忧惧加身?

血脉天授,纵己身无咎,宗亲之罪,何能免乎?

在当时的社会语境下,尤其是秦统四海而有天下之后,这一问即刻将儒门弟子怼到墙角。夫子十世孙孔安国先生曰:"牛兄桓魋将为乱,牛自宋来学,常忧惧,故孔子解之。"首创确定此司马牛,即宋国司马桓魋之弟子牛,因兄弟谋逆故心生忧惧,这段对话不过是夫子对学生的宽慰劝解。曾在安国先生门下受学的太史公司马迁对此说似乎持有异议,在《史记·仲尼弟子列传》中曰:"司马耕字子牛",与安国先生所云"司马牛名犁"截然不同,既无宋人之说,更无引载《左传》事例。

我们且来看看此案,《左传·哀公十四年》载云:"宋桓魋之宠害于公,公将讨之。未及,魋先谋公。公知之,召皇司马子仲及左师向巢,以命其徒攻桓氏。向魋遂入于曹以叛。民叛之,而奔卫,遂奔齐。"这桓魋就是当年想杀夫子那位,谋反不成,宗族四散流亡。若司马牛真是他弟弟,夫子之劝、子牛之忧、子夏之说,则皆在情理之中。潜台词就是,别挤兑了,这不过是老师、同门的宽心之语,纵不合此时礼法，却合乎人情！

历代儒门解家皆沿此说，及至朱熹亦云："盖子夏欲以宽牛之忧，故为是不得已之辞，读者不以辞害意可也。"并引胡氏语曰："子夏四海皆兄弟之言，特以广司马牛之意，意圆而语滞者也，惟圣人则无此病矣。且子夏知此而以哭子丧明，则以蔽于爱而昧于理，是以不能践其言尔。"

总之，这事干不了，"内省无咎"也无法"无忧无惧"，夫子成圣人了，他不能有错，那就找补儿吧。夫子只是劝司马牛，咱问心无愧就行了；往下什么"死生有命""富贵在天""四海之内皆兄弟"啥的，说得不到位的，子夏同学姑且背着吧，反正都是心系同门情真意切，言论不合理，不算大毛病。

这种为了争辩而不得已的话术，真的让后来人读得痛不欲生！情理将顺了，此段经文却成了"废话"，正确而无用。真的如此吗？诚然，在秦汉年代的语境下，谁都不可能以"自然人"的身份独立存世，更多的是以"社会人"的面貌出现，如果剥离这层因素呢？在"俯仰无愧"与"忧惧交加"之间是什么？"内省无咎"！内观而杀七贼，自省而无众过，心怀坦荡荡，内无阴私，外何忧惧？

至于子夏所言，"死生有命，富贵在天"，哪里是什么"生死听之命运，富贵由天安排"？若将一切都交给人力不可抗的自然因素，听之任之，又何必"敬而无失，与人恭而有礼"？窃以为，先儒所言之"命"之"天"与道家有所不同，论之冗长，另作别叙。其言，命者，多谓心命，天者，多谓天理。即，死生之间当受命于心，富贵贫贱皆存天理。与"不忘初心，方得始终"之语同参，更能有所得。别老是担惊受怕的，莫忘了俺们入夫子门墙是为了干甚的，心存敬畏而行止无失，仪态恭肃而待人有礼，四海浑一归于仁道，人人皆兄弟，何必如此患得患失？

先儒所言之心命，与佛家所谓的"法身慧命"也有所不同。是授命于心，行之成迹。这心是通过仁道修养，历经格致诚正，从最原始的那一缕良愿之火，逐步锻炼而成的，它就像是一个高频转换器，能接收到"天理"，并转化成我们能听懂、执行的指令。咱，听他的！

或问夫子之世，人能脱离宗族之法而独存乎？吾答之，若是挣不脱这俗世樊篱，仁道焉得大兴？连血脉烙印都不敢直面，还修个甚身践行个甚仁？当然，这话有些高了，夫子推崇的周制，行的还真的不是宗族之法，而是比闾族党之制，曰："令五家为比，使之相保；五比为闾，使之相受；四闾为族；使之相葬；五族为党，使之相救；五党为州，使之相赒；五州为乡，使之相宾"。及至礼崩乐坏之年，更说不上什么宗族之法了。随着宗族凝固，四海浑一，每有损毁此基之变革者，无不落得身死道消，纵以王安石之才，三十年养望，保甲制不也旋起旋灭？两千余年儒门无数大贤俱讳莫如深者，正是这潜沉于国情之底的噬人大鳄！

回到夫子之世，此章之解，当曰：

履仁之基，在于初心；良愿不灭，始有君子！

◎诸邪不侵

子张问明。子曰："浸润之谮，肤受之愬，不行焉，可谓明也已矣。浸润之谮，肤受之愬，不行焉，可谓远也已矣。"

枫解：朱熹训"愬"通"诉"，曰"愬己之冤也"，故解之云："毁人者渐渍而不骤，则听者不觉其入，而信之深矣。愬冤者急迫而切身，则听者不及致详，而发之暴矣。二者难察而能察之，则可见其心之明，而不蔽于近矣。"简言之，我们成了"听众"，无论是谮语者，还是愬冤者，讲得温和也好，急迫也罢，我们都要明察而分辨。听功练得好，天下去得了？

窃以为，谮者，无中生有诬人之语；愬者，令其恐惧伤人之行。故解之云：如水温润渐浸而入的诬人之语，似刀临肤摇心夺魄的伤人之行，皆不能泯你心中之灵，可谓明矣；皆不能止你履仁之步，可及远矣。当然，朱熹所言，"二者难察而能察之"还是很有道理的，莫因谮语渐渍之缓而不及，莫因愬行加身之暴而过激，此为明察之要！防微杜渐，危机处理，双臂并重，紧守门户。

古疏有云，浸润之谮，肤受之愬，"非其内实"。也就是说，不管是和风细雨，还是霜刀雪剑，只能在身外或抚摸，或咆哮，我自屹然不动！至于"非其内实有罪"，所以"明德"，所以"高远"，似有本末倒置之嫌，吾不取之！

虽在经文之解上略有相左，我倒是极为赞同朱熹关于此章的另一说辞，曰："此亦必因子张之失而告之，故其辞繁而不杀，以致丁宁之意云。"再三叮嘱，不厌其繁！由此可见，"浸润之谮，肤受之愬，不行焉"何其重要！

或谓，"不行焉"，非只不受，更在不为。义理也通！是以综而重解如下：

浸润之谮，肤受之愬，概莫能伤，可以称得上是洞明了；浸润之谮，肤受之愬，概不为之，可以称得上是高远了。

正所谓，心头洞明，外邪不侵；志存高远，诸罪不为。

诸解皆有成理之处，众妙宜于行中自取，不外一言，曰：

持中守心，神明定远！

◎死也得留个种

子贡问政。子曰："足食，足兵，民信之矣。"子贡曰："必不得已而去，於斯三者何先？"曰："去兵。"子贡曰："必不得已而去，於斯二者何先？"曰："去食。自古皆有死，民无信不立。"

枫解：整部《论语》被怼得最惨的，此段经文当位列前十。或问，若国无足兵，军备无力，朝不保夕，所谓礼制何异镜花水月？若民无足食，仓廪不实，生活无着，所谓道德何异空中楼台？我深以为然，举手千百次赞成，足食则民富，足兵则邦强，民富邦强，国之根本也！只是，以此作伐，略嫌眼界浅薄格局狭隘，实在低看了夫子，此说何来？

赢氏焚书之后，汉儒重续道统，解此经文曰："足食则人知礼节，足兵则不轨畏威，民信之则服命从化。"足食、足兵、民信之，成了为政三要。孔安国先生亦称："死者，古今常道，人皆有之。治邦不可失信。"民信之，成了民众信赖执政治邦之团体。朱熹进一步充实云："愚谓以人情而言，则兵食足而后吾之信可以孚于民。以民德而言，则信本人之所固有，非兵食所得而先也。是以为政者，当身率其民而以死守之，不以危急而可弃也。"简言之，为政者得讲信用，民众才能对他有信心。

不外一言，民心向背，王朝之基！

貌似义理高妙，却是逻辑不通，民无足食，何来归心？国无足兵，何以自立？颂歌唱得再好，抵不过一餐活命之饭；文章道德再高，扛不住坚船利炮！数千年史载，多少血淋淋教训？民为国本，以食为先，仅此一理，便颠扑不破。

可是，夫子时代，所谓天下何曾是一家一姓之王朝耶？窃以为，此解有误，谬在以"大一统"之思维窥测此问！"子贡问政"，问的不是政务，而是履仁于政；所谓"政者，正也。"具体到儒家的学说里，就是践行仁道于为政。承于本篇语境，始得其要。"民信之"，信什么？为政者吗？非也，信仁，信自己心中那一缕良愿之火！

自古皆有死，民无信不立！人生不过百年，如白驹过隙，终究免不了那一天。若是民无信仁之念，仁道何从立起？何以兴盛？良愿之火熄灭了，人间沦于漫漫长夜，强兵足食也不过率兽食人而已！民无信念，则文脉断，脊梁塌。王朝或有更替，一姓也可生灭，然，文脉存，则国族犹有一线生机。一"不得已"，时局危难，去兵甲军备以留命，断臂求生，为的是失地存民全我国族；二"不得已"，亡国灭种，去食苦挨而取民之信念，灰间埋烬，为的是保存一颗文明的火种！这也是数千年史载，中华民族历经滔天血海依然屹立于世的昭昭真理。

足食、足兵，为的是活下来；民信之，为的却是活得更好。这本来就是两个维度的事物，并列而解，焉能不谬？以一家一姓之存续，解我国族万年之兴亡，更是谬中之谬！最为荒谬者，在家天下的语境之中，儒门于此噤声；值此盛世，诸族大争，依旧无言！前事尚可体察，后事实难宽容！

民族崛起，始于文化自信，吾国吾民，且续千古文脉！

◎好漂亮的皮毛

棘子成曰："君子质而已矣，何以文为？"子贡曰："惜乎！夫子之说君子也，驷不及舌。文犹质也，质犹文也。虎豹之鞟犹犬羊之鞟。"

枫解：棘子成，卫国大夫，生卒年、身前事皆不详，因此一问随《论语》留名于世。朱熹曰："疾时人文胜，故为此言。"痛恨时人喜表面文章世风流于浮夸，是以问曰，君子只要有良好的本质就足够了，何必要文采、仪节这些外在的东西？

棘子成"卫国大夫"这身份，据考是东汉末年大儒郑玄注经时添上去的，原文如此，"旧说云：棘子成，卫大夫。"好一个"旧说云"，雪泥鸿爪，不见其踪！为什么非得弄个"卫大夫"？据说，那年头，有个大夫身份摆着，俱可尊称为"夫子"，子贡之答，称谓也就对得上了。是以郑玄解此经曰："惜乎！夫子之说君子也，过言一出，驷马追之不及。"啥意思？先生您这样说君子错了，可惜驷马难追喽！

后儒沿此脉络而解，卫大夫棘子成华丽丽登台。当然，大家也会抠抠字眼、句读什么的，像朱熹就训为"惜乎！夫子之说，君子也。"可惜啊！先生此话，是君子之言。也有认为这个"惜乎"是叹"夫子之说君子也"，就是简单直白地反击，您说错了！

当然，这些只是热场子的，真正的高潮是接下来这句：

文犹质也，质犹文也。虎豹之鞟犹犬羊之鞟。

本质与文彩，是同等重要的。假如把虎豹和犬羊两类兽皮拔去有文彩的毛，那这两类皮革就没多大区别了。这个解法也是袭于汉统，语出孔安国，曰："皮去毛曰鞟。虎豹与犬羊别者，正以毛文异耳。今使文质同者，何以别虎豹与羊犬邪？"

褪去一片杂毛，就能阴阳混淆？真是岂有此理！若于今时，你就是去势造胸，人家一样把你查个底掉，更别说什么拔个毛就狗皮充虎皮了。若无仪节、文章就做不成君子，你，必然碰到一个假君子！

还好，除了一问针砭时弊，尚有另一说法，谓棘子成此语，是冲着夫子而来的，诘难者，"文质彬彬，然后君子"也。文质并重，素为道家学者所诟病，庄子就曾说，"文灭质，博溺心，然后民始惑乱，无以反其性情而复其初。"什么意思？文采泯灭纯朴本质，博知掩盖天然心性，自此以后，民众开始迷惑混乱，再也无法返回到最初那种天真烂漫的状态。

棘子成秉承道家传统，逮到子贡同学就开始刺挠，端木是谁呀？孔门语言科第二的战斗强人，岂是易与之辈，立马反击，目视上方四十度角，漠然曰，可惜啊！我家夫子对君子的解说，你驷马加鞭也追不上呦。文与质是一样的，拔了毛的虎豹之皮与犬羊之皮能有什么区别！

这话也就挤兑挤兑棘子成之类的学者，人家要是真的以我"虎豹之鞟"换你"犬羊之鞟"，你干呀？赔不死你，还货殖成祖！再说了，夫子所说"文质彬彬，然后君子"是这意思吗？他讲的是文质并重内外兼修始成君子好吧？质为文之本，文为质之用，一体两面。

干嘴仗，不讲理，打赢才是第一！更为可恶的是，这种辩式思维，杂糅博取诸侯任用以致世之心，为彰显自己粉饰道统主张，剑走偏锋流于诡辩。此风至战国末年，愈演愈烈，斑驳陆离，泥沙俱下，白马非马居然自成一家，令后来人读得痛不欲生。

若棘子成针砭时弊，子贡混鞟以彰文，高下立判，夫复何言？窃以为，言下之意，当落在"用"上，若不以文为用，纵是良材天成，与朽木何异？不过是冢中枯骨！道家倒是把国族文脉保存得挺好，可是不经世济民，与天下何加？

怎么用？不在此处讨论序列，总之不是粘上斑斓花毛！子贡之答，已违夫子之道，目偏四十度，为辩而言。质文一体，本用并重，方为至理。

君子，是干出来的，不是学出来的！

◎谁都不许赖账

哀公问于有若曰："年饥，用不足，如之何？"有若对曰："盍彻乎？"曰："二，吾犹不足，如之何其彻也？"对曰："百姓足，君孰与不足？百姓不足，君孰与足？"

枫解：这一段君臣奏对，历来被奉为儒门圭臬，吾深以为善！然，千年以降，所有解读，或是揣着明白装糊涂，或是真的不知所谓，何出此言？

郑玄曰："盍，何不也。周法什一而税谓之彻，彻，通也，为天下之通法。"也有人考证称，不是什税一，而是九税一。朱熹集注时补充说明，曰："鲁自宣公税亩，又逐亩什取其一，则为什而取二矣。"若据史载而证，鲁之初税亩，"什而取二"应为谬误。税制历经沿革，加上典籍轶失，争议极大，我们姑且假定这些解读都是正确的，周制什税一，鲁宣公什税二。那么，这个段子就非常有意思了，译之如下：

哀公问有若说："今年年景不好啊，收上来的税不足国用，怎么办呢？"

有若躬身答道："何不实行什税一之法？"

"什税二，我还觉得入不敷出，怎能什税一呢？"

"如果百姓用度充足，您怎么会不足呢？如果百姓用度不足，您怎么可能会够？"

轻徭薄赋，藏富于民，民富则国安；横征暴敛，竭泽而渔，民无饱食则国亡无日；惟天下太平，始有农桑之收……直白点说，老百姓都饿着肚子，谁还会记得给你上税？道理都对，完全正确！可是，可是，问题解决了吗？国用不足，怎么办？君上，要不您忍忍，紧紧裤腰带与民共苦？关键是，纵是把宗室用度降到最低，问题就解决了吗？臣俸何出？兵禄何来？军备还搞不？修渠、抗旱、赈灾、济寡、兴学……都等天老爷赏脸咱再弄？若儒家弟子只会讲这些"大道理"，老赢家那个坑还是挖得小了，不如扩大纵深，尽数埋了了事！

盍者，皿中食物已空，转义为覆盖、全部，唯副词可解为"何不"。盍彻者，全部统一什一而税！郑玄虽训"盍"为"何不"，依然补刀曰："彻，通也，为天下之通法。"什么叫天下通法？就是四海之内俱须遵守之法！简单点，王治之下，一律"什一而税"，大家都得交纳王粮！可是真实的情况是什么？贵族、士大夫，种田不纳王粮！哪怕是后来进入士大夫最低序列的秀才公，也至少能有十亩薄田可以不交税的。再加上隐田瞒户，天下农田有多少在需要交税的老百姓手中？哀公执政时，鲁国有多少田亩守"天下通法"而纳税呢？

真正秉政一方，能够奏对君前的，哪一位是真正的糊涂虫？两千年《论语》拥趸无数，无直言而解者乎？不然，北宋大儒杨时就是一例，他注此经文曰："仁政必自经界始。经界正，而后井地均、谷禄平，而军国之需皆量是以为出焉。故一彻而百度举矣，上下宁忧不足乎？以二犹不足而教之彻，疑若迂矣。然什一，天下之中正。多则桀，寡则貉，不可改也。后世不究其本而惟末之图，故征敛无艺，费出无经，而上下困矣。又恶知盍彻之当务而不为迂乎？"其言有三大闪光点：一、"仁政必自经界始"，经界者，疆域分界也，其权确，"而后井地均、谷禄平"，原来是，履仁于政必定从经济领域开始，这与"经济基础决定上层建筑"何异？二、"什一，天下之中正"，什一而税，天下必须共同以之为标准的规范；三、"不究其本而惟末之图"，不去深究根本只是拿着表层理由为自己谋利益！

大家在讨论"税收",你告诉我"量入为出"？哪怕你舌绽莲花讲得无比灿烂，真的好吗？欺负人家书读得比你少？先得谈入，而后论出吧？税入何源？开不了源，节流又能如何？

窃以为，有若奏对，解在"盍彻"！

君上啊，统一执行什税一吧！

老百姓负担轻了，用度充足了，他们会支持您的！

庶民税负少了，国用还能充足了，差额谁来补呢？

当然，最后三桓似乎并不买单，哀公就真的哀了！

土地兼并，税源日枯，成了儒门主导两千年农耕王朝解不开的魔咒，"征敛无艺，费出无经，而上下困矣"，成了死循环。其症结，非在"彻"，而在"盍"！善财难舍，因私而忘公；没有统一标准，公理何存？

这一刀，削的是自身的肉，剜的是那一颗"私心"！是谓：天下通法，诸君共守！

这个君，并非特指君王，而是所有人！说好了，什税一，君上不能伸手再要；说好了，什税一，大家也都别耍赖不交。

◎世间每多负心汉

子张问崇德辨惑。子曰："主忠信，徙义，崇德也。爱之欲其生，恶之欲其死；既欲其生，又欲其死，是惑也。'诚不以富，亦祇以异。'"

枫解："崇德""辨惑"自此处而后，成了儒门修行的专业名词。崇德以提高内在德性修养；辨惑以磨炼独立思考能力。大抵都是这样翻译：

子张问如何提高品德，辨别迷惑。夫子说，以忠信为本，唯义是从，这样就可以提高品德。爱一个人，希望他好好活着；厌恶一个人，恨不得他立马死去；一会儿要他活，一会儿要他死，这就是迷惑。"诚不以富，亦祇以异。"

何为"徙义"？东汉大儒包咸曰："见义事则迁意而从之。"南宋大儒朱熹曰："徙义，则日新。"包说行为，朱讲目的，但可以一词而决，曰：变！何为"主忠信"？汉儒曰，"人有忠信者则亲友之"；老朱称，"主忠信，则本立"。忠作何解？信为甚物？又是什么"忠诚无双老臣心，信誉卓绝小郎君"？一头雾水！

更有意思的是最后这句诗——"诚不以富，亦祇以异。"郑玄曰："祇，褆也。言此行诚不可以致富，褆足以为异耳。取此《诗》之异义以非之。"北宋经学家邢昺据此而言，疏曰："此引《诗》断章，故不与本义同也。"后来朱熹集注时云："旧说：

夫子引之，以明欲其生死者不能使之生死。如此诗所言，不足以致富而适足以取异也。程子曰：'此错简，当在第十六篇齐景公有马千驷之上。因此下文亦有齐景公字而误也。'杨氏曰：'堂堂乎张也，难与并为仁矣。则非诚善补过不蔽于私者，故告之如此。'"扯了一千年，只说一句话，这句诗搁这儿不能用原文的意思讲，而是说，他这么干也富不了，只会让他成为另类；甚至连"错简"这类釜底抽薪的大招都使出来了。吾油然而生向往之心，遂寻章逐句而去，诗出自《诗经·小雅·我行其野篇》，全文如下：

我行其野，蔽芾其樗。

婚姻之故，言就尔居。

尔不我畜，复我邦家。

我行其野，言采其蓫。

婚姻之故，言就尔宿。

尔不我畜，言归斯复。

我行其野，言采其葍。

不思旧姻，求尔新特。

成不以富，亦祇以异。

这就是一首弃妇抒怀诗，按我的理解应该如此翻译：

侬在郊野独徘徊，臭椿枝芽已婆娑。

昔日缔结婚姻故，随汝迁居共生活。

汝今不愿再养我，只得回乡重头过。

侬在郊野独徘徊，寒凉羊蹄且当菜。

昔日缔结婚姻故，日夜结伴不倦怠。

汝今不愿再养我，一回故乡不复来。

侬在郊野独徘徊，葍草撷取食细茎。

旧时恩爱君不念，宁与新欢寻结鬓。

莫道她人太出色，不过恰逢郎变心。

你抛弃了我，不是别的，只是你变心了！

当然，也有人非得翻译成，哪怕你另外缔结婚姻，也不会因此而生活富足，因为你不守礼制异于常人。这种怨咒之语，与全诗那股忧郁与感伤格格不入，极为突兀。

不是因为她肤白貌美，不是因为她才情惊艳，不是因为她家资富足，只是你变了心！

爱之欲其生，恶之欲其死；既欲其生，又欲其死……

这不是写情吗？以《我行其野》言此，何其一针见血？你迷惑什么？一会儿要他生，一会儿想他死，不就是因为你的心变了吗？是谓，惑因心无恒而生！

"徙义"也是变啊，这两者有什么区别吗？这才是子张真正困惑的地方！夫子啊，您老人家要我们崇德，也要我们追随公义而行，公义日新月异，我迷茫啊！

夫子说，坚持正心之原则，紧守良愿之信念，唯义是从，是为崇德。"爱之欲其生，恶之欲其死；既欲其生，又欲其死"，这才是你迷惑的本质。与外界无关，只是你的心变了！

只是你的心变了，你没守住，如此而已！

汉儒守住了吗？说好了的"大同世界"，老赢家埋了儒生四百六十几口，你一下就降了，倒向刘老三家；后来更狠，逮到个空子，扒拉扒拉弄了个九品中正制，又得瑟了好几百年……形势比人强，孙儿也是没办法，不能当另类啊，所以，所以，咱就从了吧！

宋儒守住了吗？咱压根儿就不提"心"如此不可捉摸的玩意儿，只讲"天理"好吧……徒增困扰，打杀也罢！

若循天理而正心，秉良愿而坚信，从公义何惑之有？

更有意思的是另一种说法，谓《我行其野》是一首妇人抱怨再婚生活的诗歌，前两节起兴并无不同，大抵就是：我和你生活，是因为嫁给你了，你不养活我，我就只能走人。关键是后一节说，我当初义无反顾抛弃旧姻与你成事，并不是因为你有钱，仅仅是因为你和他不一样。从此说，诗语当可重译，云：

侬在郊野独徘徊，蓇草撷取食细茎。

抛却旧爱遂君愿，玉郎特立花样新。

成悦不为君富有，惟见秀木别于林。

置于诗中意境，"成不以富，亦祇以异"，当解为，貌似有大不同，其实并无差异。那么，夫子回答子张之惑，你觉得"主忠信"与"徙义"好像相违背，其实，中心一直没变！你看到的只是外在上的不同，并没有看到内在的原则与信念始终坚挺！

儒者之心，先正而后恒。正是理，恒为用！

◎请别抢了我的饭碗

齐景公问政于孔子。孔子对曰："君君，臣臣，父父，子子。"公曰："善哉！信如君不君，臣不臣，父不父，子不子，虽有粟，吾得而食诸？"

枫解：这段对话发生在鲁昭公末年，夫子适齐之时。历代解家着眼于"君君，臣臣，父父，子子"，汉儒多同于孔安国，曰："当此之时，陈桓制齐，君不君，臣不臣，父不父，子不子，故以对。"此谓，君臣父子，当各守其范；朱熹则云："此人道之大经，政事之根本也。是时景公失政，而大夫陈氏厚施于国。景公又多内嬖，而不立太子。其君臣父子之间，皆失其道，故夫子告之以此。"此谓，君臣父子，当各循其道。守范也好，循道也罢，所论者，秩序也！我极为不喜的是传统解家，每论此章，必言"陈氏果灭齐"，以兹证明夫子洞见万里！

喜恶暂且不论，至此无法绕开者，秩序也；旧时秩序之基，儒门谓之"三纲五常"。这套秩序是如何建立起来的呢？据说，根源正在此章，为夫子开山立论之处，却尚无明定之规。号称数代之后得传心法的孟子定以"五伦"，曰："父子有亲，君臣有义，夫妇有别，长幼有序，朋友有信。"百余年后，董仲舒定调曰："贵阳而贱阴"，以"君为臣纲，父为子纲，夫为妻纲"张道，以"仁、义、礼、智、信"作法，建立"名教"。但是，这可不是什么一劳永逸的事儿，至少再过三百年，大家还在掐呢，魏晋之时，嵇康犹倡"越名教而任自然"，与王弼所言之"名教出于自然"打对台。及至大宋理学问世，名教才渐成大势，制霸江山。

回顾来路，我们不难得出这样的结论，秩序从来就不是一成不变的，而是随着时代的发展世情的变化，历经沿革逐步形成的。仅以孟子之叙与董仲舒之论，已然差异甚大；若以理学之说，解夫子之言，岂非刻舟求剑？

父、子、君、臣、夫、妇、长、幼、朋、友……种种"身份"叠加，构成人的"社会属性"，与之同体另面的"自然属性"微弱如草芥，卑微得可怜。诸多道德观念、行为范式、社交仪轨如滚滚洪流，千年奔腾所形成的惯性力量，足以碾压一切个体意志的抵抗，裹挟一切不入主流的杂念。唯有"自然规律"生发的伟力，才能令其驻足、改流、枯荣、重生，譬如生产力的发展。夫子身处于铁器耕牛犁破井田阡陌的时代，他所思索的"君君臣臣父父子子"究竟会是什么呢？肯定不会是已然崩溃了的那一套！若依孟子所言，"父子有亲，君臣有义"，则是行之以义，合之以情！若以夫子之道为解，则君臣、父子相处，必合乎仁，不离忠恕，应该怎么做呢？

为臣事君、当子尽孝，前文多有论述，诸君自行脑补即可，如何为君呢？夫子此处虽未曾明言，却留有一个典型案例可供分析。景公曰：

善哉！信如君不君，臣不臣，父不父，子不子，虽有粟，吾得而食诸？

说得太好了！如果君不君，臣不臣，父不父，子不子，纵使民有积粟，我能吃得着吗？

历来解家俱曰，"景公善孔子之言而不能用""齐之所以卒于乱也"，他真的听懂了吗？景公闻夫子之言，所思者何？"虽有粟，吾得而食诸"！何意？君臣之间，唯粟而已；君心之中，唯吾而已！他想起来的是，如果君臣、父子俱失伦序，他们有粮也不会上供给我呀! 粟者, 人食之本, 生存之根; 用今天的话讲叫生活资源, 或生存空间。景公能想到的就是, 我能不能占据到自己所需的生存空间。这种思维范式合乎夫子之道吗? 貌似知秩序之力, 下意识里却是 "但见其下之失, 不知为上之过", 已然违仁矣! 此方为其亡之恶因, 笼统归于失序, 实为唬弄。

这是一个失败的典型, 却不妨碍我们从中受到启迪, 所谓秩序, 不过就是社会资源分配等级次序呈现出来的一种连续、一致、确定的状态罢了, 核心在于分配, 要害在于稳定。什么样的状态是稳定的呢? 平衡! 反过来讲, 只有资源分配达到平衡, 秩序才会产生。自古至今, 皆知一理, 平衡从来就不是一种静态存在, 而是在不断的运动之中自然产生的状态。简而言之, 秩序就是资源分配的动态平衡!

或问, 若据此而论, 则君臣之间、父子之间无非一个 "利" 字。答曰, 只得其皮, 不明其理, 世间所有死守秩序者, 大谬正在于此! 秩序之精髓不在于 "资源分配", 而在于 "动态平衡", 这才是核心中的核心! 这个精核显而为形是什么? 谓之, 君臣之间是国, 父子之间是家, 朋友之间是事! 一味索取必上下交征, 各有奉献则共境安宁。

人间大伦, 求者不过活一 "人样儿", 守者不在于 "序", 而在于 "共", 循天理之共识, 即为公义。

仁道之用, 首重立序, 次为守规!

◎铁面无私

子曰: "片言可以折狱者, 其由也与?" 子路无宿诺。

子曰: "听讼, 吾犹人也。必也, 使无讼乎!"

枫解: "片言可以折狱" 大抵遵循《周礼·秋官·大司寇职》所载而解, 文曰: "以两造禁民讼, 以两剂禁民狱。" 汉儒注之云: "讼谓以财货相告者。狱谓相告以罪名者。造, 至也。剂, 今券书也。使讼者两至, 狱者各赍券书, 既两至、两券书, 乃治之。不至及不券书, 则是自服不直者也。" 什么意思呢? 就是打官司必定有原、被告, 裁决者必须以两辞定是非。夫子说, 大概, 也许只有仲由能够做到, 只听一面之词就能判决案件!

为什么? 一曰: "子路才性明辨, 能听偏言决断狱讼。" 没啥, 只是子路牛得不要不要的, 脑子绝对不是一般的好使; 一曰: "子路忠信明决, 故言出而人信服之, 不待其辞之毕也。" 哪呀, 是子路信誉卓绝, 大家都信服他。才性高就能只听一方而断好案件？信誉佳就能不对质而判得人心服口服？

更有意思的是对"子路无宿诺"解读，一曰："宿，犹豫也。子路笃信，恐临时多故，故不豫诺。"置于此处，意思就是，在案情未明之前，从来不轻易给人许诺什么；一曰："宿，留也，犹宿怨之宿。急于践言，不留其诺也。"置于此处，意思就是，案情一旦查明，立马执行，不留他过夜了。也有说，正是平日里许下诺言，必雷厉风行而践之，故而信用良好，人人信任。不轻诺，这还好理解一些；不留诺，就令人困惑了，如此火急火燎的，搞不好就是冤假错案呀；至于信誉良好、任侠豪迈就能断好案，更是细思极恐……传统解读，逻辑上经不起推敲，有的解家干脆就耍赖，切成两节，各说各话。可是，这样好吗？

带着一头雾水，我们且看下文。

子曰："听讼，吾犹人也。必也，使无讼乎！"

"听讼，吾犹人也"历来也有不同解法，大抵分为两种，一谓，审理诉讼，我会感同身受去体察诉说者的想法；一谓，听讼，我和别人差不多。我倾向于后者！知民生之疾苦，是为官者的优良品性，却未必利于断案，此理并不难明。

"必也，使无讼乎"争议就大喽，花样繁多，却也无非出自两源，一为王弼，一为郑玄。王弼引《周易·论卦·象》作案据，文曰："天与水违行，讼。君子以作事谋始。"注曰："无讼在于谋始，谋始在于作制。契之不明，讼之所以生也。物有其分，职不相滥，争何由兴？讼之所以起，契之过也。故有德司契而不责于人。"啥意思？教化干得好，官司立马少！郑玄则以《大学》作案据，文曰："子曰：'听讼，吾犹人也。必也，使无讼乎！'无情者不得尽其辞，大畏民志。"注曰："情犹实也。无实者多虚诞之辞，圣人之听讼与人同耳。必使民无实者不敢尽其辞，大畏其心志，使诚其意，不敢讼。"啥意思？官威摆得好，刁民不敢扰！

宋儒，尤其是理学，比较喜欢王弼的解法，注之曰："正其本，清其源，则无讼矣。"重视教化，从头抓起，自然太平无事少纷争，好像颇为高光伟正。

恨不能当面，不然，我必问王弼一言，可能吗？问郑玄一语，这样好吗？咱现在聊的是"折狱听讼"，你们一个让我跑上游去修水渠，一个让我跑下游去修大堤，暂且不说这两个主意靠不靠谱，你们总得先教教我这案子怎么断才是正理吧？

在我看来，哪有什么"施教化"，更没什么"摆官威"，夫子这句话非常简单，只是说：

审理诉讼，我与常人无异，就是为了平息争端，把案件处理好！

干这事儿啊，子路厉害呀，他才是真正的大行家，仅凭"片言"便可"折狱"！怎么做到的呢？"无宿诺"！怎么讲？人家不吹黑哨啊，无宿诺萦怀，是以心正，心正则理明，何讼不能平？

照章办事，依文直断，这事说起来很是简易正派，在宗法社会里，谁能办得到？包拯还是海瑞？终究是万绿丛中一点红，余子唯能顾左右而言他！也别兜着圈子胡咧咧了，面子已然掉在泥坑之中，里子岂能再烂得稀碎，此章之解，当手执白刃以自剖——人情世故，昔日恩怨，公义之贼也！是谓：

折狱听讼，两造裁中，遂成公义之决；杀贼正心，独辟不偏，何愁天理不昭！

◎一起走正道

　　子张问政。子曰："居之无倦，行之以忠。"
　　子曰："博学于文，约之以礼，亦可以弗畔矣夫。"
　　子曰："君子成人之美，不成人之恶。小人反是。"

　　枫解：子贡问政，子张也问政，同是一问，夫子之答缘何有别？历来解家多推测之曰："子张少仁，无诚心爱民，则必倦而不尽心，故告之以此。"我对此论一直嗤之以鼻！何故？我们先来看看夫子是如何回答子张的吧。

居之无倦，行之以忠。

历来有两解，一解"居"为职务，是以谓，身在其位，当无懈怠，执行政令，忠信为先；一解"居"为存诸心，是以谓，存心始终如一，行事表里如一。两者都有一定道理，也各有精妙之处。不管哪个解法，非常明显都是对"执政者"的要求，而回答子贡则是从教化百姓的角度，不同侧重而已，何来厚此薄彼之说？我结合前人的解释，综而合之，重译如下，曰：

端正态度，积极面对；行以正心，导民向善。

这个解法是否通达呢？其实从下文夫子的两个补充性回答完全足以证之。其一，曰：

博学于文，约之以礼，亦可以弗畔矣夫！

这话在《雍也篇》出现过，也有过详尽的解说，我认为此处"之"字，也当如前，特指"执政者"，要求他们必须广泛地学习文献，再用礼制加以约束，也就可以不至于离经叛道了。"博学于文"而后智，"约之以礼"而有范，内外兼修，此为正己心！反过来说，如何让民众"弗畔"呢？你怎么练的，就怎么教吧，此为正他心！夫子进而曰：

君子成人之美，不成人之恶。小人反是。

前半句解读并无难度，无非起心动念处，着眼于"美"；后半句就极为不美了，大约从汉儒重续道统之后，皆曰，小人跟君子是反过来行事的，吾耻之！何故？小人者，庶民也；反者，复也，回归也；是者，正途也！执政者，当令治下庶民回归正途。导其向善，净化生态，重见大美，此为教化之务，为政之要。一味贬斥、嘲讽、鄙弃、碾压，夫子之道尽丧，令人唏嘘！"小人"不为人乎？君子缘何只成其恶不成其美？

窃以为，子张问政，夫子对执政者提出三点要求：诚心正意、内外兼修、回归大美！是先正己，而后正人！

◎当好火车头

季康子问政于孔子。孔子对曰："政者，正也。子帅以正，孰敢不正？"

季康子患盗，问于孔子。孔子对曰："苟子之不欲，虽赏之不窃。"

季康子问政于孔子曰："如杀无道，以就有道，何如？"孔子对曰："子为政，焉用杀？子欲善而民善矣。君子之德风，小人之德草。草上之风，必偃。"

枫解：又一位前来"问政"的，季康子是老熟人了，当时鲁国之权臣，真正的"执政者"，夫子怎么回答呢？曰：

政者，正也。子帅以正，孰敢不正？

政这个字，本义就是采取措施促使正确。您身居上位，若是带头走正道，谁敢不归于正轨呢？

传统解家大抵至此都会自动添加上一段说辞，曰：鲁国中期，大夫掌权，他们的家臣纷纷效尤，割据城邑行叛逆之事，政治风气极差，所以夫子这样回答季康子，希望他"以正自克，而改三家之故"，可惜这家伙"溺于利欲而不能"。几个意思？难道这个答案不是放之四海而皆准的吗？非得特指季康子？窃以为，有些画蛇添足，难脱闪烁其词之嫌，夫子不仅仅要求季康子如此，你也别想溜！

季康子一听，从我做起，以正风气，这可不是一朝一夕之功，赶紧问点火烧眉毛的吧，其时鲁国盗贼蜂起，已成大患，应该怎么办？夫子说：

苟子之不欲，虽赏之不窃。

孔安国称，"民化于上，不从其令，从其所好。"民风教化都是追随上位者的，不是遵从政令，而是有样学样儿。汉儒是以言，"今多盗贼者，正由子之贪欲故耳。"盗患四起，全是你的贪欲酿成的恶果。后来更有人补刀曰："季氏窃柄，康子夺嫡，民之为盗，固其所也。盍亦反其本耶？孔子以不欲启之，其旨深矣。"反正这事儿越说越玄乎，都是季康子开启了潘多拉魔盒，所以夫子撕他呢。真的如此吗？

别急于下结论，我们先抠抠字眼。何谓窃？盗自穴中出，谓窃；取非其有、受不当受，谓窃。简单点说，就是把不属于自己的东西偷偷摸摸地据为己有。何谓赏？本义指的是把"贝币""摊开"了给人看；转义是上位者给下位者财物。简单点说，就是把财物摆在明面上，甚至明给。"虽赏之不窃"，纵是财货，纵是白给，人家也未必要，别说还得偷偷摸摸自己扒拉了。"苟子之不欲"呢？假如您都不要的东西！反过来说，正是因为您老是争啊抢的，所以老百姓才会"窃"啊！抢啥呢？政权？位子？别逗了，那是极少数牛人干的事儿，老百姓最多也就求点财货，要点生存资源罢了。故而，我以为夫子说：

您如果不天天往自己碗里扒拉，老百姓也不会急着从你锅里抢肉！

啥意思？大家都守守规矩，您带头！民风之坏，从来不是因为上位者有欲望，而是因为上位者的欲望侵凌于"公义"，破坏了"礼制"。不是因为您吃肉，而是您带头坏了规矩，原来说好你一块我一块的，后来你想要连锅端，这还不得人脑打成狗脑？汉儒只见"私欲"，有忘却"公义"之失；宋儒只见"权柄"，有忘却"民心"之患。吾俱不取之，窃以为，上位者所虑，当是如何合理分配社会资源以期达到动态平衡，然后形成稳定的秩序，并以身作则践行之。无非各取其酬而已，民心安定，盗患何来？

季康子一听，好家伙，又绕回我身上了，咱单刀直入吧，问："如杀无道，以就有道，何如？"

汉儒曰："欲多杀以止奸。"还真就把刀举起来了，直奔人头，这理解也太狭隘了吧？"无道"就只能指人吗？风气、政令、行为、言论、仪轨……一切不合乎道的东西，都当归于其中吧？谁家的刀如此锋利，能一挥而就？窃以为，季康子之杀，当解为制止、约束、消灭，而不是简单的"杀戮"！季康子言曰：

假如我通过约束、制止一切不合乎道的，让其逐步向有道的方向而去，怎么样？

夫子曰："子为政，焉用杀？子欲善而民善矣。君子之德风，小人之德草。草上之风，必偃。"

您为政，难道就只会用围追堵截这一招吗？您在前头好好引导，百姓自然会追随您的脚步。君子之德如风，庶民之德如草。上行而下效，肯定服服帖帖。

教化民众，无非就是"堵不如疏"，别动不动就举刀。刀子一旦见了血，可就不容易归鞘喽！

窃以为，季康子问政，夫子也对他提了三点要求：以身作则、各取其酬、堵不如疏。分别代表着态度、礼制、实施，与答子张问政，言虽各表，其理如一，先正己，而后正人！

◎仁道不是华丽的衣裳

子张问："士何如斯可谓之达矣？"子曰："何哉，尔所谓达者？"子张对曰："在邦必闻，在家必闻。"子曰："是闻也，非达也。夫达也者，质直而好义，察言而观色，虑以下人。在邦必达，在家必达。夫闻也者，色取仁而行违，居之不疑。在邦必闻，在家必闻。"

枫解：何谓士？读书人？知识分子？社会精英？成功人士？好像在现代语境中还真没有一个词汇可以准确地对其进行定义，大概当作如此解，邦家之脊梁、国族之筋骨，是整个社会的中坚力量！还是沿用旧说，称之为"士"吧。何谓达？汉儒曰，通达；宋儒曰，"德孚于人而行无不得"，品德高尚、功业有成。哪个更符合夫子的原意呢？我们不妨留之待观，先从头解起。

某日，子张跑来问，士怎么做才能称得上"达"呢？

夫子说，你所说的"达"是指什么呢？

子张答道，在邦臣于诸侯时，必有名望；在家臣于卿大夫时，必有名望。

按照现在的说法，应该是官声民望俱佳，为时人所称道。夫子听后说，你讲的这个叫"闻"，不叫"达"！两者有何区别？夫子曰：

夫达也者，质直而好义，察言而观色，虑以下人。在邦必达，在家必达。夫闻也者，色取仁而行违，居之不疑。在邦必闻，在家必闻。

何谓达者？首先，"质直而好义"，禀性正直，所好义事，于儒家修持而言，即内主忠信，外从公义，且自心好之，乐在其中；其次，"察言而观色"，察人言语，观人颜色，知其所欲，这是久经修持而生的智慧，洞彻清明，见微知著；第三，"虑以下人"，大抵称"念虑常欲以下人"，谓有谦退之志，"下人"当然不是什么仆人、差役、佣工，而是泛指地位或学力低于自己的人，以谦逊之心待之，此为其一，当还有另一层意思，曰"所念所虑常怀于下人"，心里时刻装着庶民；第四，"在邦必达，在家必达"，无论在邦还是在家，无论处事还是言论，始终如一，"必达"！

何谓闻者？第一，"色取仁而行违"，仁道成了一件外衣披在其身，颜色和悦、言谈温存、举止有礼、衣冠楚楚……用仁道把自己包装得非常好，但实际行为却是背道而驰；第二，"居之不疑"，这层伪装把自己骗得都深信不疑，甚至自以为是而无所忌惮；第三，"在邦必闻，在家必闻"，无论在邦还是在家，都以追求名望为第一要务。

达者在质，求自身之圆满；闻者在表，求他人口中之圆满。达者常忧己过，闻者常畏人言；达者表里如一，闻者貌合神离；达者真性情，闻者多刻意……最最关键的是，达者心里装的是百姓，闻者心里装的是自己。

有人说，达者"行无窒碍"，必定诸事顺遂，功成名就。我倒觉得这些与其说是修持之果，不如说是水到渠成的奖励。故，吾更倾向于汉儒，解达为"通达"。无论在邦还是在家，讲道理，通智慧，先是达己，而后达人。

其实，用今天的话语讲，所谓达者，就是"为人民服务""当好人民公仆"。这事讲讲简单，真正干起来可不容易，不仅要有正确的态度，还要有正确的方法，广博而且专业的知识，洞明而且深邃的智慧，同样缺一不可。

◎莫让明月照沟渠

樊迟从游于舞雩之下，曰："敢问崇德，修慝，辨惑。"子曰："善哉问！先事后得，非崇德与？攻其恶，无攻人之恶，非修慝与？一朝之忿，忘其身，以及其亲，非惑与？"

樊迟问仁。子曰："爱人。"问知。子曰："知人。"樊迟未达。子曰："举直错诸枉，能使枉者直。"樊迟退，见子夏曰："乡也吾见于夫子而问知，子曰，'举直错诸枉，能使枉者直'，何谓也？"子夏曰："富哉言乎！舜有天下，选于众，举皋陶，不仁者远矣。汤有天下，选于众，举伊尹，不仁者远矣。"

枫解：樊迟不是当司机，就是当陪游，据说搞不好还得挨夫子骂，一句"小人哉"的考评被很多人鞭挞至今。他满脑子问号，还喜欢翻来覆去地问，有时是挺招人烦的。可是，好奇难道不是做学问的必需品质吗？夫子说好的"诲人不倦"呢？这个疑惑留待以后，先来看看樊迟好不容易被夫子表扬了一回，究竟是为什么？

某日，樊迟陪侍夫子在舞雩台下闲游，问道：

敢问崇德，修慝，辨惑。

夫子曰：善哉问！

敢问，斗胆请教，甚有礼貌。夫子说，这个问题问得好，好在哪呢？因为"敢问"打头吗？理应不是！不久前子张同学也请教"崇德辨惑"为什么没得到表扬？他们俩的提问区别在哪里？中间的那个"修慝"吗？慝，隐匿心中之恶也；修，修正，消除也。按照传统解读，樊迟此问，曰：如何提高自己的品德修养？如何消除内心隐匿的恶念？如何分辨迷惑？夫子的回答是，首先付出劳动，然后收获，就是"崇德"；批判自己的坏处，不批判他人的坏处，就是"修慝"；因为偶然的忿怒，便忘记自己，甚至连爹妈都不记得了，就是"惑"。

敢问，这样的对话，"善哉"体现在哪里了呢？夫子答子张曰"主忠信，徙义，崇德也"，缘何如斯答樊迟？因材施教？难道樊迟爱占便宜喜欢不劳而获？我跺脚百次，对如此解读表示抗议，为何？先从夫子的回答说起。

先事后得，非崇德与？攻其恶，无攻人之恶，非修慝与？一朝之忿，忘其身，以及其亲，非惑与？

偶然忿怒，便忘记那个人了，甚至忘记那个人曾经对你的好了，这难道不是迷惑吗？这与"恶之欲其死"如出一辙，因为某人干了某件事触怒了自己，就忘记那个人曾经的好，不是吗？这与爹妈有一丁点关系吗？简言之，迷惑是因为我们一叶障目产生的，为"某事"而恶"某人"，所以我们往往会"攻其人"，而不"攻其恶"。夫子曰：批判他干的那件坏事，不要批判那个人的不好，这难道不是消灭隐匿的恶念吗？简言之，就是对事不对人，论事不诛心，辨言不及身！人的品德素养的提高，不就是通过一件一件事情不断地修正自身而获得的吗？

夫子赞曰：善哉问！是因为樊迟已然触摸到修身的精妙之处了！夫子啊，我很困惑，不知道应该如何消除隐藏在内心深处的恶念，以此来提高自己的品德修养？

夫子说，通过事情的磨砺来获取进步，不就是"崇德"吗？批判时，对事不对人，不就是"修慝"吗？偶发忿怒让你忘记了那个人，以及他曾经的好，不就是你的"惑"吗？

两千年后，有位大儒对此总结曰：人需事上磨！他叫，王阳明！

随后，樊迟问仁，夫子曰，爱人！问知，夫子曰：知人！

这俩问题好多同学都向夫子请教过吧？得到的答案，各有不同，历来都是一句"因材施教"打发。可是，《雍也篇》中，樊迟也同样问过，当时是什么情况呢？

樊迟问知，子曰："务民之义，敬鬼神而远之，可谓知矣。"问仁，曰："仁者先难而后获，可谓仁矣。"

同一个人，同样的问题，不同的答案，"因材施教"还能应付过去？或者是因时而异因地而移？我可不认同这种模糊，甚至忽悠式的答案。窃以为，《雍也篇》中，那段对话讲的是道理，此处讲的方法。彼时，夫子对樊迟讲智慧是如何产生的，"敬鬼神而远之"，只有克服自己心理上的难关，才能心智两健，从而有"良愿之火"生发；此时，夫子告诉樊迟的是履仁之法，曰：爱人！怎么爱才算明智呢？曰：知人！传统说法，是学会鉴别人，我以为谬，应是对人性有足够的了解。这样讲对吗？不妨往下捋捋，请注意脚下，小心被某人带到沟里去……

樊迟未达。子曰："举直错诸枉，能使枉者直。"樊迟退，见子夏曰："乡也吾见于夫子而问知，子曰，'举直错诸枉，能使枉者直'，何谓也？"子夏曰："富哉言乎！舜有天下，选于众，举皋陶，不仁者远矣。汤有天下，选于众，举伊尹，不仁者远矣。"

看到樊迟面有疑难之色，未曾通达，夫子进一步解释说："举直而错诸枉，能使枉者直。"

什么意思？他们说，把正直的人提拔出来，放置在邪恶的人之上，能够使邪恶的人正直。这种解释我在《为政篇》里已经批过一次了，诸君可往回找补。其实问题可能就出在子夏的补充性解释上，当时樊迟有没有被带沟里去我不知道，但后来的解经者大多数被带偏了。子夏说啥了？

这话内涵丰富啊！舜得天下，在众人中选拔，重用皋陶，坏人就难以生存；汤得天下，在众人中选拔，重用伊尹，坏人就难以生存。

咱先不论子夏这刀补得有没有毛病，就说说后人对这话的理解毛病出在哪儿？坏人难以生存，是因为皋陶、伊尹两尊大神正气凛然能辟诸邪吗？显然不是，而是这两位上任之后，能公正公平公开为政执法吧？选对人很重要，更重要的是这个对的人能干对的事！只见其人，不见其事，夫子话音未落，缘何如此"一叶障目"？

若是非得坚持旧解，不妨回头看看樊迟之问，曰："乡也吾见于夫子而问知，子曰：'举直而错诸枉，能使枉者直'，何谓也？"

刚才我去见夫子请教关于"知"的问题，这个"知"显然是对于"爱人"的进一步追问，是对履仁的深入探究，那么承以上文就应该是"如何爱人方为智"，说"鉴别人"还多少挨得上边儿，讲"用人之道"是不是有些对不上号呢？再说了，用正直的人来匡正风气，是非常聪明的法子，可是，这就是明智吗？因为明智所以才懂得这么干，不是因为这么干了才明智，好吧？真正的"智"从何而来？曰：讲理！"举直而错诸枉，能使枉者直"，拿个直树枝去纠正歪树枝，这样才能让歪树枝长直了！就这么简单，用正理去纠正错误，如此而已！这与"敬鬼神而远之，可谓知矣"异曲同工，只有对那些神神道道的事物敬而远之，才能产生智慧，如此而已！

掰开了，揉碎了，讲了老长一通；归纳之，不过一句话儿，曰：人需事上磨，处事要讲理！

◎越界有害

子贡问友。子曰："忠告而善道之，不可则止，毋自辱焉。"
曾子曰："君子以文会友，以友辅仁。"

枫解：我翻来倒去的，追到汉儒处，此经文俱解为"如何与朋友相处"。首先"忠告"，尽心诚意告之是非曲直，这是态度；其次"善道"，有话好好说，讲策略，讲技巧，讲方法；终于"不可则止"，劝不好，就算了。统称"交友仁术三板斧"，合情合理，可总觉得少了点什么。

有意思的是，曾子补上一刀，曰："君子以文会友，以友辅仁。"以文会友，相互砥砺，共同进步，解得多高妙啊！可是，我依然觉得少了点什么。

何谓友？同门为朋，同志为友；志同道合，方可称为"友"；论友，则是平辈相交。直白点讲，与友相处最基本的准则是什么？彼此平等、相互尊重！此理古今如一，四海皆同。那么，曾子所说的"以文会友，以友辅仁"是不是还可以有更深的一层含义？通过"文"来领会这种精神，然后用这种精神来辅助我们践行仁道。其实，回过头来看，传统的"交友仁术三板斧"理论少了什么？就是少了这股神韵！正是少了这股神韵，我们才不知道何为"忠告"，何谓"善道"，何处当"止"……友，是我们从茫茫人海中拣选出来，然后通过无数件共同经历的事情，一点点磨出来的，磨出来的那个"我们"，称为"友"！在这个交集中，所有的规则、界限，是已然达成的共识，以一种平衡而稳定的状态存在，此为友道之"中"！在这里面，何为"忠告"、何谓"善道"，我们都了然于胸，何处当"止"，非见其不从，而是在于平衡将被打破！

夫子以"子贡问友"为此篇结束语，除了明确告诉我们别越过中间那条线让世界失衡，更重要的是希望我们领悟到践行仁道的精髓，在于"彼此平等、相互尊重"！

…………

我经常开玩笑说，此篇不应该叫《颜渊》，当改名为"履仁"，让吾辈后学与《里仁》同参，更易有所收获。

统篇起于颜渊、仲弓、司马牛三位问仁，夫子明解履仁三要，曰：忠、恕、恒；然后，自司马牛之忧，直至齐景公问政，分解履仁七诀，曰：初、守、信、用、定、恒、序；以折狱听讼、子张问政、季康子问政，讲杀贼正心，先正己后正人，忠之行也；以子张问达、樊迟诸疑、子贡问友，讲自性圆满、历事讲理、友道精神，恕之行也。

在众多问题的解答中磋磨，有一条"规则"逐步清晰，曰：共识！此为儒门所讲之"中"！

人间，人间，你我之间，若无此境，那一缕良愿之火终究是无根浮萍，更无温度可言。人间在哪里……

子路篇第十三

◎定纲领，建团队

子路问政。子曰："先之，劳之。"请益。曰："无倦。"

仲弓为季氏宰，问政。子曰："先有司，赦小过，举贤才。"曰："焉知贤才而举之？"子曰："举尔所知；尔所不知，人其舍诸？"

枫解：此处之"政"当作何解？政治乎？为政乎？窃以为，过于笼统，大道理已然讲了很多，这里是要落到实处，如何履仁于为政，践行儒家的执政纲领。对吗？不妨往下看看……

子路率先而问，夫子答之曰："先之，劳之。"子路觉得不太解渴，进一步请教，夫子曰："无倦。"

很多解读版本总会说，这个答案是为子路"量身定制"的，真的吗？暂不作讨论，把答案搞清楚再说。夫子回得那叫一个简约，只有三个词："先之""劳之""无倦"；大家解得那叫一个五花八门，甚至掐得不亦乐乎。我拢了拢，归为两大流派，曰："大哥派""画饼派"。

某人说，咱得当好"带头大哥"，先想好怎么干，再以身作则，率先示范，让底下的人动起来，勤劳奋斗，一起奔向幸福美满新生活，并且始终如一坚持不懈；某人说，咱得把故事讲好，先让民众树立起信心，然后再分工协作，齐心协力，共同致富，这样民众才会听从政令且劳而不倦。会"画饼"的比较有文化，居然从《易经·兑卦·象辞》中找到理论依据，曰："说以使民，民忘其劳"；当"大哥"的比较不容易，"先天下之忧而忧，后天下之乐而乐"，必须有"鞠躬尽瘁"的情怀担当。解得都甚是有理，堪称高光伟正，能否合而为一，周而全之呢？不急着下结论，咱再往下看看。

仲弓要到季氏当家宰，给人当家臣，统领政务的大总管，跑来问老师应该怎么办，夫子说："先有司，赦小过，举贤才。"他追问道："怎样识别优秀人才并把他们提拔出来呢？"夫子曰："举尔所知；尔所不知，人其舍诸？"

夫子的教诲果然是"微言大义"，解读总是各自成理。有人说，给下属"有司"们带头,不计较人家的小过错,任用优秀人才,用好你了解的,你不知道的那些,别人也不会埋没他;有人说,先把"有司"的框架搭起来,别盯着那些鸡毛蒜皮的小事,再把优秀的人放在适当的位置,从你了解的人安排起,规则明朗了,别人摸清路数了,自然会把你所不知道的人才推荐到他应有的位置上来。拢一拢,大抵也就这两种说法,前者不脱"大哥派"的范儿,后者却是"画饼派"的延伸。哪个更为通达呢?

稍往深处思考,不管是当大哥,还是画大饼,夫子答仲弓之问,无非讲一件事,曰:建团队! 不外"抓大放小""人尽其用"。率身垂范、确立框架,俱是题中应有之义;至于尽收囊中,还是千金市骨,已然是操作手法的末端了,自当因地制宜,岂能一概而论? 从建团队的层面来看,应该怎么做呢? 咱就以"为季氏宰"做案例吧,首先得搞清楚几个事情,部门职责、运作机制、人员配置,这才是"先有司"吧? 基本情况了然于胸,哪些人能留,哪些人得走,哪些人得调,哪些职能得分,哪些职能得并,秉承什么原则呢?"赦小过"! 大抵厘清之后,就是"举贤才"了。这套组合拳应该是略有三分"管理学"功底的人都能打得了的吧? 何必讲得那么复杂?

在管理学中,建团队之前,还有一件事得干,曰:定大纲! 大白话儿点,干什么? 怎么干?"先之",是确立目标;"劳之",是分解任务!"无倦",那是保持政令的延续性、一致性啊!

当大哥,好累;画大饼,太虚。做事情,还是讲点章法比较好。制订"为政纲领"应该以什么为标准? 组建"施政团队"应该秉持什么原则? 道理《为政》已经讲过了,诸君自行脑补即可,具体怎么操持,我们不妨读读《子路》……

◎口号必须响亮

子路曰:"卫君待子而为政,子将奚先?"子曰:"必也正名乎!"子路曰:"有是哉,子之迂也! 奚其正?"子曰:"野哉,由也! 君子于其所不知,盖阙如也。名不正,则言不顺;言不顺,则事不成;事不成,则礼乐不兴;礼乐不兴,则刑罚不中;刑罚不中,则民无所错手足。故君子名之必可言也,言之必可行也。君子于其言,无所苟而已矣。"

枫解:每解此章,大抵会先讲一个段子,故事梗概如斯:鲁哀公十年,夫子从楚返卫,其时,灵公之孙辄已经继位,但在诸侯间名声不怎么好。这里头牵扯着一桩旧案,早年,卫太子蒯聩因灵公夫人南子淫乱之名而屡受耻笑,引为大恨,计划谋杀之，事败，遂逃离卫国。灵公欲立公子郢，郢辞；灵公死后，夫人推他上位，又辞。蒯聩不上道，没办法，只能立其子辄，以拒蒯聩。老的"欲弑母而获罪于父"，小的"据国而拒父"，成了国际笑话。史曰："诸侯数以为让，而孔子弟子多仕于卫，卫君欲得孔子为政。"所以子路跑来问道："卫君等着您去治理国政，夫子准备先干点啥？"

夫子曰："必也正名乎！"

这故事一讲，所谓"正名"不外乎就是"正名份"了。其中最常见的推测是，请公子郢出面向周天子申报，然后禅位于辄，做政治背书。且不说这事儿操作起来的难度系数有多高，以当时周王室之威望，这样的政治背书就能平息得了卫国内部已然日益凸显的"内斗"冲突？

当然，也有人不太认可这种说法，如北宋上蔡先生就曾言，"正名虽为卫君而言，然为政之道，皆当以此为先。"夫子的"正名"虽然是在那样的背景下讲的，但不是特例，而应该是常例。汉儒中也有另一相对弱小的声音，解之为"正百事之名"，这名，成了名目、名称。

哪个说法会更切合夫子的原意呢？要无赖点说，我爱咋解就咋解，反正这事儿夫子也没办，没了旁证。真的没有吗？我们不妨就从原文入手！经文另有一言，曰："故君子名之必可言也，言之必可行也。"什么是"必可言"？首先，得能摆在明面上说得过去吧？其次，得易说易懂吧？什么是"必可行"？就是得具有可操作性！简单点讲，夫子对这"名"可是曾经做过"属性规定"的——可言、可行！

也有人非得掰扯，"正名份"也是可言可行的大事儿啊，可是，手持大义名分就能讲得通、办成事、兴礼乐、全刑罚、治民众？史书上"身披天宪"被干翻的还少吗？那些，那些，都是乱臣贼子们不讲道义！好吧，"正名"有时也干不过"不正名"的，难怪子路会问："夫子啊，您竟然迂腐到如此地步！这又何必'正'呢？"

夫子怒斥，你怎么还是如此莽撞！不懂就别胡说！

不是"名份"，难道是名目、名称？还真是！但我认为不是"正百事之名"，不是纠正什么礼制、大义上诸多名称的用词，而是给"为政纲领"这篇大文章起个好题目，所谓正名者，政治名目也！通俗点讲，就是提出一个响亮的"政治口号"。这事儿说来简单，干起来可不容易，得理清政治逻辑。啥意思？得了解内部各方诉求，还得认清外部形势，然后达成"共识"，才能有明确的执政思路，提炼思路才能有口号，到了这儿再说什么"名实相当""用词精确"，也就是"无所苟"，马虎不得呀！

每每读到此处，我总是觉得好些老先生博览群书，还真未必有宋江这梁山头目看事明白，你看人家还懂得一上位就立马树起杏黄大旗，上书四个大字，曰：替天行道！好大一篇文章，引得三山五岳诸多豪强纷至踏来。不过这事儿也不能把责任都推给老先生们，上下五千年，能喊得如此霸气侧漏深入人心的口号有几个？不好弄啊！难就难在众口难调！但是，再难，也得干。

口号喊出来，故事讲圆喽！

记住两点原则：一曰，可言；二曰，可行！

◎职责必须明确

樊迟请学稼。子曰："吾不如老农。"请学为圃。曰："吾不如老圃。"樊迟出。子曰："小人哉，樊须也！上好礼，则民莫敢不敬；上好义，则民莫敢不服；上好信，则民莫敢不用情。夫如是，则四方之民襁负其子而至矣，焉用稼？"

子曰："诵诗三百，授之以政，不达；使于四方，不能专对；虽多，亦奚以为？"

枫解：樊迟同学这回真走背字儿了，咋回事呢？

某日，他跑来请求学种庄稼，夫子说："干这事，我不如老农。"他又请求学种菜蔬，夫子说："这个，我不如老圃。"樊迟走后，夫子曰：

小人哉，樊须也！上好礼，则民莫敢不敬；上好义，则民莫敢不服；上好信，则民莫敢不用情。夫如是，则四方之民襁负其子而至矣，焉用稼？

随着语言演化变迁，"小人"地位日渐低下，乃至沦落尘埃，这句考评可就成了樊迟无法抹去的"人生污点"。夫子此处"口出圣言"所谓"小人"真的有后代语境中那样的贬责之义吗？难道想学种个庄稼种点蔬菜就有这么大的过错？或者是提两个他老人家回答不上来的问题就气得用脚踹？我无法认同！咱不妨掰扯掰扯，就从夫子这段话讲起，先翻译一下后面那截经文吧。

上位者推崇礼制，民众就没有人敢不敬礼守法端正其行；上位者推崇公义，民众就没有人敢不服从政令接受教化；上位者推崇信念，民众就没有人敢不全心全意履仁向善。如果做到这样，四方民众都会背负着小儿女前来投奔，哪里需要自己去种什么庄稼？

简单点讲，夫子认为上位者应该推崇什么？礼、义、信！这三个字历来各有说道，前半部已然讨论甚多，此处不再赘述，我分别解之为礼制、公义、信念。但不管从哪种解法都不难看出，其实夫子这句"小人哉"，并不是斥责之语，只是与"上"相对，就是纯粹认为樊须这小子没有摆正自己的位置，眼光、格局、胸怀还没有跟上来，没有认识到自己肩负的职责。故此，我重译之如下：

庶民心态啊，樊须这小子！

更有意思的是下头这段，从字面上非常好理解，传统上都是这样翻译的，夫子曰：

熟读诗经三百篇，交给他政务，却办得不通达；让他出使外国，也不能独立地去谈判酬酢；纵是读得再多，又有何用呢？

这个，我没意见！有意见的是，解家大抵都会来上这么一段，是时，《诗》为外交辞令，傧使必读之文本。什么意思？诵诗成了专业技能？套路练得再好，无法致用，成了花架子吗？夫子会是这个意思？我极不认可这种解法！《诗经》是一本什么书？描绘的是当时的风土人情、政治风貌，读这书是要搞懂民众与邦交的诉求。如果连人家的诉求都搞不清楚，执个甚政？谈个甚判？

诵诗未必就是高雅，稼圃未必就是鄙贱，若是执着于这些末节，经义就会远去。其实，夫子表达得非常清楚，必须清楚自己的使命与责任，知道自己要干什么、学什么。故，此章吾归纳之曰：正职！别啥都想掺和，也别扯些没用的。

记住两点，一是心态，二是使命！

◎正身三宝

子曰："其身正，不令而行；其身不正，虽令不从。"

子曰："鲁卫之政，兄弟也。"

子谓卫公子荆，"善居室。始有，曰：'苟合矣。'少有，曰：'苟完矣。'富有，曰：'苟美矣。'"

枫解：夫子说，执政者自身端正，不发布政令，民众自然步入正轨；自身不端正，纵是三令五申，百姓也不会信从。

率身垂范，以正民行，此举意义深远，也符合儒门传统，并无甚难解之处。

鲁卫两国，政治面貌，如同兄弟一般。

这话儿从字面上解之，也甚为易得，历代解家至多沿袭汉儒，加上一句：鲁，周公之后；卫，康叔之后。周公、康叔兄弟和睦，其国之政亦如兄弟也。揣度得更深的也只能说，时世衰乱，这对难兄难弟连遭的灾都差不多，所以夫子颇为感慨。

关于卫公子荆这段解读分歧就大了，分歧不在于这个人身上，而是在于夫子对他的评价，句读都有两种。先了解一下人物，卫公子荆，字南楚，卫献公之子，卫国大夫。《左传·襄公二十九年》载曰：吴国公子季扎"适卫，说蘧瑗、史狗、史鳅、公子荆、公叔发、公子朝，曰：'卫多君子，未有患也。'"另有传说，他十五岁代理宰相，处理国事。总之，此人身上有两个标签：王族、君子。再来看看夫子的

评价,解法有二,分别如下:

善居室。始有,曰:"苟合矣。"少有,曰:"苟完矣。"富有,曰:"苟美矣。"

大概意思是,卫公子荆善于处理家业,当他财货器用始有时,便说:"差不多足够了。"稍多一些时,便说:"差不多完备了。"更多一些时,便说:"差不多完美了。"也有人解苟为"暂且",大意无差,无非赞赏公子荆善于持家,在那种奢侈成风的乱世之中能洁身自好知足常乐,彰显的是一个"俭"字!

善!居室始有,曰:"苟合矣。"少有,曰:"苟完矣。"富有,曰:"苟美矣。"

这个区别就大了,"善"就不再是擅长、善于了,而成了夫子对这个人整体上的高度评价——这人好啊!家中起初有一些财产时,便说:"暂且可以了,够用了。"稍有财产时,便说:"暂且可以了,完备了。"财产丰富时,便说:"暂且可以了,完美了。"一个毫不贪婪、安于当下的形象,在当时士大夫贪渎成性的洪流里遗世独立风姿卓绝,彰显的是一个"廉"字!

俭以养德,廉生公义,两者各自成理。"善"说未必就比"善居室"更为通达;"善居室"也未尝不能引入"廉"风。我在反复诵读中,有一个词总觉扎眼,刺心入脑,曰:居室!俭也好,廉也罢,最终还是要归到"家风"之上,史海钩沉,今世浏览,有几个执政者无法"正身"是因为自己本人的问题?有多少人是因为脱不了亲族牵扯故旧萦绊而身陷囹圄?修身、齐家,然后才是治国、平天下,我想这才是夫子想要表达的原旨吧。

其实,何止鲁卫?环顾诸侯各国,政治风貌又有多少差异?尤其是贪、侈二风!大家不过是大哥别笑二哥罢了。若以"兄弟"代指宗室,观鲁卫两国,其政成败皆取决于宗室和睦与否,则"鲁卫之政,兄弟也"不无深意乎?

吾归纳此章,曰:正身。另谓:正、廉、俭,正身三宝;修身、齐家,正身两事。

◎正民不容易

子适卫,冉有仆。子曰:"庶矣哉!"冉有曰:"既庶矣,又何加焉?"曰:"富之。"曰:"既富矣,又何加焉?"曰:"教之。"

子曰:"苟有用我者,期月而已可也,三年有成。"

子曰:"'善人为邦百年,亦可以胜残去杀矣。'诚哉是言也!"

子曰:"如有王者,必世而后仁。"

子曰:"苟正其身矣,于从政乎何有?不能正其身,如正人何?"

枫解:先解释一下这个段子吧。

夫子到卫国，冉有充当仆役随行。夫子感慨说："人口好生稠密呀！"

冉有问："人口已经众多了，进一步应该怎么办？"

夫子答："使他们富裕起来。"

问："富足之后，又当如何？"

答："教化之！"

庶、富、教三阶递进，人口为基础，先富民，而后行教化，这是儒家治国一贯主张，也符合华夏上古政治传统，文脉所遗此类金句不胜枚举，引证以参，不难通达。但是，接下来这几句，字义易明，经义难达。缘何？且先逐一翻译录之如下：

假如有用我主持国家政事的，一年便小有成效，三年便会很有成绩。

"善人治国持续百年，也可以克服残暴免除刑杀了。"这句话讲得真有道理呀！

假如有王者兴起，一定需要三十年才能使仁政大行。

期月，周月也，即十二个月轮回一周，是为一年；可者，政教行，纲纪布，是为小成，为政基础完备；三年而功成！大抵在解此语时，总会感慨一声，曰：卫灵公不识货呀，没用好夫子，所以老人家才如此发声。

胜残，化残暴之人，使不为恶；去杀，化民于善，不用刑杀。"善人"何解？当然不是今时语境中积德行善之人，当是善行德政者。这样的人，干上百年，可以成功地教化民众，化世间戾气于无形，脱刑杀枷锁于民颈。哪怕是德大而运旺的王者，也得干上三十年，才能使仁政大行。"三年""百年""必世"，成功速度差距有些大吧？若说王者强于善人还能勉强理解，缘何夫子远胜于王者且为十倍之速？莫非又以"圣人"一说支应？

这问题不太好回答，有人干脆就说，所谓"三年""百年""必世"，不过虚数，并非明确时段，"三年有成"是夫子感怀叹时之说，"善人百年"是前人之谚，至于"王者必世"可能是一代人。啥意思？这些言论不过是话赶话儿随口说说，不必深究！我倒是觉得大宋程颐有一段话讲到点儿上了，曰："三年有成，谓法度纪纲有成而化行也。渐民以仁，摩民以义，使之浃于肌肤，沦于骨髓，而礼乐可兴，所谓仁也。此非积久，何以能致？"所谓仁政大行，是要把履仁于政浸透到骨子里去，国族一体，无论官民，俱由内而外好善乐仁，这当然比"法度纪纲有成"更为深层，更费时力！

我顺着程颐的话，续貂曰：期月可引四方之民来投，庶矣；三年能得纲纪为政之基完备，民有足食，国有强兵，富之有成矣；三十年方见教化之功，胜残去杀。至于仁政大行，夫子自信承上古文脉，站在前人的肩膀上，有更好的方法可以教化国族，可以缩短百年之期，如此而已！

人口增长有其自然规律，强国富民有其方法，教化实在需要时间的蕴育。

此章总而蔽之，曰：正民！富庶为基，仁善为法，胜残去杀为目标，时间更是王道良药。当然，还有一件事情非常重要，必须再次重申告之执政者，曰：

苟正其身矣，于从政乎何有？不能正其身，如正人何？

假如端正了自己，治理国政有什么困难呢？如果本身都不能端正，怎么端正别人呢？

教化，从正己开始，夫子履仁于政，忠恕之道，一以贯之。以身作则，奉公守法，在法治之时非常重要；言传身教，引领风尚，在教化之世更是重要！政治风貌、社会风气，引导远比约束更为有效！

正民，养国族之风骨！

◎屁股决定脑袋

冉子退朝。子曰："何晏也？"对曰："有政。"子曰："其事也。如有政，虽不吾以，吾其与闻之。"

定公问："一言而可以兴邦，有诸？"孔子对曰："言不可以若是其几也。人之言曰：'为君难，为臣不易。'如知为君之难也，不几乎一言而兴邦乎？"曰："一言而丧邦，有诸？"孔子对曰："言不可以若是其几也。人之言曰：'予无乐乎为君，唯其言而莫予违也。'如其善而莫之违也，不亦善乎？如不善而莫之违也，不几乎一言而丧邦乎？"

枫解：某日，冉有"退朝"回来。

夫子问道："今天为什么回得这么晚？"

答曰："有政务。"

夫子道："那只是事务罢了。若是有政务，虽然不会让我处理，但也会让我得知。"

这个段子不往深处细究，最多也就一位老师告诉学生，你用词不准确，注意一下吧。可是，"微言大义"啊，大家怎么能不多想呢。仅仅"退朝"一词，老夫子们就掐得不亦乐乎。郑玄曰，"冉有臣于季氏，故以朝为季氏之朝"，此派立足于斯，经杜预、朱熹补充，解释说，冉有只是帮季氏处理日常事务，算不得是"政"，只能称为"事"，夫子对于冉有"混淆君臣之名份"有些不悦；周生烈则认为，夫子云"虽不吾以，吾其与闻"，皆论若朝之事，所以"退朝"讲的是"罢朝于鲁君"。马融称，"事者，凡行常事"。刑昺补充说，"仲尼称孝友是亦为政，明其政、事通言,但随事大小异其名耳,故不同郑、杜之说,而取周、马之言,以朝为鲁君之朝,以事为君之凡行常事也。"只是言辞不当而已,大家别想多了;另有牛人则从"晏"字入手,称"日安其宅,君归后宫",故,只能指"鲁君之朝"……

夫子真的会不乐意弟子臣服于某氏吗?我看不然,门下操持此业者,比比皆是!若此理不通,说什么冉有处理的只是季氏家事而非鲁国之政,究名份之别,多少有些矫情。可是,仅仅因"事大小"而说"虽不吾以,吾其与闻",连国老的架子都端起来了,貌似又过于郑重其事了。局限于这个段子,还真是谁也说服不了谁,那咱为什么不往下看看呢,下头还有一个段子,如斯:

某日,鲁定公问道:"一句话可以兴盛邦国,有这事吗?"

夫子奏对曰:"仅仅是言语未必有这么大的效果。大家都说:'做君上很难,做臣子不容易。'如果能因此体会到做君上的艰难,不就是接近于'一言而兴邦'吗?"

定公又问:"一句话可以丧失国家,有这事吗?"

夫子奏对曰:"仅仅是言语未必有这么大的效果。大家都说:'做国君没有别的快乐,只是我说什么都没有人敢违抗我。'如果正确的事情没有人敢违抗,还算是好事吧?如果不正确的事情也没有人敢违抗,不接近于'一言而丧邦'吗?"

"言不可以若是其几也",一解"几"为期,谓不能对语言的效果有这么大的期待;一解"几"为近,谓语言有接近于这样的效果,故重句读之为"言不可若是,其几也",话不能这么说,只是接近这样。但是,不管怎么解,大家可以达成共识:仅凭"一言"无法"兴邦",也无法"丧邦"!语言什么时候才会产生力量呢?是它转化为行动的时候,"如知为君之难也""如不善而莫之违也"!

除了共识,我们是不是还得思考一个问题,是时治国之言万千,夫子缘何独独挑这两句说?其中有深意吗?知为君之难,是为兴邦;不善而莫之违,是为丧邦。不妨分析一下:

知为君之难。有人说,君上知执政之艰难,是以战战兢兢,臣下知国事之稠穄,是以如履薄冰,故君臣一致勤勉为国;有人说,臣体君之难,君知臣之不易,故君臣同心同德。哪个说法更符合夫子原意呢?我倒是觉得两层意思应该都有,知道自己的不容易,也体会他人之难处,更符合夫子之道。其实,隐藏在"勤勉""同德"两大基本素质之下的是一条非常重要的政治原则,通过谅解形成职责内权力自由的最大化,通过共识达成默契使职权分工逐步明朗化,简称"放权",或是"权力蛋糕的划分"!谅解、共识,才是政治权力划分过程的关键原则!而政治结构的稳定,才是"兴邦"之基石。

不善而莫之违。"偏听则暗,兼听则明"之类的大道理咱就不讲了,讲点言外之意——大权在握,谁与争锋?这种心态要不得呀,这可是要亡国的呦!什么意思？绝对权力是"丧邦"之始，权力制衡才是王道呀！其实，这是权力划分的重要性。

至此，我们不难得出结论，语言力量的根源在于转化为行动，那么"政"也好，"事"也罢，用词是否精确真正值得讲究的关键点是什么？还会是区分"大小"，或者以别"名份"吗？若以"权力划分"为刃解之，又有何异象？

传统解家，或以"退朝"为眼，或以"晏"为要，我独以"何"为中心，你为什么"晏"了？古语中晏泛指"日落至月升"之间这个时间段的用法很多，以"日出而作日落而息"之常规而言，老师问一句，你为什么回来得这么晚了呢？

学生随口答了一声，有政务。

夫子曰：不过日常事务罢了！如果真的有政务，我虽然已经离开朝堂了，还是会知道的。

啥意思？你整日累得不行，弄啥呢？你身为"家宰"大总管，应该干什么？沟通上下调和阴阳，定策、定制、持戒尺才是你应该干的吧，终日碌碌，貌似勤勉，实则庸庸！知政事为大小之异名，不解分权定职之义，通而不达；拘泥名份之是非，如子路之野，当挨夫子戒尺！

此章，貌似正言，实为正行，原则有二，一为谅解，一为共识！

愿君为无双国士，不做刀笔小吏。

◎巅峰对决

叶公问政。子曰："近者说，远者来。"

子夏为莒父宰，问政。子曰："无欲速，无见小利。欲速，则不达；见小利，则大事不成。"

叶公语孔子曰："吾党有直躬者，其父攘羊，而子证之。"孔子曰："吾党之直者异于是：父为子隐，子为父隐。——直在其中矣。"

枫解：叶公，即沈诸梁，是叶邑有文字记载的第一任行政长官，对开发此地有大功，故世人尊称之为"叶公"，鼎盛之时，官至令尹、司马，集军政大权于一身，却让贤而退。堪称楚之大贤，夫子时代的大才！

公元前489年，夫子特意由蔡及叶，这两位老先生约了一架，史称"叶公论政"。谁干赢了？不好说，倒是汉儒刘向编《新序·杂事》弄了一个"叶公好龙"，差点让叶老的身后名臭了大街。若是见其日常往来，似乎这两位老先生关系还是不错的，如《述而》篇中曾有载：叶公问孔子于子路，子路不对。子曰："女奚不曰,其为人也,发愤忘食,乐以忘忧,不知老之将至云尔。"

闲话不作赘述,回归正题解经,一段一段来吧。

叶公问政。子曰:"近者说,远者来。"

叶公与夫子探讨政治问题,约莫是问到施政目标了,夫子回答说,让近处的人愉悦,让远处的人前来投奔。

这事儿有人不太同意,称"近者说,远者来"是叶公之论,夫子引为至理,抄到《论语》里去了,据说还考证出许多根据,真假暂且不说,在这里,我只从此处经载,以为夫子之言。

子夏为莒父宰,问政。子曰:"无欲速,无见小利。欲速,则不达;见小利,则大事不成。"

子夏当了莒父这个地方的城宰,约莫是跑来问老师,执政当秉持什么原则。夫子说,不要一味求快,不要一味顾及小利。一味求快,政事反而无法办得通达;一味顾及小利,就办不成大事。

这理儿好懂,大家也没啥好争的,下面这段可就不是一般争喽。且不论叶公"大义灭亲"与夫子"亲亲相隐"何以分高下,仅一个"隐"字就分为两派,儒门内部自己就打得一地鸡毛。

一派曰,隐为隐瞒、匿过,儒家伦理哲学之基,在于孝、慈两字,父子相隐相遮,伦序有定,纲常自立,则世风之直在其中孕生。

一派曰,此隐,乃隐括之隐,即櫽栝之櫽也。隐括者,矫正曲木之器具。隐括至亲于内,不必待外人矫正也,是谓"直在其中",正义在于内部。

我是坚定的"隐括矫正说"支持者!或问,父有过,子当隐括矫正乎?答曰,然也!再问,子矫父过,纲常何存?答曰,上尊下卑,这是董仲舒的学说吧?夫子什么时候告诉过你,父亲有过错当儿子就不能矫正了?只是让你"几谏",让你注意方式方法吧?

若是非得怼一下,咱就从原文探究也行。若真是相互隐瞒,纲常有序,你是"直"了,可是失羊者怎么办?公义何在?此风一长,近者倒是悦了,可是远者何人敢来?抱团欺生,哪有外人立足之地?

叶公与夫子论政,肯定是有共识的,共识是什么?"直"也!枉者"攘羊",纠枉即为公义,直之所在也,我想还没有人会否认这一点吧?若为纲常而忘却公义,构建秩序之初心何在?要这纲常何用?夫子与叶公之争,不过是处理方法有所不同而已!叶公提倡"大义灭亲",不惜以子证父,让儿子去告发检举父亲;夫子认为这么干是有问题的,问题在哪儿?其实,上头答子夏之问,就是答案!曰:

无欲速,无见小利。欲速,则不达;见小利,则大事不成。

世间刑名至速之法,有过于"以子证父"乎?为一案之成败而致伦序于不顾,非"见小利"耶? 叶孔之争, 至今三千年, 依然无果, 依法治国是否要触动到"社会最小单元"的结构稳定? 触角无下限所产生的恶果, 史册之上血泪斑斑, 动到哪儿? 怎么动? 焉能不慎之又慎?

所谓的"隐瞒", 是真实存在的, 也是儒家前贤所提倡赞许的, 只是它是一堵墙, 由血脉相承浇筑而成, 护佑着一个个"社会最小单元", 但围墙之内, 却是"臬梏"。

依法治民, 还真的不是"法家"首创, 儒道两家古经义俱有此精神。很多人一见"大义灭亲"就认定叶公是法家人物, 其实, 他却是道家大贤。汉时, 儒道之争最为激烈, 让人扼腕的是却全然没了叶孔前贤的风度, 而是无所不用其极, 包括"泼脏水", 叶公就挨了刘向很浓郁的一盆, 成了"表里不一"之人。我们尊古寻根, 如果不能看清这些"脏水", 自然无法见源头之清明。还好, 那时候的人还有点底线, 至少此处依然保留原典, 称"叶公", 没敢动动歪心思, 改叫"叶子高"。

归纳此章, 曰: 正法。正刑名之法也! 当持两个原则, 一是"无欲速", 一是"无见小利"! 徐缓以图, 循于公义, 筑法政于良序之上, 矫小错于亲族之内, 始见亲近之悦, 有远者来投。

明晰此中义理, 才知道当年那场论政, 两位老先生在讨论什么:

叶公对夫子说, 我们那里有个躬行正义的人, 他父亲偷了羊, 他便去告发。

夫子说, 我们那里正义之士和你们不一样: 父亲自己矫正儿子的过错, 儿子矫正父亲的过错。——正义是由内部自然生发出来的。

·····················

那场约架, 想必有清风明月作伴, 令人悠然神往······

◎使命必达

樊迟问仁。子曰:"居处恭, 执事敬, 与人忠。虽之夷狄, 不可弃也。"

子贡问曰:"何如斯可谓之士矣?"子曰:"行己有耻, 使于四方, 不辱君命, 可谓士矣。"曰:"敢问其次。"曰:"宗族称孝焉, 乡党称弟焉。"曰:"敢问其次。"曰:"言必信, 行必果, 硁硁然小人哉! ——抑亦可以为次矣。"曰:"今之从政者何如?"子曰:"噫! 斗筲之人, 何足算也?"

枫解: 樊迟问仁。夫子道, 日常心怀谦逊端肃容貌, 做事心存谨慎力求美善, 待人需秉持正心之原则。哪怕是在夷狄之地, 也不能放弃这三条。

一以贯之, 恭、敬、忠、恒, 履仁四大戒律。与前文樊迟挨批那次他走后夫子

之言,可以对照同参,其文曰:

上好礼,则民莫敢不敬;上好义,则民莫敢不服;上好信,则民莫敢不用情。

所谓"居处恭"无非"好礼","执事敬"不外"好义","与人忠"则为"好信"。是以,履仁四律可另称之为,好礼制、从公义、坚信念、持恒心。

我们禁不住会想,一个人如果守住这四条戒律会有什么表现呢?下面这个段子恰能解此疑惑,我且译之录之:

某日,子贡问道:"怎样才可以称得上'士'呢?"

夫子答道:"自身言行能保持羞耻之心,'使于四方',能不辜负君主的使命,便可以称'士'了。"

子贡道:"斗胆请教次一等的。"

夫子说:"宗族称赞他能够处理好上下辈之间的关系,乡党称赞他能够团结族众谨守秩序。"

问:"敢问再次一等的。"

答:"说话一定执信,行为一定坚决,'硁硁然小人哉'!——但也可以说是再次一等的'士'了。"

问:"现在的执政诸公怎么样?"

夫子说:"咳!'斗筲之人',哪里算得上?"

"士"咱就不翻译了,保留这个美好的词汇吧。"使于四方",传统上一般都解释为"奉命出使外国",汉儒称使为国之大事,能因时制宜,完成君命,已然是大才了;宋儒略作解释,"其材足以有为者也。子贡能言,故以使事告之。"意思是说,才学充足能够有所作为的人俱列其中,只是子贡擅长言辞,所以就拿"出使"说事儿。总而言之,士是什么?有良知,能成事!

次一等的是什么?"宗族称孝焉,乡党称弟焉。"核心无非"孝""弟"二字,自汉以来,俱称"善事父母为孝""善事长上为弟",故而一直译之为"孝顺父母""恭敬尊长",这大概就是当时"举孝廉"制度的根底吧,孝子门内皆忠臣,貌似也说得通。如果我们再追得远一些,不难发现,在古汉语中,"孝"指的是上下辈相处之道,"弟"指的是团结有序之貌。我倒是觉得剔去汉儒"上下尊卑"之说,保留原义,更像一个"士",咱干不了什么为国为民的大事,至少能处理好周遭各种人际关系,团结大家,在小范围内构建起良好的秩序和风气。

再次一等的是什么?"言必信,行必果,硁硁然小人哉!"大抵称,只顾贯彻自己的言行不论是非不顾公义的小人。我对此一贯有异议!重申一次,小人者,庶民也,译为今日之语,最不济也只能称之"小人物"。"硁硁然"何谓也?历来解经者多称,浅薄固执之貌;追溯字源,硁者,击石而生刚劲有力之声,"硁硁然"无非见其声之坚,至多也就证其形之固吧,何来"浅薄固执"之说?言之坚,在于执信；行之坚，在于操守。如果抛开传统上"君子小人"之说，沿用古义，末等之"士"无非是，这个人还保留有最低限度的信念和操守，说话、办事还有底线。

反过来看，坚信念、从公义、好礼制也可称为"士的三层楼"。正心态、明使命，然后拾此阶而上，登顶可期！

"斗筲之人"历来有两解：一曰，以斗筲喻其人度量、见识之狭小；一曰，筲纳斗量之辈，不足为奇也。哪个更合夫子原意？似乎还真说不好，但其中鄙薄之意甚是明显，若承以上文，当是斥其无信，无耻不见下限，换成今天的话说：

这帮无信、无耻之人，算哪门子士呢？

儒门之信，曰仁，不外乎一缕良愿之火，别灭了它，连"小人"都不如！

◎毋忘初心

子曰："不得中行而与之，必也狂狷乎！狂者进取，狷者有所不为也。"

子曰："南人有言曰：'人而无恒，不可以作巫医。'善夫！""不恒其德，或承之羞。"子曰："不占而已矣。"

枫解：夫子说，找不到言行合乎中庸之道的人相处，"必也狂狷乎"！狂者矢志进取，狷者有所不为。

必也狂狷乎，有两种说法。一是既不得中行之人而与之同处，一定会成为狂狷之辈；一是找不到中行之人相处，退而求其次，也一定要结交狂狷之人。当然，后一种说法才是绝对主流，因为号称得传孔门心灯的孟子在他的《尽心篇下》里说："孔子岂不欲中道哉？不可必得，故思其次也。"这话大家采信了，可是他接下来这段许多解家却又怀疑上了，他称："狂者又不可得，欲得不屑不洁之士而与之，是獧也，是又其次也。"什么意思？"中行"为首善，狂者其次，狷者再次，高下之判，楼高三层。自汉之后可见之儒门经典，必将狂、狷视为并列，而且还是很不错的评价，最通行的版本曰：狂者，志在兼济，锐意进取；狷者，独善其身，有所不为。

为什么会有这么多架可以吵呢？夫子的本意究竟是什么呢？还是从狂、狷二字着手吧，追字之本源。狂者，犬发疯也；狷者，獧也，犬疾跳也。前面那条疯了，攻击性强；后面那条急了，跳墙而逃。按这说法，天下之人除了"中行者"，最好也不过是疯狗、怯狗，貌似骂人吧？夫子也曾以"丧家犬"自嘲，以狗喻人似乎也没有特别贬损之意吧？如果把犬类的标签剔除呢？狂者，疯也，是为失心；狷者，怯也，是为失职。狂者攻击勇猛，貌似锐意进取，却已忘却初心，不知使命；狷者有所不为，貌似独善其身，却已忘却职责，不知担当。用现代语言来讲，不就是左倾右偏嘛。

夫子非常人，言辞不忌，后来者拟将粉饰之，甚是辛苦不说，往往会失去本真。你看，狂也挺好，狷也不错，你好我好大家好，呵呵一笑，啥也学不到！夫子是哪一派的呢？毋庸置疑，肯定是中派呀！他说，不跟中行者同处，会左倾右偏，说得通；他说，如果不能跟中行者同处，咱就结交点左倾右偏的人，似乎也没毛病，毕竟，狂者有进取精神，狷者有底线操守，各有值得欣赏之处。

那么，我们能否换个角度思考，采狂者之矢志进取，纳狷者之有所不为，集于一身，调和阴阳，此不为"中行"乎？或者，这才是夫子此段经文之原旨吧，不忘初心，莫失本职。若以此为解，下文更为顺畅，经载：

子曰："南人有言曰：'人而无恒，不可以作巫医。'善夫！""不恒其德，或承之羞。"子曰："不占而已矣。"

南方人有句老话说："人如果没有恒德，连巫医都做不了。"夫子说，这话说得很好呀。

巫医者，士之末途也，一个人如果没有了"恒德"，连这最末梢下等的活儿也干不好呀！你看，《易经·恒卦》的爻辞就说："不恒其德，或承之羞。"不恒其德，有两种意思，一是不能持久，时作时辍；一是没有一定操守。概括之曰：三心二意，反复无常。或，一解作某人，即总是有某些人会承受羞耻；一解为语气助词，以加强肯定，即一定会招致羞耻。总之，结局已定。所以夫子说："不占而已矣。"不需要占卜，也能知道结果。

略晓《易经》者必懂得这样一个道理，变化才是世间永恒的主题。夫子却让我们"恒德"，此"德"究竟为何？中乎？狂乎？狷乎？以儒门而言，唯中而已！以狂者而言，进取乎？初心乎？以狷者而言，独善乎？操守乎？实宜深思！

吾解此章曰：失中而行者，非狂即狷。莫因锐意进取，而忘却初心；莫因独善其身，而忘却操守。以狂狷之人反观自照，而正己身，时时持中，恒我之德。

没了初心，狂者还真就成了疯狗了；操守喂了那啥，狷者就彻底沦为怯犬。这样的玩意儿，咱避之唯恐不及，还招惹它干嘛？

◎不随波逐流

子曰："君子和而不同，小人同而不和。"

子贡问曰："乡人皆好之，何如？"子曰："未可也。""乡人皆恶之，何如？"子曰："未可也。不如乡人之善者好之，其不善者恶之。"

枫解：君子和而不同，小人同而不和。

剔除吾所厌之语意，取"小人"为庶民，传统解法依然存在争议，大抵可归为两派。

一曰：和者，混同也；同者，如一也。君子无乖戾之心，意混同而能容不如一之见；庶民有阿比之意，嗜好如一而各争其利难以混同。白话儿点就是：君子从公义之心如一，能够容纳不同见解；庶民逐名利之心一致，但终究无法合一。

一曰：和者，调和也；同者，聚合也。君子能调和一切至恰到好处，而不会一味追求聚合盲目附和；庶民就反过来了。

我喜见"容纳不同"之胸襟，也喜"调和五味"之才具，未知夫子之意如何，或许下面这段对话会有答案。

某日，子贡问道："全村人都称赞他，也喜欢跟他在一起，这人怎么样？"

夫子说："还不能肯定。"

子贡问："全村人都厌恶他，不愿意与他相处，这人又怎么样呢？"

夫子说："还不能肯定。最好是，乡村里的好人都喜欢他，而坏人都厌恶他。"

据此而论，夫子本意当更倾向于"调和五味"，需有才能手腕，方能导善纠恶，此为正民之务。

知晓庶民之心逐名利，而因势引导之，当有"容纳不同"之胸襟，但这只是方法、过程，而不是目的。从这个层面来看，君子之"和"，求的也是"同"，公义之大同！若庶民以求利之心而千流各异，最终"和"于公义之海，不也是人间至善耶？

行笔至此，尚有一惑，何为善？何为恶？若以"善者好之，不善者恶之"作注脚，必陷入车轱辘话儿的怪圈，最终不过兜兜转转失去方向。若以仁者那一缕良愿灵火作注脚，夫子前头又称"皆好之，未可也"，堵了去路，好好先生未必就是善。这种"拔剑四顾心茫然"的红尘困局，才是"士"最为步履艰难之处！

儒家中庸为德之至妙处也正在于此，不妄断善恶，不逐众人之好而可，不随众人之恶而非，居中而调和左右之矛盾，臻于大善。士德之中，如上文所言，不狂不狷，不忘初心，坚持操守。

君子与庶民真正的区别，不在于利，也不在于义，而在于信念！君子居中调和而心志不易，庶民私欲混同而求索难调。君子之坚在心，不因物喜，不为己悲；庶民之坚在求，物盈则喜，己伤则悲。儒家之士所信奉的，从来不臧否人物、判别是非，立于庶民之上，而是匡世济民，自是不能视庶民之坚求为鄙贱。所应调和者，恰恰正是众人之利！

和同之别，更核心的是体现出对世界本源认知的差异，至夫子时代，文脉所传，已然确立起"阴阳和合，万物生发"的概念，认为世界是由各种元素协调共生而成，"和"是一切秩序存在的基础。譬如《国语·郑语》所云："夫和实生物，同则不继。"就像我们架起锅子烧东西，如果一味往里添水，怎么烧也只能得到一锅热水罢了，如果往里加上鱼、肉、佐料，就能调制成羹汤。要成为君子，成为大人物，就必须扒得开世俗善恶的皮相，看得到根源本质，才能够调济阴阳。混同是强行捏合，调和是创造新生，虽手段迥异，终是途径同归，运用之妙，存乎一心，因人因时因地而制宜，泄过以济不及罢了。最可怕的是，睁眼瞎心，一刀平削，没了清浊、大小、长短、疾徐、刚柔、高下、周疏，一锅清汤寡水全无滋味，啪啦啦齐声鼓掌乌泱泱众口喧骂了无生趣。君子多带刀，焉能不慎之又慎？

归纳此章而言，曰：正民，调和而不盲从，如此而已！

自己不盲从，也别让民众盲从！

◎没有照妖镜

子曰："君子易事而难说也。说之不以道，不说也；及其使人也，器之。小人难事而易说也。说之虽不以道，说也；及其使人也，求备焉。"

子曰："君子泰而不骄，小人骄而不泰。"

枫解：又见君子、小人同行，人多言尊卑、上下、大小、高低，吾愿解之为揽镜自鉴正己之行止。欲知此镜，无非解通二字而已，一为"事"，一为"说"。事者，共事也；说者，取悦也。且先译之如下：

君子容易一起共事但难以取悦。以不正当的方式去取悦他，无法讨其欢心；他用人的时候，量人之才具而分配任务。庶人难以共事却容易取悦。以不正当的方式去取悦他，也能讨其欢心；他用人的时候，却求全责备。

历来解此经文，多参照曾子之言，曰："夫子见人之一善而忘其百非，是夫子之易事也。"吾以为未必尽意，参"知为君之难"以解"易事"，参"不善而莫之违"以解"易说"。怎么讲？记住人家的优点而忘记他的不足，诚然是和谐相处的良方，却未必是能够一起干事，甚至干好事的妙法。能够体谅彼此的难处，并达成权责划分的共识，各安其职而又统一协调，则事可谐矣；权责分明，方能量人之才具置于其位，则人可安矣！不循常理、不顾道义、不讲原则、不论是非，一味地取悦之，只要他说的、做的、想的，就是对的，不就是"不善而莫之违"吗？这一套君子可不吃！

事谐则人悦，而非人悦始事谐，唯此无它！

揽镜，为的是正衣冠，而不是为了现妖形！下文也作如是解，文曰：

君子泰而不骄，小人骄而不泰。

泰者，心貌怡平、身心舒泰也；骄者，恃己傲物、骄侈凌人也。传统解家多引汉儒之言，曰："君子自纵泰，似骄而实不骄。小人实自骄矜，而强自拘忌，不能宽泰也。"大概的意思就是，君子看似傲气冲天，其实骨子里平和；小人看似牛皮哄哄，其实内里满是自卑。我倒是有些不同看法，更重要的是信念上的不同。读书、谋职，若为的是修齐治平，求的是自己心安，自然安详从容；若为的是凌驾人上，求的是骄纵己欲，泰从何来？镜光如月，直照本心。

归纳此章，由外而内，以事勘行，行正否？事谐乎？逢事宜当自问！

◎四条军规

子曰："刚、毅、木、讷近仁。"

枫解：传统解家都说，刚、毅、木、讷四种优良品行接近于仁德。汉儒这样分析，"仁者静，刚无欲亦静，故刚近仁也。仁者必有勇，毅者果敢，故毅近仁也。仁者不尚华饰，木者质朴，故木近仁也。仁者其言也讱，讷者迟钝，故讷近仁也。"宋儒杨时补充说："刚毅则不屈于物欲，木讷则不至于外驰，故近仁。"理由充分、文法无差，庶几可为范本，录之如下：

刚强、果敢、质朴、言迟是接近于仁德的四种品性。

除却仁者其言也讱，静、有勇、不尚华饰语出何典耶？尤其是"不尚华饰"，《乡党》篇中，夫子服饰之华美、考究何其隆重？姑且不论此解是否存在为说理而牵强附会之嫌疑，将这些论据都认为实情，依然令人费解，夫子置此言于斯意欲何为？让吾辈以兹为参照物矫正自己的行止致于合仁吗？正己而后正人，以匡民风吗？"仁"真的复杂到无法说清楚而需要用这样的手法来互参吗？《里仁》《颜渊》还未讲透乎？抑或又是错简乎？

心有疑虑，追溯字源。刚者，硬、坚、驯服也；毅者，志向坚定而不动摇也；木者，冒覆土地而生长，或为朴拙之质也；讷者，腹中有言而难以述之也。

译为"刚强、果敢、质朴、言迟"似乎没问题；可是，译为"正直、坚定、简约、谨言"也无不可吧？细细揣摩之，这不正是履仁于法的四大法则吗？

刚强正直而能约束民众、坚定果敢而能初衷不改、全面覆盖而又机理简朴、言行慎重而又内蕴丰富，若能持此四律立法、司法，法非近乎仁耶？

归纳此章，可谓之曰：刚、毅、木、讷，仁法之四隐括也！

◎抱团不是为了取暖

子路问曰:"何如斯可谓之士矣?"子曰:"切切偲偲,怡怡如也,可谓士矣。朋友切切偲偲,兄弟怡怡。"

枫解:何如斯可谓之士矣?

夫子的这段答复,历来解法略有不同,句读也有差别,不妨录之以观。

其一,"切切偲偲,怡怡如也,可谓士矣。朋友切切偲偲,兄弟怡怡。"解之曰:切切偲偲,相切责之貌,相互责善的样子;怡怡,和顺之貌,和睦共处的样子。朋友之间应该以道义切磋共同进步;兄弟之间应该团结友爱和睦共处。据说,这种解法传自马融。

其二,"切切、偲偲、怡怡如也,可谓士矣。朋友切切、偲偲,兄弟怡怡。"解之曰:切切,恳到也,情真意切致之再三;偲偲,详勉也,勉励督促不厌其详;怡怡,和悦也,相处和睦而心神愉悦。朋友之间相互勉励、相互督促,一定要诚恳而尽力;兄弟之间呢,要尽量和和气气的。为什么呢?"恐其混于所施,则兄弟有贼恩之祸,朋友有善柔之损。"大概意思是,兄弟虽有血脉之亲,未必是同道之人,责求善行,纵出于仁爱之心,也能酿成反目成仇之祸;朋友则是同门同道之辈,相互砥砺,言出诚恳,纵有摩擦之处,也当为平常事,若是一味温柔善待,反而有损道行。据说,这种解法传自胡安国。

句读之上,我愿随马派,若依胡派,缘何不是"切切如也、偲偲如也、怡怡如也"?《论语》中不乏此类例证。经义之上,我更推崇胡派,尤其是爱煞了"贼恩之祸""善柔之损",非久历红尘练达人情之大贤焉有如此真知灼见?故而,我重译此句曰:

再三责善、和睦相处,可以称之为"士"了。朋友之间,理当再三责善;兄弟之间,宜当和睦相处。

再三责善,正心之行;和睦相处,如心之果。有忠之原则,也有恕之情怀,而且能因势制宜,这才是真正的"士"!

蓦然回首,去此不远,子贡也曾有此问,夫子之答截然不同,其言曰:

行己有耻,使于四方,不辱君命,可谓士矣。

旧解多称,子贡善言,夫子以"使事告之";子路鲁莽,故告其不足。又是一个典型的因材施教之典范!可是,这两例为何散落于一篇之中?若是机理无所关联,并作一处,可乎?

我以为不可!除却经义之意,夫子当另有一番殷切期望,倡导士团砥砺共进之风气,而不是一团和气消磨意志。寄望于次末,正当其所!

◎先培训后上岗

子曰:"善人教民七年,亦可以即戎矣。"

子曰:"以不教民战,是谓弃之。"

枫解:善人教化民众七年之久,也能够使之作战了。

用未经教化的民众作战,这等于糟蹋生命。

善人,善行德政者,也有译为君子;教民,有说"使民知礼义与信",有说"教之孝悌忠信之行,务农讲武之法";七年,多说为"夫子以意言之耳",就是臆测、揣度出来的一个大概期限,如同期月、三年、一世、百年,或许、应该、无法明确;即,就也,戎,兵事也,即戎,就其兵事,使之作战。

这是传统上的主流解法,其内部也小有争议,无非战备当练兵、坚甲、足粮,或富民为先之类,纳之曰:慎战!

还有另外一种解法,句读稍有区别,但思路完全不同,我录之如下:

善人,教民七年,亦可以即戎矣。

善行德政之官与深受教化之民历时七年,也能够同化、融合戎狄了。

善人、教民构成历经庶、富、教之后的高等级文明;即,离之反义,同化、融合也;戎,泛指文明程度较低的人群、民族、国家,这在古汉语中颇为常见。按照这个思路,下一句"以不教民战,是谓弃之"当作如是解:

以不教之民为作战目标,是谓弃之。

拿未经教化的民众开刀,那就是谋杀啊!

在"夏夷大防"之下,这种论调自然深受鄙薄,细思之,却是深得夫子"有教无类"之真意,纳之曰:教化!

教化论者问,不善之人擅于兵事何尝不能率兽食人决荡千里?慎战论者问,无兵甲之威何以服化外之民令其接受仁义道德?两说各自成理,仅以经文而言,已然难察!每读至此,我总是忍不住会想,这是不是夫子留给弟子们的"课外作业"呢?是以试答之如下:

以夫子"中庸为德"作解,则当兼胜为美,左手慎兵而悬,右手持教而化,善乎?以夫子授徒之道而观,修文习武,何曾偏废?置以通篇之末,夫子或是另有一层深意——以不教士战,是谓弃矣!用未经训练的士去治国为政,是害了他,祸了国,殃了民啊!

…………

通读《子路》全文,夫子高屋建瓴提出为政之要始于二事,定纲领、建团队;以正名之法确定执政纲领之重心,打出旗号;随之,先由内而外,后由外而内,全面解剖正职、正身、正民、正行、正法之要；寄殷望以正士团之风气，留疑难于训士团之课末。归纳此篇，可曰之：士团纲领！

若与《为政》篇互参，基本上可以理清夫子的执政思想，以深受儒家思想熏陶、经受政务系统训练的高素质士团为骨干，构建起一个明道理、通政治、晓民情、知使命、有良愿、善调和的执政队伍，把履仁于政贯彻落实，逐步趋向大同之境。在这个过程中，士团是重中之重，夫子期望之厚，从其晚年倾尽心力以教之可见。仅以此篇中，职、身、民、行、法五正之训，可知夫子所思之深远。遥想当年之盛，之幸，令人唏嘘，今世又有谁能答：

无士何以治天下？

天下何人可谓士？

世间可有夫子以教之？

……………………………………

宪问篇第十四

◎知耻明仁

宪问耻。子曰："邦有道，谷；邦无道，谷，耻也。"

"克、伐、怨、欲不行焉，可以为仁矣？"子曰："可以为难矣，仁则吾不知也。"

子曰："士而怀居，不足以为士矣。"

子曰："邦有道，危言危行；邦无道，危行言孙。"

枫解：宪，姓原名宪，字子思，曾为夫子之家宰，辞"粟九百"的那位。因此处直书名而无姓，故有疑该篇为其所记之说。闲论暂且略过，解经为要。

某日，原宪问，何事当谓之耻辱也？

夫子说，邦有道，谷；邦无道，谷，耻也。

短短十个字的回复，每个字单独拿出来，几无争议，但全句之解读却各有说道，流派之多，不胜枚举，于幽微处别生胜境，也算是言语史上的一大奇观了。其中，堪称通达者有三，我且一一录之如下：

其一，与"邦有道，贫且贱焉，耻也；邦无道，富且贵焉，耻也"同参，解之曰：邦国有道，固当出仕以受俸禄；邦国无道，仍然当官领薪俸，就是耻辱。

其二，与"用之则行，舍之则藏"同参，解之曰：邦有道不能有为，邦无道不能独善，而但知食禄，皆可耻也。大概意思是说，邦国有道的时候没有作为，无道的时候不能独善其身，只知道领俸禄，这都是挺可耻的。

其三，以倒装句式解之，是为"谷，邦有道；谷，邦无道，耻也"，什么意思？出仕以受俸禄，应当忠于邦国之事，致其有道；如果薪俸领受，邦国却存于无道之境，就是耻辱。

哪一个更合乎夫子之原意？发问的子思估计是选了第一，所以夫子往生之后，他就退隐山泽，太史公称他成了游侠一类的逸士。但是，仅从这十个字里的确无法获得明确答案，我们不妨接着往下看看。

"克、伐、怨、欲不行焉，可以为仁矣？"子曰："可以为难矣，仁则吾不知也。"

好胜、自矜、忿恨、贪欲这四种毛病都无法行诸于身，可以称得上是仁人了吧？

夫子说，可以称得上是难能可贵了，若说是仁人我却还无法肯定哩。

能杀克伐怨欲四害，品德何其高洁？缘何夫子说"仁则不知"呢？理学家们解释云："仁则天理浑然，自无四者之累"；可是，你们在解释"克己复礼为仁"时，不是说"胜私欲而复于礼"就行吗？或者说胜私欲只是履仁之起步远未至仁人之境？我对此论一贯不以为然，仁不过是人间良性相处之道，别把所有的优秀品德都往里扒拉，"马非白马"这个道理前头已经讲过。窃以为，杀灭四害，品性自然高洁，却未必就能与人与世界和谐共处，故此，夫子无法据此确定其仁否，如此而已。哪一种说法更符合夫子原旨？不妨往下观之。

子曰：士而怀居，不足以为士矣。

怀居，眷恋安逸，胸怀一己之安，这样的人就没有资格称作士了！

依此而言，独善其身之人，亦当不足以为士矣，非耻乎？士怀天下，若邦国无道不当藏匿不现吗？下文当可答之！

子曰：邦有道，危言危行；邦无道，危行孙言。

危，高峻也，正直也；孙，同逊，卑顺也。邦国有道时，直言正行；邦国无道时，正直己行以守身，卑顺己言以远祸。依此言而察，独善其身似乎也是夫子所倡，无可菲薄。上下交困，令人大惑。宋儒曾有一问，若受命出使，卑逊其言，邦威国权岂不殆亡？

某日，偶读闲书，见"尔俸尔禄，皆民脂民膏"，如电光一闪，灵台顿时清明，幡然大悟，诚哉，当官不为民作主，不如回家卖红薯！既然立志为士，身受百姓供养，自当忠勤政事，致邦国于有道。"危行孙言"，讲点方式方法，无不可；若因怀居而忘却使命，则不可。杀四害以全德，或是无需；履仁于政，却是必为。

归纳此章，曰：知耻明仁坚信念，危言逊言正守身！通达乎？请读《宪问》，细细揣摩……

◎格局思辨

子曰："有德者必有言，言者不必有德。仁者必有勇，勇者不必有仁。"

南宫适问于孔子曰："羿善射，奡荡舟，俱不得其死然。禹稷躬稼而有天下。"夫子不答。南宫适出，子曰："君子哉若人！尚德哉若人！"

子曰："君子而不仁者有矣夫，未有小人而仁者也。"

枫解：南宫适，有两种说法。一称为南容，即南宫子容，夫子门徒兼侄女婿那位，朱熹从此说；一称为南宫敬叔，孟僖子的儿子，也是鲁国大夫，孔安国从此说。我信孔安国先生，否则"问于孔子"用词有违常例。当然，这是末节，略过不表。

某日，他跑来问夫子说："羿擅长射箭，奡擅长水战，都不得善终。禹、稷亲自下地种田，却得到天下。您如何看待这种历史现象？"

夫子不答！

史载叫羿的神箭手有三，一是帝喾的射师，一是唐尧时射落九日的那位，还有一位是夏代有穷国的君主，从下文"有天下"之言来看，应该是最后这位。这个羿呢，灭夏后相而篡其位，后来被他的臣子寒浞杀死并取而代之。奡就是寒浞的儿子，也是夏代的奢遮人物，相传是个大力士，甚至有陆地行舟的本事，曾帅师灭斟灌、斟寻二国，杀夏帝相，封于过地，终为夏后少康所诛。至于禹、稷，无须赘述。传统解家大抵分析说，南容托古言今，谓史上尚力者多不得善终，崇德者富有天下，当今之世尚力而不崇德必非福也，是以夫子虽不答，却在他离开后大赞，曰：

像他这样的人，真是君子啊，真是崇尚德性啊！

夫子为何不正面回应？为何不当面称赞？历来颇多推测，却无一能入我心解我惑。其实，回首前一句，答案赫然在内，经文曰：

有德者必有言，有言者不必有德。仁者必有勇，勇者不必有仁。

有道德的人一定有名言，但有名言的人却不一定有道德。仁人一定勇敢，勇者却不一定仁。

羿、奡，有穷国之勇者也；禹、稷，上古史之仁人也！履仁于政，以安天下，夫子之学，何必赘言？不过是学会了先生的功课，何来大赞之说？窃以为，夫子曰："君子哉若人，尚德哉若人"，当作如是解：若君子哉斯人，若尚德哉斯人。

这个人的心态格局已经像君子了，这个人的思维模式已经步入尚德正轨了。

若是不通此解，下文无从解起。经文曰：

君子而不仁者有矣夫，未有小人而仁者也。

很多人都说，君子之中不仁的人大概是有的吧，小人之中却不会有仁人。

若以有德者为君子，以无德者为小人，第一句尚可，第二句却成了累赘之语。若以上位者为君子，以庶民为小人，则此解全然不通！庶民之中无仁人乎？天生高贵论？那夫子还辛辛苦苦教书育人作甚？吾解此言，曰：

有君子胸怀气度之人而不仁者也许有吧，有庶民心态格局之人而履仁者却是从来未有。

此章所论者二——格局、思辨！

◎为民操劳

子曰:"爱之,能勿劳乎?忠焉,能勿诲乎?"

子曰:"为命,裨谌草创之,世叔讨论之,行人子羽修饰之,东里子产润色之。"

或问子产。子曰:"惠人也。"问子西。曰:"彼哉!彼哉!"问管仲。曰:"人也。夺伯氏骈邑三百,饭疏食,没齿无怨言。"

枫解:爱之,能勿劳乎?忠焉,能勿诲乎?

对此经文,传统解法,承袭脉络非常清晰,大抵以《国语·鲁语下》中之言作为注脚,言曰:"夫民劳则思,思则善心生;逸则淫,淫则忘善,忘善则恶心生。"所以,孔安国注此经时,曰:"言人有所爱,必欲劳来之;有所忠,必欲教诲之。"朱熹引苏氏之语补充解释,云:"爱而勿劳,禽犊之爱也;忠而勿诲,妇寺之忠也。爱而知劳之,则其为爱也深矣;忠而知诲之,则其为忠也大矣。"

棍棒底下出孝子,诤言直谏是忠良!传承有序,缜密成理。译文如此,录之如下:

爱他,能不令其劳苦吗?忠于他,能不教诲他吗?

"天将降大任于斯人也,必先苦其心智,劳其筋骨……"果真是"爱民如子",一腔赤诚,然而,普天下之民皆能担此大任吗?

或问,缘何"焉"字不以"之"替代?"爱之""忠之",无论语法、修辞岂不更美?我曾另作别解,焉,指前文,即"爱而劳",故不能以"之"取代;诲者,直以意教,明言教诲也。译之如下:

爱他,能不为他操劳吗?为中正其心而倾情劳作,能不明示以教吗?

爱一个人,为之奔忙劳碌;辛辛苦苦为的是什么?让他走正道,中正其心,这样,怎么能不明明白白地告诉他教育他呢?

这是一个递进式的论述,讲解的是教化民众的真谛,前人之解,我以为是对夫子原旨巨大的扭曲,彻底走向反解夫子之意!其实从随后这两段经文中完全能够窥得真容,诸君不妨一读。

为命,裨谌草创之,世叔讨论之,行人子羽修饰之,东里子产润色之。

仅从经文上翻译之,创制诰命令辞,裨谌拟稿,世叔提意见,外交官子羽修改,子产作文辞上的加工。这段话明显是对《左传·襄公三十一年》所载一段史录的概述,案云:"子产之从政也,择能而使之。冯简子能断大事,子太叔美秀而文,公孙挥知四国之为,而辨于大夫之族姓、班位、贵贱、能否,而又善为辞令。裨谌能谋,谋于野则获,谋于邑则否。郑国将有诸侯之事,子产乃问四国之为于子羽,且使多为辞令,与裨谌乘以适野,使谋可否,而告冯简子使断之。事成,乃授子太叔使行之,以应对宾客,是以鲜有败事。"大概意思是,子产执政时拣选了不少能人,团队里,冯简子擅断、子太叔擅文、公孙挥擅外交、裨谌擅谋略,某一次将有外交大动作,他们如何分工协同完美成事。

这个过程中,除了分工、慎重、缜密,我们还能领悟到什么?为政之艰辛吧。爱之,是令民劳,还是自己劳呢?不言而喻!

再讲讲下一段对话吧,经文载曰:

或问子产。子曰:"惠人也。"问子西。曰:"彼哉!彼哉!"问管仲。曰:"人也。夺伯氏骈邑三百,饭疏食,没齿无怨言。"

有人问,子产如何?夫子答曰:"这是一位爱惜百姓,恩惠被于民众的人。"问,子西如何?夫子答曰:"彼哉!彼哉!"问,管仲如何?夫子答曰:"这是个人物。取了伯氏骈邑三百户的采地,使他只能吃粗粮,伯氏却是到死而无怨恨之语。"

孔安国引《左传·昭公二十年》中一段文字作为案证,其文曰:"子产卒,仲尼闻之,出涕曰:'古之遗爱也。'"注经云:"惠,爱也;子产,古之遗爱。"意思是说,子产为政,爱惜民人,有古之遗风。这个说法颇合事实,无大争议。

子西争议就比较大了,一说是公孙夏,是子产的同宗兄弟,也是他前一任的郑国主政者,话题辐射捎上了,很有可能,夫子回答说"他呀",言下之意,当是乏善可陈,于史载之中也确实没见到此君有何过人之处;一说是公子申,这位两次辞让楚国君主之位,拥立昭王,改良纲纪革新政治,是非常有名的贤能之士,官至令尹,却是夫子仕楚的最大阻力,故此夫子不便评论,是为"彼哉"。窃以为,当是公孙夏,"彼哉"合其所为;至于公子申不便之说,实在是小看了夫子,岂会因过节而失公允?

管仲就厉害了,夺了伯氏三百户采地,让人家吃粗粮度日,却"没齿而无怨言",这明显不是恃主政者之威严可以做到的!

把子西当作打酱油的,先搁于一旁,就非常明显了,子产"爱之"乎?管仲"忠焉"乎?

子产怎么爱呢?"为命"已然说得很清楚!管仲怎么忠呢?没细说,朱熹解释云:"伯氏自知己罪,而心服管仲之功,故穷约以终身而无怨言。"道理上讲得通,可谓之,明令罚罪以正其心,合"忠"之正义,也在人情之内。

此章所论者——爱民!

如何爱民?请细思量!役而劳之,当非夫子原旨;为之操劳,明言忠之,更佳!

◎戒骄戒怨

子曰："贫而无怨难，富而无骄易。"

子曰："孟公绰为赵魏老则优，不可以为滕薛大夫。"

枫解："贫"却没有怨忿，很难；"富"却不骄傲，容易。

贫富何指？物质贫乏、丰裕之分吗？或是学力、才识、德性之别耶？这些因素置于其中，都能成理。

吾倾向于后者，若无素养、气度、道行充盈，世间家资广盛而奢欲骄纵之辈何其多哉？当然，这是书生意气使然，未必就是夫子原旨。

夫子想表达什么呢？让弟子们戒怨戒骄吗？这样的言论已然不少，何必再三申明之？遥想当年，子贡问："贫而无谄，富而无骄，何如？"夫子答曰："可也；未若贫而乐，富而好礼者也。"貌似"贫而无怨、富而无骄"也不是他特别欣赏的。道理好懂，却总是有些隔靴搔痒之感，但愿下文会有答案。

孟公绰充任晋国诸卿赵氏、魏氏的家老，绝对是力有余裕；却无法胜任滕、薛这类邦国的大夫之职。

老，家老，家臣之长也，位高望尊职责少；大夫，邦国之大臣也，权高责重政务多。赵魏，晋国大家也，实力雄厚权柄深重；滕薛，鲁之邻邦也，国弱而小，夹于诸雄间求存。情势如此，夫子此言何意？斯人缘何能为大家之老而不能为小邦之臣？孔安国说："公绰性寡欲"，不胜其烦尔；朱熹说："公绰盖廉静寡欲，而短于才者也"，不胜其职也！

我不认可朱熹的说法，理由有二。

其一，孟公绰，鲁之大夫，三桓孟氏之族人，素为夫子所敬重。《史记·仲尼弟子列传》记载："孔子之所严事：于周则老子；于卫，蘧伯玉；于齐，晏平仲；于楚，老莱子；于郑，子产；于鲁，孟公绰。"这些是学习的榜样啊，学他们的什么？寡欲而才短找个大家族任一闲职？这与夫子夙志有违啊！

其二，公绰才短？吾以为大谬矣！史载其事虽然极少，但也非绝迹，我就记得一桩，出于《左传》，案曰：

齐崔杼帅师伐我，公患之。孟公绰曰："崔子将有大志，不在病我，必速归，何患焉？其来也不寇，使人不严，异于他日。"齐师徒归，果弑庄公。

这个段子必须好好翻译一下，以供回味。故事是这样发生的：

公元前548年春，齐国的崔杼率领军队攻打鲁国，鲁襄公很忧虑。孟公绰说："崔杼有更大的心愿，志不在鲁，很快就会班师回国，有什么可担忧的呢？崔杼这次来，既不攻掠，军纪也不严明，与往日大不相同。这说明他的目的不是要攻打鲁国。"果然崔杼空跑一趟，率兵回师。回去后就杀了齐庄公。

如此人物，焉敢称之"才短"？唯"其性寡欲"经得起推敲。历来以用人之道解夫子之评公绰，"量才以用"自是通达高妙，却总是觉得这段话语中少了些许尊重，与其日常推崇备至有异，终究不美。吾试解之曰：寡欲者多志不在天下，甘为家老，悠游自在，可称为"志贫"乎？志贫则不宜多出怨言，少说怪话，别指手画脚横加责难！孟公绰这点干得地道，实在是世所罕有难能可贵呀，咱们必须向他好好学学。

士志兼达天下，为民劳而忠，戒骄！夫志独善其身，为己安而洁，戒怨！

站着说话不腰疼，横挑鼻子竖挑眼，士之大忌也！

◎ "成人"好难

子路问成人。子曰："若臧武仲之知，公绰之不欲，卞庄子之勇，冉求之艺，文之以礼乐，亦可以为成人矣。"曰："今之成人者何必然？见利思义，见危授命，久要不忘平生之言，亦可以为成人矣。"

子问公叔文子于公明贾曰："信乎，夫子不言、不笑、不取乎？"公明贾对曰："以告者过也。夫子时然后言，人不厌其言；乐然后笑，人不厌其笑；义然后取，人不厌其取。"子曰："其然！岂其然乎？"

枫解：成人，当然不是今时语境中的成年人了，朱熹谓之"犹言全人"也，后来也就大抵沿用此说，解为德智体美劳全面发展好人才。我倒有些不同看法，何谓人？夫子曰：管仲，人也！如何成为像管仲那样的大人物？这才是子路之问吧？

夫子说："若是有臧武仲的智慧、孟公绰的寡欲、卞庄子的勇敢、冉子有的才艺，再以礼乐来成就他的文采，也就可以成为大人物了。"随后又说："在当今之世要成为人物又何必如此呢？在利益面前能顾及公义，在危急时刻'授命'，久历贫困而不忘平日之诺言，也就可以成为人物了。"

臧武仲，鲁大夫臧孙纥也，《左传·襄公二十三年》有载，他逃到齐国时，能预见齐庄公恐难长久，是以设法辞去庄公所赐之田，崔杼弑君之乱，他因此免受牵连。或当谓之，智而能全身。

卞庄子，也是鲁国一位名大夫，史载称其有刺虎之勇力，齐人欲伐鲁，因为忌惮他，都不敢从他所居的卞庄路过。《韩诗外传》更载之，母在随军作战，三战三败，备受羞辱；及其母死三年，鲁国兴师伐齐，自请从战，三战三获敌人甲首，以雪昔日之耻，最后冲杀十人而告阵亡。或当谓之，勇而能全孝。

公绰之不欲，未见于史，但从前章之言，当有"寡欲而无怨"之意；冉求多艺而能用之，更是题中当有之义。这四位已经留名于青史，各具风采，若能得四君某一人之长处，加以礼乐成就文采，岂非斐然超脱于世？若能集这样的智德勇艺于一体，再加以礼乐成就文采，该有何等雄姿？故，另有一说，"文之以礼乐"谓为，以礼规范、以乐调和此四君之才识、德性，德备才全，中正浑一，始可称为"成人"。但是，夫子怕子路实在做不到，所以退而求其次，曰：

见利思义，见危授命，久要不忘平生之言，亦可以为成人矣。

要，通约，有贫困之意，愿你颠沛半生归来犹是少年，可谓是不忘初心，信念坚贞！授命，历来皆解为"不惜己身"，窃以为有谬。其一，夫子从来就不鼓励弟子为理想而献出生命，金句甚多，无须阵列；其二，从句式上来看，见利、见危为并列之语，思义、授命也当如是，念及公义与不惜己身，偏差太远，有失对称之美；其三，莫说臧武仲以智全身，以下庄子之勇尚能全孝，不惜三败，焉能见危而不顾身命？与前文语境实不相合；其四，儒门之所谓"命"者，多谓心命，授命，乃受命于心也，不过就是听从内心的召唤，别动不动就拿性命去搏。故，我重译之如下：

在利益面前能顾及公义，在危急时刻能紧守良知，历经颠沛依然信念坚贞，也就可以算是一个人物了！

这已然是忠信双全之君子矣！子路以身殉义，莫非误解于此乎？令人唏嘘！也许有人认为此解有偏，不妨往下一读：

有一次，夫子向公明贾请教公叔文子的行为，曰："听说他老人家不言、不笑、不取，真的吗？"公明贾答道："传话的人说得有些过了。他老人家适当的时候才会发言，别人也就不厌烦他的言语；心生喜悦时才会有笑颜，别人也就不厌烦他的笑；公义所允时才会取，别人也就不厌烦他的取。"

公叔文子，名拔，或作发，卫国大夫，卫献公之孙，吴国公子季札适卫时盛赞之君子中，他赫然在列，与蘧伯玉、公子荆比肩。据《礼记·檀弓下第四》所载，公叔文子死后，他儿子请求国君赐谥号，君曰："昔者卫国凶饥，夫子为粥与国之饿者，是不亦'惠'乎？昔者卫国有难，夫子以其死卫寡人，不亦'贞'乎？夫子听卫国之政，修其班制，以与四邻交，卫国之社稷不辱，不亦'文'乎？故谓夫子'贞惠文子'。"灾年赈粥救民、国难忘身护君、为政功业有成，身后之名颇佳。难怪夫子会向公明贾打听斯人之行为，闻后曰：

其然！岂其然乎？

原来如此！岂不就是如此吗？

这位老先生怎么办的呢？时然后言，乐然后笑，义然后取。不过合时、循心、从义而已。义然后取，与"见利思义"有异曲同工之趣；乐然后笑，从心乎？乐时从心，危时不应如是乎？

初心、信念、从义，岂不就是如此吗？何必多作揣测，把"成人"弄得那么复杂，令后来者无所适从！

不言语以示高深，不苟笑以示威严，不为取以示寡欲，"以告者过也"……

◎权谋可以有

子曰："臧武仲以防求为后于鲁，虽曰不要君，吾不信也。"
子曰："晋文公谲而不正，齐桓公正而不谲。"

枫解：臧武仲"以"采邑防地请求立后人以继承家族在鲁国的基业，纵使有人说他不是要挟君上，我却不相信！

"以"字有两解，一作"凭藉"，说他据防邑以求，要挟君上；一作"在"，说他在防地请求立后，这件事就是"要君"。其实，这样的争议皆源于孔安国的注，案文曰："鲁襄公二十三年，武仲为孟氏所谮，出奔邾。自邾如防，使为以大蔡纳请曰：'纥非能害也，知不足也。非敢私请。苟守先祀，无废二勋，敢不辟邑！'乃立臧为。纥致防而奔齐。此所谓要君。"这段注解所描述的故事是这样的：

鲁襄公二十三年，即公元前550年，臧武仲被孟氏诬陷，逃到邾国。再从邾国跑到防地，派臧为当使者带着大龟交纳请求说："俺不是一个有能力祸害的，智商也不咋的。不是俺胆大妄为为一己之私而请求。苟延残喘守住先人的基业，使父祖二代功勋不致毁弃断绝，不得不斗胆开辟城邑啊！"襄公批准，让臧为成了臧孙氏的继承人。臧武仲交出防地而逃往齐国。

而《左传》中却是这样记载："臧武仲自邾使告臧贾，且致大蔡焉，曰：'纥不佞，失守宗祧，敢告不吊。纥之罪不及不祀，子以大蔡纳请，其可。'贾曰：'是家之祸也，非子之过也。贾闻命矣。'再拜受龟，使为以纳请，遂立为也。臧孙如防，使来告。"故事却是有所不同，成了这样：

臧武仲从邾国派人去告知臧贾，并将大龟送去，说："俺不会混啊，没有守住祖宗的基业，大着胆子来告诉你没办法祭祀先人了。我的罪名还没有大到累及先人断绝祭祀，你凭借大龟去交纳请求，应该可以办成。"臧贾说："是家族的祸事呀，不是你的过错。我知道你的心意了。"两拜之后接受了大龟，派遣臧为去交纳请求，襄公立臧为当了臧孙氏的继承人。臧为回到防地，派使者来告知。

臧武仲，名纥，贾、为是他两位同父异母的兄长。《左传》所载与孔安国所注出入颇大，其一，臧纥是在邾国派人给他哥臧贾送信，没有自己上书鲁襄公；其二,与臧贾的言词之中全无半字涉及防地;其三,所谓"臧孙如防",在于臧为继立之后,当指臧孙为,非是臧纥;其四,孔安国注中所谓臧纥之言,不知案引自何典。正是因为有诸多相左之处,所以历来对"据邑要君"质疑之声不断。但是,公允些讲,通读孔注,还真没有讲到什么"据邑要君",真正把这说法办成"铁案"的是何晏,他在《论语注疏》中明言而书,曰:"据邑请后,故孔子以为要君。"我倒是觉得孔安国未必有此意,其所谓"要君"不在"辟邑",而在"苟守先祀,无废二勋",这与《左传》中记载臧纥所言"罪不及不祀"极为相类。以臧文仲、臧宣叔两位先人之功勋,请求延续家族之基业,不也是"要君"吗?

"据邑要君"还是"恃勋要君",两论皆能成理,但仅凭这丁点史载而下断论,实在不够硬气。下一段经文,就成了解开谜团的钥匙,文曰:

晋文公谲而不正,齐桓公正而不谲。

晋文公诡诈而不端正,齐桓公端正而不诡诈。

夫子为什么如此评价呢? 郑玄说:"谓召天子而使诸侯朝之。仲尼曰:'以臣召君不可以训。'故书曰:'天王狩于河阳。'是谲而不正也。"这是夫子笔削《春秋》时的一个典故,他读到僖公二十八年中有这样的记载:"冬,会于温。是会也,晋侯召王,以诸侯见且使王狩。"便说道,这种以臣召君的行为不能成为历史典式。所以重新书写,曰:"天王狩于河阳。"郑玄认为这就是夫子说"晋文公谲而不正"的理由。马融也引"桓公伐楚"之典作为案证,论"齐桓公正而不谲"之说。

后来,很多人怼之曰:春秋无义战,权谋之事谁人不为? 以某一事而论其生平,夫子之言不也有失偏颇乎? 是以,朱熹不得不解释说:"二公皆诸侯盟主,攘夷狄以尊周室者也。虽其以力假仁,心皆不正,然桓公伐楚,仗义执言,不由诡道,犹为彼善于此。文公则伐卫以致楚,而阴谋以取胜,其谲甚矣。二君他事亦多类此,故夫子言此以发其隐。"这两位日常行事就是如此,可为终身定论。可是,夫子何意? 无论谲正,终成一方霸业,令人何所适从?

略熟春秋历史的人都可以归纳出这样的结论,齐桓晋文有何异同? 同处有三:其一,同为五霸之一;其二,俱以"尊王攘夷"为号;其三,皆行盟同伐异之事。异处何在? 桓公有伐山戎救燕、讨狄人以救邢之战,且每合诸侯,必敦其纳贡于周王室。文公何曾为此? 他平定王子带之乱,只是采信谋主赵衰"挟周天子以令诸侯"之言,观"晋侯召王"之载可知其对周王室的敬意实在寥寥。齐桓晋文俱成霸业,攻伐天下,权谋自是当有之举,然本心却是迥异,旗号同而行止背,这才是夫子所断之谲正也!

齐桓公是奉正名而行,晋文公只是挂着羊头卖狗肉啊!

那么,臧武仲呢? 不过是打着为家族请立继承人的旗号,替自己喊冤罢了,为的就是那句"是家之祸也，非子之过也。"洗去身上的罪名，取得家族的原谅，"纥不佞"——俺没胡来呀，只是不会混。——而这过程中能让君上用来与孟氏抗辩的是什么？无非其父祖二代为国之功勋。或谓，臧武仲以请立后之名行割据之实，及至臧为继立之后，失大义名份，不得已而逃往齐国。推论也自成理，但案证缺失太多，且实非智者之所为，略显牵强。

此章，夫子所论者，正名之旨！口号喊出来，如果矫名伪托实行私谋，纵是一时得逞，千秋之后也会招来骂名的。

权谋不是夫子所贬责，本心才是夫子所求问！杨时解"武仲要君"有言云："夫子之言，亦春秋诛意之法也。"深得其中三昧！破不开千载百代形成的权谋思维，怎能在如晦风雨中察知历史洪流之大势？怎能在万漩千涡中洞见人之本心？尤其是评判那些被无数文字、人言淹没的大人物，更是容易为一时权谋得失之计较所障目，而难见真容。

视其所以，观其所由，察其所安！

唯此能见本心！

◎国士也有污点

子路曰："桓公杀公子纠，召忽死之，管仲不死。"曰："未仁乎？"子曰："桓公九合诸侯，不以兵车，管仲之力也。如其仁，如其仁。"

子贡曰："管仲非仁者与？桓公杀公子纠，不能死，又相之。"子曰："管仲相桓公，霸诸侯，一匡天下，民到于今受其赐。微管仲，吾其被发左衽矣。岂若匹夫匹妇之为谅也，自经于沟渎而莫之知也？"

枫解：齐僖公死，长子姜诸儿继位，是为襄公。襄公无道，鲍叔牙预感祸乱不远，奉公子小白逃往莒国。公元前686年，公孙无知联合连称、管至父等人弑襄公，并自立为君；管仲、召忽侍奉公子纠离国入鲁以避难。次年，雍廪袭杀公孙无知，两公子争归，小白先入，继位为君，是为桓公。桓公正位，兴兵伐鲁，逼迫其杀公子纠，遣还管召。公子纠在笙渎被杀，召忽自尽殉主，管仲请囚，鲍叔牙受之，后却为其脱罪荐与桓公为相。

子路、子贡就着这段历史问于夫子。

子路说，桓公杀公子纠，召忽以死殉主，管仲却不甘赴死，未曾履仁吧？

子贡问，管仲不是什么仁者吧？桓公杀公子纠，他非但没有以身殉主，还去为相辅于他。

后代解经人就此两问之别，分析出子路、子贡不同的性格、见识、胸怀，其中有不少精妙之处，并将夫子之答中"因材施教"的元素视为至珍。夫子是如何回答的呢？

夫子答子路说，桓公"九合诸侯"，"不以兵车"，都是管仲致力辅佐的结果。他如此行事就是履仁，能做到他这样就是仁。

"九合诸侯"，有多种解法。一说，桓公一生会盟诸侯共十一次，除去北杏、阳谷两次，皆"衣裳之会"，都是为了诸夏的"存亡继绝"，是以夫子认可此"九合"；一说，九为虚数，言其次数之多而已；一说，春秋传中作"纠"，是督察之意。

"不以兵车"，也有两种解法。一说不假兵车之威也；一说平息了兵车战事。这些说法哪个是夫子原意呢？窃以为当作如此解——桓公九次与诸侯行衣裳之会，不假借兵车之威。有何依据？其答子贡之言，恰能为旁证。他说：

管仲辅相桓公，成为诸侯的领袖，使天下能得公义匡正，族民到今天还受到他的恩泽。假如没有管仲，我们现在可能都会披散着头发、衣襟向左而开，沦为落后民族了。他难道要像徒有血气之勇的匹夫愚妇一样守着那点小信小节，在山沟中不为人知悄无声息自杀殉难吗？

当然，一些字词解法上的争议是免不了的，我且列之。霸，一说通"伯"，解为长；一说，称霸。一，或曰公义，或曰一切。沟渎，一说沟渠；一说是地名，即《左传》中的"句渎"、《史记》中的"笙渎"，也就是公子纠被杀、召忽殉主之处，故此认为夫子有借召忽之死训诫子贡之意。但不管有多少异议，经文中意思非常清楚，盛赞管仲为诸夏存续做出巨大贡献，斥责为匹夫之谅而自经于沟渎之愚行。

后世之人，多有循子路、子贡之思路据此而怼夫子者，曰：若皆如管仲，背主而事敌，世间尚有何忠义可言？程颐解释说："桓公，兄也。子纠，弟也。仲私于所事，辅之以争国，非义也。桓公杀之虽过，而纠之死实当。仲始与之同谋，遂与之同死，可也；知辅之争为不义，将自免以图后功亦可也。故圣人不责其死而称其功。若使桓弟而纠兄，管仲所辅者正，桓夺其国而杀之，则管仲之与桓，不可同世之雠也。若计其后功而与其事桓，圣人之言，无乃害义之甚，启万世反复不忠之乱乎？如唐之王圭魏征，不死建成之难，而从太宗，可谓害于义矣。后虽有功，何足赎哉？"大概意思是说，管仲帮助纠这位弟弟与兄争国君之位，错了；后来，知错能改，善莫大焉。所以说，夫子的评断没有任何问题！我听得心寒若冰，公子纠与桓公，孰长孰幼？史载本有争论，但据典籍而证，纠为兄长可能性更大一些，程颐案证已然不稳，实有强辩之嫌。更可怕的是，完全被舆论带到沟里去了，纵是管仲不殉主而死背离忠义，此属私德之亏，焉能掩其为诸夏存续而建之功？这种解释已然背离了夫子所斥责的匹夫匹妇之深意！

夫子所赞许管仲者,其公义之美也!以私德而侵公义,何其之谬?此非一叶障目之昧乎?

任何一个人,尤其是大人物,平生行迹何其复杂,因一时之得失而臧否其终身,公平吗?以某一污点湮灭人一生之功业,以道德为绳严律他人之私,毁人何其广而多?

较己身一时之得失,不见大势大义,不见天下苍生,可为士乎?

夫子曰:"士而怀居,不足以为士矣。"

管仲,人也,真国士!

◎不拘一格降人才

公叔文子之臣大夫僎与文子同升诸公。子闻之,曰:"可以为'文'矣。"

子言卫灵公之无道也,康子曰:"夫如是,奚而不丧?"孔子曰:"仲叔圉治宾客,祝鮀治宗庙,王孙贾治军旅。夫如是,奚其丧?"

枫解:公叔文子,就是前头时然后言、乐然后笑、义然后取的卫国君子公叔拔;大夫僎,大夫是邦国公臣之称,僎是其名,这是当时规范化的尊称,他原本是公叔拔的家臣。

这两位一同上朝堂成为邦国之公臣,夫子听闻此事,说:"可以藉此而得谥为'文'了。"

文,美谥也,纵与家臣同列朝班,也是一段佳话罢了,缘何得夫子如此盛赞?后代解经者,多引谥法中"锡民爵位曰文"作为注脚,认为夫子所赞者,是其为国举贤,尽人臣之大节。张居正注经时,曰:"惟知为国用贤,不嫌名位之逼,忠也。一事而三善备焉,谥之曰文。夫何愧乎。按:臧文仲不荐柳下惠,则夫子讥其为窃位,公叔文子荐家臣僎,则夫子称其可为文,是可见荐贤为国乃人臣之盛节,以人事君者所当知也。"所谓一事三善,如洪兴祖所言:"家臣之贱而引之使与己并,有三善焉;知人,一也;忘己,二也;事君,三也。"然,为国举才,非君子应尽之本份乎?尊誉何至于此?

窃以为,诸公有未尽之意。按照春秋时期的礼制,家臣不得参与国政,也没有资格随家主入于朝,此类事例屡载于史册。如《左传·哀公十一年》就曾载,齐国举兵来攻,已至清地,当时冉有为季氏宰,"季孙使从于朝,俟于党氏之沟。武叔呼而问战焉。"情势如此危急,他也只能在党氏之沟等候,武叔要征询他对战事的看法,也得呼而问之。由此可见,是时,公叔文子与僎"同升诸公"是跨越了多大的鸿沟。回顾前事,公叔得谥时,国君因何"文"之?曰:"夫子听卫国之政,修其班制,以与四邻交,卫国之社稷不辱,不亦'文'乎?"其中所重者,或在"修其班制"四字。夫子曾答子贡"孔文子何以谓之文也",曰"敏而好学,不耻下问,是以谓之文也"。两者之共通处,正在勘破贵贱之陋见,不拘一格降人才。如此大胸怀、大格局,方当得起夫子以"文"为之吧?

宏器量以用人,还得用之得法,始能相得益彰,下个段子恰恰就是讲解此理,经文曰:

子言卫灵公之无道也,康子曰:"夫如是,奚而不丧?"孔子曰:"仲叔圉治宾客,祝鮀治宗庙,王孙贾治军旅。夫如是,奚其丧?"

某日,夫子讲起卫灵公的昏乱失道,季康子问:"既然如此,为什么还能不败亡丧国?"夫子说:"他用仲叔圉处理外交,祝鮀管理祭祀,王孙贾治理军队,像这样,怎么会败亡?"

从这段对话,我们可以很容易领会到两层意思:其一,上位者最重要的职责就是用人;其二,将适当的人才放于适当的位置上。能够办好此事,纵"无道"亦能"不丧"。这三位究竟有何才具?仲叔圉,孔文子也;祝鮀,大祝子鱼也;王孙贾,卫国大夫也。也许我对这段历史了解得还是不够深,翻江倒海的,也只能从缝隙中扒拉出一小段记载,大约是在灵公三十年,晋卫会盟时,晋使成何、涉佗无礼,灵公怒,王孙贾疾步前趋,为君抗辩,颇有几分武人血性风采。据《左传·定公四年》所载,刘文公合诸侯于召陵,祝鮀被灵公拉着随行,在皋鼬与周王室大夫苌弘那段对话,也能看出他对于宗庙祭祀之事极为精通。至于孔文子,除了夫子那句"敏而好学,不耻下问"的高度赞誉,还真未见其过人之处,倒是他"一女两嫁"的劣迹昭彰。而王孙贾也有"宁媚灶君"之问,纵非索贿,恐也不是什么道德君子。难怪朱熹注此处时曰:"虽未必贤,而其才可用",恐怕也是翻了半天,没抄出啥好来。这就涉及更深层次的一个问题,用人论才还是论德?以用此三人得不丧而观,夫子对唯才是论当无贬责之意。

此章所论者,任材也!为上者,当有大气魄,能破窠臼简拔贤能;当有精准眼光,用人于适宜之处。至于论才、论德,请自思量……

◎秀给你看

子曰:"其言之不怍,则为之也难。"

陈成子弑简公。孔子沐浴而朝,告于哀公曰:"陈恒弑其君,请讨之。"公曰:"告夫三子!"孔子曰:"以吾从大夫之后,不敢不告也。君曰'告夫三子'者!"之三子告，不可。孔子曰："以吾从大夫之后，不敢不告也。"

子路问事君。子曰："勿欺也，而犯之。"

子曰："君子上达，小人下达。"

子曰："古之学者为己，今之学者为人。"

枫解：怍，惭也。汉经多如马融之解，"内有其实，则言之不惭。积其实者，为之难"，这个惭，如同《孟子·尽心上》那句"仰不愧于天，俯不怍于人"，更多的是问心无愧的意思；朱熹却云："大言不惭，则无必为之志，而不自度其能否矣。"这个惭，更多的是无愧于色的意思。这两者在理解上是有本质区别的，问心无愧者之难，是理想实现之路的遥远艰难；无愧于色者之难，是空谈与事实的鸿沟难越。哪个解法更符合夫子原意呢？仅从本句无法断言，但从通篇语境来看，无疑马融才是对的。怎么讲？夫子下面所举例子足以说明：

陈成子弑简公。孔子斋戒沐浴后朝见鲁哀公，奏报曰："陈恒弑其君主，请您讨伐他。"哀公道："告诉季孙、仲孙、孟孙三位吧！"孔子退了出来，道："因为我忝列大夫之尾翼，不敢不来奏报。但君上却对我说：'告诉那三位吧！'"孔子又去告请三位大臣，都不肯出兵。孔子道："以吾从大夫之后，不敢不告也。"

《左传·哀公十四年》却是这样记载："齐陈恒弑其君壬于舒州。壬，简公也。孔丘三日斋，而请伐齐。哀公曰：'鲁为齐弱久矣，子之伐之，将若之何？'对曰：'陈恒弑其君，民之不与者半。以鲁之众加齐之半，可克也。'公曰：'子告季孙。'孔子辞，退而告人曰：'吾以从大夫之后也，故不敢不言。'"

哀公十四年，即公元前481年，是年，夫子七十有一，已然是"从心所欲不逾矩"之期；是年六月，陈恒弑君。同一事件，《左传》详载君臣奏对之过程，而《论语》只述夫子处理之始末，这两者会产生什么区别？读《左传》大抵会记住"以鲁之众加齐之半，可克也"，惜哀公之不争；读《论语》大抵只会记住"以吾从大夫之后，不敢不告也"，惑夫子之迂腐。汉传注疏的解释是，"传是史官所录，记其与君言与，退后别告三子，唯弟子知之，史官不见其告，故传无文也。"这句"史官所录"惹来是非，后人有据此实案而问曰：以当时之国情，如何凝聚"鲁之众"？三桓秉政久矣，鲁公有征伐之力吗？三桓何尝无陈成子之心乎？如此奏对，是哀公不争，还是夫子不通情势？一位曾任大司寇游历天下的古稀老人缘何天真至斯？程颐非常干脆，直接质疑《左传》所录，曰："此非孔子之言也，诚若此言，是以力不以义也。"朱熹却认为夫子明知这种种不可为而偏偏为之，是为了警告篡鲁国政者！他甚至曾解释称，开始是真的想要讨伐陈恒，后来退而求其次警告三桓。可是，这种语言上的遣责能产生相应的约束效力吗？

对于这段历史，揣摩夫子所谓"圣人心意"以解读之言无数，却无一能令我折服。依周旧制，弑君者为公贼，诸侯共讨之，这是公义！"以吾从大夫之后，不敢不告"，这是本职！"请讨之"，不过，尽职而已！郑重其事，"沐浴而朝"，不过，表明立场而已！这更像是一场政治秀，明明知道是徒劳无功，明明知道会得罪三桓，夫子依然听从内心的召唤，全礼而行，毅然往矣！这场秀，秀给天下读书种子世间有志之士看，给他们留下一个白衣胜雪的背影，给他们一份可传千年的风骨。是以，"其言之不怍，则为之也难"。我今重译之，曰：

那些讲得问心无愧的话呦，真的好难实现！

正是秉持这样的原则，所以当子路问及如何事奉君主时，夫子才说，不要阳奉阴违地欺骗他，却可以犯颜直谏。就如同他自己在处理"陈成子弑简公"事件一样，郑重而朝，不惧冒犯哀公，也不惜触怒三桓！

也只有把"不敢不告"读通了，才能准确地理解夫子下面这些经文所要表达的意思。

譬如，"君子上达，小人下达。"

达者，通达也！君子与庶民皆有通达之处，有何异耶？君子达人，其志在上，正其上而广济于民；庶民达人，其志在下，正其下而益善于身。传统解读中说法很多，或曰君子徇天理，日益高明，小人徇人欲，日益污下；或曰君子追求高层次之达，小人追求低层次之达；或曰君子上达达于道，小人下达达于器。其解不离对错力分高低，吾以为谬，无非是人生境遇和生存状态迥异带来的志向不同罢了，强而求之，才是错解夫子之意，远离仁道，背弃中庸。

譬如，"古之学者为己，今之学者为人。"

孔安国曰："为己，履而行之；为人，徒能言之。"他的意思是说，古人学习是为了自己，为了践行，为了改变世界；而现在的人学习只是为了别人，为了吹牛，为了装饰门面。所以，程颐才会说："古之学者为己，其终至于成物。今之学者为人，其终至于丧己。"求学不修身，到头一场空，此叹义理通达！可是，却非夫子原旨。窃以为，夫子意在鼓励士子，当有"为天下人读书"的宏愿！学习知识，不再只是为了谋生，不再只是为了独善其身，而是为了实现履仁于政，为了世间大同！

我在那道皎洁身影之后，念着"以吾从大夫之后，不敢不告也"，体会着那缕从骨子里渗出来的金玉之声，敬录几笔，文曰：

那些讲得问心无愧的话呦，真的好难实现！

面对上位者，不要欺骗于他，宁可犯颜直谏！

君子之达，在于正其上以广济天下苍生，而非正其下以独善其身！

为国族之兴起而读书！

....

◎省身践道

蘧伯玉使人于孔子。孔子与之坐而问焉，曰："夫子何为？"对曰："夫子欲寡其过而未能也。"使者出。子曰："使乎！使乎！"

子曰："不在其位，不谋其政。"曾子曰："君子思不出其位。"

子曰："君子耻其言而过其行。"

子曰："君子道者三，我无能焉：仁者不忧，知者不惑，勇者不惧。"子贡曰："夫子自道也。"

枫解：蘧瑗，字伯玉；卫国著名君子，大夫；出身于名门望族，侍奉过卫国献公、殇公、灵公三代国君；发道家"无为而治"之先声，对儒家学说的形成也产生了重大影响；谥成子，封"先贤"，奉祀于孔庙东庑第一位。夫子与蘧瑗交情甚厚，二人分别仕于鲁、卫时就常派使者互相致问。夫子周游列国的十四年中，有十年居于卫国，期间曾两次住在蘧伯玉家中，前后达九年之久。尤其是二度入卫时，蘧伯玉已年高隐退，夫子在其家设帐授徒，二人更是无事不谈。

某次，蘧伯玉派一位使者访问孔子。孔子给他座位，而后问道："他老人家忙些什么呢？"使者答道："夫子想减少自己的过失却还没能做到。"使者辞而出。孔子说："好一位使者！使命必达啊！"

终其一段，重点不过八个字，"欲寡其过而未能也"，历来解经者多引《淮南子·原道篇》之典作旁注，案云："蘧伯玉年五十而知四十九年非"，盛赞此君"进德之功，老而无倦"，"省身克己，与时俱进"。这种强大的自我批评精神，诚然是修身之坚实基石。但是，不断的自我质疑，往往会催生"此时之是，何夕之非"的焦虑情绪，陷入"彼之甘饴，吾之毒药"的思维困境。故此，夫子提醒说：

不在其位，不谋其政。

此语曾见于《泰伯篇》，用于此处，除了字面上"各司其职"之含义外，当有"站稳立场"之警示。故，曾子附言于其后，旁注曰："君子思不出其位"，经文脱胎于《周易·艮》之象辞。大概意思是，考虑事情不能超越自己的职责、能力范畴，不能把时间、精力浪费在自己所不了解也无法施加影响的事情上，清楚什么是自己应该做的，什么是自己不应该做的。简单讲就是，脚踏实地，实事求是！这是对本职的精准定位，进一步是对言行的规范，曰：

君子耻其言而过其行。

在一些旧版本中，有书"而"为"之"者，此处两字同义，皆解释经文为，言过其行、言行不副，君子视之为耻也。

提醒、规范，很多时候被演绎成儒门戒律，成了"钳制思想""控制言论"

的武器，让人在"忧国忧民"与"谨守本位"中彷徨失从。其实，这就是我一直极力反对"断章取义"式解读《论语》的主要原因，如果贯通上下文，前文所讲的是"志存高远"，此处所戒的是"好高骛远"，夫子希冀真正的士，既有胸怀天下的大局观、铁肩担义的责任感，也有埋头苦干、致力深耕的专业精神。枝干直刺苍穹，迎着阳光雨露，尽情舒展；虬根深扎大地，向着沃壤清泉，努力汲取。上下求索，蔚然成荫……这纵横交错的庞大根系中，有三大主线，是为仁、智、勇。夫子纳之曰：

仁者不忧，知者不惑，勇者不惧。

以良愿之火焚世间之阴晦，见光明安乐，得"不忧"；以智慧之光洞世间之物事，见本质规律，得"不惑"；以坚定之心破世间之阻厄，无往而不利，得"不惧"。日日以此三者自省己身，日日修持精进。夫子曰："君子道者三，我无能焉"，"君子践行大道而行三事，我一件也未曾完备啊"，非是未能达到，而是永不满足、永不止步。故此，历来解子贡言，"夫子自道也"，皆云"那是夫子的自谦之辞啊"，我有些不以为然，重译之如下：

那是夫子的自我论述啊！

论述什么了？省身之径、践道之方也！

不忧虑、不迷惑、不畏惧……

◎别搞错方向

子贡方人。子曰："赐也贤乎哉？夫我则不暇。"

子曰："不患人之不己知，患其不能也。"

子曰："不逆诈，不亿不信，抑亦先觉者，是贤乎！"

微生亩谓孔子曰："丘何为是栖栖者与？无乃为佞乎？"孔子曰："非敢为佞也，疾固也。"

子曰："骥不称其力，称其德也。"

枫解：方者，比也，"比方人物而较其短长"，喜欢拿他人相类比而品评议论，朱熹认为经常这么干，"则心驰于外，而所以自治者疏矣"，实在不利于内修己身；郑玄注本，经文为"谤人"，故注之为"谓人之过恶"，喜欢讲他人的过错、劣处，已然有恃才傲物之失。总之，夫子批评他说：

赐也贤乎哉？夫我则不暇。

赐啊，你就够好了吗？我却没这闲工夫。

品评人物也好, 恃才自傲也罢, 总归是为了让他人知道自己胸怀宝器肚子里有货, 此非夫子所喜之行止, 故嘱之曰:

不患人之不己知, 患其不能也。

别害怕他人暂时不理解自己, 要担心自己力不能及!

类此之言,《论语》有多处, 虽小有差别, 但经义基本一致, 可见夫子自我鞭策之心何其坚定, 也可见急于表现自己之害何其危烈, 反复叮咛, 宜警宜戒!

其实, 夫子也经常品评人物, 只是出发点不同, 他为的是择善而从, 而不是彰显自我。如何评判一个人物呢? 曰:

不逆诈, 不亿不信, 抑亦先觉者, 是贤乎!

不预先怀疑他人的欺诈, 不无端猜测他人的失信, 不逆不亿而能及早发觉, 这就是贤明了!

这是最主流的解读方式, 相信世间一切皆向善, 心怀光明, 而又能通达明慧, 及时趋避不仁无良之害。当然, 也有另外一种解法, 句读有所不同:

不逆诈、不亿、不信, 抑亦先觉者, 是贤乎!

不正面迎击欺诈、不凭空猜度、不拘泥己信, 或者能做到预见趋势, 便可以称为贤达之士了!

这种解法与 "毋意、毋必、毋固、毋我", 颇有异曲同工之妙。"不逆诈" 是为人情练达, "不亿" 是为实事求是, "不信" 是为善容异见。简言之, 就是评判人物, 宜当就事论事, 不能诛心击身, 也只有揭得下那些因人而设的标签, 才能洞察事物的发展规律, 从而 "先觉", 成为大贤。

两种解法各自成理, 俱有通达之趣, 哪个更合夫子之意? 实在极费思量, 不妨以随后事例, 细加参详, 例为:

微生亩谓孔子曰:"丘何为是栖栖者与? 无乃为佞乎? " 孔子曰:"非敢为佞也, 疾固也。"

微生, 氏也, 亩为其名, 据说是当时鲁国著名的隐士, 生卒年、生平事皆无详载。在古代中国, 隐士是一支非常重要的社会力量, 虽无公器之权, 无治民之责, 但对民风、国格的塑形具有难以估量的影响力, 其学识素养、人格魅力、品性修为远在国民基准线之上, 为时人所推崇尊重, 所以微生亩面对夫子也能不卑不亢, 说:

孔丘啊, 你为何终日如此殷切忙碌? 难道是为了借口舌之便以迎合俗流吗?

栖栖, 刑昺云 "犹皇皇也", 朱熹称 "依依也", 是为心怀殷切之望, 行有栖惶之态, 四处奔波不得安定; 为佞, 刑昺云 "佞说之事于世", 朱熹称 "言其务为口给以悦人也"。窃以为, 微生亩是觉得夫子满世界宣讲自己的治国思想, 不过藉此扩大影响力迎合世俗需求罢了。夫子怎么回答呢? 曰:

我不是敢"为佞",只是"疾固"而已!

何谓"疾固"? 包咸称"疾世固陋,欲行道以化之",朱熹称"疾,恶也;固,执一而不通也",啥意思? 讨厌人世间那些顽固的陋习,不是为了迎合俗流,而是为了以仁道教之化之! 秉孔门济世之情怀,扬儒家入世之精神,通! 微生亩却成了预设欺诈、猜度诛心戴着有色眼镜看人的反面典型,可是,真的如此吗?

有些学派将微生亩归入道家,其实是有一定理由的。道家提倡"无为而治",提倡"顺势而为",是以多出隐士。在夫子时代,儒道两家虽然政见不同,但关系还是极为融洽的,立论而争,却相互推崇,譬如夫子与叶公、蘧瑗等人私交甚笃。微生语出如刀,夫子答言似剑,这种论道时"针锋对麦芒"的气韵,是后来才产生的,与当时之氛围不合,也不符夫子一贯行止,吾不取也! 更重要的是夫子答语中那个"敢"字,内蕴谦逊之意。

非敢为佞也,疾固也。

不是我斗胆想要迎合俗流,只是自己毛病大呦。

什么毛病? 总想着为人世间留点良愿之火,总想着为人世间尽点心力……

这样的回答诙谐中透着和谐! 政见不同而已,何必白刃不相饶? 无端失了君子之风骨。故此,夫子随后补充说:

骥不称其力,称其德也。

骥,千里马也。称,传统解为称赞,谓千里良驹值得赞誉的是它的德性而非其力量;吾解之为衡量。何为骥? 衡量的不是它的足力有多矫健,而是它能否把力量用对地方呦! 德者,道之用也;骥者,非在力,而在能致千里!

同理,衡量一个人的"德",不是看他的理论有多高妙、才识何等卓绝、风姿是否无双,而是看他做了什么,看他能否把自己的聪明才智、生平所学用于匡世济民。

知识,不是用来打嘴炮的,真正的士都挺忙的,忙着学习,忙着践行……

◎消弥戾气

或曰:"以德报怨,何如?"子曰:"何以报德? 以直报怨,以德报德。"

子曰:"莫我知也夫!"子贡曰:"何为其莫知子也?"子曰:"不怨天,不尤人,下学而上达。知我者其天乎!"

公伯寮愬子路于季孙。子服景伯以告,曰:"夫子固有惑志于公伯寮,吾力犹能肆诸市朝。"子曰:"道之将行也与,命也;道之将废也与,命也。公伯寮其如命何!"

子曰："贤者辟世，其次辟地，其次辟色，其次辟言。"子曰："作者七人矣。"

枫解：何谓"以德报怨"？传统解释皆称，德，恩惠也，怨，雠怨也，也就是以恩惠回报仇怨。在这样的认知基调上，历来都说，当有人问及夫子，以德报怨，怎么样？

夫子曰，那用什么来回报恩惠呢？用公平正直来回报仇怨，以恩惠来回报恩惠！

快意恩仇，倒也干脆。可是，如此解读问题颇多。这其中涉及儒道之争，双方在德怨之报的问题上存在分歧，在夫子之后近千年的大争中，逐步走向惨烈，甚至演变成"凡是对方讲的都是错的"。如此简单粗暴地解析"以德报怨"，略有理智的人都能挑出错来，却在无意中拉低了夫子的智慧值啊！拿美酒去敬奉豺狼？这得是智商低到什么程度的人才会干的事儿？而这样的问题还得正儿八经地用推理性思维来回答？抹黑对手的同时，成功抹黑了自己，典型的"杀敌一千自伤八百"……

感慨暂歇，切入重点，就从儒道两家对德怨之报的分歧讲起吧。"以德报怨"是道家一贯的主张，现存典籍可以看到的最早"源头"大抵也就在《道德经》中，文曰："为无为，事无事，味无味。大小多少，报怨以德。"这个德指的是什么？"顺天下之所同者也"！什么意思？顺应天下之共同规则，按照自然规律办事。这个怨指的又是什么？是仇恨，是怨气，是人间一切负面能量。从整段经文来看，人家讲的是如何消弥世间的戾气，与"胜残去杀"的目标一致，为的是达成社会和谐。怎么办呢？只要顺应自然规律，它终会逐步烟消云散。这个报，是回应。

儒家对此有些不同看法，认为这样的做法过于消极，不能静观其成，必须干预引导。夫子提出问题，说："何以报德？"大道无形，并不是所有的人都能触及，我们应该拿什么来回应它呢？必须把这"德"显化出来，成为行之有效的普世法则。怎么办？"以直报怨，以德报德。"用公义正理来回应怨气，用仁德良行来回应自然规律。怎么讲？就是对于顺应自然规律的行止我们顺其自然，对于违背自然规律的行止我们必须用公义来纠正，简言之，曰：惩恶扬善也！从儒家的角度来讲，就是要建立起一套德政礼制。

其实，儒道之争真正的焦点就在于积极干预还是顺其自然，如果摸不到这个关节，很多时候是无法解读出经文奥义的。当然，也有很多是揣着明白装糊涂。譬如，"以德报怨"，或如下文之解：

子曰："莫我知也夫！"子贡曰："何为其莫知子也？"子曰："不怨天，不尤人，下学而上达。知我者其天乎！"

夫子说："没有人知道我呀！"子贡问："为什么没有人知道您呢？"夫子说：

"不怨恨天，不责备人，学习一些平常的知识，却透彻了解很高的道理。知道我的，只有天罢了！"

传统上大抵都作如是解，然后注释曰："孔子不用于世而不怨天，人不知己亦不尤人。""下学人事，上知天命。""圣人与天地合其德，故曰唯天知己。"高光伟正，貌似强大通达，可是，这样自吹自擂真的好吗？总有人忍不住腹诽之：

夫子仰天长叹……

不患人之不己知……余音依然未息，犹绕耳畔，这是闹的哪出？居然有人会为释此质疑而曰：夫子也是常人，也有怀才不遇之叹，这才是真人本色赤子之态。我对此嗤之以鼻，且逐步分解之。

就从"下学而上达"开始，对此历来解读甚多，其中尤以《皇侃义疏》之说最为靠谱，文曰："下学，学人事；上达，达天命。我既学人事，人事有否有泰，故不尤人；上达天命，天命有穷有通，故我不怨天也。"怨尤何来？不知人事之否泰，不知天命之穷通，乱言以对！其实，这段经文是夫子对"怨"，也就是人间一切负能量产生根源的补充说明，只有找到"怨"的源头，才有可能消弥之，以达"德"境。以庶民小恩小惠小仇小怨之心窥探儒道分歧之思，其谬焉能不去之千里？人家讨论的是世界和平，不是灶下坑头！

儒家的"天"何指？天理也！下学人间之常理准则，上达自然之客观规律，交相呼应，浑然而一，德也！唯如此，始能消世间之戾气。这才是儒家的"知"，是夫子终其一生不懈而求索的"智"！我今将这段对话重译如下：

没有什么可以增加我的智慧烛照我进行的道路了！

为什么这么说呢？

不怨言天理之穷通，不责备人事之否泰，学习人间的常理准则而通达自然的客观规律。能够启迪我智慧的，只有天理啊！

七十年所苦苦求索，前路依旧茫茫……

当然，这样的解读会让福荫在"圣人荣光"中的那些人恨不能活剥了我。讲点"天理"，再说点"人心"，不妨向下一观：

公伯寮愬子路于季孙。子服景伯以告，曰："夫子固有惑志于公伯寮，吾力犹能肆诸市朝。"子曰："道之将行也与，命也；道之将废也与，命也。公伯寮其如命何！"

公伯寮，字子周，春秋末年鲁国人，与子路同为季氏之家臣。子服景伯，即子服何，是当时鲁国的大夫。有一次，公伯寮在季孙那里进言毁谤子路。子服何跑来告诉夫子，并说："季孙大夫已经被公伯寮迷惑得很深了，凭我现有的力量还是能够把那家伙的尸首曝于朝堂之外街市之中以示众。"夫子说："我的主张能够实现，是'命'；我的主张若被弃废，也是'命'。公伯寮这么干改变不了'命'！"

命，历代解家解之为"天命"，谓"道之废行俱由天命也"。可儒家之天命为何？却多语焉不详，或是云山雾绕胡诌一气。其实，儒家之天命多有特指，天为天理，命为心命，天下之共理，人心之良知！决定"道之废行"的是天下事物的发展规律和人心向背，是人心中的那一缕良愿之火，是人心对美好光明的不绝向往。公伯寮能够蛊惑得了季孙，还能左右得了天下大势蒙蔽得了天下人心？再说了，如果个人力量强大就能无视规则肆他人于市朝，世间焉能不戾气横生？

这一段不能深入堂奥，下一段就解成遍地鸡毛，经文曰：

贤者辟世，其次辟地，其次辟色，其次辟言。

作者七人矣。

历来俱称，此处"辟"通"避"也，故而夫子这段话的大概意思是，贤明的人逃避恶浊之世而隐居，次一等的人避开凶险之所择地而处，再次一等的也能避开他人不好的脸色，最次一等的也能避开他人的恶语中伤。现在，像这样干的已经有七位喽……

然后，大家开始列"逸士"名单，包咸曰：长沮、桀溺、丈人、石门、荷蒉、仪封人、楚狂接舆；王弼曰：伯夷、叔齐、虞仲、夷逸、朱张、柳下惠、少连。还有的干脆就和稀泥，说"七"只是虚数，而非确指。我实在无法接受这样的解读，心中有一惑不吐不快，儒家所谓"贤者"何指？夫子推崇的所谓贤达之人是何等人物？他会主张避世隐居吗？

承接上文，夫子此处所论者，儒门之道也，是文脉的根底，是主张的来源。一脉相承，所授为何？

第一等，辟世平天下；第二等，辟地治邦国；第三等，辟色齐家室；第四等，辟言修己身。

此"辟"非"避"，而是开创，是建设，是传承，是充益，是发扬光大。这一脉浩浩荡荡奔腾不息如龙东来，至今已有七人建树斐然，哪七位呢？

尧、舜、禹、汤、文王、武王，还有我的偶像周公啊！此"作"，制礼作乐之"作"也。是以，夫子自道"述而不作"，此之谓也。

夫子的道，不是天授所得凭空而来的，也不是他脑洞大开一朝得悟的，为了所谓"大争"连祖宗都不敢认了，实在令人不敢恭维。我端坐正色重录此经，如下：

我们用什么来回应天道在人间的显化？用公义正理来纠正消弥怨念戾气，用仁德良行来顺应自然规律。

不怨言天理之穷通，不责备人事之否泰，学习人间的常理准则而通达自然的客观规律。能够启迪我智慧的，只有天理啊！

大道之废行取决于天下大势与人心向背，公伯寮如斯行径岂能左右之？

真正的大贤平天下，其次治邦国，再次齐家室，最次修己身。传承充益此文脉者，于今已有七人了。

……………………

无关恩仇，没有怨尤，拨开命运迷雾，远离隐逸山林，天理世间悟，良愿人间觉，这才是儒家之士，这才是孔门弟子………

◎偏向虎山行

子路宿于石门。晨门曰："奚自？"子路曰："自孔氏。"曰："是知其不可而为之者与？"

子击磬于卫，有荷蒉而过孔氏之门者，曰："有心哉，击磬乎！"既而曰："鄙哉，硁硁乎！莫己知也，斯己而已矣。深则厉，浅则揭。"子曰："果哉！末之难矣。"

枫解：子路夜宿"石门"。入城时，"晨门"问道："从哪儿来？"子路回答说："从孔家来。"曰："就是明知不可为而为之的那位吗？"

"石门"，郑玄说是鲁城外门，不知据何而考，姑且信之。"晨门"，一说阍人，掌晨昏开闭门之胥徒，就是被刑罚处理过去看大门的；一说晨起司门者，早上起来开门的。不管是啥身份，因为说了句"知其不可而为之者"而名列孔门"逸民隐士榜"，甚至倍受推崇，堪称奇事一桩。这话儿颇有见地，可是其人高在何处，未曾见得。或是夫子"硬骨头"的名声远扬，市井之徒也有耳闻，又何尝不可？

知其不可而为之，不少解家都说这是隐士讥讽夫子之说，我在反复诵读中体会到的却是悲情中带着壮烈，有些惺惺相惜的意味。"石门"不见高，"荷蒉"却端的是妙人，何以见得？不妨一读：

夫子在卫国，某日于住处击磬，有一位挑着草筐子的人恰好从门前路过，便说："有心哉，击磬乎！"听完了却说："鄙哉，硁硁乎！莫己知也，斯己而已矣。深则厉，浅则揭。"夫子闻得此事，说："果哉！末之难矣。"

故事情节非常简单，重点是这几句台词不太好解，历来争论甚多，莫衷一是。"有心哉，击磬乎"，一说"契契然忧苦哉，此击磬之声乎"，这磬声中透着愁苦之味啊；一说，这磬声里，透露出忧天下之浊浊悯苍生之凄凄的气息。"鄙哉，硁硁乎！"浅薄啊，这磬声透着鄙贱！为何如此评说？"莫己知也，斯己而已矣。深则厉，浅则揭。"没有人知道自己，那就罢休好了。水深，索性束衣而涉；水浅，应当撩衣而过。言下之意是，荷蒉者听出夫子磬声中有怀才不遇之叹，觉得他实在浅薄，应该遇境而当，何必在此"磬声硁硁"？最后，夫子听说此事，曰："果哉！末之难矣。"这话也有两种截然不同的解法，一称，果者，敢也，末者，无也，无难者，不解己之道而讥言也，直白点就是，你还真敢说呀，啥都不知道就说！一称，果哉，果于忘世也，心无挂碍则行之无难啊！

对这三句台词，我略有看法。闻弦音而知雅意，听磬声而明心曲，固然是高山流水遇知音。其实，讲得有些玄了。"击磬乎""硁硁乎"，词意相同，就是这磬曲的调子，一以乐器名之，一以声音名之，如此而已，何必揣度过多？真正的评论在于"有心哉""鄙哉"。何谓"有心哉"？不是有心事，而是走心了，带感情了。何谓"鄙哉"？不是浅薄，不是鄙贱，只是俗了，落了窠臼了。此说何来？正在于最后那句引语，"深则厉，浅则揭。"这是《诗经·邶风·匏有苦叶》中的两句，历来都说荷蒉者用此诗意在"饥孔子人不知己而不止，不能适浅深之宜"，真的如此吗？请读原诗：

匏有苦叶，济有深涉。深则厉，浅则揭。

有弥济盈，有鷕雉鸣。济盈不濡轨，雉鸣求其牡。

雝雝鸣雁，旭日始旦。士如归妻，迨冰未泮。

招招舟子，人涉卬否。人涉卬否，卬须我友。

......

瓠瓜长出苦叶子，河津也有深渡头。

解裳束腰涉深水，撩起衣裳涉浅沟。

茫茫一片河津渡，咯咯不休雌雄口。

津渡水满不浸轴，雌雄声鸣唤其偶。

雁鸣呼应多和美，旭日初升天初昼。

君若有心迎娶我，趁冰未融请媒谋。

摇摆往来老船夫，他人来渡我不走。

他人来渡我不走，我须在此待吾友。

......

这是一首少女怀春期待情郎迎娶的抒情诗，"深则厉，浅则揭"，厉是衣带，有说是解裳束于腰而涉水，有说是拴葫芦于腰带而泅渡，总之，无非是，只要你心里有我，济水深浅都能过，办法总比困难多。这话儿讥讽之意何在？笑话夫子怀才有如同少女怀春吗？至于"知其不可则不当为"之论，更是无从谈起，您还真的忍心让这份纯真美妙的情感化作望夫石不成？

莫己知也，斯己而已矣。深则厉，浅则揭。

斯者，斯人也；己者，自己也。斯己而已矣，斯人自己就如此结束。

没有知己，这个人就这样结束了。若是心中有情，深厉浅揭，终归能击而言之啊。

哪来什么刀光剑影隐士踢馆？人家谈的是音乐，论的是风雅，不是泼皮无赖逞口舌之利。我将这段台词重译如下：

真是走心，情绪饱满啊，这磬击的。

还是俗了，落入窠臼了，这磬声啊。没有知己，他就这样停止演奏了，若是心中有情……

果然是这样啊！末章终是难以完美杀之啊。

……………

这才是高山流水吧？

是时，纵是隐逸之士，哪怕是道家高人，也没有人会动辄给夫子下绊子；是时，真的是君子之争，真的有清风明月……

这两个小段子究竟想表达什么呢？石门知"不可而为之"，荷蒉见"有心终无难"，讲的是儒家弟子这身硬骨头，如击磬之声，铮铮而鸣！

◎修己安民

子张曰："书云：'高宗谅阴，三年不言。'何谓也？"子曰："何必高宗，古之人皆然。君薨，百官总己以听于冢宰三年。"

子曰："上好礼，则民易使也。"

子路问君子。子曰："修己以敬。"曰："如斯而已乎？"曰："修己以安人。"曰："如斯而已乎？"曰："修己以安百姓。修己以安百姓，尧舜其犹病诸？"

枫解：高宗，殷王武丁，商中兴之帝君也。"谅阴"何谓？孔安国曰："谅，信也；阴，犹默也"，今人对这两个字的解释是心怀诚信沉默无声；或谓居丧之所，即为"凶庐"，此庐只用一梁作屋脊，周围不用楹柱，上铺茅草作檐，下垂于地，无门窗，光线昏暗，故称"梁闇"，至于是因物而具名，还是因名而造物，不见典载，非吾所能知也。不过，半坡遗址那百余座简陋的房屋，倒是大半如此，或许居丧之庐如此构造正是上古仪轨的遗存。朱熹最是干脆，称"天子居丧之名，未详其义"。"冢宰"何谓？官名，殷商置此职，位次三公，为六卿之首，此官位是常设之职，还是因时而制，至今存疑；据史载，周武王薨，成王年少，周公曾任此职摄政。背景大致也就这样了，本经段子如下：

某日，子张问道："《尚书》里记载说：'高宗谅阴，三年不言。'此话如何理解?"夫子说:"不仅仅是高宗,古人都是如此。国君死后,百官各自管理好自己的职司,'听'于冢宰三年。"

历代解家至此,多言子张并非不了解"谅阴"旧制,而是担心"君王三年不言",政令无出,"臣下无所禀令,祸乱或由以起也";夫子释其疑虑,言"听于冢宰"。可是,这样就能不起祸乱?史册之上,为此类事件而血流漂杵之记载还少吗?是古人高风亮节,还是后来礼崩乐坏人心沦丧?

也有人考证说,太宰是啥?主管王室财货及内庭事务的官员,不是郡县制度中的宰相,远没有那么大的权限。在国君服丧的特殊时期内,他还肩负起另一个重要职责,就是沟通内外,成为君王与百官的沟通支点,是"传声筒",而不是"施令者"。夫子的意思是说,新君继位,不是真的一言不发,而是通过冢宰传递信息,是"听",不是"授"!至于"冢宰为百官之首,执掌邦治",不过是汉儒托古制之伪说。这种说法似乎也有道理,至少比较符合客观情理。其实,如果从古制的角度来看,孔安国先生的解法还是比较靠谱的,只是今人译出毛病了——"谅"为信,是小信,带着个人色彩的执政理念;"阴"犹默,是静默,是无声沉寂阴晦不明——实习期啊,哪来什么旗帜鲜明大刀阔斧啊!

个人还是比较认可古制,新君继位,政务不精,由冢宰辅政,见习三年,挺好的;后来不也有"顾命大臣"嘛,担心一家独大,则分托几位形成制衡呗。

总之,咱不妨学学朱熹先生,"谅阴",古制也,不知其详,反正,大概,也许,就是有这么一个制度,据说殷王武丁守此制还干得不错,为甚?

子曰:"上好礼,则民易使也。"

刑昺说:"民莫敢不敬,故易使。"上位者好礼制,则庶民肯定会敬畏,所以就容易服从命令;谢良佐说:"礼达而分定,故民易使。"上位者能把礼制建设得通达了,职份自然清晰稳定,庶民也就知道自己该干嘛不该干嘛,所以就容易指挥。大致也就这样,也可与《子路篇》中"樊迟学稼圃"同参,无非讲上位者当有之心态,要起到好的"示范作用"。

所以,当子路问及如何成为君子时,夫子说:"修己以敬。"当子路追问说:"只是这样而已吗?"夫子说:"修己以安人。"再次追问,夫子乃曰:"修己以安百姓。"

"修己以安百姓",尧舜干这事儿大概或许也没能办得一点毛病都没有。言下之意就是,你别好高骛远,觉得容易。

"修己以敬""修己以安人""修己以安百姓",这三句回复解读上历来有所不同,纳之可分为两派:一曰,此为三个层次,逐步升级,内修仁德,外行恭敬,从促善自己,到安九族,再到安百姓;一曰,修己以敬,已然是夫子认为的最高水准,此"敬"者,是令世人受其言行之促而同修仁道,行真善美之事,"圣人之心,无分彼此"。好像都讲得通，也许这就是传说中的"内圣外王"的源头吧？不管哪种解法，一言可蔽之，曰：

先修自身，再教他人！

修正己身，促其外美内善；再正他人，令其安泰和谐；而后以安天下万民，求得世界大同，同履仁道。

哪怕是君王，也得遵循此例，先实习三年，再来安民。

◎挨板子喽

原壤夷俟。子曰："幼而不孙弟，长而无述焉，老而不死，是为贼。"以杖叩其胫。

阙党童子将命。或问之曰："益者与？"子曰："吾见其居于位也，见其与先生并行也。非求益者也，欲速成者也。"

枫解：讲点反面典型，第一位是原壤，据说是夫子的老朋友。《礼记·檀弓》中记载着他一件事，大概是这样：

原壤的母亲往生，夫子帮他清洗棺木，他却爬到棺木上对夫子说："我很久未曾唱歌抒怀了。"然后高声唱道："狸猫的脑袋色彩斑斓，姑娘的小手温柔细软。"夫子装作没听见而走开。随从的人问："您不可以使他停止歌唱吗？"夫子说："据我所知，亲人只有在未曾失去才是亲人，故交只有未曾失去才是故交。"

有人据此事而证，说原壤是黄老之流，自放于礼法之外的人，也就是一位道家门徒。也许吧！母丧而歌，夫子却能弗闻而过，这次却被骂得狠了，甚至还挨了尼山之杖，究竟干了何等出格之事？经文载曰：夷俟！夷者，箕踞也，就是叉开着腿随性而坐在地上；俟者，待也，有说等待夫子的，也有说一起等待客人的。总之，就是在等待客人的时候坐姿不雅缺乏敬意。夫子怎么骂的呢？"幼而不逊弟，长而无述焉，老而不死，是为贼。"大概意思是，你年幼不守礼节，年长毫无作为，年老浪费粮食，绝对是个害人的人！

这事儿令人费解啊，朋友之间一个"待客失礼"难道比"治丧失孝"还要严重？还好有另一个典型，可以帮助我们理解夫子的意思，经文记载：

阙党，据说是夫子居所旧地，那里有个年轻人来向夫子传递信息。有人就问："这小子是个肯求上进的人吗？"夫子说："我看见他大模大样坐在位子上，又看见他同长辈并肩而行。应该不是一个肯求上进的人，只是一个急于求成的人。"

　　一个人在细节上散漫无礼，显露出来的却是不求上进之心。原来如此，尼山之杖，责的不是原壤之不拘小节，责的是老友之碌碌无为；这一杖，明明是策鞭，切莫成了戒尺！
　　…………
　　一把岁数，七贼尤在，浑身臭毛病，完全没个正形。
　　…………
　　年少之时，不知谦逊求进；年长之时，也不践行传播正道；年老了，也不给后辈留个人模样。
　　这样的人，徒费米粮，忘却自身的职责啊！
　　…………
　　这个"述"，是"述而不作"的述，是"祖述尧舜"的述；这个"贼"，非在年高，而在无范，在失职！
　　…………
　　通读《宪问》一篇，自原宪之问，发知耻明仁之始；从南宫之惑，解格局思辨之疑；看郑国为命，通为民操劳之事；析公绰之才具，说戒骄戒怨之律；讲何谓成人，炼初心信念之坚；谲正之分，说权谋之不侵本心；管仲大功，言私德不掩公义；文子灵公用人，是破格任材；告成子弑简公，论行止不作；蘧瑗寡过，言省身践道；察人之道，为的是观以改过；德怨之报，消弥戾气；石门荷蒉，铁骨铮铮；修身安民，内圣外王；终于尼山之杖，促其作为。
　　统篇所论，士职也！一是使命，二是心态，千言万语，不离此二线。
　　尤其是击于原壤胫上的那一杖，发人深省。
　　却不知敲得醒几颗脑袋……

卫灵公篇第十五

◎绝不换频道

卫灵公问陈于孔子。孔子对曰："俎豆之事，则尝闻之矣；军旅之事，未之学也。"明日遂行。

在陈绝粮，从者病，莫能兴。子路愠见曰："君子亦有穷乎？"子曰："君子固穷，小人穷斯滥矣。"

子曰："赐也，女以予为多学而识之者与？"对曰："然，非与？"曰："非也，予一以贯之。"

枫解：陈，阵也，军旅行列之法、兵甲争锋之术也；俎豆，礼器也，俎与豆皆盛肉食之皿、行奉祀之器，古语中多以表示礼制之末节、祭祀之细处，与"笾豆""胡簋"等词类同，曾子临终与孟敬子云"笾豆之事，则有司存"，不在"君子所贵乎道者三"之列，可见其为末节也。这个段子可以译之如下：

卫灵公向夫子问起军阵之事，夫子奏对说："祭祀的细节，我曾经听说过；军旅的事情，从来没有学习过。"第二天，打点行装，决然离开卫国。

历代解此章者，必言"先礼后兵"，此为汉儒所传，云："治国以礼义为本，军旅为末，本未立，则不可教以末事。"意思是说卫灵公此问本末倒置令夫子大失所望，是以离去。真的如此吗？翻开《史记》，此奏对当在鲁哀公三年，即公元前493年；夫子于定公十四年，即公元前496年，离鲁入卫，受灵公之奉"粟六万"，距此已然近四年矣，期间三出三入于卫，跟灵公算是"老相识"了。灵公是个什么样的君主，夫子焉能不知之？再说了，都几进几出了，本来就是"骑驴找马"的事儿，讲什么"政见不同而不与之谋"，实在有些牵强！

倒是《史记》中记载的另一细节有助于理解"明日遂行"之举，奏对之后，"明日，与孔子语，见蜚雁，仰视之，色不在孔子。孔子遂行，复如陈。"这种举止，已然连最基本的尊重和礼数都缺失了，焉能不走？打个不太恰当的比喻，一位超级大资本家，遇上一位顶级的运营者，高职厚薪，礼数周全，来则置之闲之，去则，听之任之，偶或有询，多问："先生，咱家某某产品应该怎么销售？"你能怎么回答? 大抵也只能说,"员工培训, 我倒是知道一些; 销售货品, 实在不是我的强项。"类此云云……当某天, 正跟你说着话儿, 突然有群大雁飞过, 他却仰头而望将你晾在一旁, 你不走还等啥? 领禄米吗? 可是, 你走便走了, 离去之后, 总是跟人讲"我与他经营理念不同", 几个意思? 还好, 这话儿是汉儒之说, 并非夫子之言。

当然, 让汉儒承认此事实在是强人所难, 多少有些跌份儿, 为圣人讳嘛, 可以理解。更重要的是, 这里头透露出另一层意思——此处不留爷, 自有留爷处! 在夫子时代, 君拣臣, 臣亦拣君, 常事尔, 无可厚非。汉朝刘家富有四海之后, 谁要再起这念头那可就是"大问题"了, 最少也是隐于暗处的"邪途"。

但是, 令人不解的是, 汉儒大多将"明日遂行"断段到下一小节里去, 仿佛与"在陈绝粮"形成某种因果关系, 其实, 这两件事还真挨不着。"在陈绝粮"发生于鲁哀公六年, 即公元前490年, 时隔已是三年。期间, 夫子自陈而蔡, 还跑了趟叶地, 跟叶公论政, 还路遇长沮、桀溺……经历极其丰富。倒是"子路愠见"与"子贡然非"应该都是在那数日之间发生, 这两段对话, 其实很完整地解释了夫子为什么再次决然离卫。我且将故事补叙于下:

在陈绝粮, 没饭吃了, 跟随的人都饿病了, 连起床都有些困难。可是, 据说, 夫子"讲诵弦歌不衰", 课照讲, 琴照弹。子路一脸不高兴地进来见他, 说:"君子也有这样困顿窘迫的吗?"夫子说:"君子固穷, 小人穷斯滥矣。"

夫子这话, 历来有两解。一曰"固有穷时", 君子哪怕是有时候会落魄穷困, 但也不会像小人物一样, 一旦缺衣少食就啥都敢干啥都愿干; 一曰"固守其穷", 君子当胸有明月, 纵是物资短缺, 也不能作小人物姿态, 怨言四起。固有穷时, 紧守底线; 固守其穷, 乐在其中。两说俱通, 词义、文意、语境都没问题, 各有其妙趣, 实在难以取舍。可是, 不管哪种解法, 其中却有一共通之处: 我宁可受穷挨饿, 有些事也一定不会干! 什么事儿呢? 或在下一段对话之中。

夫子说:"赐啊, 你以为我是'多学而识之者'吗?"子贡答曰:"对呀, 难道不是吗?"夫子说:"不是的, 我'一以贯之'。"

"多学而识之者"也有两种解法, 一是"多学而识之"的人, 博学广闻而后识而记之的人, 这个"之"指的是学习到的知识; 一是"多学而识"之者, 这个"之"就是"的"。我倾向后一说, 因为"多学而识"大抵作为一个约定俗成的词语, 在古汉语中常见; 者, 在儒家典籍中, 多指学识过人、才识卓绝的贤者。"一以贯之", 或与《周易·下系辞》的经文"天下殊涂而同归, 百虑而一致"同参, 谓"用一个基本概念把学到的知识贯穿起来", 与"多学而识"形成呼应, 传授的是学习方法。或与《里仁篇》的经文"夫子之道, 忠恕而已矣"同参, 谓"我只是坚持自己一向的原则与信念, 行忠恕之道罢了"。我赞同后一说, 且将对话译之如下:

赐啊,你以为我是博学多艺的贤者吗?

对呀,难道不是吗?

非也,我只是坚守自己的道罢了。

…………

君子固穷,也不学庶民为衣食之谋而无所不为。

…………

您不重视我,我在此终将碌碌,不如远去。

…………

前事不能正君之行,若还不能体察到你由心而生的那一丝不耐烦,"恕"也远矣。

…………

此章,以己道约束己身也,无它!通乎?不妨存疑细读《卫灵公》……

◎忠信为本

子曰:"由!知德者鲜矣。"

子曰:"无为而治者其舜也与?夫何为哉?恭己正南面而已矣。"

子张问行。子曰:"言忠信,行笃敬,虽蛮貊之邦,行矣。言不忠信,行不笃敬,虽州里,行乎哉?立则见其参于前也,在舆则见其倚于衡也,夫然后行。"子张书诸绅。

枫解:由!知德者鲜矣。

仲由啊,能够真正理解"德"的含义的人太少了。

由知德者鲜矣!

仲由对于"德"的内涵知道得太少了!

前一说法,只是对子路的一句感慨;后一说法,却是严厉的批评。历来多谓此语为"盖为愠见发也",此说传自汉儒,出于何典却不见其证。而读太史公之记,愠见之后,却是分召三弟子论诗文"匪兕匪虎,率彼旷野",明显所载不同;甚或《论语集注》云:"自第一章至此,疑皆一时之言",此说与《史记》出入更大。史笔有误,还是解家之谬?夫子究竟是在什么时间、什么地点、因为什么讲了此话,值得商榷,断言此为针对子路愠见而发,我不太信服。试想之,因门人之不解而批评他"知德者鲜",是不是有些失了师德?是不是有违"人不知而不愠"之精神?

德者何意？朱熹曰："谓义理之得于己者。"子路知德者鲜矣，乃"非己有之，不能知其意味之实也。"

此句经文，传统上的主流注解，令我非常反感。一无实文案证，有随意揣测之嫌；二违夫子之道，戒尺打得太狠了。所以，我宁愿相信这只是夫子对仲由的一句感慨：能够真正理解"德"的含义的人太少了！何为德呢？下文恰能解之，曰：

无为而治者其舜也与？夫何为哉？恭己正南面而已矣。

自汉而后，读至此处必称帝舜"任官得人，故无为而治"，我听得甚是疑惑，"任官得人"，此非舜为帝君之大作为乎？更离谱的是说"何必有为哉，但恭敬己身，正南面乡明而已"，大概意思是想成为舜这样的圣天子，就别插手政务，勤修德性端肃容颜，好好南面而坐当好你的泥塑样子！如此曲解，实在令人无言。

无为而治，世之德政也！能当得起如此盛誉者，帝舜也！他怎么做到的呢？"恭己正"临朝称帝，如此而已！

南面者，尊位也，朝堂之上，唯帝王可居。何谓"恭己正"？恭者，敬肃之心，奉行之举也；己正，正己也，忠正己身也，此夫子所倡儒门修身之正法。是以，以敬肃之心奉行忠正己身之法，南面而坐临朝称帝，所以成为一代圣君。

欲成明君，先正己身，还是庄严坐堂？何说更能成理，值得一论吗？君不见"子张问行"夫子之明教乎？

言忠信，行笃敬，虽蛮貊之邦，行矣。言不忠信，行不笃敬，虽州里，行乎哉？立则见其参于前也，在舆则见其倚于衡也，夫然后行。

忠信，周也，君子之德，正心之原则，从心之信念，此说已然解过多次。何谓敬？促其行真善美也，此非忠乎？何谓笃？一心一意，厚实坚定，此非信乎？言有忠信，行能笃敬，此非正己身乎？己身得正，纵使到了周遭未得教化的部落中，又有何妨？己身不正，纵使在本乡本土，又有何用？

夫子谆谆教诲，必须时时谨记刻刻参悟，站立时，仿佛见此字书于身前，坐车时，仿佛见此字刻于横木。

子张听了教诲，书写于自己的绅带之上。

何字？

传统解家曰：忠诚老实厚道严肃！

吾曰：忠信！

愿汝只教汝儿，老实巴交，千万别往蛮荒之地去……

有信念之笃，有正心以敬，沛然浩浩，何处不能去耶？

◎智法为根

子曰："直哉史鱼！邦有道，如矢；邦无道，如矢。君子哉蘧伯玉！邦有道，则仕；邦无道，则可卷而怀之。"

子曰："可与言而不与之言，失人；不可与言而与之言，失言。知者不失人，亦不失言。"

子曰："志士仁人，无求生以害仁，有杀身以成仁。"

枫解：史鱼，也称史鰌，名佗，字子鱼，卫国大夫。灵公时之祝史，与蘧瑗、史狗、公子荆、公叔发、公子朝一同曾被吴国公子季札并称为"卫国君子"，为时人所赞誉。其实，很多人总会把他与祝鮀搞混，因为祝鮀的字也是子鱼，在灵公时代主要职责也是祭祀，同行、同字、时代相近、身份相当，同样生卒年不知、生平事寥寥，分辨不清也是正常事。但儒家经典对这两位的称呼却非常讲究，同是以官职称之，谓鰌为史，是为史鱼，谓鮀为祝，是为大祝子鱼，盖云"史公直笔"也！

史鰌有一件事非常出名，《韩诗外传》与《大戴礼记》都有相关载录，故事梗概大约如此：史鰌临终之前，嘱咐他的儿子说，我在生之时不能"进蘧伯玉而退弥子瑕""死不当治丧正堂"。他儿子遵其遗命，停尸于窗下。灵公往吊，问其故，儿子把老爹的话讲了一遍。灵公立召蘧伯玉而贵之，召弥子瑕而退之，徙丧于正堂，成礼而后去。古人称此为"尸谏"！

大抵解经，皆据此为案，称史鰌"其性惟直""行直如箭，言不随世之变曲也"。然后称，蘧伯玉就不同了，邦国有道，能大展身手，邦国无道，则能韬光晦知，进退自如，这才是真正的君子之风。故此，皆译经文如下：

史鱼太正直了！邦国有道，他如箭矢；邦国无道，他也如箭矢。蘧伯玉是君子啊！邦国有道，他出来当官；邦国无道，他藏身而退。

大概意思是说，史鱼挺好的，但蘧伯玉更好啊！言下之意无非是，咱得向蘧君子学习，保存有用之身，留待邦国清明之日。然后，还去考证一下史料，襄公十四年，宁殖、孙林父驱逐卫献公，二十六年，宁殖之子宁喜迎献公复位，蘧伯玉皆"从近关出"，政乱之中全身而退，实在是高人典范。可是，我总是忍不住想问一句，灵公是明君乎？其秉政之时，卫为有道之邦乎？缘何史鱼在时，卫国无道，而史鱼去时，卫国则有道？

我今思之，以荐伯玉而言，史鱼亦曾"数言"于灵公，不得可，而终于尸谏。书曰"数言"两字，期间多少曲折，已然湮灭在旧简尘埃之中矣，何敢武断其刚直无转圜？再说了，史鱼是"尸谏"，不是"死谏"，其中方法运用之妙，焉可不察？再说了，箭为直行乎？窃以为，所谓矢者有三，不中其的而不止、弓开触发而不回、锋芒锐利而不藏，夫子以矢喻之，当是盛赞，有千万人吾往矣之勇，有百折不挠之坚，如"宁武子之愚"，汉儒之解何其谬也！直者，忠而正也，不正君王之心而不回头，此为史鱼之矢！所谓卷而怀之者，非其才具，而是锋芒，不是隐而退，而是避而作，用更温和的手法来达成目的，是"无为而治"之先声，此为蘧瑗君子也！

伯玉史鱼皆君子也，或温润，或坚毅，风姿异而神采同，何来高下之判？不过持身之道不同而已！若此中真意不明，则下经必然解得自相矛盾，经文曰：

志士仁人，无求生以害仁，有杀身以成仁。

世人俱称，履仁而行，不当贪生怕死而有损仁德，当勇于牺牲以成全仁德。

且不论此解是否通达，持此而论，依汉儒"用行舍藏"之说，岂非赞史鱼而薄蘧瑗乎？

窃以为，此解不达，为不识儒家正身之法！何谓求生？不是追求生命的存活，而是放纵自己生存的本能欲念。何谓杀身？不是牺牲自己的生命，而是杀身之七贼，意、固、必、我、惰、过、不及七害也。杀七贼而克欲念，大道在前，吾往矣！此史鱼蘧瑗所同也，至于如矢还是如玉，不过皮相之异罢了。真正的君子，丰神俊朗，仁心德行，还得有什么？智慧！故，夫子曰：

可与言而不与之言，失人；不可与言而与之言，失言。知者不失人，亦不失言。

可以跟他谈却不谈，错失其人；不可以跟他谈却谈了，误失己言。智者不会失人，也不会失言。

思虑周全而不失人，行事严密而不失言，过或不及，中在汝他之间，分寸把握需要真正的智慧。

综上，此章所论，正身不是求得同一模样，而是同其心德，有智慧，讲方法，如此而已！直白点说，手段可以柔软，但脊梁必须挺直！

◎给你一把刀

子贡问为仁。子曰："工欲善其事，必先利其器。居是邦也，事其大夫之贤者，友其士之仁者。"

颜渊问为邦。子曰："行夏之时，乘殷之辂，服周之冕，乐则韶舞。放郑声，远佞人。郑声淫，佞人殆。"

枫解：子贡问为仁，如何践行仁道，或者是如何提高自身的仁德素养，或者是如何以仁道约束己身。夫子曰：工欲善其事，必先利其器。

为仁之器究竟是什么？貌似没说！只是教了"利器"之法，怎么弄？曰：居是邦也，事其大夫之贤者，友其士之仁者。

大夫，邦国之公臣也，处于政治组织结构之上层；士，有才识之预备役官员也，是执政力量的骨干。故而，有一流派之解，至此而终，称，夫子开明练达啊，让吾辈入其邦国则奉事其高官、结交其士绅，构联人脉，以为履行仁政之基。若如此，何必拣其中之贤仁者？非事其大夫友其士，而是事贤友仁！窃以为，此中真意有二：其一，结交邦国之政要精英，才能了解到此邦国之政务内理、国情实况、运行机制等等"真知"，才能学到真东西；其二，事贤友仁，以其德行砥砺已身。简而言之，大夫与士也好，贤者与仁人也罢，都是"磨刀石"！可是，刀胚何在？且从下文解之！

颜渊问为邦，历来皆称此问求的是"治国之法"，盖因颜子有王佐之材，以天下为己任，故有此问。当然了，子贡就差点意思，夫子担心他"悦不若己者"，喜欢找人捧自己，到头来学不到真本领，所以让他"事贤友仁"。我对这样猜测揣度出来的"因材施教"案例，不太感冒，就从夫子之言解起可也，曰：

行夏之时，乘殷之辂，服周之冕，乐则韶舞。放郑声，远佞人。郑声淫，佞人殆。

传统是大抵如此翻译，曰：用夏朝的历法，坐殷朝的大车，戴周朝的礼帽，音乐就听韶武。舍弃郑国的乐曲，远离谄媚的小人。郑国的乐曲靡曼淫秽，谄媚的小人危害甚烈。然后，我们可以找到无数文字记载，殷商的大车有多么便捷舒适，周朝的礼帽、服饰有多么华美富丽，也有说韶武之乐何其煌煌。当然，这些浩瀚如海的论述，基本都是汉儒书就的，有些号称是先秦之作，甚至是殷商遗篇，乃至三皇五帝之典，后来却每每被证为汉代文人伪托之著。我曾经沉迷在这些文字中，几近溺亡，某日，终于捞到一根稻草：总说"乐则韶舞"是"音乐就听韶与武"，可是夫子不是说"武未尽善"吗？关键是韶乐也罢，武乐也好，早就埋在历史的河泥里，不得闻矣。还好，夏历尚存，据说就是我们今天依然还在用的"农历"，或称"阴历"，这就是一套完全按照中国本土四季更替、农耕作息而制定的历法。缘何"行夏之时"？窃以为，不过追随前人的脚步，学着遵循自然规律罢了。一惑解而百惑可消，再读经文，已是别有滋味。

特别有意思的是"郑声淫"，汉儒说郑卫之声惑人心，宋儒说郑声多淫秽。昔年那一曲曲乐调肯定是无法耳闻了，还好那一首首文辞多少还有遗存，当也能以一管而略窥其豹，若真是辞曲相去千里，自是人不得夫子之法眼，不见录于《诗经》，今读郑风，二十有一，其中写情者一十九也，且多涉男女之情，整个一卷情歌大汇唱啊，汉说惑心、宋说淫秽当指此而言。可是，真的往深里诵读，还真没品出什么蛊惑人心的污言秽语来，至多也就是用词鲜活、情感奔放些罢了。故此，窃以为，此"淫"当解之为恣肆、过度！

其实，夫子此语不过是告诉我们，应该学什么，不应该学什么，他用自己切身之经验去芜存精倾囊而授，可怜后人以汗牛充栋之文重将泥沙搅和了进去。我且勉力重译此经文于下：

遵循夏朝的历法，利用商朝的工具，沿革周朝的礼制，祭乐响起则追思上古的韶舞。搁置郑国之乐，远离媚俗之徒。郑声恣肆，佞人懈怠。

辂，或为路，或为车，泛指交通工具，当然也可更泛些指其百工之能；以冕代言礼制，古文常有之事。其实，我们若精读三朝历史，完全可以自己归纳出类似的观点，夏朝摸索总结规律，商朝开发完善生产工具，周朝充益健全礼制，三朝脉络何曾隐晦？取三朝之精华，为的又是什么？为了再现"韶舞"，重光传说中尧舜禹三代之治，敬畏天地、纯朴自然……更简单点说，就是传先贤文脉，学习前人如何观察、探索、开发这个世界。再简单点说，学前贤之智慧！

原来，数千年文脉铸就的刀胚！

也是，无智何以履仁？智从何来？与时贤学人生阅历，此子贡之问，养私德之智也；从典籍取经文精义，此颜渊之问，哺公义之智也。

刀胚铸成，当然还得勤加磨砺，这可是个耐心、细致的活儿，所忌者，过度、懈怠！当然，禁个色，小心手，也是可以的，各从己愿吧。

综上，此章所论，正身之始，增益智慧也！

◎给自己做体检

子曰："人无远虑，必有近忧。"

子曰："已矣乎！吾未见好德如好色者也。"

子曰："臧文仲其窃位者与！知柳下惠之贤而不与立也。"

子曰："躬自厚而薄责于人，则远怨矣。"

枫解：人无远虑，必有近忧！

这是《周易·既济》的象辞，王弼以易理解之，曰："存不忘亡，既济不忘未济也。"大概意思就是，莫因此时之小得而忘记未来之大得，诗意尽在远方，不能因于此情此境而忘了赶路。挺好的！就是有点虚。其实，此经文古今词义、文意俱无大差异，不译也罢。唯有一问，远为方向，虑者何事？应该考虑什么？注意什么？夫子举了两个例子，曰：

已矣乎！吾未见好德如好色者也。

也就这样了！我从来还未曾见过"好德"如同"好色"的行止啊。

此语曾见于《子罕篇》，其中详释诸君可反刍复阅，不作赘述，概言之，莫放纵私欲以侵凌公义！克私欲养己德，如此而已！

臧文仲其窃位者与！知柳下惠之贤而不与立也。

臧文仲，就是山节藻棁养大龟的那位臧孙辰，在真实的历史上也算是一位品德、才识颇佳的人物，只是夫子在《论语》中拿他说了两回事儿，后来者解读有谬，被勾勒成了一个智短无能、尸位素餐之辈。"居蔡"不过是以寻求庇护为目的之举，动机不纯，夫子质疑其知，乃谓此举乏智，是利令昏心而非才识低下，申其"无知"之冤可读《公冶长》，此处再判另一错案。

柳下惠，展氏，名获，字子禽，曾为鲁国之士师，掌刑罚狱讼事。最有名的是"坐怀不乱"，当推崇的是三仕三黜而不改直道事人之凤行。数十年广收弟子而授文化、礼仪，深受门生乡人爱戴。退位而居柳下，惠为其妻所赠之私谥。夫子称其为"逸民"，孟子称其为"和圣"。

历来解此经文必曰：窃者，偷也！孔安国曰："知贤而不举，是为窃位"，刑昺循之云："偷安于位"也，朱熹进一步解释说："如盗得而阴据之也"。缘何不断加深以释疑？因为总有人持一问：邦国公器，臧孙辰、展子禽皆人臣也，纵有知贤不举之错，何来偷窃之罪？自孔而何，解说皆难以服人，老朱没办法了，只能说"像盗取来的然后偷偷据为己有"，这只是打个比喻好吧。另有一说，鲁僖公十二年，"僖公欲大用之，臧文仲阻止，终止。"《左传》未载此事，不知其案何出。

我非常反对无实案之证，更反感为说理而凭空造假案。其实何必如此大费周章？何必说只是一个比方？夫子此处用"窃"字何来不妥？此窃，不是取非己之所有，而是受非分之所得，不是偷盗，是失职！世人多将"公叔拔荐大夫僎"与"臧文仲失柳下惠"同参，以为正反两例，我总觉得这两者没有太大的可比性，柳下惠并非臧文仲之家臣，无修班制破格用人之说，知其贤而不荐之与之并立于朝，乃失"忘己""事君"二善，恋权、失职也！我今重译此文如下：

臧文仲这件事做得失职啊！他明知柳下惠的高才盛德，却不尽力推荐与之并立于朝。

此"其"非有别指，而是特指"知而不立"之事！就此事而论臧文仲之"窃位"，不及其他！称其"恋权"已有诛心之嫌，判以"偷盗"实在刑责太苛。缘何忘却夫子之教诲呢？训曰：

躬自厚而薄责于人，则远怨矣。

反躬自省宜深重，责备他人当宽松，如此，怨庚之气就能消弥远逝了。

既济，既济，当虑何事？在私纵欲，在公失职，所戒者贪！忧从何来？身之七贼！七害交织而盛，显而为形，尽见于此，宜慎之又慎。

病向自身问，莫向他人求！

◎还是要讲理啊

子曰："不曰'如之何，如之何'者，吾末如之何也已矣。"

子曰："群居终日，言不及义，好行小慧，难矣哉！"

子曰："君子义以为质，礼以行之，孙以出之，信以成之。君子哉！"

子曰："君子病无能焉，不病人之不己知也。"

子曰："君子疾没世而名不称焉。"

子曰："君子求诸己，小人求诸人。"

子曰："君子矜而不争，群而不党。"

子曰："君子不以言举人，不以人废言。"

子贡问曰："有一言而可以终身行之者乎？"子曰："其恕乎！己所不欲，勿施于人。"

枫解：不曰"如之何，如之何"者，吾末如之何也已矣。

从来不问"怎么办，怎么办"的人，我也不知道拿他怎么办了呀。

群居终日，言不及义，好行小慧，难矣哉！

与大家整天在一起，说话却不讲道理，只喜欢卖弄小聪明，这种人真难相处啊！

这些经文，从字义上讲，其实非常浅白，并无深奥之处。"如之何"是遇事多想办法，"言及义"是群居需讲道理，寻法、究理，独立思考也，如果一个人连独立思考的念想都不曾生发，夫子也无可奈何！思考也是有方向的，不是如同无头苍蝇般乱撞，在私多问怎么办，在公多问为什么。何其睿智，何等洞明！自己逢事多想解决方案，处理涉及他人的事情多想各方缘由！

私德与公义不混为一谈，各有其准，这是夫子所倡导的修身当秉持之重要原则，宜细加体会。其下尚有三项，其一曰：

君子义以为质，礼以行之，孙以出之，信以成之。君子哉！

君子以公义为本质，以礼制履行它，以谦逊表达它，以信念成就它。真君子啊！

君子病无能焉，不病人之不己知也。

君子以没有能力践行它为病，他人不知道自己，不以之为病。

这个它呦，究竟是甚？有曰事业，有曰大道，吾则解之为道德约束！义质、礼行、逊出、信成，千回百转，不外乎为此，用自己的道来约束自身，一切言行，乃至思想。君子以没有能力用己道约束自身为病，为大疾，为不健康；但对于他人暂时无法理解自己的这种自我约束，当表示理解，不以为病！其二曰：

君子疾没世而名不称焉。

君子引以为恨的是，人生走到尽头，却徒有虚名而其实难副啊！

君子求诸己，小人求诸人。

君子要求自己，庶民要求别人。

疾者，小病也，君子之疾为何？吾以为，不过盛名之累！大抵解"称"为称道、称述，曰：君子之疾，忧此生未曾为世人所知。这算是什么君子？平生之恨，当是盛名其实难副！是以，当时时警省而问：我对得起这个名声吗？我配得起这个称呼吗？真正的君子只会自问！其三曰：

君子矜而不争，群而不党。

君子藏锋而不做无谓之争，合群而不结谋私之党。

君子不以言举人，不以人废言。

君子不因为其言之得而抬举其人，不因为其人之瑕而废弃其言。

矜者，无刃之矛也，为礼而藏锋，非是不争，而是不做不合礼制之争，不做无谓之争。不争而合群，谋不为私利。辩言之时，对言而不对人。这是竞合底线，也是原则！

独立思考、道德约束、警省拷问、竞合原则，四方所至者，修身之所持也。故，子贡问曰：有没有一句可以终身奉行的话呢？夫子答曰：

其恕乎！己所不欲，勿施于人。

只有"恕"吧！己所不欲，勿施于人。

关于恕道，私德、公义两心分明，上半部《论语》已然用大量篇幅做出论述，详之又详。此处，但见启思考之念想为一切之始，其中所含深意，值得品味再三！

所欲问自心，将施问彼心。两心如一，一切讲理！

◎实践是检验真理的唯一标准

子曰："吾之于人也，谁毁谁誉？如有所誉者，其有所试矣。斯民也，三代之所以直道而行也。"

子曰："吾犹及史之阙文也。有马者借人乘之，今亡矣夫！"

枫解：吾之于人也，吾之于人也，究竟是我对于别人，还是他人眼中口中的我？

谁毁谁誉，谁毁谁誉，究竟是我诋毁了谁称赞了谁，还是谁人毁我谁人誉我？

朱熹说，"毁者，称人之恶而损其真；誉者，扬人之善而过其实。"批评失真、表扬过分，夫子没有这毛病！我并不赞同这种解经思维。难道这就不可以是夫子一次自我质疑、自我分辩吗？

如有所誉者，其有所试矣。

如果有所赞誉的，必定是经过检验的！

实践是检验真理的唯一标准啊！

斯民也，三代之所以直道而行也。

自汉而今，每言三代，必称夏商周。汉儒在"德位相称""人性崇善"的预设中构筑了一段理想中的完美政治史，并解此经文为"三代之斯民也，所以直道而行也"。我所称赞的那些人啊，都是经过历史检验的，夏商周那三代老百姓啊，因此能直道而行，在那光明康庄的大道上大踏步前进！可是，随着各种案证不断挖掘、释放，这种修饰出来的煌煌丽光，被扯得斑驳陆离，甚至支离破碎。

在主流之外，始终另有一股声音若即若离浅吟低唱，曰：三代者，尧舜禹也，此乃吾族文脉之祖源。三圣相传授受"允执厥中"之心法，才是正道！至于所谓"斯民"，乃吾族之民，三代之苗裔也，你们啊，一定要记住先祖为什么能够直道而行啊！

我一贯持无所谓的态度，尧舜禹也好，夏商周也罢，皆吾国吾族之一环，拿哪一环出来，都能说得清楚这"道"！无非就是构想开创、充益完善、臻于大成这么个过程，这"道"从来不虚幻、不玄乎，构建起一套以适应生产力发展的生产关系为核心的礼制，如此而已！这个过程中所践行的，才是"允执厥中"的中庸之德！思之良久，我还是愿意将此经文重译，如下：

我在他人眼中口中，谁人诋毁？谁人赞誉？如果有所值得称赞的理论，必定是经过实践检验的。吾族斯民啊，三代所以能直道而行皆坚持此理啊！

撇开所有盘外招，只记住这句话——实践是检验真理的唯一标准！毁誉他人皆在此，我之毁誉由他人！其实，这样的解法，多少有些倾向于"尧舜禹"，管他呢。且听夫子另言所表，曰：

吾犹及史之阙文也。有马者借人乘之，今亡矣夫！

"史阙文""马借人"，自包咸之后，成了两件并无关联之事，后人解说很难服众，胡寅更称此节义理存疑，不能强解。我倒是有几分心得，愿为引玉之砖。何谓史阙文？此乃古人读史之良法，每逢存疑之处，必标而识之，留待查考，不妄下断语。何谓马借人？马者，良乘也，古时交通工具之最便捷者也，上古之风，从不善物自珍，愿与他人方便以助其行。而尧舜禹之后，何曾有人以真法授人？文脉已成私产，礼法渐成自贵，门户之见大行，此谓今之亡也。夫子之至伟处，正在打破这种陋习，毁其垄断传承之恶根，以其千里驹，济吾辈远足万里！让我们得以站在巨人的肩膀上极目远眺，看此大好河山。此经文当重译敬录如下：

我依然保留着"史疑阙文"的老传统，可是"有马借人"的古风，如果已然遗失殆尽不见于世矣！

若推究文字，可另作别解。或谓，"吾犹及"，我还能做到，做到何事？"史之阙文也"、"有马者借人乘之"；或谓，"吾犹及史之阙文也"，我还能得闻史书上空阙文字之事，得闻何事？"有马者借人乘之"。当然，这些优良的老传统，"今亡矣夫"。两说文理皆通，于经义却无大碍，如此玩味再三，颇具意趣。

文脉来自传承，知识来自先民，真理必定经受得起考验，信古而不迷古，夫子之所以为智者也！

今时，尚有何人"史疑阙文"？尚有何人愿以良驹借我？四顾茫茫，万声沸腾……护住灵台一点清明，经受得住实践检验的才是正道，无论是他人的道，还是自己的道！

◎察微观势

子曰："巧言乱德；小不忍则乱大谋。"
子曰："众恶之，必察焉；众好之，必察焉。"

枫解：巧言乱德；小不忍则乱大谋。

孔安国先生说："巧言利口则乱德义，小不忍则乱大谋。"

朱熹说："巧言，变乱是非，听之使人丧其所守。小不忍，如妇人之仁、匹夫之勇皆是。"

一脉相承，浩荡而来，众口一词，皆称，花言巧语，混淆视听，不辨黑白，蛊惑人心，搅乱大德公义，听的人乱，说的也会自我熏陶而乱；小怒而不忍胸间一口浊气，小惠而不耐心头一丝贪念，忍不住，也有舍不得，因小情小绪而自乱阵脚，成为所谋大事之阻碍。故而，我们必须谨言慎语、守心忍事！

众恶之，必察焉；众好之，必察焉。

历来多与《子路篇》中子贡问乡人皆好或恶之同参，解而曰之：不能盲从随大流，大家都说好，或者都说不好，我们都必须自己细加详察，有独立清醒的判断。

这些都是久历人世的智慧，是经得起检验的真知灼见！但是，总是有一个很小的声音从我心里冒出来，巧言，真的就一定是混淆是非的吗？那，夫子为什么不说"佞言"呢？会不会只是过分追求语言的技巧一味雕琢辞令之趣妙，拘泥于细节而一叶障目与大道渐行渐远？类此之例也是不胜枚举。这与传统解法可就相去千里了，原来是"细节决定成败"，此说却是"拘泥于细节必殆"。如此，似乎与下半句"小不忍则乱大谋"词意更为圆融，一反一正，阴阳相抱。故，吾解此句曰：莫弃言语之末节而不顾，不因妙巧而得意；莫视恩仇之细微而不辟，不因情动而自困。体察入微，不为一时一刻之好恶所左右，不为一城一地之得失所羁绊，留得几分清明，观大势之所趋，始能成大功德谋大事业。

直白点说，人家给口饭吃，咱得念着好，人家翻了白眼，咱得知道走，但不能给个甜枣就是爷，一言不合就撸袖子。

讲完"察微"，再说说"观势"。何谓"众好之"？就是大家都说好、都喜爱的物事；何谓"众恶之"？就是大家都说孬、都厌恶的物事。这，不就是人心向背大势所趋吗？夫子让咱"必察焉"，为甚？为了标新立异鹤立鸡群，还是为了逆风飞扬桀骜不驯？还真都不是！而是告诉我们，见人心舆情之磅礴，须知其顺逆，更需沉下去、潜进去，细加体会详加分辨，证其真伪，察其机理，明其精微。哪怕是真的好，也得知道好在哪儿，好出个子丑寅卯，好出个来龙清去脉明，不能到头来落得个朱八戒吃人参果，不知其味！咱得当个内行，看得懂门道，别做外行，只是看个热闹，人家叫好咱就跟着撒银子，人家喝个倒彩咱就跟着扔果皮。一个眼神顾盼、一记水袖挥舞、一段唱腔周正，唱念坐打、弦词神情，始见其功；而不是小生俊俏、青衣细腰，华服喧乐、灯火辉煌……

察微忌困，观势忌疏，出入无碍，小大如意，才是真本事啊！

其实，传统解法已然非常通达精妙，可是一事腰斩为二，总会让某些气韵流散。譬如，夫子缘何置察微于前？这多少有违常理，我们看物观事，总是先见其轮廓，再辨其细节。如此倒置，难道别无深意？或是先于浅处试水，后向深处逐浪？譬如，"巧言"与"众好"有何关联？"小忍"与"众恶"可成因果？前后比较、细心印证，所得良多……

综上，察微观势，不惑于己心，不从于大流！要有思考的能力，也要有独立的精神！

◎没有护身符

子曰："人能弘道，非道弘人。"
子曰："过而不改，是谓过矣。"

枫解：弘者，大、广、宽、阔，无远弗届，浩浩汤汤。

何谓道？道家有一说，儒家有一说，佛家有一说，法、墨、兵家也皆有一说，各不相同。甚至儒家内部也源流众多，曰仁，曰义，曰忠恕，曰大爱，曰天理，曰良知……

夫子此处说道，讲的是体是用？是神是形？是理是象？是体用一源还是体用相即……

八个字，一旦牵扯到道统根本，扯起来就没完没了，谁也说服不了谁。看着众说纷纭，仿佛一团乱麻，其实很容易就捋顺了，严格来讲，早期也就两派。

一曰，道之兴废在人，强调的是人的主观能动性，突显使命担当和人文精神，其中最著名的代表是董仲舒，他在那封真正"发扬光大"了儒学的给汉武帝的奏对中就说："孔子曰'人能弘道，非道弘人'也。故治乱废兴在于己，非天降命不得可反，其所操持誖谬失其统也。"

一曰，道者，通物之名，虚无妙用，不可须臾离，但见仁见智。才具高、道行深的人，自然能见其大，是为人能弘道；才具小、道行浅者，终日用之也未知其理，是为道不能大其人。此派杰出代表是王弼。

典型的儒道之争。贯穿儒学兴起的第一个千年，都是类似的各种论战，当然还有真的撸袖子抽刀子的时候。非常有意思的是，这些老先生也会调皮耍无赖，你跟我说用，我就聊聊体，你想谈体，我就讲讲体用关系……

后来，出了一位举世无双的糊裱匠，和稀泥功夫那叫一个深厚，他说："人心有觉，而道体无为；故人能大其道，道不能大其人。"用现在的话儿来讲，大概意思就是，人心是主观的，道体是客观的，所以，那个啥喽。这下子，据说是孔孟所强调的"道的主体性"有了，据说是老庄所强调的"道的自然性"也有了。这糊裱匠姓朱名熹，谥文，唯一非夫子亲传而位列十二哲享祀孔庙的大拿。《朱子语类》中还记载着这样一件事：有弟子问及此句经文，朱熹说，"道如扇，人如手。手能摇扇，扇如何能摇手？"深究其中，老朱还是真儒家，倾向于"此道为用"！

我也倾向于用，觉得夫子此处讲的道，是中庸之德，是用，是方法，是路径，是康庄之途。但我反对传统解说中，"道之兴废在人"里"人定胜天"的那一部分，我们可以修路，可以毁路，但有时候还真的未必就能"念之所至力之所及"。让我彻底倒向"用"字派的，其实是夫子随后的那句经文，曰：

过而不改，是谓过矣。

有过失而不改正，那就真的成为过错了。

过，不是罪，是过失，是过分，是出界了，是跑偏了，然后，还不回头，那就成为错误了。这不就是"允执厥中"千古传承之文脉正宗吗？在我看来，所谓"人能弘道"，讲的是使命，是责任；所谓"非道弘人"，是训诫，是实情，是尼山之杖扒拉开某些大里的小来，别以为沾上大道的边儿就有金光护身，七尺之躯焉能化作百丈神体？

我还是比较敬佩朱熹的，能感受到他用尽蛮荒之力的专注和倾尽心血的专一，不像某些人，解释不通就胡扯一番，甚至说"此节堪疑"，不是阙疑而待查证，或待后贤，而是疑为错谬之文。面对他们，我忍不住想吟诗一首：

道就在那里

你扯不扯淡

她不增不减

不徐也不疾

……………………

综上，此章所述，明使命，戒自大，跑偏就回来！

◎别胡思乱想

子曰："吾曾终日不食，终夜不寝，以思，无益，不如学也。"

子曰："君子谋道不谋食。耕也，馁在其中矣；学也，禄在其中矣。君子忧道不忧贫。"

枫解：益，人多谓益处、好处，吾以为未达，多思焉能毫无益处？当解为增益、精进。是以译之如下：

我曾经整天不吃，整夜不睡，把所有时间用来思考，却毫无精进，效果不如学习。

此句可以与"思而不学则殆"同参，至于后儒所谓夫子无此病不过为警示后人特作此说云云，可当病吟，不加理会。倒是朱熹那句"盖劳心以必求，不如逊志而自得也"颇有几分妙趣，有时候倾尽心力苦苦寻觅，还真的不如放缓节奏等待瓜熟蒂落，那种"众里寻她千百度，蓦然回首那人却在灯火阑珊处"的滋味，很多人都曾有体会。这些絮叨，是经文之外的天马行空，其实对理解经文并无太多益处，当反复诵读之而直指核心——过分思考，无益。

过思无益，过思无益，似乎还是少了点什么，还好尚有下文，曰：

君子谋道不谋食。耕也，馁在其中矣；学也，禄在其中矣。君子忧道不忧贫。

自郑玄定此节为"劝学"之后，世人多以此理作注脚，大抵作如是解：君子当尽心力于提高道德修养，而不是致力于衣食。耕作，往往还得饿肚皮；学习，常常获得俸禄。君子之忧，在于不得道，而非贫穷。

或问，耕者何以受饥？答曰，念耕而不学，无知岁有凶荒，故饥饿。只会埋首田间地头，不知天时，不学农技，收获无多，温饱自然无着落。或问，学者何以得禄？答曰，道高则禄来！何等之理直气壮！只是这种"万般皆下品唯有读书高"的孤芳自赏、"书中自有黄金屋自有颜如玉"的风骚自慰令我颇觉无趣，不得不问之，何为禄也？职司之酬也！这白花花的大米是人家给的报酬，答谢的是你为工作的付出，答谢的是你的能力、技术和精力，而不是你的"道"！民脂民膏养出一堆清谈论玄的寄生虫，曾是怎样的历史悲剧？难道是夫子把他们教坏了？

我觉得是后人把经念歪了！我解此节为"劝思"！何谓谋？有的之思，带着方向的思考！思考有两种困境，一是千头万绪，不知所谓，曰乱；一是倾尽心力，不知回头，曰执，俗称钻牛角尖。如何避免"执"，学习，前头刚讲了；如何避免"乱"，找找方向，接下来讲上一讲。

思考的方向有很多，终究不过是为了解决问题，西方人划分得很细致，从个人的角度出发，就分成五个层次——生理、安全、社交、尊重和自我实现。我们笼统一些，就只有两个，道与食！一个是精神层面的，一个是物质层面的。夫子说"君子谋道不谋食"，不是说不要物质，而是不要把精力集中放在物质层面的最底端，为解决生理需求而浪费，而是倾向于精神层面，甚至是向其最高处、最形而上的位置进发。为什么？因为精神层面的问题解决不好，往往会让物质层面的努力受到巨大影响，付出换不来应有的回报，或者事倍功半！是以，曰：

耕也，馁在其中矣；学也，禄在其中矣。

其者何指？传统上称，前为耕，后为学，是为"馁在耕中""禄在学中"。窃以为，大谬也！当与上句结合起来，解为"馁在谋食中""禄在谋道中"，重译之如下：

耕作，饿着肚子往往是因为只会埋头苦干谋求三餐；学习，获得俸禄常常是因为追求"道"而有所获。

耕作未必鄙陋，学习未必明博，为稻粱谋所得多浅，为己道谋获益多深。直白点，决定你挨饿受寒还是衣食无忧的，不是种田或是读书，而是你所谋的"道"！道，是最为难解的字眼，每涉于斯，必定莫衷一是，还好，此处需要弄通的只是"道"与"学"的关系，相对简单一些。用夫子的话说，叫"一以贯之"，必须用一个统一的"道"把学习到的知识贯穿起来，这样才能学得牢固用得切实，当然，也可以称为"不重则不威"。学习与谋道能有机结合起来，自然就有本领赚得禄米了。所以，夫子说：

君子忧道不忧贫。

我觉得，这个贫，不是馁，不是物质上的贫乏，而是才艺上的缺失，纵是有再多的知识、才艺、技术，若没有"道"来做主线担当，不过七鳞八爪，一团乱麻。技能好学，道理难通！

劝思，当与"学而不思则罔"同参。

至此，思学并重，才算完整。

特别值得谨记的是，思学并重，所谋在道！

仔细想想道理其实非常简单，打个不太恰当的比喻，常有人说，走自己的路，让别人说去吧！可是，路在哪儿呢？如果连自己要走什么路都不知道，怎么知道自己应该学些什么呢？至于废寝忘食当空想家，当然更是于事无补。

道，对于夫子而言，曰仁，曰忠恕！对于其他君子呢？对于你呢？

◎夫子挥剑

子曰："知及之，仁不能守之，虽得之，必失之；知及之，仁能守之，不庄以莅之，则民不敬；知及之，仁能守之，庄以莅之，动之不以礼，未善也。"

子曰："君子不可小知而可大受也，小人不可大受而可小知也。"

子曰："民之于仁也，甚于水火。水火，吾见蹈而死者矣，未见蹈仁而死者也。"

枫解：汉儒的理论体系中有一块压舱石，叫"德位相称"！这段经文就经常被他们援引作为佐证之案，说，你看，夫子也是这么认为的！他们把"知及之"中这个"之"解为职、位，像东汉著名经学大师包咸曾云："知能及治其官，而仁不能守，虽得之，必失之。"干了这碗老酒打底，此经文大抵作如是解，曰：

才智足以得到它，仁德不能保持守护它，就是一时得到，最终也必定会丧失。才智只能获取它，仁德才能保持守护它。不用严肃的态度来治理百姓，百姓则不会敬畏而认真接受政令。用才智获取它，用仁德保持守护它，用严肃态度对待它，如果不合理合法地动员百姓，依然是不够好的。

这个"它"，是"职"，是"位"，是椅子，是饭碗，是权力。此说归纳而概括之，其一，才德兼备，屁股底下的椅子才能坐得稳当；其二，坐上去了，还得严肃认真守礼守法，才算是"善"。这套说辞貌似圆满，但实际很难经得起推敲。譬如，我们如何清晰描述"职"？也就是屁股底下那张椅子，是"司"，是在那个位置应该做什么事情完成什么任务，这需要的是能力、知识、技术，还有付出！此乃公义也，与私德何干？譬如，以严肃的态度对待百姓，百姓就一定会畏服吗？所谓"庄以莅之"如此解之，焉能没有毛病啊！

有时候，我非常敬佩汉儒，他们的政治智慧实在太高了，在黄老之说那么盛行，尤其是西汉之初那样几乎渗到统治阶层骨子里的大不利情势之下，居然能够奋起挥戈攻城略地，实在是太难得了。虽然政治契机是非常重要的决定因素，但没有过硬的理论结构做支撑，是万万达不到的。所以，我总会把这种"德位相称"的预设，当作是一种特殊时期的"不得已"之说。为什么？难道除了这一个套路，还有别的招数吗？

朱熹解此经文时，曰："知足以知此理，而私欲间之，则无以有之于身矣。"意思是说，哪怕是才智充足到能够知道这个"理"，但个人的欲望间杂其中，依然没办法让这"理"在自己身上得以体现。这绝对是打开此节经文的钥匙，堂奥之光乍现，煌煌如日！可惜，他没有破开"庄以莅之"，没有打开那扇门，转身走了，留下一句"知德愈全则责愈备，不可以为小节而忽之也"，让人欲哭无泪啊！

朱熹的"理"是什么？是天理！所谓"知及之"，是人的才智能够达到，能够了解，能够触及这昭昭天理啊！

很多人都会说儒道之争在于"有为""无为"，也知道"仁义礼"，可是，真正能够捋清其中脉络的还真没几个，我觉得前儒中还是有人搞得非常清楚的，只是他们不说，因为这样或者那样的原因。仁义礼，并不是儒家首倡，更不是夫子创造出来的，而是上古文脉所传，其上，尚有二词，为道，为德。道、德、仁、义、礼，这个次序排列，无论儒道，还是其他流派，大家都认可，也没谁敢去搅动！关键是这五者的内在机理，大家有不同看法：一者说，道是没有所谓情感、善恶、高下之分的，显而为德，其次为仁，而后为义，末节为礼，等而下之，譬如"失道而后德"，譬如"失德而后仁"，要得"道"就得向"道"学习，学啥？无为！一者说，天道无为而人心有觉，是，天道是自然的，是永恒的，是亘古长存的，可是，人心是有感知的，能够觉悟的，可以自性圆融的，咱得怎么办呢？沿着礼、义、仁、德、道这条登天梯，一步一个脚印走上去。这两种不同的看法，逐步演变为古道与先儒。夫子出现了，挥剑而斩，喝道：咱先不谈那么高大上的，把人间这摊儿弄清楚再说，就从"仁"开始吧。怎么说的呢？曰：

知及之，仁不能守之，虽得之，必失之；知及之，仁能守之，不庄以莅之，则民不敬；知及之，仁能守之，庄以莅之，动之不以礼也，未善也。

除了要先解开"之"为何指，这段经文还有两个关键字眼——守、莅。守者，循法度而行也；莅者，近而察之也。至于仁为良愿之火、庄为气壮而盛、敬为正民之行、礼为合道之制，前半部《论语》已作阐述，此处带过不表。所谓"庄以莅之"，可与"临之以庄"同参。莅在近而临在上，其中不无降阶以处之意；独以"民敬"为旨，务在正民之行，不指民心、民风，值得寻味。我且重译之如下：

才智能够触及天理，良愿不足而无力循其法度以行之，纵使知道了，也必定会失去它；才智能够触及它，良愿足以循行它，却不能以身作则践行它，百姓也不会追随而正行；知及之，仁能守之，庄以莅之，践行它却不遵礼制的约束，依然不够完备啊。

此段经文所涉者，是为仁、义、礼，其中经义极为清明，曰：无仁，知天理何用？无义，焉能履仁？无礼，义何以存？

夫子这一剑斩下去，儒家就只讲"人间事"了，至于道与德，曰"天"，曰"地"，形而上为"道"，形而下为"德"，合而为一是"天理"。去顶三尺者，不言之，那"天人感应"怎么办？那"上天之子"怎么办……所以，只能"德位相称"喽！从某种意思上来讲，朱熹讲的"存天理"是对的，可是"灭人欲"不该，头顶三尺无妨，脐下三寸要命啊！

慧剑一挥，人间始有乾坤之定，这就是夫子的道，只在人间的道！方向定了，接下来就是如何去的问题，故此，夫子才说：

君子不可小知而可大受也，小人不可大受而可小知也。

朱熹说，此节讲"观人之法"，以道德之深浅而辨君子小人之分，我觉得他是中了王弼的招儿，被带到沟里去了，王弼解此节时，便说甚"君子道深远，不可小知；小人道浅近，不可大受"。按照他们的路数，大抵这样翻译：

君子不可以用细小事情来考验，却可以接受重大任务；小人不可以接受重大任务，却可以用细小事情来考验。

简单点讲，君子要干治国平天下的大事，就别弄些鸡毛蒜皮的小事去烦他了。且不论这种高低贵贱之分是否有违夫子之道，诸君难道不曾闻说"一屋不扫何以扫天下"吗？窃以为，所谓"小知大受"是小马拉大车，是才具与使命的配套。打个不太恰当的比喻，一个人志在万里之外，你给他一辆自行车，这不是要命吗？一个人只想在三五里之内转悠，你给他一架飞机，这不是浪费吗？故，我重译此句如下：

君子不可以小其才具而可以大其志向；庶民不可以大其志向而可以小其才具。

这才是典型的因材施教！对君子，不仅要励其志而鼓之，更要传授他担当起天下的大才；对于庶民，他的心态压根就没调整好，自然得反而行之，传授点生活技能、生产技术什么的。

或问，夫子挥剑，缘何斩在此处？其实是有讲究的，他自己也曾有所"交代"，文曰：

民之于仁也，甚于水火。水火，吾见蹈而死者矣，未见蹈仁而死者也。

百姓对于"仁"的需要，远比对水、火更甚。水火，我曾见过用之不当而付出性命的，却从未曾见过因践行仁道而死的。

理由有二，一是百姓需要，比赖以生存的水火更需要；二是，这玩意儿没危险，搞不好也不会要命。

所以，如果有人告诉你"杀身成仁"，是让你交出小命以实现"仁道"，千万别信，夫子未曾一见，怎么可能会以此教人？世间并无需要用人命去填的"天理"！

为什么需要的是"仁"，而非更高端的"道"或"德"，因为"天地不仁，以万物为刍狗"！因为"天理"昭昭，却在头顶三尺之上，我们生下来，要活下去！至于更高的目标，活好了，活舒坦了，再说。

综上，此章，夫子所论者，其道之来由！知其道之深远，始知其智之需求！谓，行路难矣……

◎当仁三不让

子曰："当仁，不让于师。"
子曰："君子贞而不谅。"
子曰："事君，敬其事而后其食。"

枫解：当仁，不让于师。

经文中包含有两层含义：其一，"吾爱吾师，吾更爱真理。"天理在前，纵是传道授业之尊长，也不避而逊让；其二，为仁在己，无所谓争，也无所谓逊，先生领进门，修行在个人，能走多远是多远，不能把"师"当作上限。

前路漫漫，还会遭遇什么呢？夫子遗训有二，其一曰：

君子贞而不谅。

贞，孔安国云"正"，朱熹云"正而固"，老贾云"言行抱一"；谅，孔安国云"信"，朱熹云"不择是非而必于信"，朱骏声云"固执"。

正道而行，不必拘泥于小信。

行正道而信仰坚固，而不是不分是非履行小诺小信。

言行一致，但不固执。

路数不少，大抵不离以上三大流派。我推崇孔安国的解法，曰：君子正其道而不必小信！这跟"当仁不让"一脉相承，天理在前，个人的"信"都是小事，没有什么不可以动摇的。简单点说，只讲道理，不讲信仰！

其二曰：

事君，敬其事而后其食。

孔安国先生说，"先尽力而后食禄。"后来基本没脱离这个范畴，大抵都说，服事君王，认真工作，然后再领取俸禄。这回儿，我不准备听他的，因为心中有疑，"事君以忠"何解？若君王无道，怎么办？避而不食其禄？为了仁道，咱可以不让师长，可以抛弃信念，难道就必须在君王面前弯腰？窃以为，此言当解为：事君，敬其事而后敬其食！这样承上而省略后一个"敬"字，更为合理。先正君王之政事，令其真善；而后正君王之奉养，令其无违。简单点说，服事君王，先把政事办好，然后合理收税。这叫，只讲道理，不畏君权！当然，别说孔安国了，整个汉儒，乃至其后两千年的儒家弟子，谁敢公开讲这话儿？道家，也没这胆儿！

综上，仁道在前，不让师长、不讲信仰、不畏君权！

"当仁三不让"的神髓在于，不宥于师法，拔去狂信的爪牙，把权力关进笼子里，用仁心和理性刨开一切野蛮生长的土壤，用最温柔的阳光灭杀所有滋生的阴秽，包容一切，也融化一切，这是儒家，或者华夏文脉真正强悍之处！人可以攀上秩序之塔的最顶层攫取权力的硕果，神佛也可以漫天飞舞信徒无数，但谁也无法把触须扎到这具身躯的骨骼深处去吸髓吮精，不管如何岌岌可危，烙印在血脉中的"三不让"总会顽强地保存最后一丝元气一点火种。

最是堪怜，这三不让，儒门弟子还坚守着甚……

◎知识无属性

子曰："有教无类。"

子曰："道不同，不相为谋。"

枫解：不分贫富、贵贱、高低，甚至是地域、贤愚，只要诚心向学，接受教化，夫子必欣然而授之。时至今日，能做到者几何？更别说是，在那个知识就等于权力、技能就等于财富、文字都是"通天"的时代，这是怎样一种伟大？

有教无类，好理解；道不同，不相为谋，容易产生疑惑。疑惑在哪儿？为什么不能"相为谋"？一说容易搅和事儿；一说因为有正邪善恶之分。咱拿这对老冤家作例就好，儒道两家谁善谁恶？谁正谁邪？打了千把年，后来不也谋划着"三教归一"吗？

窃以为，谋者，有的之思，道不同，主张不同，思考的方向不同，也就自然没有什么可以"相为"的了,条条大道通罗马,各走各的罢了。此解曰:道不同,谋不相为! 思考的方向肯定不一样!

这两节经文应该并作一章,互证而参。教则无类,谋则不同,知识可以互通有无,道不同就各行其是。用现在的话讲,是为"知识无国界,思想有分野"。知识是前人留存的丰富遗产,并无属性;思想却是个人自有的,天生就有其属性。用思想强凌于知识,谓"意",是儒家修身七贼之首,当杀之!

可惜,饭只有一碗,不相为,却相争,一脉相传,同根生,相煎何太急……

◎听懂就好

子曰:"辞达而已矣。"

师冕见,及阶,子曰:"阶也。"及席,子曰:"席也。"皆坐,子告之曰:"某在斯,某在斯。"师冕出。子张问曰:"与师言之道与?"子曰:"然,固相师之道也。"

枫解:辞达而已矣。

"辞达",就完成了,可以结束了。

辞,语言、文字;达,表达、达到。这两个字分开,理解起来完全没有难度,合在一起立马产生问题!"辞达"何处? 当在何处止步?

孔安国说:"凡事莫过于实,辞达则足矣,不烦文艳之辞。"直白点说,把事实讲清楚就好,别臭拽!

莫过实!

朱熹在此基础上进一步演化,说:"辞,取达意而止,不以富丽为工。"用大白话说,把自己的意思表达清楚就好,别炫酷!

达意而止!

夫子原旨究竟是什么? 其实,这涉及一个非常古老而著名的争论性话题——"言可尽意乎"。据说,儒家持方是"可尽",自汉而后,儒家弟子常引夫子此语以为案证,曰:圣人合道,言可尽意! 我倒是觉得,这种说法,有些曲解夫子原旨,下文事例,可见一斑,故事大概如下:

师冕来见夫子,走到台阶,夫子说:"这是阶沿啦。"走到座席旁,夫子说:"这是座席啦。"都坐定了,夫子告诉他说:"某人在这儿,某人在那儿。"师冕离开后。子张问道:"这就是'与师言之道'吗?"夫子说:"是的,这本来就是'相师之道'。"

师,不是老师,而是职位,多指乐师。据说在夫子那个时代,以视力有障碍者充任。故，历来解"与师言之道"为"与视障者沟通的方法"，解"相师之道"为"帮助视障者的方法"。从故事的描述来看，这种说法应该是靠谱的。

历来都将此事作为夫子仁德守礼之典范，体察其言其行。我却细心品味着，由"言"转"相"的用词奥妙，其中别有滋味。

出我之口，入他之耳，两心相印，如此而已。

我说了，你懂了，足矣！

辞达，非我意，也非彼意，更非那阶、那席、那某人。

一言以蔽之，说话是为了达成共识！

那么，正身呢？

⋯⋯⋯⋯⋯⋯⋯⋯⋯⋯⋯⋯

通读《卫灵公篇》，夫子自婉拒问阵起，及至在陈绝粮子路愠见、子贡然非，阐明以道约身之说；讲解仲由知德、帝舜无为、子张问行三例，述正身以忠信为本；讲解史鱼蘧瑗、失人失言、求生杀身差别之处，述正身以智法为根；答子贡问仁、颜渊问邦，说正身之刀胚；从远虑近忧、好德好色、臧孙窃位、厚躬薄责，以证正身持刀，病问自身；从独立思考、道德约束、警省拷问、竞合原则，以证奉行恕道，一切讲理；毁誉谁决、阙文借马，说实践验真理；乱德乱谋、察众好恶，说察微观势之要；弘道、真过，明使命、戒自大；过思无益、谋道谋食，讲思学并重，所谋在道；仁道机理、小知大受、民之水火，以自身作伐详解己道之来龙去脉；当仁三不让，见拦路之虎；教则无类、谋则不同，证知识之无属性；最终，举辞达、相师为例，以语言止于何处之理启吾辈之思迪。

其实，夫子的思路非常清晰，一解，何为正身？以己道约束己身！二解，如何正身？忠信为本、智法为根！文脉为刃、自问为诊、恕道为方，可以治病；再授练刀、问症、验方之法。三解病理，剖释"道"的起源、来由、关碍，分解智与道的关系。末了，布置了一个作业，问：此身何谓无病？

最为值得留意的是，夫子望闻问切过程中，私德、公义两分明，如同阴阳辩证，明而察之，对而治之。我从此中获得解题思路的灵感，以完成夫子的课后作业，答曰：

正身，当私德、公义两分明。在私，提高个人素养；在公，谨持职业操守。忠信为本、德智兼修，通过身与身外的不断沟通，找到自己与世界相处的平衡之"中"，达成无声结契之共识，是为圆融，是为和谐，是为无病。

说，很容易。

听懂，也不难。

做到，难于上青天⋯⋯

季氏篇第十六

◎给事件定性

季氏将伐颛臾。

枫解：颛臾何指？

孔安国称，"伏羲之后，风姓之国，本鲁之附庸，当时臣属鲁。"

朱熹更是简洁明了，曰："国名，鲁附庸也。"

所以，历来讲解这六个字，只有一句话：季氏准备讨伐一个名字叫"颛臾"的国家。

颛臾，作为古国之名，可以追溯到远古时代，是东夷部落首领太皞所建的方国。太皞，也称太皓、太昊，有人认为是伏羲本尊，也有说是伏羲的后裔，神话传说里五方天帝中的东方天帝，其后人以风为姓。周武王分封天下，立国七十有一，有一部分是封给舜、禹、汤、炎帝、瑞顼、伏羲、少昊等上古王族的后裔的。据说，此乃上古传承之法度，曰："兴灭国、继绝世"，这种分封包括宗庙、爵位、领地、子民；此制至秦而斩，汉初曾有复辟，后世不传，只封宗庙、爵位。至于伏羲风姓，当时得封四国，分别称为任、宿、句须、颛臾；宗庙奉祀太皞，即东帝；领地在今天的山东梁山、平邑、济宁一带。

周封天下，是按照公侯伯子男五爵而定的，以王室血统亲疏及开周立朝功勋作为考评依据，称为"诸侯"；不入五爵之列，封国称为"附庸"，从属之意。古王族之后国，多归此类。是时，武王封周公旦于鲁，食邑在今天扶风雍县一带，他还有一个非常大的权限，"主自陕以东之诸侯"；后来，他的长子伯禽得封于曲阜，仍以"鲁"为国号，疆域在泰山以南，也就在今天的山东南部，兼有河南、江苏、安徽一小部分。颛臾，自然也就成了他的"附庸"。

季氏，鲁桓公后裔的一支，姓姬。鲁桓公有子庆父、同、牙、友，嫡长子同继位，即为庄公。庆父是庶长子，牙为叔，友为季，故，其后人分别称为孟氏、叔孙氏、季氏，因同出桓公，史称"三桓"。鲁国公室自宣公起，日益衰弱，国政逐步操于三桓之手。简单点说，季氏，实际就是鲁桓公最小的儿子"友"开创的支系，史称"友"为季友，也称成季。他的封地在费邑，也就今天的山东费城附近。季氏第三代宗主，叫季孙行文，即季文子，执掌鲁国朝政三十余年，正式开启了三桓领政的格局，其后历武、平、桓三代宗主而至于康，就是季康子，名肥，也称季孙肥，或季孙。

"季氏将伐颛臾"，以其下文冉有、季路见于夫子之情节推断，必是指以季孙肥为宗主的季氏宗族无疑。

传统解法多称，三桓势大，与公室的矛盾日深，季氏恐颛臾倒向公室，成为自己大本营的一颗"钉子"，急于拔除，以建立一个稳定的后方。也有说，季氏贪图颛臾的"膏腴之地"。

我觉得前一种说法不太靠谱，公室与三桓之争，是同姓分支在国政主导权上的争夺，颛臾虽为附庸，若参与其中，无论是从当时的分封政制，还是姓氏宗法，都属违礼。按照当时的政制，附庸国可以受召而随宗主国对外作战，但不能参与宗主国的内战。从严格法理上来讲，颛臾人不算是鲁国人。而从姓氏宗法来看，人家姬姓之间打架，岂是你姓风的可以掺和的？

再则，以颛臾当时的实力，也没有插手的能力。颛臾虽为武王分封之国，却不在诸侯之列，非常弱小，其实，就是周王室划块小地方，让他们建个宗庙祭祀远祖，怎么可能给多好的地方？而且，作为东夷"内附"之属，本来就是"服事诸夏"的，历经数百年蚕食，能强大到哪里去？有些考证还说，风姓四国，颛臾最低，任为子爵之国，宿、句须为男爵之国，虽附尾骥，也入诸侯之列，颛臾却是实打实的七十一国最底层。

据《左传》所载，颛臾的同姓之国——句须，在鲁僖公二十一年就被邾人所灭，国君都跑到鲁国来投奔成风，成风是句须国的公主，嫁给庄公为妾，生子为申，继位为鲁僖公，句须君让成风代为向僖公进言，以求复国。而他的另一个兄弟之国——宿，也在不久之后，南迁到钟吾故地，以期延续，也就是今天的江苏宿迁。就这帮难兄难弟，哪来的胆子插手鲁国这庞然大物的内部政争？

此时之颛臾，名为一国，实际已泯然于众，如同某一大姓分支聚居成落，曰为"颛臾氏"更为贴近实情。孔安国先生非常雅致地说"当时臣属鲁"，直白点的意思就是，差不多被鲁国给"消化"了。但是，作为东夷遗民，他们在这片土地上存活的历史极为悠久，虽然政治地位低下、国力弱小，却不泛熟田、人口，又毗邻费邑，季氏垂涎三尺，情理之中。这完全是为了扩充、壮大季氏自身，当然没办法假公室之名行征伐附庸之事，无论公室，还是孟氏、叔孙氏，都不可能答应。唯一的办法就是，把这事儿弄得像两个宗氏之间的争斗，类似于抢个水源啊，丢个耕牛什么的。不过，以季孙肥当年那等权势熏天的绝代风骚，颛臾估计也不敢跟他争。如果真的没办法了，那就只能另找地方辟国繁衍了，步兄弟宿国之后尘。

季氏此伐，不是政治制裁，不是道德制裁，也不是宗教制裁，只关乎物质！所以，这个"伐"，不是征伐，不是征讨，不是讨伐，只是攻打，只是持戈劈斩他人头颅械斗抢地盘，且还是强盗式的掠夺。

夫子一眼就看穿了季孙肥的意图，把这事儿上升到国际邦交事件，情势立马大不一样。季氏有没有因而退怯，我不知道，因为史载众说纷纭，有说颛臾大约于"季氏将伐"这段时间里为鲁所灭，也有说是后来为楚所亡。

我们认真细品的话，可以从这个故事里，看到夫子几段话所涉之广，遍及分封政制、姓氏传承、历史渊源、宗法、地缘等等因素，非常复杂。这手抽丝剥茧、切中要害的功夫实在难练，尤其是秦汉之后，姓氏合而为一，很多传承已经断灭，典籍也多佚亡，更是难以考证。孔安国的注，虽然简略，但还是非常扼要地把颛臾的历史渊源及与鲁关系做了交代。后人很多考证，其实都讲得混乱不堪，有的则干脆不求甚解一略而过。

为什么要知道这些呢？举个最简单的例子，某地有两姓村民争一山林而械斗，如果你搞不清楚事件的来龙去脉，这案子如何断？所谓"清官难断家务案"，不就是因为缺少资讯无法弄清脉络吗？又比如，以色列与巴基斯坦之间的冲突，若不能把之前两千多年的恩怨大致了解清楚，是非任何一方，都是关公战秦琼！

不观其所由，焉能察其所安？

正民有三板斧，如果号不准这其中的脉，只能成了暴力裁决。

我以自己有限的历史知识，去大抵归纳事件的由来，其中谬误处，愿诸君有以告我。但，这思路应该没有差错，我们不妨往下读此篇经文……

◎融夷大国策

冉有、季路见于孔子曰："季氏将有事于颛臾。"孔子曰："求！无乃尔是过与？夫颛臾，昔者先王以为东蒙主，且在邦域之中矣，是社稷之臣也。何以伐为？"

枫解：冉有、季路俩人一起竭见孔子，说道："季氏将有事于颛臾。"

有事，解家常以"国之大事，在祀与戎"作案注，曰之为"用兵"。其实，在古语中，某将有事于某，未必是使用武力，而是通过一些举措来使对方感受到压力，这种用法，在南方很多地方语言中依然保留。窃以为，以冉有之身份与学识，当不至于在夫子面前直言对颛臾用兵，宜译之为：

季氏准备对颛臾采取措施。

求！

"冉求！"直呼其名，历来多说夫子有斥责之意，是以如此。我却不作如是观，从"冉有、季路见于孔子"，到对话间用"孔子""冉有"作记，可见夫子并没有把此次对话当作老师与学生之间的一次探讨，而是非常正式的"议政论事"，呼名而不叫字，不言私而已。为什么二子来见却唯呼求？历来多有推测，最主流的说法是，因为当时冉有为季氏宰，且有"为之聚敛"的前科，故此夫子独责而教之。这种说法是建立在"冉有季路同仕于季氏"的预设上的，无论《左传》，还是《史记》，从无此载。至于疑子路随夫子自卫返鲁后曾短暂再仕于季氏，我以为无据，也不必。最大的可能是，季路知兵事，且其时随待于夫子之侧，冉有拉着他一起去竭见老师。如果往坏了想，有可能是希望子路可以分担点火力，谁知人家也不傻，自始至终一言不发。

无乃尔是过与？

这话有两种译法：其一，"无乃过尔与"，这难道不应该责备你吗？其二，"是过无乃尔与？"这份过失难道不是你的吗？将"是过"作为一词，似乎也可。不管哪种解法，其中所含意思，非常接近，真正的区别是言辞中蕴含的言下之意，是"问责以教"还是"就事论事"。

夫颛臾，昔者先王以为东蒙主，且在邦域之中矣，是社稷之臣也。何以伐为？

颛臾，当年先王授权他主持东蒙山的祭祀，而且它的国境早在我们最初被封时的疆土之中，这是与鲁国共安危存亡的藩属，为什么要去攻打它呢？

最传统的解法大抵如是，此说大概包含有这样几层意思：其一，颛臾为先王所封，不可伐；其二，在邦域之内，不需伐；其三，是社稷之臣，归公室所属，季氏不当私伐。其说似通实谬，不妨逐步以解。

先王何人？武王？周公？展禽？或为其后人？无论哪个流派，都承认一点，这个"先王"以颛臾为"东蒙主"。窃以为，最大的可能当为周公。

武王伐纣之后，建周而始封天下，当时周王朝实际控制的范围还很小，旧殷及地方势力依然非常强大，仅其东方就有奄、熊盈、淮夷、徐戎与旧殷三监犬牙交错。所谓封周公之鲁于扶风，却令其"主自陕以东之诸侯"，实际上就是把东方划给周公去"经略"，并无能力去掌控。当时，在今天山东境内，真正的大势力应该是奄与徐戎。徐戎也属东夷一系，却非太皞、少皞后裔，两帝后裔大体已转入淮北，时人以为东夷正朔，故称淮夷。

在上古，此地确实为东夷所有，是太皞、少皞立国之所。像夫子同一时代的大祝子鱼，在皋鼬私会苌弘做说客时那席著名长谈中就有所涉及，"因商奄之民，命以伯禽，而封于少皞之虚。"所谓"商奄"，所述乃殷王"南庚自庇迁奄"之旧事，庇，大约在今日之河南安阳，奄，即郦，就是今天的曲阜，此地从彼时起成了殷王室直辖之地。言中"少皞之虚",足证此为东夷旧域,后来商迁而建奄,再后来,才是伯禽封地。

武王封风姓四国于此,"实司大皞与有济之祀",名义上是让他们在这片区域上主持东方天帝、济水之神的祭祀,其实就是把济水领域当作太皞的祭祀之地,这片土地是你们祖上的基业,我还给你们了,至于你们能不能从奄、徐戎手上拿回来,我不管。

武王死后,周公摄政,管叔有疑,受武庚之惑,与三监同乱,整个东方,一时俱起。周公亲自东征,杀管叔,平乱,乃重定封国。在这场战争中,伯禽伐淮夷、徐戎,灭奄,得殷民六族,故以长子之身代父就封,在曲阜建都立国,也就是商奄故地、少皞之虚。"先王以为东蒙主",应该就发生在这段时间里,周王室在蒙山设立祭坛,奉祀太皞,确立他在东方的"神圣"地位,颛臾作为遗裔,主持祭祀事。颛臾从"有济"到"东蒙",是一个非常关键的转折。

西周封建制,实质上就是一种侵略性的武装移民和军事占领。商奄被灭之后,旧夷势力实际也被极大削弱,但潜力依然不可小觑,所以要奉祀太皞,以安定其心。可是,为什么让风姓四国中最弱小的颛臾主"东蒙"祭祀事?其中深意不言而明,不过是,明以安其心实则分其力罢了。伯禽封鲁,其疆域在泰山之南七百里,东蒙居其直辖之内;季友就食之费邑,在蒙山更南之地。你们的"圣山""宗庙"就在我的眼皮子底下,你家老么管着呦。

历来解说,所谓不可伐、不需伐、不当伐,实在太轻飘飘了。夫子怎会忘却鲁之先王正是在东夷旧域辟地立国?怎会不知当年筚路蓝缕的刀与血?怎会不知句须已亡、宿已远迁?窃以为,夫子正是对这些典制、往事极为了解才会作此说,先王当年确立的"融夷"策略非常高明,历经五百年,已然要功德圆满了,你们怎么可以为了一点蝇头小利而去打破它呢?

僖公二十一年,句须国灭,成风入说,以其僖公生母、句须公主之双重身份,僖公可曾动摇而重建句须?僖公之时,鲁公室之力弱乎?"崇明祀,保小寡,周礼也;蛮夷猾夏,周祸也。若封句须,是崇皞、济而修祀,纾祸也。"这理由不充分吗?情、理、力、制,无不充足,却就是没有回应。更有意思的是,此事《左传》有载,《春秋》却无,夫子缘何削之?

我非常不喜欢旧说解法,读史太过松弛,把夫子弄成一个不通时务、不食烟火、拘节求名的薄陋之辈。故,重译此段经文如下:

求!这份过失难道不应该由你来承担吗?颛臾呢,当年先王还让他们去东蒙山主持祭祀,并把他们置于邦域之中,是奉祀社稷的臣藩。你们准备用什么名义来攻打他呢?

咱们祖上为了吞并人家,赶之出济水流域,还得给个东蒙山,建个祭坛啥的,你们现在准备怎么处理？

实司大皞与有济之祀，以服事诸夏。

服事诸夏！

这不是国内战争，不是宗氏私斗，而是可能会演变为夷夏之争，挑起民变！让他们慢慢服膺、侍奉诸夏，不好吗？

绝妙者，一个"伐"字，立马就给事情定了性！——你别用"有事"这种模糊的说法来唬弄事儿。可惜后儒完全没有夫子的爽利劲儿，拿着外交辞令忽悠后人，究竟是怎么想的呢？而这样的辞令能说服得了朝堂之上的谁呢？不可、不需、不当？季氏若守此理，何来三桓擅权？

融夷之略，通乎？下文堪证！

◎国运的源头

冉有曰："夫子欲之，吾二臣者皆不欲也。"孔子曰："求！周任有言曰：'陈力就列，不能者止。'危而不持，颠而不扶，则将焉用彼相矣？且尔言过矣！虎兕出于柙，龟玉毁于椟中，是谁之过与？"

枫解：我们不妨用传统的解法将此段经文翻译之，大抵如下：

冉有说："季孙大夫要这么干，我们两位臣子本来都是不同意的。"夫子道："求！周任有句话说：'按照能力排序各就各位，无法胜任的就应该退出。'危急关头不去扶持，将要跌倒不去搀扶，那又何必用他当辅助之人？而且你的说法是错误的，虎兕从槛里逃出来，龟玉在匣子里毁坏了，这是谁的责任呢？"

"吾二臣"，是冉有称自己与季路无疑。正是因为这个说法，很多解家多推断季路此时也仕于季氏，然史籍无载，是为无案之注。我以为，子路此时纵是不仕于季氏，以其当年之履历，冉有如此称呼，也没问题。或是季孙曾以颛臾事而问于子路，又有何不可？子路知兵，已为时人所称道，旧主遇兵事之疑而询之，也在情理之中。过多推测，实无必要，作无史证之断，更当力避！

"相"，包咸解为"辅相人者"，即辅佐之臣；朱熹以为"瞽者之相也"，即对视障人士的帮助。不知朱说出于何典，唯以字面而解，是以，吾且从包说。

且尔言过矣！

而且你的说法是错误的啊！

冉求刚才说啥了？这事是季孙要干的，我俩都不同意。错哪儿了？第一，身为季氏家宰，季孙要干坏事，你阻止不了，能力不足就应该卷铺盖走人；第二，虎兕这样的猛兽从槛中出逃、龟玉这样的珍宝在匣里毁坏，你身为看管的人必须负全责。

季孙要干啥坏事？伐颛臾！冉求不阻，夫子形容此为"危而不持，颠而不扶"，这事儿后果有这么严重吗？为什么？传统解释是：为私欲动兵，不仁；无罪过而伐，不义；以大夫之身未奉国君之命而讨臣藩，违礼……罪名很多，罄竹难书！但所有这些必须建立在一个预设上，社会是有秩序的！夫子不是见天矢呼"礼崩乐坏"吗？以守礼之思斥逾矩之事，洁身自好严以律己吗？

这个说法思维清晰、逻辑缜密，却有一个很大的漏洞，把这所有的罪名罗列出来，无论言辞多么慷慨激昂，不过几句轻飘飘的道德谴责，缺乏切实的利害分析，能够说服得了季孙吗？显然是不能的！作为老师，如果拿不出一个足够说服得了季孙的理由，却要求学生必须做到，这符合夫子的为人吗？我无法想象一位用许多冠冕堂皇却绝对脱离社会现实的说辞来斥责弟子的人居然能够成为万世师表！一个活在万丈荣光的无尘世界里的夫子让我感到恐惧……

其实，真正的破解关键蕴含在一个成语之中，曰："龟玉毁椟"，后人常用之比喻辅佐之臣失职而使国运毁坏，溯其源却是出于此处。以龟玉泛指国运，由来已久。然，此说何来？实际上，这是来源于一个非常古老的丧葬习俗，佩龟甲，或佩美玉。据说佩龟甲而葬是东夷之风，直到近代大汶口文化被逐步挖掘，证实了这个传说并非空穴来风，腰有穿孔龟甲，确实是东夷史前古墓所独有。诸夏合九夷而成华夏，这并不是什么新鲜学说，古籍所载无数。夫子所处之时代，正是这种大融合接近圆满的黎明时分，以其对典籍之精熟程度焉能对此无感？而师生此时所论之事恰巧涉及九夷遗支——颛臾，怎能不启人疑窦？

若是只有"龟玉毁椟"一例堪疑，是为孤证，或为偶然无心之说。可是，"虎兕出柙"之语，传统解法实际上也是有问题的。常人多谓兕为犀牛，或雌犀，是为猛兽。真正熟知古典者必知此说有谬，《山海经》中就有一段相关记载，"兕西北有犀牛，其状如牛而黑。"《左传·宣公二年》也有"犀兕尚多"之语，古籍中将两兽并列之载甚多，由此可见两者虽相似，实则绝非一物，此为其一；其二，古籍中，很多时候是将兕定义为瑞兽的，传说中，老子当年骑之出关的，就是此兽。历来还有一种说法，虎主杀，兕主生，古葬有虎而无兕。事实上，从现代考古所得，殷墓曾见虎形地基，古墓中也多有虎纹随葬品，可曾见与兕相关之物？

朱熹非常简洁，谓"兕，野牛也。"那么，虎兕出柙，可能就不是什么两凶同出了，而是纵虎食牛吧？若是兕为野牛，却是有些类似颛臾的命数，驯之为良，服事诸夏！

总之，历来解此语那种"纵虎兕两凶兽逸于柙，失龟玉两宝毁于椟"的说法，实在太过轻率。窃以为，"虎兕出柙"应是凶吉难料，或是纵凶伤良；"龟玉毁椟"

应是有损国运, 坏夏夷融合千年大计。

当然, 这种说法, 只是我的一管之见, 多是从故老传说, 及零散记载中推论而成, 或有谬误处, 但应该比较切合当时鲁国之实情。季氏伐颛臾, 必是有妨于夏夷大融之势! 纵以季孙肥之权柄, 置先王融夷大略于不顾、涉足夏夷之争引发民乱, 未必敢, 这会让他失尽民心, 难以执掌权柄。故, 我解此段为:

求! 古之良史周任有言曰: "陈力就列, 不能者止。" 危急而不能为之固守, 颠荡而不能为之扶持, 那么你拿什么来辅佐季氏呢? 而且, 你的言辞实在是太过分了! 打开槛柙, 放纵虎兕相斗, 致令夏夷相融成果有失, 损坏国运, 如此大罪谁来承担?

"夫子欲之", 季孙欲之, 如虎有噬人之意; 身为宰辅, 关不上柙门, 岂是以一句 "吾不欲也" 所能辞其咎?

季孙虽然凶猛, 却非智短视浅之辈, 他要的是鲁国的权柄, 焉能为一时之得失而把鲁国弄成一团糟?

你未尽宰辅之责, 虚言诿过, 我斥责你! 然后, 给你一个说服宗主的理由。而不是, 你错了, 你失典守之职, 就是错了。

好吧, 我错了, 我改行吗? 我回去跟季孙肥死磕, 要不卷铺盖滚蛋, 于事何补?

我们要的是这样的夫子吗?

…………

当然, 据说, 说服的理由在下文, 能站得住脚吗? 不妨且疑且解之。

◎老百姓不答应

冉有曰: "今夫颛臾, 固而近于费。今不取, 后世必为子孙忧。" 孔子曰: "求! 君子疾夫舍曰欲之而必为之辞。丘也闻有国有家者, 不患寡而患不均, 不患贫而患不安。盖均无贫, 和无寡, 安无倾。夫如是, 故远人不服, 则修文德以来之。既来之, 则安之。今由与求也, 相夫子, 远人不服, 而不能来也; 邦分崩离析, 而不能守也; 而谋动干戈于邦内。吾恐季孙之忧, 不在颛臾, 而在萧墙之内也。"

枫解: 我们还是用传统的解法将这段经文翻译一下吧, 大抵如下:

冉有说: "今日之颛臾, 城郭坚固甲兵锐利, 且与费邑近在咫尺。此时不谋而取之, 将来一定会给子孙后代留下祸患。"

夫子道: "冉求! 君子最讨厌那种毛病, 不说自己贪图私欲却一定另找借口。

我听说过，无论是诸侯还是大夫，不忧虑财物之匮乏，而忧虑财富不均无法各得其份；不忧虑土地人口之稀少，而忧虑民无所济而上下难以相安。若是境内财富均分，便无所谓贫穷；境内和平团结，便不会觉得人少；境内上下安定，便不会倾危。做到这样，远方的人还不归服，便再修仁义礼乐的政教来招致他们。他们来了，就得使他们安心。如今仲由与冉求两人辅佐季孙，远方之人不归服，却不能招致；国家支离破碎，却不能保全；反而想在国境以内使用兵力。我恐怕季孙的忧虑不在颛臾，却在萧墙之内啊！"

这一大段读得我差点呕血三升，均财富，各安其份，广修仁义，就能天下太平！每日端着一碗清汤寡水，一身道德儒雅，人民就会听你的？

好吧，我忍不住想先讲一个故事，名曰"隳三都"。鲁定公十二年，夫子发动了一场轰轰烈烈的大运动，毁坏季孙氏之费、孟孙氏之郕、叔孙氏之郈三邑城墙，当时的说法是"国人家不藏甲，邑无百雉之城。"法理依据是什么？诸侯之邑，城墙不得超过18尺！费邑之于曲阜，其南更远而甚之，尚得堕而毁之，颛臾安能修得城郭坚固？鲁国上下能容得卧榻之侧有猛虎酣睡？若此"固"为城郭，当年夫子毁得，今时季孙怎么毁不得？两事不过相隔十余载，昔年当事之人大体健在，夫子焉能如此不智？许您放火，还不许我点灯？

当然，可以说是冉有伪托之辞，但人家这借口在法理上是站得住脚的，夫子为什么不以实情驳之？譬如颛臾城不过数尺啥的，却跟他讲一堆如何治国安邦的大道理，这完全不符合"国际惯例"嘛。

"隳三都"时还发生了一件极其恶劣的群体事件，费邑宰公山不狃与叔孙辄率费人叛乱，起兵攻入曲阜。原来我们总说，季孙伐颛臾，是害怕人家凭借有利地势起而助鲁君，地利何在？控扼费邑通往曲阜之腰腹也，季氏若从费邑起兵犯宫，得从人家家门口路过。公山不狃过去了，颛臾可曾吱一声？别说什么十年之后，颛臾腰壮胆肥了，你见过家养的牛吧？啥时候主动招惹过人了？

传统解读中，有太多不合情理的细节经不起推敲。譬如这个"固"字，我认为不是城郭之固，冉有得不智到什么样的程度才会拿一个不存在的政治借口来夫子面前胡说八道？若他真的如此干了，夫子还会跟他讲什么大道理而不是"鼓而攻之"？窃以为，此固是人文之固，是习俗之固，是宗氏血脉之固，是信仰传承之固，是无比坚韧顽强地按照夷人旧有的传统活着拒绝融入鲁国这个诸夏大家族的那种"固"，顽固的固！

只有这样，夫子才不会骂娘，而是非常轻描淡写地用一句"君子疾夫舍曰欲之而必为之辞"揭过而不追究。

舍曰欲之，不敢把自己真实的意图讲出来；必为之辞，一定另寻借口伪托。君子以此为疾，为大病！

你别拿教化不了颛臾当什么借口，这掩盖不了季孙贪图人家膏腴之地的事实！

只有这样，后面这一大段治国之道才能讲得顺理成章，而不会出现那种"我一说干仗，你就谈人品"的违和感，转身转得太唐突，老腰受不了啊。

丘也闻有国有家者，不患寡而患不均，不患贫而患不安。盖均无贫，和无寡，安无倾。

均，一说政理、政教均平，一说财物、土地均分。何谓政教均平？孔安国、包咸注经时俱持此说，却语焉不详，其后也不见经传。因不得其解，后来解家多有置疑，称当为"不患贫而患不均，不患寡而患不安。"谓董仲舒所著之《春秋繁露·度制》曾如此引用之，惟财货可均而分之也！然而，均贫富之事，青史多有发生，每于数十年则无疾而终。窃以为，均者，古通韵，为和谐而有节奏之音。均与和，才是所谓的"礼乐"真意，持续、稳定、有序、和谐。故而当解此经文为：

不忧虑地狭民少，而忧虑政教不谐以致乱了节奏；不忧虑财物匮乏，而忧虑政事不稳以致民心不安。因为政教有序生活总会富裕起来的，国事和谐人口也会逐渐充裕起来的，民心安定则国家就不会有倾覆的危机。"夫如是，故远人不服"……

夫如是，正是因为这样的道理，我们才应该怎么办呢？还是，咱都这样，如果不行，咱再接着干呢？

何谓远人？远方的人？大抵不作详解，朱熹还是比较讲究，说："远人，谓颛臾。"那么，这个远应该如何理解？肯定不是现实空间里的距离，毕竟置于邦域之中近在咫尺。如果是时间上的，只能解之为"先民遗裔"；如果是心理上的，则是未曾接受教化之民。怎么办呢？"修文德以来之"，此"来"，不是招而致之，而是"归"，令其归心。既然归心了，那就一定要"安之"，如何安之？

不观其所由，焉能察其所安？

如今，由与求啊，你们俩先后辅佐季孙大夫，先民遗裔不服教化，却不能令其归心；邦国支离破碎，却不能守护周全；居然还谋划着在邦境之中妄动干戈。"吾恐季孙之忧，不在颛臾，而在萧墙之内也。"

季孙之忧，萧墙之祸！萧墙，宫室中之屏风，人臣至此，整肃容颜以示敬畏。这两个成语，历来用以形容祸患由内因而起。可是，这个"内"是什么？有说"宗氏之内"，有说"宫墙之中"，或引"家臣阳虎囚季桓子"，或引"哀公借越伐鲁欲去季氏"，以示夫子言之有验，是以能够说服得了季孙，令其放弃伐颛臾事。

我倒觉得这种说法太过想当然了，你让冉有去跟季孙说，你家里可能会出现叛乱，却毫无凭据，季孙会作何感想？至于说，提醒他鲁君可能会对其不利，这岂是夫子所为？

窃以为，此语不当过度揣测，宜就字面而解，曰：

吾恐季孙之忧，不在颛臾之事，而是在于其入萧墙内之后的行为，不曾整肃内心，无法控制自己的欲望！

我对他的担忧，不仅仅是这事可能会引发的祸乱，更在于怕这个人会失控啊！

庶、富、教，正民三连环；均、和、安，正民三要务。教化，教化，教是方法，化才是目的，可这"化民大法"实在是重如泰山，非神力无以举之若等闲啊！

若是行不得法，纵使百年十世，又何能胜残去杀，令民心归皈服膺？

◎历史有规律

孔子曰："天下有道，则礼乐征伐自天子出；天下无道，则礼乐征伐自诸侯出。自诸侯出，盖十世希不失矣；自大夫出，五世希不失矣；陪臣执国命，三世希不失矣。天下有道，则政不在大夫。天下有道，则庶人不议。"

孔子曰："禄之去公室五世矣，政逮于大夫四世矣，故夫三桓之子孙微矣。"

枫解：何谓礼乐？历来有两说：一是制礼作乐，即"功成制礼，治定作乐"，也就是制度、大颂的制定权力，据说这是上古所传，与立官、掌伐合称王者四事；一是礼乐浑然，即"以乐入礼，以礼定乐"，也就是无论是礼制，还是正乐都必须遵循同一规律，按照自然规律、阴阳和合而定，追求和谐有序。总而言之，就是规则的制定权，即立法权。

何谓征伐？历来也有两说：一是以武力惩罚违背礼制者；一是分指赋税征集、讨逆伐罪两事。总而言之，就是规则的裁决权，即司法权。

世，有说确指三十年者，也有说泛指一代者。陪臣，马融说是重要家臣，陪为重；朱熹说，就是家臣。禄者，位俸也，职司、俸给合一，也就是周天子给诸侯确定的权力与待遇，即诸侯国政权柄。

这两段经文，是夫子自己总结的历史规律，并以此推演断定"三桓式微"。这个规律是如何得出的，他并没有明示，后人有许多循果溯流之说，其中以孔安国最具代表性。文曰："周幽王为犬戎所杀，平王东迁，周始微弱。诸侯自作礼乐，专行征伐，始于隐公。至昭公十世失政，死于乾侯矣。""季文子初得政，至桓子五世，为家臣阳虎所囚。"

这个规律蕴含着什么道理，历来说法也非常多，却大抵缺乏说服力。但，无法阻挡大家以之为定理推演、判断天下大势的热忱，是否准确，各自验证则可。

值得留意的是另一个细节，文中以"孔子曰"记之，通篇如是，有别于全书其余。个中缘由，猜想无数，却多无凭。犹记幼时闲读，曾得一说，当是清末民初之作，篇名、笔者、大段已经遗忘，唯有两词深刻入忆，曰："以示公心""有平等意"。我常以之参详本篇，倒是颇有几分气韵。闲论旁杂，多说无益，天下大势，非吾所能知，唯敬而将其文以近代语言译而录之，如下：

天下有道，礼乐制定之权、赋税伐罪之策皆由天子裁决；天下无道，则礼乐征伐由诸侯各自擅专。大体上，擅专于诸侯，能传至十世而不失的，非常少了；擅专于大夫，能传至五世而不失的，也非常少；若是家臣把持国家大政，能传至三世而不失的，同样非常少。天下有道，则国家政权不会操持于大夫之手。天下有道，则老百姓就不会议论纷纷。

国政权柄脱离公室掌控，已经五世了；国事政务操持于大夫之手，已经四世了，所以三桓的子孙现在也开始走向衰微了。

对于此章之注论，我推崇朱熹，其说有两个重要观点，我一并录之，以飨诸君。

逆理愈甚，则其失之愈速。大约世数，不过如此。

上无失政，则下无私议。非箝其口使不敢言也。

天下有道，天下无道，这个道终究是什么？天上星宿陈列时空无垠？地上万物生长大河东流？夫子那一剑斩下去，皇皇苍苍，只有天理，只在人间，顶上三尺，存而不论，格而穷之，不外乎规律。从现有存留的史学来看，人类社会的最大规律，无非是生产力与生产关系两者的契合度，定则万序生、章法现、一切步入正轨，荡则无可循、不可测、前途祸福难料。夫子窥见的是农耕的定，察到的是农耕的安，礼乐征伐自然归于天子！可是，纵使尊贵如天子，也必须循天理而守人伦……

人间大政，孔安国曰：无可非议！

无可非议，吾身庶人……

◎多点正能量

孔子曰："益者三友，损者三友。友直，友谅，友多闻，益矣。友便辟，友善柔，友便佞，损矣。"

孔子曰："益者三乐，损者三乐。乐节礼乐，乐道人之善，乐多贤友，益矣。乐骄乐，乐佚游，乐宴乐，损矣。"

枫解：友，是朋友，还是平辈相处的方式？乐，是愉悦，还是欣赏而生之风尚？见仁见智吧。

益，肯定是好的，有益的，正面的，利于精进的，利于步入正轨的；损，肯定是不好的，有害的，负面的，不利于进步，甚至是毁坏正常运转的。

何谓直、谅、多闻？正直、诚信、博学，这个解法目前存案最早的应该是刑昺。刑昺仙逝两甲子，朱熹降生，他对老刑的说法作进一步解释，说："友直，则闻其过；友谅，则进于诚；友多闻，则进于明。"由此可见，这个解法，在大宋时期已经占据主流地位。

可是，有意思的是刑昺对"便辟"的解读采用的是马融的注，曰："便辟，巧辟人之所忌，以求容媚。"也就是诌媚奉承会来事儿。朱熹的解释是"习于威仪而不直。"也就是皮相威严却心术不正。细心留意一下，其实两者都是把"直"当作镜子，然后重心落在"辟"上去解释这个词的。

辟，最古老的字义是什么？是用器械对一个跪着的人干点啥，后来引申为法度，倒是与朱熹之解中提及的"威仪"有些渊源。我在《先进》篇中曾对"师也辟"的传统解法提出抗议，旧说把颛孙师，也就子张，判为"邪僻"，不足采信，当是"拘泥于法度"，通过史载事件，或从书里所录其言，不难验证此说之合理性。其实，解经有时候就像侦破案件一样，不断从各种线索里去寻找真相，或者是努力接近真相。我们不妨一起来梳理一下：

可以确定的线索有几个？其一，"直"为益，"便辟"为损；其二，"直"与"便辟"是对应的。比较简洁一些，直的反面就是不直，那么，这个不直指的是"便"还是"辟"？很明显，马融所解的"辟人之所忌"，通的是"避"，取避开之意，曲线以图之；其解之"便"，取的是便给、巧妙之意。解"便辟"为"诌媚奉承"虽能成理，却过于曲折回环，且与其后对"善柔""便佞"之解有些重合，多少有些不美。若是，"辟"通"僻"，取邪僻之意，便作何解？精通邪僻之术吗？朱熹取辟之古义而申为"威仪"，便又作何解？习于威仪怎么就不直了呢？"便"最古老的字义是"值更人"，从甲骨文字形可得之。值更人，其实就是给别人提供某些利于生活的服务的人，最早的引申义就是方便、顺利。若"便""辟"皆取源义，无非就是精擅法度而且会钻其漏洞，多少有些监守自盗的意思，与朱熹之解相合，与直之"合法度而正行"恰能对应。故，我解"便辟"为钻营不轨，"直"为正直公允。

同理，以履仁之道解谅者之诚之信，是为奉仁为信；以贼恩之祸解善柔，是为媚悦失道，损于仁道信仰。多闻，是为博学兼听；便佞，是为甜言无实，一味儿口花花不见真东西。且将旧解与吾解俱列之如下，诸君自行揣摩。

旧解：益友，正直、诚信、博学；损友，诌媚奉承、一脸伪善、花言巧语。

吾解：益友，正直公允、奉仁为信、博学兼听；损友，钻营不轨、媚悦无信、甜言无实。

吾解之友，可为人，可为法，可以是朋友，也可以是相处之道。下一段经文依样画葫芦罢了。

旧解：益乐，得到礼乐调节、宣扬他人好处、结交贤明之士；损乐，放肆骄纵、游逛无度、饮食荒淫。

吾解：益乐，明察礼乐之细微、取法他人之善行、常与贤明作伴；损乐，骄肆而无节制、信步而无标的、沉迷而无作为。

乐，以之为乐也，可是自身内外皆愉悦，也可以是喜欢、欣赏并以之为风尚。

益为何？损为何？正能量不怕多，负能量不惮无，趋正避邪，多几分思量比较总是好的。律己也可，导民也可，但愿世间满是阳光的味道。

执中，始能左右推而验之，胸有成竹。论友，它的中何在？解乐，它的中又何在？窃以为，为友宜留几分法度，作乐宜留一点公心。正如此时，窗外有地摊歌星引颈抒胸臆，高亢嘹亮，起伏不定，他老怀大慰，何损之有？我饱受摧残，益从何来？莫非还得登门拜谢每日与他人民币三毛两分酬而谢之？

◎三个夯货

孔子曰："侍于君子有三愆：言未及之而言谓之躁，言及之而不言谓之隐，未见颜色而言谓之瞽。"

枫解：愆，孔安国云：过也；朱熹亦云：过也。历时一千两百余年，字义不曾稍有演变，无差异处，不外乎过失之意。

是君子国，还是巨人城？到这里来的那三个憨子，分别名叫躁、隐、瞽，这三位的名字是夫子拟定的，缘何如此称之？曰：没轮到他说话，却抢先而言，叫躁；该他说话，却不说实话，叫隐；不察容颜神态，贸然开口，叫瞽。

朱熹称瞽为无目，现在多译为瞎，我们家乡俚语还保留着宋时的用法，依然称没有眼色缺少眼力劲儿的人为"无目"。据传跟朱熹有过一些交集的尹焞尹和靖在《论语解》中批注此段经文时，曰："时然后言，则无三者之过矣。"合时，看准时机，然后再张嘴，不能当憨子啊！比他俩早一百来年的刑昺作注疏时称，此经文所言"卑侍于尊，有三种过失之事"，这巨人城实在不好混呦。

其实，大家解经的源头应该还是在孔安国那里，他注此处时，解隐而曰："隐匿不尽情实"。可是，在"智者不失人，亦不失言"里却告诉我们，不能竹筒倒豆子，该说不该说的，得仔细斟酌，难道是，见了大人物咱就得把这付赤胆忠心掏出来?

尊卑挺是讲究,人情也甚练达,只是总觉得这油条有点老,让我禁不住想起梦里的君子国,这三个憨货若是有幸到了那儿,插个嘴儿、说不到位、缺点眼力劲什么的,估计也没人跟他们计较吧。君子国呀,君子国,难道真是憨子们的桃花源?

某日,翻阅字典,偶得一句,"物燥乃动而飞扬也。"不由想起郑玄的注,曰:"躁,不安静也。"与《管子·心术》中所言的"躁者不静"颇合。由此不由另起思绪,所谓"言未及之而言"未必是大人物说话时胡乱插嘴,可能是七嘴八舌毫无秩序,喧闹罢了;"言及之而不言",也可能是谈到你了,却当起锯嘴葫芦,颇有些引身而退充当逃兵的意思;"未见颜色而言",还没露点真本领就自吹自擂,此謷,也可通鼓,吹拉弹唱,五音惑人。如此三戒,或许人情不甚练达,倒是颇为切中今时今日之弊。

侍于君子,侍于君子,大人城中不好混,也许跑去君子国里熏陶些时日,憨子也能开开窍。

读书,最有意思的地方,就在于索隐,草蛇灰线,每见别有洞天,其中欢悦,如入仙境。

真君子,讲秩序、不退避、言有物,可乎?

◎人生三段论

孔子曰:"君子有三戒:少之时,血气未定,戒之在色;及其壮也,血气方刚,戒之在斗;及其老也,血气既衰,戒之在得。"

枫解:少、壮、老,人生三个阶段;不同的阶段,有不同的慎戒之事,少戒色,壮戒斗,老戒得。这是《论语》中少有的音、形、义没有争议,甚至古今通用无须翻译的经段。

没有争议,却有不同的体会,主要是在色、斗、得三字上。一是只从最基本的字词本义解读,称三戒为女色、好斗、贪得;一是进行延伸,提出更高更广泛的要求。我将第二种体会拢了拢,归纳如下:

色者,如老子所云之"五色令人目盲",岂止于男女情色?年少时,血气未定,筋骨初伸,灵窍始开,对于世间一切事物好奇之心最重,最易沉迷其中,惑心溺志,此时之戒,在五色、五音、五味,也须谨防佚游于艺,宜以礼制约之。总的来说,小时候得当上一段时间的小和尚,学习还得有个方向。此戒曰:纵欲!

斗者，持戈而争也。人到壮年，血气方刚，精神完备，心力勃发，自当奋发而力争上游，但必须以道正身，以礼约己，束全力以赴，不因余事分心，徒损精力。此戒曰：滥斗！

得者，收获之果也。在甲骨文里，"得"与"获"两字结构非常相似，意思也相近，都是表示对某一事物的持有。"得"偏向于结果和物质，它持的是"贝"；"获"偏向于过程和圆满，它持的是"隹"。年老体衰，精血气力日渐下降，守不住那么多的东西，也吃不了用不了那么多的东西，没必要，也不能贪、恋、固，要舍，要放弃，要做减法，求得人生终场的圆满。舍物，舍权，也舍情。此戒曰：不舍！

我明明知道这种延展性的解读是错误的，是不符合夫子原旨的，却又偏偏喜欢得不得了，因为这些久历红尘凝结成晶的智慧，非常有光芒。其实，夫子的意思甚是简单，要求也简单，就是希望我们对自己的身体有一定的了解，要正确认识和面对身体生发、壮大、衰退的自然规律，别弄拧巴了，白白浪费一次美好的旅程。这戒，也只是针对人体最基础的本能需求，年老了，别吃多，身体消受不了。

人生不过大梦一场，那也得容我自个儿去梦，去觉，去体会，去奔走，去寻觅，去呼吸……你可以告诉我小心脚下的石头、坑，但请别剥夺我做梦的欲望。这是儒家与道家，以及后来进来的佛家，分歧极大的地方。在夫子时代，原初的儒家，约束他人的戒律是比较宽松的，并没有太多的衍生条文，更多的是提醒，而不是棒喝。这也是解读古儒经文需要留心的地方，别被人带到沟里去。当然，后来的那些解读，好东西还是非常多的，比如此地，先贤的慧光总是让我心生喜悦，也就自愿当回糊裱匠吧。律人，不妨只从最本初读之；律己，宜向最深奥处解之。

每读至此处，我总会想起夫子的另一段话——"老者安之，朋友信之，少者怀之。"我从来不认为这个"之"指的是夫子，而应该是仁道！老者的舍得与安然，中年的约身与信仰，少年的立志与良愿生发……

正如范祖禹解此段经文时所说："圣人同于人者血气也，异于人者志气也。"并非人人都能成圣，又何必以圣人所持戒条而律之？

◎有所敬畏

孔子曰："君子有三畏：畏天命，畏大人，畏圣人言。小人不知天命而不畏也，狎大人，侮圣人之言。"

枫解：畏，不是畏惧，不是害怕，而是敬畏，是对促使自己言行趋向于真善美的那条戒尺保持一份尊重、崇尚、肃穆和真诚。

何为天命？这可能是历来解说最多的一个词，几乎所有的流派都会形成一套自己的理论，因为这是万丈宝塔最重要的那块基石。

关于天命，夫子有生之年是否另有所传，不可考也。但翻遍目前存留之《论语》，夫子之言，讲"天"者十四处，却绝大多数不过是某种情感的渲泄；涉"命"者有八处，而且还包括了三处"天命"，此地就有俩。可以肯定的是，第一，目前所流传下来的天命理论，都是后人的说法；第二，对于人格化的天神，即主宰或命运之天，夫子的态度明确，存而不论；第三，夫子相信自然规律，也就是天理。

我们不妨略作梳理，目前存在的释义中，"天"大体有三个含义：一是自然之天，一是主宰或命运之天，一是义理之天，即天理；"命"也有三个含义，一是禀而受之，一是运数，一是心命。自从夫子挥剑而斩，人格化的天、飘缈的运数，皆归六合之外。

另一个可以确定的是，老子、夫子是不谈"心"的，老子讲天道，夫子论人道，刀简之中处处能品出"心"的韵味，却就是不着于文字；真正谈"心"始于庄孟，时隔百年，心灯锃亮，号称得传两脉真法，或明或暗，飘缈起伏，交织数千年。

除了近代那次，历史上还有两个大注经书之年，一是两汉，一是两宋。两汉时儒道争雄，其中糅杂太多"为争而述"，也许跟浑一体系初成也有关系，很多理论其实经不起细心推敲；两宋之时，虽然有"引经注我"的大毛病，但从理论的层面来看，还是比较缜密周详的。我们不妨就从此段说起，见其最强者，窥其上下游。

朱熹曰："天所赋之正理也。"何晏曰："顺吉逆凶，天之命也。"朱的天理，何的人心，由宋溯流至魏，可见理解偏差确实很大。当然，何晏是位知名的玄学家，崇尚黄老之说，后来也就经常被儒家弟子所摒弃。可是，我们能够从两者之中比较得出一个共同处，他们对于"命"的理解都是"禀而受之"。

此时，天命的"命"尚未独立存在，还只是一个信号接收器，只是大家接收到的内容不太一样，朱熹是道德所化的余韵，何晏是原始蛮荒的本能。听谁的呢？不管听谁的，日子好像都不太好过。听朱熹的，脐下三寸常有冷风嗖嗖；听何晏的，夜静更阑常会噩梦连连。裟裟东来，经外别传，有心命之法响起，大家豁然洞开，溯源而上，发现庄孟心灯之光、李孔二圣经文潜韵，心学陆起。于儒门，至阳明先生而大放光芒，以良愿仁心替代蛮荒之觉，受天理、历红尘，洗练而弥坚，更见璀璨，天理与心觉，成为两套交织并行的体系，最终合一而生心命。

非常有意思的是，只有后来的"心命"才能让夫子《论语》中的"命"，解释得圆融自洽，是心灯重燃，还是另起炉灶？我才疏学浅，没有能力分辨清楚。但，可以肯定的是，现有流传的关于"天命"有三种体系，一是天理之命，一是人心之觉，一是天理、心命并行。

何为大人？现在很多解家称为长者、贤达者，也算是与时俱进，挺好的。但，事实上是错误的，古代的大人换成今时之语，就是大人物，在某方面有所建树之人。当然，绝对不是通过权力、金钱、地位之类单一维度来衡量，而是综合性考评，所谓德、功、言、事。

何为圣人言？曾经在近一千年的漫长岁月里，只有一个声音在说话，圣人言，夫子曰。圣人不能自封，彪悍如大唐帝君，人家尊称之为"圣人"，他还得回一声"朕"。我倒是觉得，夫子让我们"畏大人"，是希望我们尊重人家的成就；"畏圣人言"，是希望我们尊重前人的智慧和道理。

人，终究还是要有所敬畏。不管是君子、大人物，还是庶民、小角色，谁不希望自己变得更好一些呢？谁不希望日子过得舒畅一些呢？我重整心怀，把这段经文翻译如下：

君子敬畏三件事：敬畏天命，敬畏大人物，敬畏圣人的言语。庶民不懂得天命，因此而不敬畏之，轻视大人物，轻侮圣人言。

天命究竟是什么？也许一万个人就有一万种说法，窃以为，只要能够说服你自己，饭吃得香，觉睡得甜，心有皈依，安然有着，皆是无妨。摸着良心，过好日子……

很多时候，人并不是不讲理，只是害怕讲理了自己就活不下去；人也不是不敬畏那条让自己让人世变得更美好的戒尺，而是手持戒尺的人实在不讲道理。敬畏，是为了活得更好，只有日子能过得下去，才会摸摸良心……

◎主观能动性

孔子曰："生而知之者上也，学而知之者次也；困而学之，又其次也；困而不学，民斯为下矣。"

枫解：生来就知道的是上等，学习后才知道的是次一等；行至不通时为求答案再去学习的，又是再次一等；不通而不学，"民斯为下矣"。

民斯为下矣，很多人解为，"老百姓就是这种最下等的"，我听得很是郁闷，典型的"这届人民不行"啊！窃以为，当译为"民众就是因为这样才会处于底层啊"，因为"困而不学"，因为不求甚解，因为不找出路，呆在那里，浑浑噩噩，可不就会被社会遗弃？

生而知之者，"知"也有作通假"智"解的，称这是天生有大智慧之人，是真正的超级天才。从意译的角度来说，讲得通。夫子其实并不太相信世间真的有如此人物，他曾明确地把自己从那个序列里剔除出来，曰："我非生而知之者，好古，敏以求之者也。"但是，后来的儒家弟子总是把这当作一句自谦之语。解此段经文，更是以圣人为第一，而后贤人，然后君子，最末愚民，生生将人分为四等，夫子自然重归"生而知之者"序列。我总是自然而然地把这理解为，抬高偶像顺便提升自我身价的手段，颇有些"黄袍加身"的意思。

历史上，尤其是上古时期，被称甚至自称"天授"或"天相"者很多，当时也常有人如此赞誉夫子，他却敬谢不敏，老先生实在是不体谅人，一下子就堵住多少人的"上进之路"。我理解这段经文，认为夫子只是想表达几个意思：其一，知识是学来的；其二，主观能动性很重要；其三，跌倒了顺带躺着的，会被欺负。

斯为下矣，是哀其不幸，还是怒其不争？或者兼而有之？是想伸出手来拉一把，还是想伸出脚来踩个印？这对夫子而言，还会有别的答案吗？

我相信世间有天才，但痛恨那些自视高人一等之徒，尤其是还身披"儒家传人"外袍的那些，难道此举不违仁乎？

◎身心行知念

孔子曰："君子有九思：视思明，听思聪；色思温，貌思恭；言思忠，事思敬；疑思问，忿思难；见得思义。"

枫解：小时候，他们告诉我，要成为君子，必须学会九种思考：看的时候，思考是否看明白了；听的时候，思考是否听清楚了；待人，思考脸色是否温和；举止，思考是否谦逊；说话，思考是否忠诚；办事，思考是否认真；逢疑，思考如何请教；将怒，思考是否有后患；见得，思考是否合义。

据说，这就是"诚心"之法。程颐说："九思各专其一。"其门下四大弟子之一谢良佐说："未至于从容中道，无时而不自省察也。"大概意思是说，只要我们把这九大法门练成本能，也就能够"持中守正""中庸为德"了，逐一关照，遇之则省。

某日，我重读刑昺的注疏，再遇此言，心中立时一惊，其言曰："目睹为视，见微为明""耳闻为听，听远为聪"，啥意思？让我们察至最微处，推及最远方，自然明辨聪慧。王阳明当年格个竹子，差点把自己弄丢了，咱还敢往里钻？赶紧跳出来一看, 哪是什么九大法门, 要是这么唬弄, 多整几个似乎也未尝不可, 譬如, 嗅思味……

我重新理解, 将一管之见整理如斯, 曰: 君子, 大人物, 奢遮之辈; 九, 数之极也, 以此而析人生五大事。分别如下:

视思明, 听思聪——看见什么了? 听到什么了? 除了是否看清听明之外, 还有什么? 这个世界五彩缤纷、五音并纶, 我们要了解这个世界, 知道这个世界的模样; 还要清楚这是我们自己了解到的世界, 还是别人灌输给我们的世界; 是它本来的面目, 还是我们意识侵凌的结果。有人说, 这东西是臭的, 可是, 我们吃起来却是香的, 比如臭豆腐……眼、耳、鼻、舌、身, 色、声、香、味、触, 五种生理器物如何与五种物理存在结合产生五种心理感受, 这个过程极为奇妙, 试着去分析, 会看到不同的世界, 你看到了吗?

色思温, 貌思恭——视听是世界映入自心, 色貌是内心现于世界。温, 不冷不热; 恭, 心存恭敬。你想给世界一个什么模样?

言思忠, 事思敬——忠为正心, 敬为促善; 言、事, 行也。这是行为准则, 你要在世界上留下什么样的痕迹?

疑思问, 忿思难——疑为不通之惑, 是遇困; 忿, 不是发怒, 而是情绪上的冲动, 动了念头有了想法。起疑多问以求解, 动念及难而不缩, 这是求知! 你会当逃兵吗?

见得思义——在收获面前, 一定要衡量是否符合公义, 唯义是从, 是儒家弟子的基本法则, 必须渗入骨髓之中, 成为本能, 成为潜意识里的行为, 念起而动, 念息而止。你可以吧?

我见九思为五类, 身心行知念, 由外而内, 由内而外, 行为、智慧, 最终合于公义, 而成信念。

儒家修身为什么把"意"列为"七贼"之首? 从九思的视听分解中就可见端倪, 客观世界通过五器进入"凶"形成五识, 就像阳光通过门户照进室内一般, 那层窗户就是"意", 如果不杀之, 如何看得通透? 意未曾诚, 心何以正? 而在五识中, 视、听二觉是最容易致幻的, 如何能不慎之又慎?

修身不能邯郸学步, 授法不能削足就履。每个人感受到的世界是不一样的, 这才是人间最精彩的地方! 更精彩的不是弄一堆绘彩描金的泥塑木偶排大阵, 而是所有的多样性都想着为人世间的美好尽点心力, 譬如, 微笑……

◎死猪才不怕开水烫

孔子曰："见善如不及，见不善如探汤；吾见其人矣，吾闻其语矣。隐居以求其志，行义以达其道；吾闻其语矣，未见其人也。"

齐景公有马千驷，死之日，民无德而称焉。伯夷叔齐饿于首阳之下，民到于今称之。其斯之谓与？

枫解：看见善行如同害怕赶不上一般努力追随，看见恶行如同伸手探入沸水中一般全力躲避；我见过这样的人，也听过他曾经讲的话。避世隐居以保全自己的志趣，依义而行以践行自己的大道；我只听过这样的说法，却没见过这样的人物。

求，古语同裘，即是皮衣，"求其志"，依古义译为保全志趣，保全意志，可！求，申义为觅、乞、索，故后人多解，或说寻觅、求索自己的志向，吾以为不美。

达，繁体字是左右结构，左边为"辵"，或谓乍行乍止，或谓数人同行；右边为"幸"，如羊子初生，有较难之意。是以，本义为"初行艰难"。估计是一回生二回熟三回闭上眼睛倒着走，后来就引申为大道通畅行人互不相遇，再后来就引申为畅通、显贵。我觉得在此处，"达其道"，解为立，或通，或显，似乎都不够准确，所以用了践行。是难？是易？是通？是阻？各自参详吧。

其实，更难参透的是另外一些问题，"见善如不及"者就一定会"见不善如探汤"吗？"见不善如探汤"者就一定会"见善如不及"吗？非黑即白、理所当然，这种脸谱式的说法太不了解人性的复杂了！同理，"隐居以求其志"就无法"行义以达其道"吗？"达其道"与"求其志"有冲突吗？做不到和真没有是两回事吧？夫子不也是"闻其语"而"未见其人"吗？

从"德位相称"到"私德完人"，流毒数千年，祸害甚烈，弄得我们都不会客观地去评价一个人了！下面就是典型的案例，文曰：

齐景公有马千驷，死之日，民无德而称焉。伯夷叔齐饿于首阳之下，民到于今称之。其斯之谓与？

他们告诉我，齐景公有四千匹马，死了以后，百姓都不觉得他有什么良行可以称道。伯夷叔齐饿死在首阳山下，百姓到现在还称颂他们。这两个例子就是表明这样的道理吧？

他们告诉我，齐景公执政后期贪图享乐、不顾百姓死活，厚赋重刑，不仅生活奢侈、贪杯好色、好犬马、大造宫室，甚至将百姓收入的三分之二拿来供自己享用，致使民不聊生、怨声载道、内忧外患却不体恤民情坚持与晋国争夺霸主之虚名。所以，他死了还不到两月，陈乞联合鲍牧及诸大夫发动政变，率领甲士攻打公宫，高张与国夏驱车救援齐侯，与诸大夫在庄街展开巷战，齐民皆倒向陈、鲍，高、国寡不敌众，战败出奔，从此拉开"田氏伐齐"之序幕，终以断绝子嗣惨淡收场。最后那折戏就是"陈成子弑简公"，陈成子陈恒就是陈乞的儿子。

总之，这就是一个无道昏君，祸国之主！后来，我从史书中遇见"另一个"齐景公，名叫杵臼，幼年因缘际会得以继承大位，国政却操于权臣崔杼之手，形同傀儡；经过十六年的漫长煎熬，一拨拨权臣此起彼伏，最后又因缘际会地在国弱、晏婴等人的辅佐下得以亲政；他在位五十八年，是齐国历史上统治时间最长的国君；他曾放手让晏婴、弦张等大贤理政，令齐在短短数年间由乱入治；他在位时，是齐国治安相对稳定、民众生活有较大改善的时代；据说，他非常喜欢听桓公称霸的故事，常以先祖之志自勉；前522年，他令齐使公孙青以国君之礼待因乱出奔国都的卫灵公，在诸侯间博得盛誉；前517年，他率兵慰问受三桓所迫出奔的鲁昭公，并赠其两万五千户人口、土地作为奉养之资，又一次获赞无数……

至于发动政变却大得民心的陈乞呢，妫姓，田氏，名乞；据史载，景公在位时，始入官场，担任大夫之职；他征收百姓的赋税时用小斗收进，贷给百姓粮食时用大斗放出。晏婴使晋曾对叔向说："田氏虽无大德，以公权私，有德于民，民爱之。"也曾就此劝谏景公，景公不听，终于成祸患。细究其由来，这就是一个拿国家公器收买民心以为己用的"大奸臣"吧？

那场政变中的民心向背，可以成为"称德"之基准吗？如果可以，夫子想告诉我们什么呢？学习陈乞好榜样？若如是，又何苦"沐浴而朝，告于哀公"，"请讨之"？

后来，我读到"景公夜饮"才恍然大悟，理解夫子的用意。故事的梗概是：某夜，景公喝嗨了，跑到晏婴家，想让晏婴陪他饮晏作乐，未遂；接着又跑到司马穰苴家，依旧未遂；跑到梁丘据处，终于得偿所愿。最后感叹说，如果没有晏子、穰苴二位，我如何治理国家？如果没有老梁，我怎么找乐子？

这分明就是一位虽"见善如不及"，却没有"见不善如探汤"的主儿！于公，虽算得上是位有为之君；于私，却是德性不够充足，所以，死了，百姓都不知道应该怎么样公允地对待他！从他得谥"景"而看，怎么着也算不上什么"乏善可陈"吧？最低最低限度也得给个"毁誉参半"的考评吧？为了解段经文生生把人家描成一无是处，似乎有失公允吧？

伯夷叔齐首阳山，这故事讲过了，保全了自己的志趣，也践行了自己的大道。当然，这事儿，夫子也只是听说，这人儿，还真没见过！

"千驷"，自从孔安国曰"四千匹"之后，一直被当作极为丰厚的私产处理，我倒是觉得应该理解为"齐景公拥有一个千驷之国"。这还是一个无关紧要的小偏差，更为荒谬的是"其斯之谓与"，这两个例子就表明这样的道理吧？什么道理呢?不知道!所以疑"此章文势或有断续,或有阙文,或非一章",甚至言之凿凿,把"诚不以富,亦祇以异"视为错简当置于此处,说什么"百姓称之,与富或不富无关,只为其品德不同",好一个"私德完人"就能"万世流芳"!

我默念经书,曰:众恶之,必察焉;众好之,必察焉!如是三遍,再默默吐出胸头一口浊气,悠然道:杵臼呀,你也别觉着委屈了,谁叫你傻呀,开水烫手不知道缩呀,这回成烂猪蹄了吧,该啊!

见善如不及,见不善如探汤,一颗仁心,两手同硬!

隐居以求其志,行义以达其道,一身才学,穷通俱达!隐居,不是坐枯禅,不是跳出红尘,不是避世不再见人,兼济不了天下,行行小义伸手帮帮身旁之人总可以吧?

伯夷叔齐在首阳山中,不会除了采野菜果腹就啥也不干了吧?那老百姓谁会知道这二位就是他们呢?

私德完人,值得景仰,也就是景仰而已,与民何加?百姓若是碗中有肉,身上有衣,多少政要的桃色新闻成了大家茶余饭后的消遣谈资?公义、私德混为一谈,这《论语》解得通,那才是咄咄怪事!

探汤,探汤,唯切肤之痛,可令人惊觉,民非如是乎?汝非如是乎?吾如是也!

◎庭训传承

陈亢问于伯鱼曰:"子亦有异闻乎?"对曰:"未也。尝独立,鲤趋而过庭。曰:'学诗乎?'对曰:'未也。''不学诗,无以言。'鲤退而学诗。他日,又独立,鲤趋而过庭。曰:'学礼乎?'对曰:'未也。''不学礼,无以立。'鲤退而学礼。闻斯二者。"陈亢退而喜曰:"问一得三,闻诗,闻礼,又闻君子之远其子也。"

枫解:陈亢,字子禽,有说是夫子学生的,也有否认的,我觉得至少也是一个旁听生,只是他实在有些不厚道,总想着弄点"秘籍"回去。《学而》篇里记载,开学第一课,他就咬着子贡的耳朵问道,夫子每到一个邦国,一定会了解当地的政事,是主动的,还是被动的呢?窥探夫子"游历闻政独门真法"。

伯鱼,名鲤,夫子之独苗,后来写《中庸》那位子思他老爹;年未过五十先夫子而故,一生无建树。

这是一个非常有意思的段子,陈子禽又一次试图窥私,孔鲤的回答却是非常简单,简单到撑死也就写篇"我与父亲两三事"一类的回忆性小文章。背景大抵交代清楚，不妨听听故事：

陈亢问伯鱼说："您在夫子那儿也得到与众不同的传授了吧？"

孔鲤依礼回道："没有哇。父亲曾经一个人站在那里，我小步疾走穿过庭院。他问我说：'学诗没有？'我说：'没有。'他便道：'不学习诗，说不好话。'我退回便开始学诗。后来又有一次，他还是独自站着，我依然小步疾走要穿过庭院。他问我说：'学礼没有？'我说：'没有。'他便道：'不学习礼，无法立足。'我退回便开始学礼。单独聆听教诲的，也就只有这两次。"

陈亢回去后非常高兴地说："问一件事，却知道了三个真相，闻诗，闻礼，又闻君子之远其子也。"

这个"远"大抵解为"疏远"，意思是夫子并没有宠溺独子，而是保持一段距离，也没有开什么小灶传点独门绝技，视之与众弟子如一。此说相对靠谱，你看，夫子"独立"，伯鱼"趋而过"，很多人认为是恭恭敬敬地走过去，我却看着多少有点老鼠见着猫的意思，想必夫子素常也是一位"严父"，不是什么可以"谈心""成友"的开明老爹。

可是，这个"远"就只能指"关系疏"吗？我看未必！不妨就着"我与父亲两三事"进行分解。

第一回，"不学诗，无以言。"刑昺解释说："以古者会同，皆赋诗见意，若不学之，何以为言也？"简单点说，那年头大家见面就吟诗，诗言志，如果不学会这门技术活儿，又怎么能够表达清楚自己的意图呢？朱熹说："事理通达，而心气和平，故能言。"大概是说，学诗了，能明晓世事人情，还能涵养心性熏陶品德，这话自然也就说得有水平了。言志？通理？平心？技巧？知识？品性？夫子的庭训果然是高大上啊，也不知孔鲤是时年岁几何，是否会晕菜？我们现在把《诗经》翻出来读一读，失传了的"乐谱"咱就不说了，三百多首诗，那些词句刨去语言演化带来的阅读障碍，有多少高深的地方？尤其是国风一类，典型的地方民谣。说什么学这个可以抒怀咏志、陶冶情操，我是怎么着也不相信，尤其是"郑风"那样的，几乎一首诗就是一个言情故事，情歌还能唱出家国情怀？倒是这些诗里头，洋溢着生活气息，充满了风土人情，蕴含着无比丰富的信息量和知识点，好好学上一学，对于开拓视野、增长见闻有着无可比拟的好处。每逢有人跟我讲《诗经》奥义高入云天，我大抵会让他赶紧弄本"流行金曲大全"，好好珍藏，别说两千年了，五七百年后估摸着就可以成为宝物了，留着传家吧。

第二回，"不学礼，无以立。"刑昺说："以礼者，恭俭庄敬。人有礼则安，无礼则危，故不学之，则无以立其身也。"没有五讲四美傍身，行走不了江湖啊！朱熹说："品节详明，而德性坚定，故能立。"有礼有节有人品有信仰，绝对人间四有好青年！这个礼究竟是什么？是仪轨礼节吗？这也太小看夫子了吧？窃以为，当是礼制,是礼乐,是文化传承里最根本的那股子精神!

第一回合,弄得那么玄虚,教个儿子还兴来顿"杀威棒"的吗?第二回合,却又弄得如此平易近人,一个巴掌揉三揉吗?再说了,这两个回合相隔多久,伯鱼可曾明言?中间就不能隔着十年八年的?"我与父亲两三事",再少再短,那也是四五十年的旅程好吧?一个人如果没有了精气神,还能有什么看头?文化,不也如此吗?别一讲礼,就想起鞠躬磕头,或是送财货啥的,在传统里,还真的不是那么回事!

我参此章,耳畔常闻颜渊之语:"夫子循循然善诱人,博我以文,约我以礼,欲罢不能。"

有时候,我总会忍不住想,如果这事儿搁在颜渊身上,陈亢若是认为"闻子之远回也",这个"远"还会当作"疏远"解吗?大概会成了"远其志、深其智"吧?同样的教学,在儿子这儿与在弟子这儿,截然大不同,这会是夫子的想法?这会是"问一得三"的陈子禽的真实想法?好像格局器量小了点儿吧?

有时候,也有人会问我,为什么总喜欢拿刑昺与朱熹的注放在一起比较而解读经文。个人认为,两宋是大注经典的重要时期,尤其是对儒家而言,有着无可替代的位置,老刑是这股清流的初始,老朱是其巅峰,读此两家,往往能更快速地号到脉。当然,这只是一家之言,师傅带的,可能就是沟也说不准。

闲篇扯完,来点实在的,这个段子讲的就是夫子如何教育儿子,诗礼传家!至于能从中品出什么硬货来,那就各随机缘吧。但有一点是可以肯定的,学诗是为了"言",学礼是为了"立",你想让他说什么样的话呢?又想让他站在哪儿呢?

庭训,或许正是出自此典吧,时至今日,还有几人受过?二三十年后又有谁人记得受过何训?

◎从称呼正起

邦君之妻,君称之曰"夫人",夫人自称曰"小童";邦人称之曰"君夫人",称诸异邦曰"寡小君";异邦人称之亦曰"君夫人"。

枫解:国君的妻子,国君称呼她为"夫人",她自称为"小童";国内的人称她为"君夫人",但对外国人便称她为"寡小君";外国人称呼她也为"君夫人"。

这一章,有人说是夫子所言,只是遗落了"孔子曰"三字;也有人说,这不过是后人见缝插针,在竹简空白处,任意附记的……说什么的都有,其实原因只有一个,不知道为什么要在此处讲此话,一个称谓而已,有必要如此烦琐且郑重其事吗？纵使是关乎礼仪大事，也无必要如此吧，四十三个字啊，在惜墨如金的年代，可不是小手笔。

孔安国先生的解释是，"当此之时，诸侯嫡妾不正，称号不审，故孔子正言其礼也。"

朱熹就注了一个"寡，寡德，谦辞。"然后引用老胡的一段话就对付过去了，那话曰："凡语中所载如此类者，不知何谓。或古有之，或夫子尝言之，不可考也。"不是或有，而是真的有，称呼从来就是马虎不得的事儿。老刑就讲究多了，姑且不论他的考证是否正确，还真下了大功夫，解释就通透多了。你看，为什么叫"夫人"？能扶成人君之德也！为什么自称"小童"？自称谦言己小弱之稚童也……

可是，为什么要在此处如此讲此话呢？还是很难释疑！直到有一回，朋友的小孩结婚，他是一个讲老礼儿的，满世界找人帮忙写请柬，居然就没找到合心意的，因为没有一位懂得"姻亲侍弟"是什么意思，老先生唏嘘不已，感慨说老"贴式"失传了。我当时随口应了一句，再过三十年，小孩子连堂和表都分不清了，哪有这么多讲究？回家的路上，突然想起孔安国先生的注——正言其礼也！

电光一闪，略有小得，所谓引导民风，可不就是从这么一个小小的称呼正起的吗？哪来什么波澜壮阔……

记得小时候，教我读"老书"的长辈经常念叨，早年间的读书人有个非常重要的职责，就是替人写信、读信、写帖子、写对联。我上小学时，还正儿八经干此类活计，代人读信回信，得了不少糖果，很甜，却也因此挨过一戒尺，说是违礼……

从"季氏将伐颛臾"走来，始于追远定伐，拨开历史迷雾，溯源流以辨由来，看融夷大政，观国运之基，到民心归附，方知其所安，解正民真义。其后，有礼乐征伐所出，知历史规律；有三友三乐，知定益止损；有侍于君子，知三愆当慎；有人生三段，分戒色斗得；有君子三畏，知有所敬畏；有学习四等，知主观能动性为首要；有君子九思，明身心行知念五事；见善见不善，及齐景公、伯夷叔齐为例，知趋吉避凶之民心本能；陈亢问伯鱼，知庭训传承、诗礼二学。终于"邦国之妻"，说正民自称呼始。

其中所涉，包罗万象，历史、地缘、风俗、宗氏、信仰、教化、传承、大政、军事……厚重的人文底蕴，抽丝剥茧的高超手法，大势、细节、归纳、案例，令人叹服！

人口会有，土地会有，牛奶面包也会有，只要有充足的时间，合适的环境，自然就会生长出来。可是，如何消除世间戾气，令民心安然有所皈依？很难！

政经文宗，四大纲索驯服得住从远古蛮荒奔腾而来的那只怪兽吗？而这驯服会不会成为一道紧箍咒，让人间失去应有的颜色，少了最最本真的美，成为一片黑白无声的死寂？

夫子已然远去，又有谁来点亮这片心灯之海？

我静默地坐在山海之间，看着落日的余晖，把整片波涛撕成零碎的金色鱼鳞，旋生旋灭……

万家灯火亮起时，我悠然回忆起长者的戒尺，早年的切肤之痛，如今酝成满满的甜味，尤胜儿时的糖果……

我，不敢忘却！怕自己会睡不着！

阳货篇第十七

◎我不跟你走

阳货欲见孔子,孔子不见,归孔子豚。孔子时其亡也,而往拜之。遇诸涂。谓孔子曰:"来!予与尔言。"曰:"怀其宝而迷其邦,可谓仁乎?"曰:"不可。——好从事而亟失时,可谓知乎?"曰:"不可。——日月逝矣,岁不我与。"孔子曰:"诺;我将仕矣。"

子曰:"性相近也,习相远也。"

子曰:"唯上知与下愚不移。"

枫解:阳货,也就是阳虎,生卒年不详。他是当时鲁国庶族寒门士子中的杰出人物,算是比较早得意的青年才俊,季武子时代,已经是季氏的重要家臣。公元前535年春,季氏大宴士人,登记造册,确定身份,夫子带丧前往,就是被他拒之门外的。是时,夫子十七岁,仕途几绝,直至三年后独子诞生,昭公赐鲤,才重新被接纳为士族。

夫子入仕,从管仓库的小吏起步,次年改迁为乘田吏,司牛羊畜牧事……仕途坎坷,乏善可陈,倒是学问日精,名声渐著。前517年,鲁昭公伐季孙,三桓联手抵抗,昭公兵败奔齐;夫子避乱适齐,为高昭子家臣,次年得见齐景公,与之议政,颇受欣赏,却为晏婴所阻不得泥溪之田,越明年不得已而返鲁……

整整三十年,官场之上,夫子蹉跎,阳虎却稳步前进,尤其是昭公出奔之后,季氏秉政,他更是水涨船高,作为"陪臣","国命"渐操其手。前505年六月,季平子卒,季孙斯继位,是为桓子。阳虎联合公山不狃兵囚桓子,逐仲梁怀,杀公何藐,开启其"三年执政"的序幕。其后,更勾连季寤、叔孙辄等人谋夺三桓,拟以己取孟孙氏而代之;于前502年冬发难,未遂,逃往讙、阳关一带据地以叛;次年举地投齐,不得,遂奔晋,为赵简子家臣。

后人把"阳货欲见孔子"定格在"执桓"与"发难"之间,更有人精确为——"是时,夫子四十有七"。大抵解此节多云,阳货操持国政,备受三桓掣肘,希望借助夫子在鲁国的名望和门下弟子打造起一支新的政治力量,巩固自身权位,夫子以为"陪臣执国命"是违礼的，时日无多，不愿参与，是以避而不见。我对此倒是有些不同看法，当时，随着农耕技术迭代，铁器、耕牛大面积使用，生产力的发展打破了社会固有格局，庶族势力经过漫长的积淀，经济实力、知识储备已然非常丰厚，自然需要谋取更多的政治权力。原来的贵族统治阶层在争斗和内耗中虽逐渐没落，却依然强悍无比。旧力未尽，新势渐兴，矛盾遂生，日趋明显，季孙意如晚年大宴士子重造士册，其实就是一种招抚。作为庶族中坚的士子们，在艰难的"夺权路"上跌跌撞撞，也分裂成若干派系，有的想在贵族的旧躯壳上汲取足够的营养开花结果取而代之，有的想调和两个阶层的矛盾形成新的平衡，也有的想据地而叛谋求自立。夫子不见阳虎，是"政见"不同，不相为谋。

事件发生确切时间有待考证，但总的背景约略如是，交代清楚了，应该讲讲段子，如下：

阳货希冀与孔子一晤，孔子却避而不与之照面，他便派人往孔子家中送去一只蒸熟的小猪，逼迫孔子依照礼俗上门道谢。孔子探准他不在家的时候，才往拜谢。不料，却在途中偶遇。

阳货对孔子说："来！我与你说说话。"

随后曰："身怀治世之大才，却听任邦国迷乱，能够称得上仁吗？"

孔子不吱声，他又说："不能吧！——希望有所作为，却总是错失良机，能够称得上智吗？"

孔子还是不吱声，他接着说："不能吧！——时光流逝，年齿日增，岁月可不饶人。"

孔子说："诺！我即将出仕为官了。"

…………

诺，答应也！

当然，只是口头答应，最终没有付诸行动，依然修书授徒，潜心治学。

从这个段子中，我们可以看出来，阳虎绝对不是善与之辈，欲见不得，他就"归豚"，按照当时"大夫有赐于士，不得受于其家，则往拜其门"的礼俗，逼着夫子主动登门拜谢，此乃无声之问，曰："归尔豚而不拜吾门，可谓礼乎？"随后，问仁，问智，步步紧逼，最后更以岁月为刃直击要害——你都是快五十的人了，还有多少时光可以等待？就不怕此生难遂青云志吗？

当然，夫子也不是任人拿捏的，貌似绵软，实则刚硬，你"归豚"，我就"待亡""往拜"。其实，这也是无声之答，曰："礼，吾全之；汝，不与谋。"或是造化无意而弄人，或是阳虎有心而为之，途中相遇，不得不见。责我不仁，无言；责我不智，依然无言；唯见岁月之刃直奔初心，不得不答，吾将仕矣！

是啊，岁月不饶人，平生意志不敢坠！

另有一种解法，认为两个"不可"为夫子所答，吾不取。其一，与最后一句"孔子曰"有异；其二，一人之辞而加"曰"字例，历来皆有，俞樾在《古书疑义》中曾对这种修辞方式进行详细引证。

还有的解家，在"豚"这一词上大作文章，或曰烤小猪，或曰小生猪，甚至是活着的小猪、火腿、咸猪腿等等。做学问的态度挺好，就是多少有些舍本逐末。再说，按照当时的礼俗，蒸头小猪送过去是最有可能的，因为收到这样的礼物，无须祭奉先人，但得"正席而尝之"，吃人家的嘴短嘛。阳虎倒也不必趁着夫子不在家搞什么突袭，身居上位的他只要不是在自己家里当面馈赠于身为士的夫子，夫子就不得不登门回礼。还是着相了，拘泥于这些套路实在没有意义，更重要的是夫子随后的两句经文，曰：

性相近也，习相远也。

唯上知与下愚不移。

…………

天性本相近，习染却相远。

只有"上知"与"下愚"是无法改变的。

…………

刑昺的说法是，"性，谓人所禀受，以生而静也，未为外物所感，则人皆相似，是近也。"朱熹继承老程的说法认为，这个性，是气质之性，不是本性，因为本性皆善，则无相近之说。何谓气质之性？在这方面真正的高手是张载，他认为人性分为两个层面，简略些大抵可以作如是归纳，一禀太虚之气而成，是为先天本性，是善之源，即为天地之性；一受阴阳二气和合而生，是为后天攻取之性，是恶之源，即为气质之性。朱熹把天地之性归为"理"，把气质之性归为"气"，气杂而后生"欲"。再后来，很多人认为"理气一体"，甚至提出"性由气生"，反对有所谓的天地之性。

按照现在的说法，就是人的自然属性和社会属性，结合"性善论"，就是作为"自然人"在最本初的状态里，是善的，后来与社会属性交杂，开始觉醒异化，然后选择自己的道路，并渐行渐远。

窃以为，夫子所言，是人在觉醒之初、入世之始，纵有善恶之念，但本性依然纯朴天真，还是非常相近的；但是，随着步入社会，践行所学，受到各种浸染，本质日益驳杂，相去甚远。阳虎当年入世出仕，也是为了谋求新兴阶层的出路，寻求解决社会矛盾之途，最终却在权谋之路上走得太远了，迷失了初心。

何谓"上知"？何谓"下愚"？据说，"上知"就是天生大德，一心为善，专门利人毫不利己的；"下愚"就是冥顽不灵，十恶不赦，天生坏胚专干坏事的。当然，也有人认为，"上知"是指生而知之者，"下愚"是指困而不学者。前者是"天性论"，后者是"智慧论",说得都挺在理儿的,我忍不住想熬些糨糊,和和稀泥。大概,也许,夫子是想说,天生大德也好,生而大智也罢,可能有,反正我没遇见过;恶种坏胚也好,行尸走肉也罢,可能有,反正也没得救了……这两种人,是社会的另类,非主流,不是常态,属于罕见物种,但大多数人,是会被社会环境所"移"的,人世如洪炉,哪来那么些天外飞仙炼不得呦。

窃以为,更符合先秦语言习惯和此处语境的解法应该是,"上"作"尊崇"义,"下"为"卑视"义,什么意思?崇尚智慧鄙视愚昧是我们坚定不移的原则呀。

关于阳虎,与夫子还有两次交集:一是夫子过匡地,因与阳虎相肖而被误困,阳虎想来也是"长人"一枚,昂藏不凡;一是阳虎投奔赵简子时,夫子闻讯曰:"赵氏其世有乱乎!"预言最终不曾变为现实,可见夫子实在并不是什么天外飞仙。

你以礼煎迫,我以礼相还;只是你我看到的仁,见到的智,不尽相同,何必答之?唯岁月不相饶,你我何曾被区别对待?此生疾志不渝,焉能不诺之?

红尘滚滚,滚滚红尘,何人泯了初衷?何人守着初心?那个天真的倔老头还在坚持着什么呢?不妨往下观之……

◎弦歌中的笑容

子之武城,闻弦歌之声。夫子莞尔而笑,曰:"割鸡焉用牛刀?"子游对曰:"昔者偃也闻诸夫子曰:'君子学道则爱人,小人学道则易使也。'"子曰:"二三子!偃之言是也。前言戏之耳。"

枫解:子游,姓言,名偃,是时为武城宰,也就是武城这个地方的最高长官。那个时代,"宰"在其职责范围内可真的是"主宰",有极大的自主权,如何操持,几可一言而决。

夫子到了武城,听到有弦歌的声音,莞尔而笑,说:"割鸡焉用牛刀?"子游依礼回话道:"当年我也曾在夫子那里听说过,君子学习'道'则对人有仁爱之心,庶民学习'道'则'易使'。"夫子说:"二三子!言偃这话是正确的,我刚才那句话只是跟他开了个玩笑罢了。"

弦歌,弹琴鼓瑟、和诗唱歌。有人说,夫子来时,武城邑中多有操弦唱诗者;有人说,其时子游操弦有百姓和唱;也有人说,只是听闻百姓言谈朴拙而颇合古韵,邑中物事多遵礼制……总之,就是子游在礼乐教化上下了苦功夫,夫子至此,看到了成果,莞尔而笑,心中欢欣。

道,孔安国曰:"谓礼乐也。"后人多循此说,但对于礼乐却有不同理解,前文略有表述,不再赘言。此处只有一惑,缘何君子学礼乐则能爱人,小人学礼乐则易使?孔安国的说法是,"乐以和人,人和则易使。"重心落在一个"和"字上!邢昺的说法则是,"礼节人心,乐和人声。言若在位君子学礼乐则爱养下人也,若在下小人学礼乐则人和而易使也。"

其实,两位的理解已然有很大不同。邢昺认为,用礼制来约束人心,用诗乐来调节人的情操;君子居上位学之就能以仁爱之心牧养百姓,小人居下位学之就能心平气和容易使唤。而孔安国还是保留几分古法,所谓"乐以和人""礼以约行",这个"和"可不是让人心平气和!

关键的分歧应该是在"易使"一词的理解上,后儒,尤其是大宋之后,多解此词为"容易使唤",说小人只要学了礼乐之道,就会服从命令听指挥,事实好像是如此。但,已然步入歧途。窃以为,易,变化也;使,使命也。庶民学道,则胸怀、眼光、情操、智慧皆生变化,启于蒙昧,返于质朴,具有才艺,能与君子同行,使命必达,一起创建世间大同。

夫子曾言:"君子和而不同,小人同而不和。"实际上就是讲,君子要有足够的胸怀容纳各种不同,要有高超的才具调而和之,如同乐曲要有宫商角徵羽五音,如同菜肴要有咸甜酸辣苦五味。君子要的是好声音、好味道,而不是千篇一律,曲悲也好欢也罢,肴鲜也好醇也罢,不失本真之质,则自有一番妙趣引人入胜。乐以和人呦,并非什么弄个音乐来让人陶冶情操令人心气平和,而是以乐理调和人事,以达人间大美,以听世间至乐,闻弦歌雅意,放仁心光明。

君子学道明此理,礼乐能行;庶民学道明此理,礼乐大兴。子游啊,可不敢在武城办个音乐大学堂呦!歌舞处处,彩旗招招,俨然太平光景,先生来了会愿意看这个吗?

割鸡焉用牛刀?夫子戏言耳!礼乐之治,何尝不是始于最基层?生民教化,哪来的小事?中国人,尤其是中国的士子们,无论在穷山僻壤,还是茅舍荒村,只要听到小儿琅琅书声,就会心生欢喜如饮甘露。

弦歌声中,夫子莞尔,那里面,有他的初心!

让百姓唯命是从吗?夫子是想当牧羊的老倌,还是割禾的老农?

┈┈┈┈┈┈┈┈┈┈

◎梦里的东周

公山弗扰以费畔,召,子欲往。子路不说,曰:"末之也,已,何必公山氏之之也?"子曰:"夫召我者,而岂徒哉?如有用我者,吾其为东周乎?"

子张问仁于孔子,孔子曰:"能行五者于天下为仁矣。""请问之。"曰:"恭、宽、信、敏、惠,恭则不侮,宽则得众,信则人任焉,敏则有功,惠则足以使人。"

枫解:公山弗扰,即公山不狃,字子泄。也有质疑此说,认为是两个不同的人,吾不取也,因为无论时间、地点、事件俱吻合,很难作第二人想。我翻译这个段子,如下:

公山不狃盘踞费邑叛乱谋独立搞对抗,派使者来请,夫子准备前往。子路非常不高兴,说:"穷途末路之辈,不能去!您何苦一定要跑到公山氏那里去掺和呢?"夫子说:"他既然来召唤我,又岂会是徒劳无功呢?只要敢大胆任用我,我难道不能够在东边复兴周朝吗?"

"末之也",很多解家认为是"夫子的大道不行于世,没有地方去了。"我不太认可,前头阳虎不还来请他出山吗?"为东周",一说在东方拥护周王室,挽回世道;一说在东方重续周公文脉再造礼制秩序。我比较认可"再造说"。

"公山召孔",《左传》无载,是以史学界多有质疑,倒是《史记·孔子世家》记录在案,夫子欲往之前还有一段话,曰:"盖周文武起丰镐而王,今费虽小,傥庶几乎!"大概意思是,周朝历文、武两代人从丰、镐两地起家,终于王天下,现在费邑虽然小了点儿,但文事尚可人口富庶,比之也差不了多少。故此,我以为,子路所言,实为驳斥夫子此说,当谓公山氏实已"末之也",不能去啊!夫子艺高人胆大,觉得还是有机会可以在东方重建一个周朝那样伟大的国度。

当然,最终并未成行。不久,鲁定公委任夫子为中都宰,开启了他仕途的春天⋯⋯

《左传》是国史,夫子其时不过士身,公山召之,算不上什么重要国事,不载实为合制,以此而疑《论语》所述,有些勉强。真正令人产生疑惑的是,为何阳虎欲见则不许,公山召之则欲往?同为季氏家臣,"阳虎见孔"其时尚未"畔",公山此时已据费邑以畔矣,难道三年时间就把夫子的耐性消磨干净了吗?难道真的像某些解家说的那样,公山造的是季氏的反而不是鲁国的?可是,阳虎何尝敢把兵锋指向鲁国公室?倒是三四年后,公山曾率费人犯曲阜,难道是缺了夫子的圣人教诲?

对于这些,我不太愿意去评说,更愿意写篇"公山不狃二三事",以助诸君了解此人,文曰:

公元前505年六月,季平子从东野返回,走到半道,在一个叫"房"的地方客死途中。阳虎以丧敛为名想把季平子的印信——"璠"弄到手,仲梁怀不给,他就琢磨着把仲梁怀弄走,跑去跟公山不狃商议。公山说:"那是我们的主家,您怎么能心怀怨怼呢？"

季平子葬毕，桓子去东野，路过费邑。公山身为费宰，跑到远郊去迎驾接待犒劳队伍，桓子客客气气，很是尊重。跟仲梁怀接洽的时候，他却盛气凌人，不给面子。公山于是很生气，私下跟阳虎说："您原来计划的那事还干不？"

随后，阳虎兵囚桓子，逐仲梁怀，后杀何公蔑，逼桓子于稷门之内订下盟约。自此以后，阳虎执国命，而公山不狃"不得志于季氏"，遂与季寤、公鉏极、叔孙辄、叔仲志成了阳虎集团的骨干。前502年冬，阳虎发难，事败，据讙、阳关以叛，次年投齐不遂，奔晋。事件中，公山不狃与叔孙辄一直盘踞在费邑，直到前498年，隳三都时，这两位率费人攻击曲阜，被夫子派出的申句须、乐欣击退，大队人马随后追击，在姑蔑杀溃费人，这两位出奔齐国，后来辗转流亡到吴国。

前487年，吴国因为邾国的缘故，准备攻打鲁国。吴王询问叔孙辄，叔孙辄说："鲁国有名而无实，攻之，必定能得偿所愿。"回来后，告诉公山不狃。公山说："这是悖礼啊！君子哪怕跑路了，也不会跑到敌国去。我们没有为故国尽到臣子的本分却要去攻打她。逃命而已，大不了一死，类似这样的托付，一定要尽力避开。人之正行，不能因为自己的憎恨而祸害乡土。如今，您却为一己私恨而欲倾覆祖国，不是一件非常难以理喻的事吗？他们若是让您带路，您一定要推辞，吴王估计会来找我。"后来，吴王果然来问公山，他对曰："鲁国虽然不是诸侯中的豪强，但如果面临灭亡，诸侯还是会去救援她，您未必能够遂愿啊。晋、齐、楚会帮助她，结盟成为贵国的四大敌手。鲁国如同齐晋的嘴唇，唇亡齿寒，这个道理您是知道的，他们怎么会不救援呢？"三月，吴师伐鲁，让公山不狃带路，他故意选择一条相对艰险的路线，从武城犯境……

一个流亡国外十年的"政治犯"居然还"不以所恶废乡"？而他早年在国内的种种行事，难道就没有种种不得已吗？譬如"执桓"，何尝不是仲梁怀推了他一把？譬如加入阳虎集团，何尝不是季桓子推了他一把？譬如攻曲阜……当然，纵有种种原因，先叛季氏，后叛故国，一顶"乱臣贼子"的冠帽铁定是逃不掉的。但是，从这些旧事中，我们还是能够非常清楚地感知，公山不狃与阳虎绝对有所不同，或许正是这份不同打动了夫子吧。

公山奔齐，次年，夫子适卫，鲁国庶士三大风云人物皆流亡于外，旗帜尽倒……

盖周文武起丰镐而王，今费虽小，傥庶几乎！

·····················

如有用我者，吾其为东周乎？

·····················

我想在那东方，建立一个周王朝啊，就像周公辅佐武王一样！

⋯⋯⋯⋯⋯⋯

夫子自许"五十而知天命"，曾语"假我数年，五十以学《易》，可以无大过矣。"⋯⋯五十，据说，这一年"公山召孔"，也只有"公山召孔"⋯⋯两者之间是否存在内在联系呢？我们已然无法问而知之，但可以肯定的是，夫子的初心，就是"为东周"，学习周公重构起一个有序的世界。

所以，当子张向夫子问仁时，夫子说："能够践行五种品德于天下的，可以称为履仁矣。"

子张请夫子详解之。夫子曰："恭、宽、信、敏、惠。恭则不侮，宽则得众，信则人任焉，敏则有功，惠则足以使人。"

夫子此言，最传统的解法是：恭敬、宽厚、诚信、勤敏、慈惠。态度恭敬就不会招致侮辱，宽厚待人就会赢得民众的拥护，诚信就能得到他人的任用，勤敏做事就会有所成就，慈惠就能使唤得了百姓。

两宋注经时，有不少人怀疑此节以及六言六蔽似与前后文体有异，难以贯通。其中首惑正在于"恭"字之解，态度恭敬、貌行庄重，与履仁天下，复兴周室，很难形成真正的根本性呼应。张栻张敬夫曰："能行此五者于天下，则其心公平而周遍可知矣，然恭其本与？"此本为何物事？我们回过头来看，大家还是按着孔安国的路数在走，他解"不侮"为"不见侮慢"，刑昺顺着这个思路曰："言己若恭以接人，人亦恭以待己，故不见侮慢。"侮慢、侮辱，皆为侮之申义，其本义为何？是为"蒙蔽人"，是一种状态，是某种自发产生的细丝状事物覆盖在"人"的表面，用现在的流行话语，叫"忽悠"！恭者，肃穆之心，诚其意罢了，意诚则不忽悠！

从字之本义，我重解此段经文，另有气韵。思路大抵如是：宽，宏量也，是为包容之心，正人心如己心，则得民众之心；信，信念也，任，直立而荷担，铁肩担道义，所谓"人任焉"不是他人相信并委任，而是自己有毅力可以负重前行；敏，智慧通彻五觉俱灵，触之即反，是以事功易成、功德可立；惠，让利于人，则人心归附群力襄辅使命可达。故，我重译此段如下：

肃穆诚意、宽宏包容、信念坚贞、智慧灵敏、慈心让利。恭则不忽悠蒙骗，宽则得民众之心，信则能弘毅远行，敏则立功业易成，惠则有人辅使命。

恭为忠，宽为恕，信念、智慧、慈悲，五者并行，大道可期，复周还远乎？

初心呦，如何才能不蒙尘？红尘意，缕缕丝丝，无处不在，无物不遮，销魂噬髓，蒙了他人，又何尝不是蒙了自己？当"大一统""家天下"遮天覆地时，公山必死，周梦坍塌，此章无解！

◎不当匏瓜

佛肸召，子欲往。子路曰："昔者由也闻诸夫子曰：'亲于其身为不善者，君子不入也。'佛肸以中牟畔，子之往也，如之何？"子曰："然，有是言也。不曰坚乎，磨而不磷；不曰白乎，涅而不缁。吾岂匏瓜也哉？焉能系而不食？"

子曰："由也！女闻六言六蔽矣乎？"对曰："未也。"子曰："居！吾语女。好仁不好学，其蔽也愚；好知不好学，其蔽也荡；好信不好学，其蔽也贼；好直不好学，其蔽也绞；好勇不好学，其蔽也乱；好刚不好学，其蔽也狂。"

枫解："佛肸以中牟畔"历来有两种解读，一说中牟邑原为赵简子所有，范氏、中行氏叛乱时，邑宰佛肸举邑叛赵简子，归附于卫；一说中牟原为范氏，或中行氏私邑，佛肸为其家臣，随宗主而叛。我对这两种说法，都不太感冒，漏洞太多，经不起推敲，不妨借史一观。

此事《左传》无载，唯见于《史记·孔子世家》，位于"卫灵公问伐蒲"之后，夫子"将西见赵简子"之前，则当先于公元前493年夏，因为这个时间节点上"卫灵公卒"。北宋乐史著《太平寰宇记》，称引自《史记》，文曰："赵献侯自耿徙此。又襄子时，佛肸以中牟叛，置鼎于庭下，不与己者烹之。田英、将褰裳赴鼎是此也。"赵襄子继位却是前476年末，时隔近二十年，确实让很多人摸不着头绪。我读遍《史记·赵世家》未见此载，难道现传《史记》与乐史当年所读有异？后世史学界大抵认为应当发生于鲁哀公五年，即公元前490年，因为《左传》载之："赵鞅伐卫，范氏之故也，遂围中牟。"赵鞅就是赵简子。这一年，夫子六十有二，正在陈、宋、卫等国之间来回游荡。我倒是比较认可司马迁的说法，应该是在前493年初，甚至是前494年间。赵鞅围中牟时，佛肸当已据邑有数年之久，"佛肸以中牟畔"不过是晋国八年内战的一支余脉，赵鞅曾伐，不遂，四年后，围而破之！

前497年，赵鞅欲迁邯郸五百户良民往晋阳，邯郸大夫赵午表示愿意遵从宗主之命，后因其家臣们反对而申请延期，赵鞅误判，以为赵午亲近中行氏、范氏，将会叛出赵氏谋求自立，是以召之入晋阳，杀之，放其随从涉滨归令邯郸赵氏另选分支宗主。赵午之子赵稷继立，在涉滨等家臣的帮助下，在邯郸叛宗自立，赵鞅派藉秦攻之，内战开幕。中行氏宗主中行寅、范氏宗主士吉射集结兵力攻击赵鞅，围攻邯郸的藉秦倒戈，与邯郸赵并作一路，三路大军合围晋阳。同为六卿的智氏、韩氏、魏氏却想着趁机联合晋定公，驱逐交战三卿，袭击范氏、中行氏未果，中行寅、士吉射一怒之下进攻定公，被定为叛国。赵、智、韩、魏四卿并兵而战，双方展开一场旷日持久的拉锯战。直至前493年八月，赵鞅在铁打败援助范氏、中行氏的反晋联盟派遣的郑国军队，胜利的天秤才倾向于赵氏。是战，赵鞅身先士卒，亲冒矢石，邮良为其御戎，卫蒯聩为车右，赵鞅受创倒于战车之上，蒯聩以戈捞起助其立定，继续酣战，郑军败退，赵鞅因伤退场，蒯聩接过指挥权，乘胜追击，扩大战果。

前490年春，柏人之战后，中行寅、士吉射、赵稷纷纷出奔入齐，晋国六卿之战结束。是年夏，赵鞅以根除中行氏、范氏余党为名，兵锋直指卫国，并围了中牟，也就是《左传》所载，后人以为"佛肸以中牟畔"之事。其实，这场抵抗并没有持续多长时间，不久城破，中牟为赵鞅所屠。而赵鞅平定内乱对外首战拿卫开刀，还有一个更重要的目的，回报曾经并肩作战的蒯聩，企图借机扶其登上卫国君主之位，顺手瓦解以齐卫为主的反晋联盟，却未遂愿。

事件背景大抵交代清楚，至此尚有两问。

佛肸何人？孔安国云："晋大夫赵简子之宰邑"，朱熹从此说；另有一说，佛肸为范氏，或中行氏之臣，不知据何典案。至于说"佛肸为范中行家臣"，实为读史太浅之谬。

中牟何地？说法很多，比较主流的有两个，一说位于邯郸之北，邢台之南，即为"河北说"，此论广为近代及今人所持；一说在邯郸之南，今河南鹤壁市西，即为"河南说"，两汉学者及北魏地理大家郦道元多持此说。没有争议的是，此邑为晋之边城，后曾为赵国之都。总之在邯郸周遭，且为当时之大邑雄城，《左传》曾载："晋车千乘在中牟"，可见其宏壮。中牟其实是齐桓公为抵抗戎狄入侵华夏所修筑的五座城池之一，约建于公元前659年，春秋战国交替之时数度易手，先后曾归齐、晋、郑、鲁、赵、卫、魏等国所有。若在河北，则位于晋阳、邯郸之间；若在河南，则地处邯郸后方。

佛肸除了据中牟以叛及召孔外，还有两件比较有名的典故：一是曹操曾于中牟县城铸佛肸像，供世人参拜，可见其时中牟城尚存，汉儒所说或更有参考价值；二是佛肸之母说襄子，得以无罪释放，事见《列女传》，襄子为赵鞅之子赵无恤之号，这是一个非常值得说道的故事，大抵如下：

佛肸叛时，其母将被按叛国罪论处，自语曰："我死不当。"士长问其故，她要求见到主君才会说。士长为她通报襄子，襄子出来问之，她说："不得见主君不言。"襄子告知身份，重新见礼，并问之："为什么说你不当死？"她反问说："为什么要处死我？"襄子说："你儿子反了。"她说："儿子反了，为什么要处死作为母亲的我？"襄子说："母不能教子，以致其反，还罪不当死？"她说："我还以为有什么说道的，原来是拿为母失教说事儿呢！妾身的职责在很久前就已经尽到了，现在他反了，责任应该在主君啊。妾身听说，'子少而慢者，母之罪也；长而不能使者，父之罪也。'妾身的儿子少而不慢，长又能使，妾身何错之有啊？妾身听闻，'子少则为子，长则为友，夫死从子。'妾身能够为君主把儿子养育大，君主自行选择他作为臣子，我那儿子即使犯事儿了，那也是君主的臣子，不是妾身的儿子。君有暴臣，妾无暴子，所以说妾身无罪啊。"襄子说："是啊，佛肸之反，是我的罪过啊。"遂释之。

此事可见佛肸母之不简单，也能作为旁证，知孔安国所说并非无据。是时，赵鞅征战于外，赵无恤身为继任者，虽是少年之身，代父主内事，也为常例，或因其年幼，是以佛肸母才当面不识，也合情理。

留心读史，不难发现，佛肸并非六卿之氏出身，当为寒门庶士，晋身于赵氏为臣，经历与公山不狃有极大的相似之处。非常耐人寻味的是，八年内战中，周遭邯郸、朝歌、五鹿、百泉、柏人等城邑都被交战双方来回犁了多遍，独独身处要冲的中牟却宛若超然于外，不曾被攻击。也许正因为中牟是庶士的根据地，六卿拉锯战时，谁也不愿意再树一大敌。窃以为，最大的可能性是，佛肸为赵鞅守中牟，六卿乱晋，前494年最为惨烈时，据邑而畔，想趁机为庶士谋一雄城立足，是以召孔，夫子始有意前往共图大事，未成行。不料，次年赵鞅在铁大胜，夫子西行见赵，可能是想从中调停，至黄河，闻窦鸣犊、舜华之死，知事不可为，叹赵氏之不义而返卫。前490年春，赵鞅破柏人城，夏，兵锋直指东南，伐卫围中牟，破城而屠之，非恨其叛，实为震慑庶士之野望也。也唯有此解，能令这段历史圆融自洽，虽因佛肸被株连，中牟庶民士子犹念其贤，记于《中牟县志》，曹操铸像追念，据传香火甚盛。

这段乱史，如今只留下一丝草蛇灰线以供索隐，人物生平不详，连发生地都成了争议，真相究竟如何，实在很难还原，但不管怎么说，也必须能把前后事端、诸家记载解释得通畅圆洽，才有一些可信度。不管多么纷杂，不管孰真孰假，有几点是可以确定的：第一，中牟为赵氏故邑，哪怕是曾为邯郸赵所辖，名义上归入其主宗晋阳赵也说得通；第二，中牟为要冲雄城；第三，佛肸为赵氏家臣，纵是邯郸赵出身，赵鞅也是其大宗主；第四，佛肸贤名颇著，至东汉末年犹有流传。事件大略如此，可以解经矣！先译段子如下：

佛肸使人来召夫子，夫子有意前往。子路说："从前我曾听夫子您说过：'亲于其身为不善者，君子不入也。'佛肸据中牟而叛乱，您就是去了，又能怎么样呢？"夫子说："是，我说过这话儿。不是说最坚固的东西，怎么磨也磨不薄么；不是说最洁白的东西，怎么染也染不黑么。我难道是匏瓜吗？哪里能够只是悬挂着却不让人食用？"

"亲于其身"，是夫子时代比较有名的热点话题——名与身孰亲——名与身哪个更重要？夫子的观点是，为了自身利害而做出不善之事，是错误的，是以君子不入，这个"入"不是"不入其国""不入其群"，而是不能被这些"悖仁"的外事影响自己的内心世界。所以，他才会对子路说："不曰坚乎，磨而不磷；不曰白乎，涅而不缁。"

担心老师入中牟，于名声有碍，子路是以劝之；夫子宽慰其心，言下之意是，我的信念坚贞如昔，我的初心洁白如昔！可是，我不能像匏瓜一样，为了保持外壳完整，挂在那里不让人食用啊，怎么能为虚名所累而不干点实事呢？

虽然，未能成行，最终还是想着干点啥的，譬如西去见赵简子……

夫子说："仲由啊！你听说过'六言六蔽'了吗？"子路起身依礼而答："还没有。"夫子说："坐吧！我说给你听。好仁不好学，其蔽也愚；好知不好学，其蔽也荡；好信不好学，其蔽也贼；好直不好学，其蔽也绞；好勇不好学，其蔽也乱；好刚不好学，其蔽也狂。"

这段对话是发生在"佛肸召孔"之时，还是另时另地？已然无案证可考。我倒是觉得"六言六蔽"之说，恰好能非常圆满地解答夫子与子路对佛肸事件的不同看法，只是，我的解法与传统略有不同，且阵列之，诸君自行斟酌，如下：

旧解：爱仁德，却不爱学问，那种弊病就是容易被人愚弄；爱耍聪明，却不爱学问，那种弊病就是放荡而无基础；爱诚实，却不爱学问，那种弊病就是容易被人利用反而害了自己；爱直率，却不爱学问，那种弊病就是说话尖刻容易刺伤他人；爱勇敢，却不爱学问，那种弊病就是捣乱闯祸；爱刚强，却不爱学问，那种弊病就是胆大妄为。

吾解：一味求仁行却好而不通其理，其弊病在于不谙人情；一味求智慧却好而不通其理，其弊病在于荡游无返；一味求信念却好而不通其理，其弊病在于身受贼害；一味求直率却好而不通其理，其弊病在于越拧越紧；一味求勇敢却好而不通其理，其弊病在于扰乱公义；一味求刚硬却好而不通其理，其弊病在于狂悖凌私。

吾解此节经文，索隐之法可参见于《先进》篇中的经文——"柴也愚，参也鲁，师也辟，由也喭。"传统解家至此节多言，夫子见子路有六蔽之病，是以教之。我不以为然，仅"好知不好学"一句就过不去，不曾听过"子路有闻，未之能行，唯恐又闻"乎？

....

仲由呦，咱们虽追求仁、智、信、直、勇、刚诸德，却也不能失中，要避免产生六蔽，为七贼所趁，身受其害。要不，咱俩再论论去中牟的事儿？总不能被这名声给捆成个匏瓜吧？

....

打仗，仲由可是孔门第一高手，入战乱之地，缺了他，还弄个啥咧？

....

综上，苟利国家生死以，岂因祸福避趋之！

死都不怕，这虚名算什么！后儒为夫子弄的那个"贵族出身"更是不知所谓，溯宗五百年以修谱？先祖的荣光能增加夫子的伟岸？寒门庶士之鄙出就能遮得住这九尺有六的长人吗？倒是那些盗来的光芒亮瞎了后学窥其真容的目光……

◎面壁有大错

子曰："小子何莫学夫诗？诗，可以兴，可以观；可以群，可以怨。迩之事父；远之事君。多识于鸟兽草木之名。"

子谓伯鱼曰："女为周南、召南矣乎？人而不为周南、召南，其犹正墙面而立也与？"

子曰："礼云礼云，玉帛云乎哉？乐云乐云，钟鼓云乎哉？"

枫解：夫子说，你们，为什么不好好研究《诗》呢？学《诗》，"可以兴，可以观；可以群，可以怨。"说近点，可以运用其中的道理来侍奉父母；说远点，可以用之服事君主。最不济，也能多认识些鸟兽草木的名称啊。

兴，孔安国称"引譬连类"，朱熹称"感发意志"，一从修辞手法，一从创作目的；观，郑玄称"观风俗之盛衰"，朱熹称"考见得失"。群，孔安国称"群居相切磋"，朱熹称"和而不流"；怨，孔安国称"怨刺上政"，朱熹称"怨而不怒"。

细心比较，可见两汉两宋解读存在之差异。我倒是觉得，兴与观、群与怨两两相对，综合诸家，自解如斯：兴，大胆假设；观，小心求证。群，合群而处；怨，择类而别。想象力与洞察力、求同与存异，这不正是《诗经》授人之真义吗？

……………………

夫子问伯鱼说，你研究过《周南》《召南》了吗？人假若不研究《周南》《召南》，不就像正面对着墙壁而立一样吗？

马融注此节曰："《周南》《召南》，《国风》之始，乐得淑女以配君子，三纲之首，王教之端，故人而不为，如向墙而立。"朱熹也称："诗首篇名，所言皆修身齐家之事；正墙面而立，言即其至近之地，而一物无所见，一步不可行。"这两位是认定了，所谓《周南》《召南》讲的就是《国风》里的那二十五首诗。而沈括却说，这是乐名，还配有舞蹈，不仅仅是《诗经》里那点辞章。旧传有《乐经》，据说是"诗之乐谱"，今已佚矣。

音乐、舞蹈，咱是见不着了，可《诗经》还是能够翻一翻的，《周南》排头第一句就是"关关雎鸠"，《召南》起首就是"维鹊有巢"，难怪老头们说是"三纲之首"，整个一个"性启蒙教育指南"啊！人伦大礼，何来禁忌之说？伯鱼啊，赶紧好好研究研究吧，俺可只有你这根独苗苗啊，千万别面壁了，别一会撅了咱家的香炉耳呦。

....

夫子说，讲礼讲礼，是指那些玉帛礼品而言吗？讲乐讲乐，是指那些钟鼓乐器而言吗？

....

夫子教诲，读诗、讲礼、论乐，不能拘泥在那些细枝末节之中，莫作面壁之立，流于表面，而是要推门而入，直达核心。

多好玩的老头，居然被弄成那副模样，实在无趣！

◎鼠贼与恶鬼

子曰："色厉而内荏，譬诸小人，其犹穿窬之盗也与？"
子曰："乡原，德之贼也。"

枫解：窬，凿孔道以为捷径也，或谓"踰墙"；穿窬之盗，不过是偷偷摸摸的小鼠贼而已，穿壁踰墙也好，撬门溜锁也罢，总归是摆不上台面的小角色。夫子曰：

颜色貌似厉害，内心怯懦空虚，像这样的小人物，其行径与穿壁踰墙的小鼠贼是一样一样的。

接下来，可就是一个大家伙了。"乡原"，历来说法可就多喽，比较常见的就有三种：其一，如周生烈所言，"所至之乡，辄原其人情，而为意以待之，是贼乱德也。"啥意思？入乡随俗，入港随弯，刻意而为，错了呗！其二，如何晏所言，"乡，向也，古字同。谓人不能刚毅，而见人辄原其趣向，容媚而合人言，此所以贼德也。"啥意思？腰肢太软，嘴巴太甜，溜须拍马，折了呗！其三，如朱熹所言，"乡者，鄙俗之意；原，与愿同，荀子原悫，注读作愿是也。乡原，乡人之愿者也。盖其同流合污以媚于世，故在乡人之中，独以愿称，夫子以其似德非德，而反乱乎德，故以为德之贼而深恶之，详见《孟子》末篇。"啥意思？跟一群咸鱼在一块待久了，臭了还不自知，俗了呗！

周生烈跟何晏都是东汉末年三国时期的人物，他们对于"原"的解法都是一样的，是为"辄原"，总是奔着源头去了，像狗鼻子一样灵敏嗅着味道就寻了过去；俩人不同的是，周生烈"乡"作本义，以为乡邑之地，何晏则解之为"向"，以为意志所趋。周生烈是被迫的，何晏是主动的，一受一攻，如此而已。朱熹的说法差别就大了去了，"乡人之愿"，鄙俗的渴望！不攻也不受，成了不问是非满足一切的"好好先生"，那一双双充满本能无辜无助的眼眸，那一股股烙印在血脉里原始蛮荒的涌流……

细思极恐，赶紧翻出《孟子·尽心下》读一读，其中关于"乡原""德之贼"经文如下，不妨诵一诵：

…………

曰："何如斯可谓之乡原矣？"

曰："何以是嘐嘐也？言不顾行，行不顾言，则曰：'古之人，古之人，行何为踽踽凉凉？生斯世也，为斯世也，善斯可矣。'阉然媚于世也者，是乡原也。"

万子曰："一乡皆称原人焉，无所往而不为原人，孔子以为德之贼，何哉？"

曰："非之无举也，刺之无刺也，同乎流俗，合乎污世，居之似忠信，行之似廉洁，众皆悦之，自以为是，而不可与人尧舜之道，故曰'德之贼'也。"

…………

阉然媚于世也者。

不可与人尧舜之道。

……………

差点又被带沟里去了，迎合俗流、失正心原则而已，弄得那么吓人干啥呢？

其实，夫子也未必有孟子说的这意思。窃以为，穿窬之盗，鼠贼也；德之贼，大害也。色厉而内荏，披着虎皮的羔羊罢了；真正噬人的是，扮猪吃老虎啊，色荏而内厉！

乡，两人对食；原，水流之初。人生若只如初见，水清清兮相对饮……

还以为金杯共汝饮，怎料他白刃不相饶……

人生之路何漫漫，长途跋涉车颠簸，浑浑噩噩中夫子暴喝一声："当心小偷，严防大贼！"

没有好好先生，无关乡党，只有人模狗样的恶鬼。

◎底线原则

子曰："道听而涂说，德之弃也。"

子曰："鄙夫可与事君也与哉？其未得之也，患得之；既得之，患失之；苟患失之，无所不至矣。"

枫解：道听涂说，涂，途也。

马融称："闻之于道路，则传而说之。"

刑昺称，"不习而传之"，"必多谬误，为有德者所弃也。"

朱熹称："虽闻善言，不为己有，是自弃其德也。"

这三位可谓一脉相传矣！在路上途中听到了，转身就传播之；没有经过实践，没有经过检验，谬误很多；哪怕是真理，也未曾被自己消化，不过空口相传而已。有德之士不会这么干，这么干了会败坏自己的德性。

道听途说，只是散德性，比这更可怕的是根本就没有德性，那种人什么样子呢？"其未得之也，患得之；既得之，患失之；苟患失之，无所不至矣。"

何晏称，"患得之"就是"患不能得之"，这是楚国的俗言。后人多沿用此说，大抵译之为：未曾得到的时候，生怕自己得不着；得着了，又怕失去；若生怕失去，就会无所不用其极了。

我对何晏的"楚俗说"有些怀疑，没有另外的人去考证过，而且夫子是鲁国人，未必会用楚之俗言，更重要的是他一直坚持用"雅言"。关键还在于，遵循字面，也是可以解释得通的。就有这样一种人，还未曾得到，就开始操心到手了该怎么弄；已经得到了，又生怕失去；苟患失之，无所不至矣。

赚钱了，赚钱了……这样的流行歌曲，总是会令我不寒而栗。

何晏这样的世家子弟，未必知道"穷怕了"这三个字的杀伤力有多大，也没见过真正市井鄙夫那种"打个金扁担"的白日梦，解起夫子这种洞彻世俗人情的经文难免有些力不从心。

我非常喜欢宋朝颍川大儒靳裁之对这段经文的注解，曰："士之品大概有三：志于道德者，功名不足以累其心；志于功名者，富贵不足以累其心；志于富贵而已者，则亦无所不至矣。"

满眼满心只有"富贵"一事，得没得到都是一样，酒色财气早就塞满他的人生他的世界，哪里还有"道德"容身之地？这样的人，才是真"鄙夫"！

谁没有散过德性呢？可怕的是，压根就没有德性，毫无底线。

不管尘世如何繁复，请务必为自己留一点点净土！

◎别买样子货

子曰："古者民有三疾，今也或是之亡也。古之狂也肆，今之狂也荡；古之矜也廉，今之矜也忿戾；古之愚也直，今之愚也诈而已矣。"

子曰："巧言令色，鲜矣仁。"

子曰："恶紫之夺朱也，恶郑声之乱雅乐也，恶利口之覆邦家者。"

枫解：古时候的人民有三种大毛病，现在呢，或许"是之亡"了。

包咸说"古者民疾与今时异"，病得不一样；朱熹说"伤俗之益衰也"，病得不如人家霸气啊。哪不一样了？不妨抠抠"是之亡"三个字，"之"，当然就是狂、矜、愚三疾了；"是"，那股神韵也；不是毛病没了，而是神韵没了。

对这段经文注解比较完整详尽的得数朱熹了，他说："狂者，志愿太高；肆，谓不拘小节；荡则踰大闲矣。矜者，持守太严；廉，谓棱角厉；忿戾则至于争矣。愚者，暗昧不明；直，谓径行自遂；诈则挟私妄作矣。"他的意思是，古人的狂，只是志愿太高有些不拘小节，今人的狂则会逾越大礼啊；古人的矜，只是持守太严显得棱角分明，今人的矜则会达到争斗的地步；古人的愚，只是暗昧不明而各走各的道，今人的愚则是挟杂私欲胡作非为罢了。

我总觉得，志高而不拘小节、守严而棱角分明，似乎算不上是毛病吧？回过头去看两汉名家，对于某些字眼，还是有不太一样的看法的。譬如"肆"，包咸解之为"极意敢言"；譬如"荡"，孔安国解之为"无所据"，"忿戾"则解为"恶理多怒"。我干脆把这些扔在一旁，追着字源跑，寻幽探胜，却也另有所得。

狂，如同疯狗一样，貌似精神失常；古之狂也肆，人家这种放纵，是要把心意明明白白完完整整地陈列出来，古之狂不过肆意而已；今之狂也荡，现在也有人放纵，却是要挣脱一切加诸身上的约束恣意妄为，今之狂是放纵自己。

矜，古代仪仗之矛，无刃之械，有气势而无杀意，实为仁义之兵、庄严之相，自然不能归为疾；但，古语中另有一种读法，念"guān"，通"鳏"，有遗世独立、曲高和寡之意。廉者，堂之侧边也；未必如马融所解"有廉隅"，有棱有角，只是有个界限而已。古之矜也廉，人家这种孤高崖崖，只是划清界限自我标示；今之矜也忿戾，现在的呢，却是特立独行，一腔怒火戾气。

愚，常年野居，不谙人情，难以沟通；古之愚也直，人家不过是秉自天性直道而行，难以相处罢了；今之愚也诈而已矣，现在这种自行其是，却完完全全只是一种假象，装聋作哑诓人谋私而已。

是以，我重译此节经文如下：

古时候，民有三疾，如今却病得没了神韵。古人作狂放纵，只为肆意陈怀；今人作狂放纵，却为恣意妄为。古人孤高寡和，只为划界自清；今人孤高寡和，却是一身戾气。古人不谙人情，只是秉性直行；今人不谙世事，却是伪装谋私。

病也病得只剩一层皮囊，好也如斯：

巧言令色，鲜矣仁。

话说得挺悦耳，容貌看着也蛮顺眼，就是内里没啥仁心呦。

一堆匏瓜般的样子货，若仅于此，最不济也能劈点水瓢弄个葫芦啥的，关键的关键是他们还可能变成有害物质啊，咋说？子曰：

恶紫之夺朱也,恶郑声之乱雅乐也,恶利口之覆邦家者。

憎恶那紫色夺去朱色的光彩,憎恶郑国的音乐搅乱了雅乐的风行,憎恶那些伶牙俐齿颠覆国家的人。

这节经文历来的解释特别有意思,有说紫乃杂阴邪之色、郑声淫而哀,可究竟邪在哪儿了?淫在哪儿了?却总是莫衷一是。倒是有种说法颇有趣味,周制,诸侯衣朱,穿大红袍,齐桓公爱紫,诸侯争相效仿,蔚然成风,是为"紫之夺朱"。所谓"郑声淫",解之为惑心、淫秽,我一直觉得不妥,见"郑声之乱雅乐"倒是让我豁然开朗,郑声肆意纵情、直白奔放,不像雅乐一样中正平和,迎合俗流自然更容易为大众所接受,泥沙俱下,浊了清清泉水而已。

不是紫色邪,不是郑声淫,不是利口坏,而是这三样犯了罪啊,夺朱、乱雅乐、覆邦家。原以为是"劣币驱逐良币",细细一品,却是人心乱序,物事代为受过。

夫子憎恶的原来不是样子货儿,而是那些拿鱼目来混珠的奸邪之徒,佯狂纵欲、标高怀怨、装愚谋私、巧言惑耳、令色迷眼、立新害旧、媚俗乱风、利口祸国……

病得失真、好得也失真,更堪恨的是那些以假乱真扇歪风点邪火的无良子。

浊世滔滔,擦亮双眼吧!

◎无言之教

子曰:"予欲无言。"子贡曰:"子如不言,则小子何述焉?"子曰:"天何言哉?四时行焉,百物生焉,天何言哉?"

孺悲欲见孔子,孔子辞以疾。将命者出户,取瑟而歌,使之闻之。

枫解:孺悲何人?吾读史不精,其生平事所知寥寥。据闻,此人曾奉鲁君之命于夫子门下学士丧之礼,溯其源却不见史载;据闻,此人平素爱说大话,多与人言夫子如何如何,且傲慢无礼,是以夫子不喜,溯其源却出于注此节经文者。

抛掉这些包袱,我却从这两节经文里读出一股浓烈的禅味,是以记其译文,如下:

夫子说:"我想不再说话了。"子贡道:"夫子您如果不说话了,那我们作为学生的怎么阐述您的大道呢?"夫子说:"天说什么了呢?四季交替运行,百物蓬勃生长,天何曾说什么了呢?"

孺悲来,要会晤夫子,夫子托言抱病,婉言辞之。传达的人刚踏出房门,夫子便把瑟拿过来弹奏，还唱起歌来，故意让孺悲听到。
…………
不立文字，无言之教！

◎心安理得

宰我问："三年之丧，期已久矣。君子三年不为礼，礼必坏；三年不为乐，乐必崩。旧谷既没，新谷既升，钻燧改火，期可已矣。"子曰："食夫稻，衣夫锦，于女安乎？"曰："安。""女安，则为之！夫君子之居丧，食旨不甘，闻乐不乐，居处不安，故不为也。今女安，则为之！"宰我出。子曰："予之不仁也！子生三年，然后免于父母之怀；夫三年之丧，天下之通丧也。予也有三年之爱于其父母乎？"

枫解：宰予，字子我，亦称宰我。他见天惹事儿，还回回摊上大事啊。你看，翻开《论语》他才出场几次？"哀公问社"，被定为以栗刺周，不遵师说；"昼寝朽木"，被定为志惰气昏，不能成器；"设井有仁"，被定为构陷君子，诡论惑人……这一次，事儿更大，直接判为"不仁"，还是夫子钦定，连理由都给了。不仁不义不忠不孝，所有礼教大罪他都沾上了，居然没被拉出去咔嚓了，还站在夫子之侧配祀千年，实在是咄咄怪事。感慨暂停，译下段子先。

宰我问："父母往生，守丧三年，为期也太久了。君子三年不去研习、履行礼制，礼制一定会败坏毁弃；三年不去研习、传播颂乐，颂乐一定会断绝失传。旧谷子已经吃完了，新谷子又已登场，取火用的燧木经过了一个轮回，一年也就可以了。"

夫子说："吃上软糯喷香的新稻，穿上锦秀华丽的新衣，服丧一年便如此行事，你能心安吗？"

答："安。"

"你能心安，就去做吧！君子守孝丧，吃美味不知甘甜，听音乐不觉快乐，住在家里不以为舒适，才不这样做。如今你既然觉得心安，便去做好了。"

宰我退了出来。夫子说："宰予的说法'不仁'啊！儿女呱呱坠地，三年以后才能真正离开父母的怀抱。替父母守孝三年，天下的丧制都是如此。宰予难道就没有从他父母那里得到三年怀抱的爱护吗？"

"不仁"，不合仁道、没有仁德，再往下就是良心败坏、道德沦丧了，这种斯文败类，就得夺了他"语言第一"的头衔，收回"毕业证书"革出夫子门墙，拉出孔庙除去"十哲"称号，拍个电影咱也不带他玩儿……

可是，总是有个恶魔般的小念头从我心里冒出来，怎么打杀也灭之不净，或许，可能，万一，我是说万一啊，宰我当年就真的没享受过为期三年的父母怀抱之爱呢？这丝小缝隙一旦撕开，各种疑问纷至沓来。不是说情感无价吗，还能如此等价回报的？天下通丧，就改不得了吗？那还移风易俗吗？要不咱回山洞里待着去吧？最最关键的是，如果宰我真的犯了"不仁"大罪，夫子为什么不当面斥责呢？前头让人"为之"，背后叨咕，算怎么回事儿？亡羊补牢吗？

且慢！我突然想起前头一句经文——好仁不好学，其蔽也愚——一味求仁行却好而不通其理，其弊病在于不谙人情！我们不妨来通通这理儿，现在的"人情"是什么呢？父母抱子三年，子守孝丧三年；服丧三年，天下通礼！

想当然、有规定！夫子教诲，几时变得如此简单粗暴？

天下通丧，天下通丧，礼同，未必理通啊！

天赋正理，四海通则，这丧礼可是禀天所受？

老天爷没说话，咱就不往深处想想？夫子说，为什么要守丧三年，因为"食旨不甘，闻乐不乐，居处不安"，汝安否？

先问心觉！自觉能安，可"为之"！

再问通理！悖仁理乎？这个"不仁"，是有悖仁理吧？是没有遵循仁道原理吧？哪儿悖了？

旧谷既没，新谷既升，钻燧改火，期可已矣。

旧粮食尽，我们会吃新谷；四季轮回，我们会改燧木取火。一年了，这丧期也就可以满了。

这个理由不充分啊，跟服孝丧的"仁理"有什么关系？服孝丧，咱求的是心安，为的是回报父母慈爱之恩，守的是天下共礼，你讲粮食、燧火干啥？摆明了偷换概念嘛！

我真没觉得"三年之丧"有多合理，未必太长，未必太苛，若是心头那坎儿过不去，余生都是守丧之期！问社、昼寝、陷仁，我都翻一遍案，如今也翻了这"不仁"吧！

绝非如今语境中的"仁德败坏"，"予之不仁也"不过是"宰予的说法仁理不通啊"！两千年来，历来大儒先贤，嘴上骂骂咧咧的，可有谁真的把宰予判为"恶徒"？这帮硬骨头老倌要真的认定宰予是个害群之马，早将他打出孔庙去了，干嘛还奉香磕头？

抛下成见，始见真意，夫子授吾，逢事两问。

汝安否？

理通否？

心安理得，放胆前行！

◎心思花在哪?

子曰:"饱食终日,无所用心,难矣哉! 不有博弈者乎? 为之,犹贤乎已。"

枫解:这段经文有一帮人译得特别遂我心意,他们称,夫子说了,"整天吃饱了饭,啥事儿也不用干,这是多么难得呀! 不是还有掷掷骰子赌赌钱吗? 这么干啊,就跟那些贤达之士是一样一样的。"

闲着也是闲着,博采弈棋,权当活动活动脑子。小日子过得,那叫一个飘逸,还是夫子遗训,心安理得。当然,我心里明镜似的,这是不对的,错解经文,误人子弟!

"无所用心",用心无所,哪个地方都不花心思,不费脑子;"难矣哉",这种人要进步就难喽,我教着也费劲呦!"不有博弈者乎",他们不是还会博采弈棋吗?"为之,犹贤乎已",这么干啊,跟"贤乎已"一样,贤乎已,贤达止于此啊;饱食终日,无所用心,博弈为戏,为之跟自绝于贤达之路是一样一样的。

马融说:"为其无所据乐,善生淫欲。"

后来,居然生生给解成"欲令据此为乐,则不生淫欲也。"再被人一刺挠,就开始拼命解释说"弈为行棋,博以掷采而后行棋",对弈配清谈,就是逼格高了吗? 真真是岂有此理!

为其无所据乐,善生淫欲。

干那些没有礼制依据的娱乐,容易滋生过分的欲念。

别把人往沟里带行吗? 我今重译夫子此节经文如下:

整天吃饱了饭,哪个地方都不花心思,这是很难进步的呀! 不是还有博采弈棋可以活动一下脑子吗? 真要这么干了,如同自绝于贤达之路。

人欲贤达,请把心思用在正道上吧!

◎可怕的金箍儿

子路曰:"君子尚勇乎?"子曰:"君子义以为上。君子有勇而无义,为乱;小人有勇而无义,为盗。"

子贡曰:"君子亦有恶乎?"子曰:"有恶,恶称人之恶者,恶居下流而讪上者,恶勇而无礼者,恶果敢而窒者。"曰:"赐也,亦有恶乎?""恶徼以为知者,恶不孙以为勇者,恶讦以为直者。"

枫解：子路好勇，为此被夫子批过几次了？甚至还有人考证出这是夫子与子路初见的第一次交流。师徒谈甚了？总不会是"你可是东土大王差往西天取经去的吗"，或是"观音姐姐让我在此等候取经人"吧？不妨一观。

子路问道："君子也崇尚勇敢吗？"

夫子说："君子以'义'为至上标准。君子有勇而无'义'，就容易扰乱生事；庶人有勇而无'义'，就容易滋生盗心。"

⋯⋯⋯⋯⋯⋯

汝欲寻衅滋事乎？抑或打家劫舍？

我想做个好人！

⋯⋯⋯⋯⋯⋯

师傅，俺若修成君子，是不是会有更大的法力？

要那一身蛮力有何用？来，把这个"义"字戴在头上。

这是啥？

乖，听话儿。

⋯⋯⋯⋯⋯⋯

义为何物？居然被生生炼成一道"金箍儿"！义气、情义、道义、信义、忠义、恩义、荣义、节义、义无反顾、义薄云天⋯⋯盘旋而来，遮天蔽日。

窃以为，当解为公义，不过是共通合宜之规则。唯先有"公"，始能谈"义"。这个公，未必需要是人与人之间，你若愿意同一只蚂蚁聊聊也未尝不可。你若愿意当那山野之人，天生天养，地收地葬，不与他人相通，也大可不必被这劳什子"勒得脑仁生疼"！你若是想走进这"公"的世界，请戴上这个"义"字，这里不是力大者胜，得讲点理儿，做得合宜。此中真意，品品君子四恶，必然另有所得。

子贡问道："君子也有憎恶之事吗？"

夫子说："当然有憎恶。憎恶一味传播他人坏处之人；憎恶'居下流'而毁谤居其上之人；憎恶蛮勇而不遵礼制之人；憎恶能断敢为却顽固执拗之人。"

夫子随后又问："赐啊，你也有憎恶的事吗？"

子贡随即答道："憎恶窃人成果、贪求不止、纠缠不清却自以为聪明的人；憎恶蛮横无礼、不讲规则、不懂节制却自以为勇敢的人；憎恶矫言饰非、揭人阴私、侵凌隐私却自以为直率的人。"

"居下流"，据清代名家惠栋的《九经古义》和冯登甫的《论语异文考证》所言，晚唐以前的本子没有这个"流"字，似乎是北宋之后才出现的误衍。这两本书我尚不曾拜读，更无缘得见晚唐之前的《论语》本子。倒是觉得这个"流"字，留着挺好。去之，为"恶居下而讪上者"，憎恶身处下位却毁谤上位之人；留之，为"恶居下流而讪上者"，憎恶某些人，身处下游不奋力向前却毁谤逆流而上在其前头的先行者，人家为他披荆斩棘负重前行不惜身死填沟壑，他岁月静好坐享其成整天大树底下摇蒲扇，没有早晚两炷香每日三叩首就已经挺对不起人家了，再"讪"再嘲讽人家，实在有些不为人子啊！

夫子四恶、子贡三恶，所恶者，与人相处，行止失宜，如此而已。

…………

师傅，我能请个假回花果山吗？

可以！

那能把这金箍儿存您这儿吗？

…………

恶果敢而窒者。

憎恶那能断敢为却顽固执拗的人啊！

那一味坚持已见的作风，真的令人窒息！

…………

恶讦以为直者。

憎恶那侵人隐私却自以为率直之人啊！

那完全不顾他人感受的嘴脸，真的好生丑陋！

…………

松一松，缓一缓，每只猴子心中，都有一座花果山，可以自由自在地奔跑、戏耍，看晚霞……

如果，有花果山可以去，我愿意成为那只猴子！

◎可以说分手

子曰："唯女子与小人为难养也，近之则不孙，远之则怨。"

子曰："年四十而见恶焉，其终也已。"

枫解：这是一段被斥为歧视女性的糟粕残余，我沉默着，无从辩解，因为历来的译文是这样的：

唯有女人与小人是难以同他们相处的，亲近了，他们就无礼；疏远了，他们就怨恨。

我唯一想讲的一个事实，在夫子时代，女人与庶民是没有受教育权利的，相对而言，素养较低。当然，受教育了，素养也未必就高。故此，我一般会把"为"单独拿出来，解为"因此"，唯有那些女人与庶人，没有受过教育，因此难养也。

其实，真正让"女人""小人"沦为卑下的，是董仲舒之后才发生的事情。若是诡辩一些，我会把这句经文解为："唯女、子于小人为难养也。"

不管男女，唯独那些怀着庶民心态的人啊，才是真的难以相处啊。那年头，能被称为"女"或"子"的绝对不是一般人物，个顶个的都有大能量。

是素养较差，还是心态不佳？总之，未必是个女人就会"难养"，世间男子近则不逊远则怨者，又何曾少见？

当然，更为无耻的是拿着这话儿当作圣人加持过的利刃去攻击别人，君子行径，何以至此？面对如此真小人之鄙陋举止，诸位女先生又何必非得亲冒箭矢愣往前撞呢？

比憨痴更为"难养"的，是岁月！

日月逝矣，岁不我与！

年四十而见恶焉，其终也已。

年逾四十还被憎恶，"其终也"可以完结了。

他们说，其终也，指的是人的一生；我却独谓之，是这段关系。

到了四十岁，还相见两相厌，不妨一别两宽各自寻欢。

综上，不在某些人身上浪费精力，譬如素养较低的人，譬如心态不佳的人，譬如四十岁了还相互看不顺眼的人，譬如阳虎……

通读《阳货》篇，自阳货欲见，知夫子之初心；武城闻弦歌，知孔门之教化；公山召孔、子张问仁，梦为东周；佛肸召孔、六言六蔽，拨翳见真；学诗、启蒙与礼乐，直取真意；穿窬与乡原，当知大害；德弃与鄙夫，当守底线；古民三疾、今时三病，当辨真伪；欲无言与取瑟而歌，见文字之外无言之处，另有教诲；三年之丧，先问心安，再问理得；饱食无为，诚心用于正途；尚勇、四恶，公义为先，行事合宜；终于女子、小人与四十而见恶，划出人生的一道止损线。

同道而行，始可为友，所有的共识、谅解，只为初心相近，方向一致，达成才有意义。世间歧途何其多？多少人走得蒙头转向还不自知？遇境而当，却也不能踌躇止步；需有那一双火眼金睛，分得清孰人孰鬼；更需有那慧心灵耳，听得懂无声处的惊雷。

每至三岔口，请自问：

汝心安否？此理通否？

行正则心安，理通则事谐。所谓理者，不过公义为先、行事合宜。魑魅魍魉，障目塞听，难敌真心一击，不妨踏步而前。

只是，这心，还是当初那颗未受红尘浸染的赤子之心吗？

通体晶莹，宛若琉璃。

奉其号令，无莫无适。

微子篇第十八

◎三颗大杏仁

微子去之，箕子为之奴，比干谏而死。孔子曰："殷有三仁焉。"

枫解：殷有三仁，殷有三仁，不料却是颗美国大杏仁，美味了这么些年，其实名物并不相符。

纣王无道，微子启便离开了他，箕子胥馀佯狂成了他的奴隶，王叔比干谏劝而被杀。孔子说："殷商末年有三位仁者啊。"

商周之交，风云激荡，人物辈出，后学晚生弄个《封神榜》还能整出三百六十五位正神，夫子这份"殷有三仁"的名单是以什么为标准的呢，缘何独以如斯"尊名"许此三位？恭、宽、信、敏、惠，他们具有哪一德？切、智、刚、勇、毅，他们能列哪一品？

何晏的解释是，"仁者爱人，三人行异而同称仁，以其俱在忧乱宁民。"刑昺履迹而行，曰"志同行异也"。此说以孟子"仁者爱人"之典为基，称这三位虽然行径各有不同，但都是心忧天下大乱百姓不得安宁的有德之士。

朱熹的解释是，"三人之行不同，而同出于至诚恻怛之意，故不咈乎爱之理，而有以全其心之德也。"此说是以孟子"恻隐之心"打的底儿，称这三位没有违悖"爱之理"，而且全了自己"心之德"。啥意思？就是守住了本心，没有助纣为虐祸害人。

这样解释不太好吧？那时节，"忧乱宁民"的人多了去吧？那时节，不祸害百姓的人也多了去吧？当然，也可以解释说，在那场对抗大魔王的斗争中，这三位江湖地位最高声望最隆。你看，微子启是纣王同母庶出的兄长，就是他老妈还没有扶正还给他爹当妾的时候生的；箕子、比干是纣王的亲叔叔。真的吗？箕子是叔叔还是兄弟，还存在争议，甚至是不是叫"胥馀"也没定论。其实，关于这段历史一直存在两种说法，主流如《史记》，约略如斯：

纣王虽聪敏过人，勇力非凡，但不守"先王之道"，不敬鬼神，极为暴虐。好酒淫乐，建酒池肉林，作通宵达旦之乐，宠信美艳狐媚的妲己；重刑辟而制炮烙，诛忠臣而任用奸佞。微子多次劝说他，未遂，是以离朝归隐；比干强谏之，纣王怒曰："吾闻圣人心有七窍。"剖比干，观其心；箕子惧，披头散发装疯佯狂，被降为奴隶。

还有另一种说法，散见于《竹书纪年》及诸多先秦典籍之中，大略是：比干、微子、箕子三位因贱出而被剥夺继承权，但鉴于帝乙的失控，凝结成一股制衡帝辛的公室力量，帝辛即是纣王，帝乙是他老爹。纣王继位之初，文韬武略的，一洗帝乙的颓势，大力扩张领土，固纳新民，经过数年艰苦卓绝的奋战，终于打败最大的对手——徐夷。一说是自此之后，纣王就开始歌舞升平；一说纣王新政，本质上是改变了原有粗犷的联盟政体，拟打造强有力的分封制，天下藩属俱恶之。总之，这是殷王室军事实力最弱的时节。作为限纣同盟名义上领袖的微子启，绕开同盟实际操盘者比干，派人前往西岐，企图联合西伯，重光殷制。谋事不密而败露，周武王止步于盟津，八百诸侯皆称可伐纣，而武王曰："尔未知天命，未可也。"乃还师而归。纣王暴怒之下，以极血腥的手段强力清洗公室。微子先一步出奔而隐，比干受剖而死，箕子佯狂被囚。两年后，周武取殷而代之，故厚封比干、微子、箕子，正在于此。

小时候，读此节，参之以《史记》，见比干之死，尚有几分"风萧萧兮"的壮勇，强谏而死，忠臣本分；见箕子惧而佯狂，多少有些鄙夷。一死一躲一作癫，怎么听着怎么不符合"英雄"的定义。随着年岁渐长，读书日杂，诸多史载，左右互搏，殷商旧典残缺不全，只遗传说孤证，扑朔迷离，实难厘清。经文故解，难释牵强之嫌，为什么夫子独称殷室三子之"仁"？为纣所废弃的商容有贤者之名，被剁为肉酱的九侯、被制成肉脯的鄂侯也算是位尊权重，缘何皆不列其上？当然，也有人总会说，比干是周封的"太一国神"；箕子入朝，化夷有大功；微子被封于宋，续殷之祀。可是，这跟夫子经文中的"去之""为之奴""谏而死"又有何干系？

及至后来，偶于闲读中，见"箕子明夷"，大概是说周代商之后，武王访箕子于陵川，问殷之灭，不得；询以天命，得传大禹遗法——《洪范九畴》，服其才，请其出山，未遂；重访之，闻之已渡海东去。故事中，引《尚书·微子》里的一段话，曰："商其沦丧，我罔为臣仆。"我赶紧重把《尚书·微子》翻出来，果然有此文字，是箕子对微子说的一段话，曰：

商今其有灾，我兴受其败；商其沦丧，我罔为臣仆。诏王子出，迪我旧云刻子。王子弗出，我乃颠隮。自靖，人自献于先王，我不顾行遁。

殷商现如今正在历劫遭灾，我们应该一起承受这败丧的恶果；殷商或许会沦落灭亡，我们不能迷迷糊糊成为敌人的奴隶。我劝告王子离朝出走，还是要把原来说过的话重申一下。王子不走，我们殷商的宗祀就会断绝。您一定要拿定主意啊，我们都要把自己奉献给先王，我是没什么可以顾虑的了，将要离去。

好一个箕子，好一个"我罔为臣仆"，好一个"自献于先王"！电光火石中，有一句经文从我脑海深处迸发了出来——"吾党之直者异于是：父为子隐，子为父隐。直在其中矣！"

受德那后生是浑，却也是我们子姓的血脉，是我们殷商的君王，他错了，我们自己来纠正他，这是我们的责任。没弄好，我可以跑路，却怎么会帮着你去攻击他呦，哪怕是口头之上，也是一个"不忍言殷恶"。

…………

麦秀渐渐兮，禾黍油油。

彼狡童兮，不与我好兮。

…………

麦子吐穗了，尖尖的麦芒竖起来呦；黍稷生长了，油油的叶子泛绿光呦。

那个顽劣的浑小子呦，怎么也不愿意跟我交心听我的劝呦。

…………

殷墟之上，禾黍油油！

殷有三仁焉，哪是什么智勇双全的无敌国士？哪是什么宽惠慈爱的大德高人？只是这"亲亲相隐"的行止，契合了夫子，契合了儒家的审美情趣！当然，这个"隐"，不是隐匿，而是㬉栝。屡谏而不止，我们可以跑路，可以佯狂，可以被弄死，就是不能帮着外人办了他！

天下皆是伐纣之人，唯此三位是其血脉之亲，自纠其正，始为履仁。

热销了好些年的"美国大杏仁"，原来却是扁桃仁！殷有三仁，原来却是亲亲相隐的典范。只是大一统之后，宗氏旧法趋向没落，越是难以说清楚了，不如糊里糊涂也罢。可是，云山雾绕的，又教人如何窥得见那一缕"直在其中"的仁道真意呢？丢了这根直树枝呦，又怎么解得开《微子》篇，读得懂夫子的"正法"呢？

◎绝对不弯腰

柳下惠为士师，三黜。人曰："子未可以去乎？"曰："直道而事人，焉往而不三黜？枉道而事人，何必去父母之邦？"

枫解：柳下惠这位被遗落的圣人，前头已经约略讲过，此处不作赘述，还是翻译段子吧，如下：

柳下惠就任"士师"，三次被撤职。有人就跟他说："您在这里一直没被认可，为什么不因此而离开鲁国呢？"他说："直道而行以服事他人，到哪里去能不被三次黜落？枉道而事人，又何必离开父母之邦呢？"

我要是能弯得下这腰呦，在这儿也不用混成这样儿！

士师，孔安国称，"典狱之官"；郑玄云："士，察也，主察狱讼之事。"从《周礼》可见，士师确为"司寇之属"，主管刑事。柳下惠生平"直事"何其多，譬如直刺臧文仲，譬如不惜岑鼎，夫子缘何独拣其"士师三黜"而记？这三起三落间究竟发生过什么故事，为了哪般，这些早就埋在历史的尘埃里不得与闻了。以此说其"直"，只剩下一句自说自话，略嫌轻飘飘的，远不如它事更有说服力。深层次的违和感令人难以释怀，胡寅就曾疑此处当有夫子之"断言"，只是如今佚亡。

我试以解之，士师，邦国之公吏，执律法之官，虽未入臣列，却掌公器。在先秦典籍之中，宗法、律法、礼法共同构成"法制"，但是，如何协调这三者的关系，其优先序列、交错界限如何界定，大家各有看法，夫子时代，争论尤烈。夫子究竟是如何思考这个问题的呢？我们不妨往下细品，但有一点是读到此处就可以明确的，无论怎么办，都得"直道而行"！

别拿个弯树枝儿来糊弄人！

◎待我以国士之礼

> 齐景公待孔子曰："若季氏，则吾不能；以季、孟之间待之。"曰："吾老矣，不能用也。"孔子行。
>
> 齐人归女乐，季桓子受之，三日不朝，孔子行。

枫解：先译一下段子。

齐景公言及如何对待孔子时说："像鲁君对待季氏那样奉为上卿，我做不到；我只能以次于季氏而高于孟氏那样的规格来礼待他。"不久后，又说："我老了，没办法让你有所作为了。"孔子离开。

齐国馈赠歌姬舞女给鲁国，季桓子接受了，三天不上朝理政，孔子离开。

景公待孔，是公元前516至515年间事，时夫子三十六七岁；桓子受女乐，是公元前497年之事，时夫子五十有六。两事异时相隔十八年，却有一共同结果——"孔子行"，为什么？不妨翻开史书，留心一下事件发生的始末与细节。

景公待孔，前有齐公问政、欲封泥溪、晏婴进谏，"以季孟之间待之"未能变为现实；其后，更有齐国大夫扬言欲害孔子，景公自称年事已高，"孔子行"！时情势颇是险恶，史称"接淅而行"——拎着淘洗中的米边走边滤干。

桓子受女乐，前有会夹谷、隳三都、败公山、摄相事，"齐以女乐文马沮之"，季桓子受之，三日不听政；郊祭，又不按礼分致"膰俎于大夫"。"膰俎"，郊祭用的供肉。有说季桓子是故意不发给夫子一人；也有说只是没有按照规矩发给所有大夫，不是针对夫子的。

把两个事件的来龙去脉捋一遍，缘由自然呈现，"君不以国士之礼待我"，不走何为？

夫子是因为景公给的待遇规格不够高而走吗？不是，而是景公没有给他的"作为"创造足够良性的外部环境。晏婴进谏而公不再问礼，是为礼法难兴；同僚扬言相杀，是为悖礼，公却以年高推诿，更令礼法荡然无存。接下来，这活儿还怎么干？

夫子是因为季桓子少给一点祭肉而闹情绪吗？不是，而是整个礼法的败坏造成施政条件的丧失，齐国的女乐文马果然让刚刚略有小成的改革毁于一旦，这活儿干不下去了！

…………

彼妇之口，可以出走；彼女之谒，可以死败。盖优哉游哉，维以卒岁！

…………

不是这些女乐有多厉害，而是你会沉迷其中，致使群臣远走，事死政败。我还不如趁早离去，安度余生。

…………

君以国士待我，我必国士报之。用大白话说，就是，俺是来干活儿的，不是来混饭吃的！

◎楚狂人唱啥了？

楚狂接舆歌而过孔子曰："凤兮凤兮！何德之衰？往者不可谏，来者犹可追。已而，已而！今之从政者殆而！"孔子下，欲与之言。趋而辟之，不得与之言。

枫解：孔安国称"接舆，楚人。"

朱熹称"接舆，楚人。"

接舆姓甚名谁？不知！生平事？不详！历代解家多称之为隐士也。最牛的是西晋史学家皇甫谧，居然生生考证出，接舆是陆通的字，楚王曾遣使持金百镒以聘之，不应，后携妻归隐峨嵋，被老君度化，成了仙人，得位天机内相。类似这样的所谓"传记"，我大抵都将之当作小说、志异，闲来聊以打发时间，图个乐儿罢了。其实，"接舆"真的不是一个人名，不过是后儒为了方便，以其事而名之，生生造出来的称谓，如"晨门"，如"丈人"。接夫子之舆者谓之"接舆"，非名非字，谓之"路人甲"也未尝不可。甚至是不是楚人，也未必明确；至于发生的时间，更是众说纷纭，或谓在令尹子西阻楚昭王厚封夫子之后，或谓在夫子往叶地之前；而对故事的解读，历来各说各话莫衷一是，甚至弄得神神道道的，颇有几分"仙人引渡"的色彩。我还是先把段子译一下吧，如下：

在楚地，有位貌似癫狂的人与夫子的马车交错时，放声高歌，曰："凤兮凤兮！何德之衰？往者不可谏，来者犹可追。已而，已而！今之从政者殆而！"夫子连忙停车而下，想与他聊一聊。他却疾步而走避而远去，无法与之交谈。

孔安国对这段歌词的解读是，"接舆"将夫子比喻为凤鸟，认为应该静待圣君降世才出现，而不是像现在这样四处奔走寻找施展抱负的机会，所以称之为"德衰"。过去的，你已经干了，没办法劝阻；从现在起，就应该追思自止，避乱隐居。如今的世道啊，已经乱得无可救药了，你管不了啦。

朱熹沿袭这种思路，却读出嘲讽的味道，谓"接舆""讥其不能隐为德衰"，你要是现在退隐还是来得及，再接着跑去楚国搞事情，一定会危如累卵。

以凤鸟比夫子，真不知道他们是从哪儿进出来的灵光，忘记"凤鸟不至，河不出图，吾已矣夫"之语了吗？还真将凤鸟当作一个吉祥宝宝了呀！先秦典籍中关于凤的阐述难道真的都让老嬴家那把火给烧个精光了吗？连孔安国也不曾与闻？凤鸟其实就是东夷人的图腾，诸夏合九夷，强大的武力集团汲取了先进的文化，创造了一个辉煌的时代。所谓尧舜禹三代之治，其实就是诸夏与东夷轮流成为部落联盟的首领，譬如孟子曾载帝舜为东夷领袖；所谓大禹治水后的庆功宴上"有凤来仪"，不过是获得舜的认可；至于殷商与九夷联姻而得天下、凤鸣岐山而有文王变易，相关的史料还是可以索隐而见的吧？夫子时代的楚地，夷风犹烈，这个总还是清楚的吧？道家文化为何兴盛于斯总该知道吧？

凤歌，凤歌，这只凤鸟不好好弄个清楚，却总是跑去摸那歌者的门道，实在不可理喻！我今重译歌词如下：

凤兮凤兮，汝德缘何没落兮？往昔流逝兮，吾生晚兮不得选；来日尚早兮，吾毕力兮将追索。时不我待兮，时不我待！今之从政者将殆。

…………

凤兮凤兮，当世何灾？凤兮凤兮，汝德何败？

往昔流逝，无路可拣；来日尚早，毕力能追。

时不我待，时不我待，衮衮诸公，道消政殆。

…………

已而，时间不多了呀，世道已然乱成这样了呀！

旧法已死，新法未生，凤何不至？

◎敢问路在何方

长沮、桀溺耦而耕，孔子过之，使子路问津焉。长沮曰："夫执舆者为谁？"子路曰："为孔丘。"曰："是鲁孔丘与？"曰："是也。"曰："是知津矣。"问于桀溺。桀溺曰："子为谁？"曰："为仲由。"曰："是鲁孔丘之徒与？"对曰："然。"曰："滔滔者天下皆是也，而谁以易之？且而与其从辟人之士也，岂若从辟世之士哉？"耰而不辍。子路行以告。夫子怃然曰："鸟兽不可与同群，吾非斯人之徒，与而谁与？天下有道，丘不与易也。"

枫解：楚人真的很是不友好啊，欺生排外，问个路而已，套了半天话，不"指点迷津"也就算了，还挖起墙脚来。投桃报李，后儒也不是吃素的，一句"不暇问询"而不名，真的就以"长沮""桀溺"称之，听着就像长脸晦气、满面横肉的两个凶徒。何苦被这些小情小绪蒙了眼睛？

长，身量高也；桀，高且壮也；沮，低洼湿地也；溺，水淹之地也。不过是两条高大魁梧的壮汉在水田里并肩耕作，对话老半天，人家也不见弃耜奔逃，何来不暇之说？后人俱称"接舆""长沮""桀溺""丈人"为隐士高人，但对他们的出场排序却争论不休。我倒是宁愿相信这四位是夫子去见楚昭王之前路遇的三关，宛若人家给出的入职考验。闲话暂停，先译段子吧。

有两条魁梧的大汉在水田里并肩耕作，夫子路过，停下马车，牵着马缰站在一旁，让子路去询问渡口所在。

高大的那位问："那个牵着马车的谁呀？"

子路说："是孔丘。"

问："是鲁国的那位孔丘吗？"

"是啊。"

"要是他呀，肯定知道渡口在哪儿啊。"

子路无奈，侧头问壮实的那位。那位问："您呢，又是哪位？"

答道："我是仲由。"

"是鲁国孔丘的门徒吗？"

子路拱手正色对曰："对！"

那位说："滔滔者天下皆是也，而谁以易之？且而与其从辟人之士也，岂若从辟世之士哉？"一边说着话，一边不停地翻土覆盖播下的种子。

　　子路回来禀告夫子。夫子满心惆怅一身寞落地说："鸟兽不可与同群，吾非斯人之徒与而谁与？天下有道，丘不与易也。"

　　历来解家讲至此处，大多会讲讲"周流六数"，来段《易经》，说长沮讥讽夫子，你不是会周易吗？掐指一算不就知道渡口何在吗，还问我们干嘛？长沮言下之意约略如是，或许没用到《易经》这么高大上的东西，不过是说，你们不是挺能耐的吗？能说会道，啥都知晓，逢山开路，遇水搭桥，何必相问？

　　这些都是末节，真正的戏肉是最后那两段话，那位壮实的耦耕者言中的"辟人之士"与"辟世之士"如何解读？夫子忱然感叹之语作何解释？才是重中之重。历来有两解，我且阵列如下：

　　其一，辟者，避也。辟人之士，避开那些坏胚子的人，桀溺言指夫子也；辟世之士，避开尘世纷乱的高士，桀溺自许也。红尘滚滚，浊世滔滔，世道败坏，尽皆如此，天下乌鸦一般黑，谁会跟着你去拯救这世道？再说了，你呀，与其跟着孔丘四处奔走躲避坏人，不如跟着我们远离尘世道遥田园。可惜，却是两条壮汉，布褐短打，执耜而作，一腿泥水，没有白衫飘飘，鹤发长须，全然不见仙风道骨，少了些许雅趣。这种解读，重心落在一个"避"字上，夫子的喟然长叹顺理成章地就成了："我们既然不可能与那些飞禽走兽合群共处，若是再不跟人群打交道又能跟谁打交道呢？如果天下有道，我就不用和你们一起四处奔走想要改变这世道喽。"有意思的是，儒道争胜口水四溅时，也有人用这话儿怒斥道家门徒，"我家夫子说了，你们就是一帮与鸟兽同居的人儿啊。"

　　其二，辟者，法度也。"辟人"与"辟世"是一个非常古老的争论话题——法度律令存在的目的是什么？为了规范人，还是为了整肃世道？后来演化为"人本位"与"职本位"的辩论。桀溺的意思是，浊世滔滔，世风败坏，天下皆然，谁会听从你们的劝导去改变自己的行为呦？现在，你与其追随着那位希冀以律令去扶正人心的"士"，岂能比得上跟从那将用律令来规范世道的"士"呢？"辟世"不是逃避，更不是扶犁修补地球，而是一种救世的思维，譬如农夫就应该好好耕作交租纳粮，大家各安其位，天下自然太平。这种解读，重心落在"士"上，夫子的怅然若失也就有了另一番意味，"飞禽和走兽不可能让它们合群相处，我并非持此论者的门徒，谁跟从着谁呢？天下有道，我也不需要和你们一起出来搞改革了。"是世道改变了人，还是人改变了世道？人是应该推着世道往前走，还是顺着世道自飘流？如果不是世道沦丧成这样，让人无所适从无所皈依，我又何必出来重拾人心，匡正世道呦？

　　我崇信后者！一方面是这种解读对当时情势的把握更准确，夫子入楚，最大的问题正在于双方思想上的不同。另一方面，私心下，这两位实在没有什么世外高人的范儿，太不符合我的审美情趣了，再说了，真正的隐士哪里会云山雾绕动不动就拉人挖墙脚？人家出来都是救场子的，传个法呀，赠个药什么的，又不是住在终南山上忽悠人的。再者，夫子时代，道家才是主流，儒家称尊且得等好几百年呢，别以为道家都是隐士，搞不好这几位就是什么邑宰、将军之类的呢，那时节，人家藏头露尾来踢馆子，不是怕了你，而是不好意思，觉得跌份儿。

最最关键的是，这样的解读，才会真正勾起夫子的满腔惆怅，真正的击中大道的核心。世外桃源，或曾向往，让他避世之语能令之寥落失意？实在小看了他千锤百炼的雄心！

道不同，相逢何必问姓名！大道在前，吾将往矣，只是怕我原想带着你飞，你却宁愿终老山林呦。

只是，是这世道毁了人，还是这人毁了世道呦？

世道，人心，令士沉吟至今……

◎遇见高人

子路从而后，遇丈人，以杖荷蓧。子路问曰："子见夫子乎？"丈人曰："四体不勤，五谷不分。孰为夫子？"植其杖而芸。子路拱而立。止子路宿，杀鸡为黍而食之，见其二子焉。明日，子路行以告。子曰："隐者也。"使子路反见之。至，则行矣。子路曰："不仕无义。长幼之节，不可废也；君臣之义，如之何其废之？欲洁其身，而乱大伦。君子之仕也，行其义也。道之不行，已知之矣。"

枫解：小时候学到这里，我曾问先生说，夫子为什么在路上随便遇到一位就能沟通无碍？不是说当时只有贵族才能受教育吗？他们是怎么交流的呢？我总会忍不住想起未曾上学时认识的一个外地来的小伙伴，两人都只会自己家乡的方言，花了好长时间才能勉强搞懂彼此要表达的意思。刚开始时，有一次我指着太阳对着远山比画半天，想着第二天日出前带他去偷人家的果子，结果次日凌晨那一番好等，后来才知道他弄岔了，以为我约他太阳爬过山顶时在果树下会面。至今，还记得他一脸憨笑，猛点着头的模样。

一位能说"雅言"的老丈，或耦耕者，焉是普通乡佬？张嘴一说，子路焉能无觉？难道子路精通楚语？天马行空，与解经或许并无太大关系，不妨先入正题，译一译这经文中的段子。

子路跟随夫子，却远落其后，路上遇一老丈，用拐杖挑着除草的竹器。子路便上前问道："老丈，您可曾遇到我家夫子？"

老丈说："四体不勤，五谷不分，算是什么夫子呦？"说着，把拐杖插在垄头，锄起草来。

子路拱手行礼恭敬站在一旁。老丈挽留子路在他家过夜，杀鸡做肴，煮黍为食，请子路用餐，还让他两个儿子出来作陪。第二天，子路赶上夫子，禀告了这件事。

夫子说："这是隐匿身份的高人呀。"命子路返回去见那老丈。到了地方，人家却已经离去。

子路说："不出来做官是不合宜的。长幼之间的人伦规矩，不肯废弃；君臣之间的公义秩序，怎么能够这样废而弃之？想着洁净自身，却不知扰乱了最大的伦序。君子出来为官，只是为了尽自己的义务履行自己的道义。大道难以践行，知道就可以了。"

很多解家都认为，子路这番话，是代夫子转达，寄言于丈人之子。据说，宋初福州地区曾经有过一些本子，文为"子路反子曰"。大概意思是说，你看你们家还秉承人之天性，父子相养，讲序人伦；怎么可以置君臣大伦之义而不顾？我们出来做官，是为了让社会有序，有公义。"道之不行，已知之矣。"道之不行呦，知之已矣！知道了就可以了，但不能对这乱世心生恐惧而止步不行啊！

留心一下细节，"杀鸡为黍""见其二子"，丈人待客有道，对于伦序还是非常讲究的。子路这番话，或许只是自己的感慨之言。其实，这个段子最重要的是丈人那句反问，"四体不勤，五谷不分，孰为夫子？"

在当时，很多人对夫子所提倡的专职授课、专业为仕非常反对，认为这样的人不事生产，连最基本的劳作也搞不清楚，奢言治国，不过摇唇鼓舌之辈，实在是误人子弟！他们觉得应该效法先贤，扶得犁耙，执得笔管，下得了地，也坐得了堂。

这就是所谓的"各安其位"还是"各司其职"之争，话说得糙一点儿就是，屁股决定脑袋还是脑袋决定屁股。前者认为，律令法制应该明确的是人的身份、权位，人职两分，穿上公服就去履行公务，出了公堂就得回归原位，身份是天生的，它决定人的思考方向；后者认为，律令法制应该明确的是职位的义务和权利，人职合一，出生没得选，但职业却可以通过后天的努力获取，只要学习到相应的技能和知识，就可以谋求相应的职位，得到了相应的职位，就有相应的身份。

特别有意思的是，夫子时代，儒家倡导的是"各司其职"，后来却成了"各安其位"的拥趸，难道是椅子真的会沾屁股，让人欲罢不能？"四体不勤，五谷不分"居然成了贵族们自我标榜的解嘲语。大伦或是未乱，公义已成泡影！

也许世间真的有天生贵人，哪怕是安坐田头垄间也能为国为民……

◎我们跑路吧?

逸民:伯夷、叔齐、虞仲、夷逸、朱张、柳下惠、少连。子曰:"不降其志,不辱其身,伯夷、叔齐与!"谓:"柳下惠、少连,降志辱身矣,言中伦,行中虑,其斯而已矣。"谓:"虞仲、夷逸,隐居放言,身中清,废中权。我则异于是,无可无不可。"

大师挚适齐,亚饭干适楚,三饭缭适蔡,四饭缺适秦,鼓方叔入于河,播鼗武入于汉,少师阳、击磬襄入于海。

枫解:刑昺称,"逸民者,节行超逸也。"此逸,沦于凡俗。

朱熹称,"逸,遗逸;民者,无位之称也。"此逸,通佚,谪落凡尘。

可见,"逸民"不过是遗留民间未曾有"大功德"的人罢了,只是这七位"开山祖师爷"非同凡响,如包咸所说"此七人皆逸民之贤者",故而才飘逸如仙,才成了世外大德的代名词,俨然隐见,白衣胜雪,跳出五行,光耀星汉。

伯夷、叔齐与柳下惠讲过多次,少连、虞仲、夷逸和朱张生平事也如其人,佚落在历史长河之中,后来典籍的描述大多是穿凿附会之说,经不起推敲考证,不说也罢,还是听听夫子对他们的评价吧。

"不降其志,不辱其身,伯夷、叔齐与!"不降低自己的志向,不辱没自己的身份,像伯夷、叔齐这两位一样。

"降志辱身,言中伦,行中虑,其斯而已矣。"中者,如矢中的,正中其中也;言中于伦常,言语合乎伦常法度;行中于思虑,行止合乎己身思考。虽然降低了志向屈辱了身份,但言行还是合度、一致,浊世滔滔,亭亭直立。"其斯而已矣",历来都说"他们也不过如此罢了",我不太同意,当是"他们的言行到了界限就自制止步",尽在伦常、思虑之中啊!

"隐居放言,身中清,废中权。"放,包咸解为"置也,不复言世务";朱熹称,他们"放言自废,合乎道之权",与马融所说的"自废弃以免患,合于权也"一脉相承。总之,就是隐居独善其身,不再讨论人间俗务。也有人解此"放"为"放胆",认为他们虽然避世而居,却依然"肆意直言",是为处江湖之远而忧其君。哪个说法更准确呢?不知道,没有资料可以佐证旁参。身中清,其身尤在清纯之中,如泉未出山;废中权,其废者不过权位之中,避开出山之沾染。

我略作小结,把夫子的话归纳为"寄栖三层楼":其一,离尘脱染,洁身自守,放胆肆意也好,崖崖自高也罢,直道正己,如虞仲、夷逸者,寄栖于身;其二,出淤泥而不染,尤见中通外直,市井厮混也好,朝堂列位也罢,直道事人,如柳下惠、少连者,寄栖于志,所谓"降志辱身",在于"事人";其三,虽千万人,吾往矣,唯见光明在前,君王当面也好,刀戈临身也罢,直道而行,如伯夷、叔齐者,寄栖于道,"诸侯伐天子为不臣",则耻食周黍愿死首阳。

很多人把夫子的"无可无不可"当作一句老滑头的推搪之辞,有人认为夫子是"放宽标准"寻找更大施展空间,也有人认为夫子是圣人无莫无适随心所欲。窃以为,这都是不解真意!夫子只是通透其理,不拘泥了,唯"直道"是取,正身也好,事人也罢,当行则行,当止则止——我本身就是一支直树枝,哪层楼去不得?清风拂山岗,明月照大江,坦荡皎洁,合道如仪。

悟透了,通达了,不过一个"直"字,展则昭昭,潜则邈邈,砍成千段万段,还是这般模样。直者,正也,忠也,如斯而已!

树砍了会倒,树倒了猢狲会散,下面这段经文据说就是描写了这样一番境象,文曰:

大师挚适齐,亚饭干适楚,三饭缭适蔡,四饭缺适秦,鼓方叔入于河,播鼗武入于汉,少师阳、击磬襄入于海。

挚、干、缭、缺、方叔、武、阳、襄,是八个人名,这八位究竟是谁,生平曾历何事,实已难考。孔安国注此时曰:"鲁哀公时,礼崩乐坏,乐人皆去。"张载也曾言,"周衰乐废,夫子自卫反鲁,一尝治之。其后伶人贱工识乐之正。及鲁益衰,三桓僭妄,自大师以下,皆知散之四方,逾河蹈海以去乱。"他们的意思是,这帮人是夫子游历归来在鲁国重新搭建、培训起来的"颂乐演奏班子",后来飘零四散了。见《泰伯》"师挚之始"、《八佾》"子语鲁大师乐",此说似非空穴来风,姑且信之。但有一点是我无法接受的,在古代,乐官可不是什么"伶人贱工",实际上身份极为尊贵,尤其是演奏大颂、祭乐的"师",很多时候是由身居高位、德昭望重者充任,"三师"官职自商而周以及两汉的沿变脉络,可窥一斑。

经文中的"亚饭""三饭""四饭"当与朝宴、献祭有关,只是仪轨流程、乐章曲谱早已佚散,难知其详。历来解家多说,河为河内,汉为汉中,海为海岛;也有说,河为黄河,汉为汉水,海为四海。不得旁证,难以辨识,也只能姑妄信之。但,很少有人留意到一个细节,"适"与"入"究竟有何差别。我曾在闲书中偶得一说,大概意思认为,"适"是准备去谋职,"入"是逃而隐居,故,适者知其去处,入者唯知其去向。窃以为,通!我且将此段经文重译,如下:

太师挚出奔到了齐国,二饭乐师干出奔到了楚国,三饭乐师缭出奔到了蔡国,四饭乐师缺出奔到了秦国,打鼓的乐师方叔避居于黄河之滨,摇小鼓的乐师武避居汉水之畔,少师阳和击磬乐师襄避居到海边去了。

他人读至此处,必哀悼风流四散,我却欣欣然,如见火种广播,如见凤凰涅槃。直道犹存,乐理尚在,吾族文脉何曾断绝?

盛世绝响中,夫子正襟危坐,无喜无悲,有阳光和熙,有月华如水,唯惜吾辈不得与闻!

何必管它哪层楼，何必管它谁家乐，道在，理存，自有大喜悦……

◎黄钟大吕

周公谓鲁公曰："君子不施其亲，不使大臣怨乎不以，故旧无大故则不弃也，无求备于一人。"

周有八士：伯达、伯适、仲突、仲忽、叔夜、叔夏、季随、季骓。

枫解：据说，这是伯禽受封于鲁时，周公训诫之辞，牛人老爹教儿子怎么治理邦国的。据说，这段话应该这样翻译：

君子不怠慢他的亲族，不让大臣抱怨没被信用。老臣故人没有发生严重过失，就不要抛弃他。不要对某一个人求全责备。

孔安国曰："施，易也，不以他人之亲易己之亲。"朱熹则称，有不少版本"施作驰"，是以解之为"遗弃也"。

以，孔朱皆解为"用"。孔安国说"怨不见听用"；刑昺稍作解释，曰："既仕为大臣，则当听用之"；朱熹再进一步，曰："大臣非其人则去之，在其位则不可不用。"

大故，恶逆也！

总之，就一个意思，对自家亲族故旧一定要好，一定要用，除非他们十恶不赦，不然就必须不放弃不抛弃，而且还别吹毛求疵，别挑三拣四！也对，反正天下都是你们家的，封谁不是封呢？夫子啊，咱收拾收拾，还是回乡下种红薯去吧，人家讲裙带关系呢，咱挨不上呀！

对于旧解我是死活看不上，裙带治国，不亡何来天理？真正把大家带入沟里的，就在那句"不施其亲"之上！何谓施？旗帜也！何谓亲？情之至深者也！周公的意思是告诉儿子，你不能旗帜鲜明地把个人喜恶加诸治邦理政之上，而是要一视同仁，一碗水端平。

这头开得正了，"不使大臣怨乎不以"就是量材为用，臣工无怨；"使、大臣不怨乎不以"也，受命之使、公室之臣皆得其用，何怨之有？"故旧无大故则不弃也"，则成了底线简单明了，感情质朴自然，他们没犯恶逆大罪，放过一马又有何妨？"无求备于一人"，则成了留有余地。

解至此处，我脑海中突然泛起夫子对鲁大师说的那句话，"乐其可知也：始作，翕如也；从之，纯如也，皦如也，绎如也，以成。"

但见凤鸟扶摇而起，两翼敛展、脊背伸曲，收放自如；华光澈，唳声清，纯美天真；一张一弛，清晰分明；杳然远去，灵韵不绝。

翁，那是鸟背、双翼表面上的羽毛，繁复华美，炫动如律，貌似各行其是，实则受命一致；当然，只能看见那些毛，筋骨肌理则隐于其中，难知其详。"君子不施其亲"，是为惜羽，非是不舍，而是一视同仁，各取其用也。用之，则是因材而量，此谓之"纯"，如水之至清处，不染杂质，不沾私情，专一为国，目之所视，唯吾族吾民之平安喜乐。及其用，则底线分明，非大恶不弃，此谓之"皦"也，条约简单，情感质朴。及至终场，不责备求全，留有余地，此谓之"绎"也，是白云蓝天，更是无韵之韵。

一视同仁，量材为用，划清界限，留有余地，如何？

无欲则刚，专一为毅，简约为木，余韵是讷，周公之训诫，又何曾不是"仁之四皦"？

最后还有一段经文，曰：周有八士，伯达、伯适、仲突、仲忽、叔夜、叔夏、季随、季骄。已然不知其解，汉时有说，这是周朝时一位伟大的母亲生了四对双胞胎，每一位都成了赫赫有名的人物，故"志之"，这八位是谁，全然不知。郑玄认为当是"成王时人"，刘向、马融以为是"宣王时人"，却也是争论不休。

我曾听一位老先生说过，这八位应该是周初的乐师，或是因乐而名，故其名合四韵八音之理。音律、乐理我不太精熟，听得知其然而不知其所以然，记得最清楚的是，老先生用一根手指击打桌面，也能弹奏出非常悦耳的曲调，讲得兴起时，偶尔会唱几个非常简单的"字节"，如"噜""咚""呦"之流，却韵味十足，沧桑古朴而又雅正隽永。关于细节处，我就记住，"夜为黑天，夏为长昼"，似乎跟"皦"有关。

斯人已去，先民远逝，黄钟大吕，谁人还能引得它，有凤来仪？
…………

综观《微子》篇，殷有三仁以明宗法之隐，柳下惠三黜以明律法之直，夫子两行以明礼法之要，接舆凤歌见旧法之死，长沮桀溺论法正何物，丈人诘问论位职孰本，逸民七贤、飘零八师知直道存理，周公遗训、周有八士知四皦四韵。通篇所言，不离一个"法"字。

本篇是比较难解的，因为涉及太多远古史题和古儒经义，如宗、律、礼三法，如法之起源，如法之争辩，如礼乐精髓。简单捋一下吧，宗法，其实源于部落氏族处理内部事务的规则；律法，则是源于部落之间相处的规约；礼法，则是源于对有司事务的规定。夫子时代，三法鼎立的格局开始坍塌，大家共同面对新的问题，从根本上寻找出路。道家依然坚守着三法并立，而儒家构架了一套全新的礼制，以礼法为根本，融合律法上升为国法，融合宗法下沉为乡约，以乐理调和，重定阴阳，再造伦序。这套思想，起于夫子，立于两汉，成于唐初，历经沿革，居然在中国大地上生根两千多年，实为人文史上的蔚然奇观。最终成制，实际上是儒道并流，兼融墨法等诸家之长，在充分尊重自然法的基础上，建立起人为法的典制，以国法驾驭乡约，厘定新的权利义务格局和统属关系。

法本之辩，在于世道人心和位职孰本，这是时说时新的话题，如同先有蛋还是先有鸡，解决的全是历史遗留问题，从来就不曾有过结论。法理之辩，在于善恶之分，其源虽有争，其流却如一，以直为臬。至于，如何以乐理调和，求得中正平和，非吾所能知也，愿贤者有以教我。

合道乎直，允执其中，法于自然，凤德无衰。

…………

往昔流逝，无路可拣；来日尚早，毕力能追。

…………

往者不可谏，来者犹可追。

…………

狂歌响起，文脉不绝，欣欣然有大喜悦矣。

子张篇第十九

◎子张讲士德

子张曰:"士见危致命,见得思义,祭思敬,丧思哀,其可已矣。"

子张曰:"执德不弘,信道不笃,焉能为有?焉能为亡?"

枫解:旧解多如是,谓子张两段话应该翻译如下:

士看到危险能豁得出性命去,见到有所收获能思考是否该得,祭祀时考虑的是态度恭敬,居丧时考虑的是心情哀痛,那也就可以了。

对于道德,践行不坚强,信仰不忠实,这样的人,有他不多,没他不少。

"见危致命,见得思义"也好,"祭思敬,丧思哀"也罢,前文皆有夫子相类之语,譬如"见利思义,见危授命",可同参之。更重要的另一段经文,载于《卫灵公》篇,文曰:

子张问仁。子曰:"言忠信,行笃敬,虽蛮貊之邦,行矣。言不忠信,行不笃敬,虽州里,行乎哉?立则见其参于前也,在舆则见其倚于衡也,夫然后行。"子张书诸绅。

············

子张问仁。夫子说:"言行坚持正心之原则、从心之信念,信仰坚贞,促人真善美,哪怕是到了蛮荒异乡,也能行得通。言不忠信,行不笃敬,哪怕是在本乡本土,能行得通吗?站立时仿佛见其字在于面前警示自己,坐车时宛若见其字刻于横木为傍身之本,如此,天下大可去得。"子张把"忠信"两字写在自己束腰的大带上。

············

经文字词已经解释过很多,赘述无益。此处再讲讲这个"命"字,夫子很少讲,后来误解比较多。古儒所谓的"命",很少指肉身性命,更多的是"禀受",或禀受于天,或禀受于道,或禀受于人,或禀受于心。文脉所传,从未见到什么可以"轻贱人命"的学说,唯有尊重生命、崇尚自然。动辄令人舍弃性命,哪里还称得上是什么仁道善法呦。

"焉能为有, 焉能为亡", 许多解家都疑为那个时代的日常俗语, 何晏解之为 "无所轻重"。实际上, 这是儒道争论中 "有为无为" 的演变, 类似于姓 "有" 还是姓 "无" 之分。子张认为这样的争论并没有多大的意义, 要是 "执德不弘, 信道不笃", 姓啥也没用!

不再逐句抠字, 以吾之见陈吾之思, 重译如下:

士逢危亡之际, 思虑禀受之本意; 见收获在前, 思虑公义之合宜; 祭祀时, 存促真善美之心; 居丧时, 存追昔哀悼之念。能够做到这样, 也就可以了。

践德行不坚强, 信道理不坚贞, 姓 "有" 又如何? 姓 "无" 又如何?

子张不是把 "忠信" 写在绅带之上, 而是扎扎实实地把这君子之德铭刻到骨子里去了, 初心、公义、忠信与真情, 除此再无旁骛, 姓甚, 在仁道面前, 无足轻重。

◎如何交朋友

子夏之门人问交于子张。子张曰: "子夏云何?" 对曰: "子夏曰:'可者与之, 其不可者拒之。'" 子张曰: "异乎吾所闻: 君子尊贤而容众, 嘉善而矜不能。我之大贤与, 于人何所不容? 我之不贤与, 人将拒我, 如之何其拒人也?"

子夏曰: "虽小道, 必有可观者焉; 致远恐泥, 是以君子不为也。"

枫解: 与人探讨 "无友不如己者" 时, 我偶尔会开玩笑说, 兄台真是子夏门徒。他们大抵称, 这句经文当解为 "不跟不如自己的人做朋友"; 我的玩笑并没有看不起谁的意思, 更不是觉得子夏学力不足经义不精, 而是慨叹 "语言递衰" 的威能一至于斯, 果真 "三世而斩"!

子夏的门人见到子张, 师叔是同宗大家, 机会难得, 自然向其请教, 提了什么问题呢? 问交! 重点就落在这个 "交" 字上! 交者, 往来也, 结交也。这跟 "友" 是有区别的, 古人称 "同志为友", 无关身份、地位、年齿, 唯志趣相同, 平辈相待, 平等比肩; 交则不同, 可以是左右, 也可以是上下, 甚至可以是前后, 结高纳低、追远神交, 皆可归入此列。两者相处之道略有差异, 此为第一点不可不察之处。我们不妨先讲讲段子, 然后再进一步分析, 对话大概如下:

子夏的门人向子张请教关于 "与人交往" 的问题。

子张问: "子夏是如何讲解这个问题的呢?"

门人依礼回答说: "子夏先生说:'你认可的就与他交往, 不认可的就拒绝他。'"

子张说："我所听到的与此不同：君子尊敬贤者，也能容纳普罗大众；认可鼓励先进，但藏锋不伤末进。如果我已经成为贤者大德，对于他人又有什么所谓包容或被包容的呢？如果我还没有成为贤者大德，别人将要拒绝我，我拿这种拒绝怎么办？"

"可者与之，其不可者拒之。"子夏这句话是对人还是对事？我认为应该是对事，就是跟一个人往来时，他身上你认可的你"与之"，他"不可"的你"拒之"！但是，门人传递给子张的"信息"出现了问题，让子张误认为是"对人"。问题还是在那个"交"字上，"友"是已经通过志趣认同的了，"交"可还没有啊，茫茫人海中，当然有你认可的人，也有你不认可的人。"友"了，这人肯定是认证过了，认不认可只能是他身上的某些事项喽，真的"不可"，那就不是"拒之"，而是割席断交、割袍断义了。

不跟不如自己的人做朋友！这种不如，无论是身份、地位、学力、道德、智商、情商、财富、名望，最终只能成为孤家寡人。重申一遍：

无友不如己者。

不学习朋友身上不如自己之处！

如切如磋，鉴过自改！

拒其不善不沾染己身，而不是倒盆脏水连孩子也一同泼将出去！

抠会儿字眼：其一，"矜不能"，矜者，无刃之戈也，藏其锋而不伤他人也；不能，不是无能，而是还没有能力达到，是为后学末进；其二，"如之何其拒人也"，如其拒人何也，拿那种先进对末进的拒绝怎么办？

我认为子夏那句话是"对事"，并非无的放矢，缘由正在下节经文之中，文曰：

虽小道，必有可观者焉；致远恐泥，是以君子不为也。

哪怕是小技艺，也一定有值得小心求证的地方啊；只是涉足太深恐怕有拘泥其中的风险，因为这样的缘故，君子才不愿意深入研习之。

何谓小道？曾有大道三千之说，则小道多如牛毛，不过旁门小技艺之统称。也有说，对于儒家弟子而言，大道唯仁，忠恕而已，余者皆为"小道"。我比较喜欢前一种说法，大气；后一种，只剩一点蛮霸之气！当然，不管哪种说法，都足以证明，子夏还是胸襟磊落之人，你听他说，哪怕是旁门小道，也有值得学习揣摩之处，君子不去深研，只是怕自己困溺其中，而不是嫌弃它的小！

一个连"小道"都不嫌弃的人，会嫌弃"不如己者"吗？我倒是觉得他的"可"与"不可"应该是由"道"来决定的，合仁则可，悖仁则不可。

子张、子夏那一代儒者，还是有大气象，容得他人，不弃细流，博纳兼融，志远而不疏，才高而不骄！

◎子夏的学习方法

子夏曰:"日知其所亡,月无忘其所能,可谓好学也已矣。"
子夏曰:"博学而笃志,切问而近思,仁在其中矣。"
子夏曰:"百工居肆以成其事,君子学以致其道。"

枫解:这几句经文疑难之处不多,且译且论吧。

日知其所亡,月无忘其所能,可谓好学也已矣。

每天学而识记到自己还未曾学习过的新知识,一个月后还没有忘记自己所学到的,可以称得上好学算得上是学好了。

也已,可以暂且止步也。

意译之,每天学点新东西,过月后温习之,记忆犹新,算是学到手了。

博学而笃志,切问而近思,仁在其中矣。

广泛学习而且坚守志向,殷切勤问而且贴近问题思考,仁念良愿自然就从中生发啦。

所谓"仁在其中",不是说博学就能得仁,也不是说笃志就能得仁,更非切问或近思,而是以此四至为纲,改良自己的"土壤",仁念良愿这颗"种子"就会在这里生根发芽。

意译之,博学笃志、切问近思,仁念自生。

百工居肆以成其事,君子学以致其道。

百工居住在造作之所心无旁骛,因此能够完成自己的工作;君子不断学习,因此能够完善自己的那个道。

肆者,纵情陈意也;还有一个特别有意思的说法,叫"凡悬钟磬,半为堵,全为肆。"十六个,全套叫肆。后来,官造百工所居之场所,也谓肆,是因为罗列诸艺陈而置之故得此名,还是因为让其尽情施展所学而名之?不得而知,后世却成了对百工的圈禁牢笼,令人不胜唏嘘。

其实,子夏这三句话回答了三个问题,如何学?日积月累!学什么?仁在其中!为何学?以致其道!回过头去重读夫子的《学而》篇,细加体会,子夏终究还是差了那么点意思,太过执着于对道的追求,有点发飘。

还好,他还没飘得离地太远,起码没有视百工为贱役,尚且愿意将君子与之同列作类比,多少还有点地气,也有点人气——百工之事,只是"小道",不是异端邪说,分工不同,各司其职而已。

◎文过与豹变

> 子夏曰："小人之过也必文。"
> 子夏曰："君子有三变：望之俨然，即之也温，听其言也厉。"

枫解：孔安国称，"文饰其过，不言情实。"

朱熹称："小人惮于改过，而不惮于自欺，故必文以重其过。"

这两位的说法可以连成一脉，小人物视改己过为畏途，却不惧欺骗自己，因此一定会用各种表面功夫来掩饰自己的过失，却往往造成真正的错误。据说，这就是"文过饰非"的成语出处。

其实，还有另一种解法，比较少有人提及，曰：小人之过也必定是"文"！此文，是貌似成理，斐然如章也。油头粉面是它，道貌岸然也是它，同样令人生厌。此说虽然痛快，却堕入后世"君子小人"的烂泥潭中，不如孔朱之解朴拙近质。

孔朱之解，描画出的是小人物的常态；后一解法，勾勒出的却是伪君子的面目，那种皮袍底下的小，才是真的"小"！真正的君子，却是完全不同：

望之俨然，即之也温，听其言也厉。

远看他，容貌庄重；亲近他，湿润如玉；听他说话，严谨而又有所收获。

厉，郑玄曰"严正"，朱熹曰"辞之确"。我推崇郑玄，其严，取厉之本义，是为辞确而谨；其正，取通砺之古义，即为磨刀之石，令人有所获益。

君子，不是徒有文表的，而是有温度的，令人如沐春风，更是潜移默化促人向善。

别只盯着那层皮囊，还是要看看那点良愿之火，那才是烛虚洞妄的真家伙。

道左相逢，花团锦簇，养养眼，也是乐事一桩；久处，那就算了吧，当是无趣得紧。

对了，"君子有三变"，不是变色龙，因境而异，而是多面手，因其渊博而内涵丰富。有趣的灵魂，才令人终生难忘。

◎信仰如泰山

> 子夏曰："君子信而后劳其民；未信，则以为厉己也。信而后谏；未信，则以为谤己也。"

枫解：这段经文的重心落在"信"字上，此信，历来有多解，或曰诚信，或曰通

伸,或曰信念,我将三种解法的译文一一陈列,并稍作旁注,如下:

君子要有诚信,然后才去运用他治下的民力;未曾建立起信用,则百姓会认为他的役使是恶意折磨。要有诚信,然后才去谏言;未曾建立起信任,则人家会把他的劝谏当作是诽谤。

诚实与信誉,非常重要,没有信用,没有信任,谁会跟从? 谁又会听得进种种逆耳之言? 通!

…………

君子要反复确认并把事情讲清楚,然后才能动员他治下的百姓;未曾反复申明,则百姓会认为他过于严厉苛刻。要申而明之,然后才能让人家有所谏选;未曾申明,则人家会把他的谏言当作说坏话。

信通伸,是为表白、申明,话如果没有讲清楚,人家凭什么听你的? 只有批评却没有延展成建议,人家当作牢骚话,不也是极为正常的反应吗? 通!

…………

君子要坚定信念,然后才能治理好民众;信念未曾坚定,则双方相互折磨。要坚定信念,然后才能纳谏和谏劝他人;信念未曾坚定,忠言也会被当作谤语。

"劳其民",可以是为其民而操劳,也可以是劳动其民,故曰"治理好民众"吧。信念不坚定,为上朝令夕改,其下无所适从,可不就是瞎折腾嘛;信念不坚定,好赖话哪里听得懂? 讲的要是自己都不信,听的怎么信? 听的要是不信,讲了又有何用? 通!

…………

三解皆通,难道是本就兼有三层意思? 我们不妨试着分析分析。

自王弼而至朱熹,俱谓此处之"厉"为"病",是什么病? 病人还是病己? 是被当作病人,还是让他人生病?

君子以未信而劳民为病己也。

君子把"未信而劳民"当作折磨自己啊。

民以君子未信而劳为病己也。

民众把"君子未信而劳"当作瞎折腾啊。

都对! 但这无法明确"信"字的涵义,却能为我们打开解题的思路:这是病,那就得治! 什么病呢? 做事没人跟随,说话没人听从! 可能有两种病因:一是缺乏信用,二是缺乏理解。诚信与申明这两副汤头,分治两病,也算对症。可是,往深了想,这人为什么会生这病呢? 能不能防患于未然呢? 譬如诚信问题,最大的可能是朝令夕改,说话不算数;譬如申明之弊,最大的可能是事情具有不确定性,自己都不清楚是对是错,也不清楚来龙去脉,自然没有说服力。此病当用何药? 信念! 坚而奉之,曰:信仰。

还存在另一种可能，这三条方子都治不了，信用坚挺、申明坚实、信念坚贞，可是民众依然不买账。就像一个人生病了，他知道自己的病情，也知道你开出的方子能治愈，就是不采用，因为这方子他接受不了，因为这方子用下去，可能是身体承受不了，死不了也活不好哇；可能是经济能力承受不了，治不起哇；可能是心理承受不了，了无生趣哇……

有一种病，叫，生不如死！

治病、救人，正人、正己，君子之德，忠信为本，满腔赤诚，一身清风，有经天纬地之才，有担得起道义的铁肩，却依然开不出那济世良方，为什么？因为你的信仰，不讲理；或者是你讲的理，不是民众所信奉的理！故此，夫子曾有"当仁三不让"之说，曰：

当仁，不让于师。

君子贞而不谅。

事君，敬其事而后其食。

仁道在前，不让师长，不讲信仰，不畏君权。

谁能确定自己所信奉的就一定不悖仁道？忠信两全，正心经世，堂堂煌煌，却终究还是少了一味儿呦，少了一个"恕"字，曰：

己所不欲，勿施于人！

两心不曾相印，焉能药到病除？

信，未必就能绝"厉"，不服良药，可能会抱信而亡！譬如，治疗"腹鸣如雷，肠鸣辘辘，浑身乏力，头晕目眩，胸闷心烦"之症，有时候，药方可以非常简单，无须君佐臣使，无须膏丹药散，只需一味儿，曰：

给口吃的！

何不食肉糜？这是一个一点儿也不好笑的历史性笑话！

…………

师与商也孰贤？

师也过，商也不及。

…………

终究，还是少了点儿……

◎那道阑门

子夏曰："大德不逾闲，小德出入可也。"

枫解：闲，孔安国称"犹法也"，朱熹称"阑也"。啥意思？阑，就是由一些木条组成的稀疏状拦子。在门中，称为闲；在门外，称为栅。孔安国的意思是，子夏此言乃是拿那阑门比喻法度。故，这句经文最正统、常见的译法如斯：

大节法度如同阑门，不可逾越半步；小节仪容纵然稍有出轨，旋即复入，还是可以的。

历来多以"水至清则无鱼""不拘小节"两句作为注脚，旁以参之。当然，也有"大德""小德"以何为标准之惑，诘问之声不断；我倒是觉得，明令申典，足以绝此患。但有一疑难曾盘旋于心头多年，九根圆木杆、一道遮不了风挡不住雨的阑门，它拦得住豺狼野狗，拦得住虎豹猛兽吗？再说，如此稀疏，怎么也拦不住蛇鼠蚊蝇啊，这些小玩意儿，或许不足以伤人，却也恶心人不是？

小时候嘴馋，没什么好零食，下饭剩余的乌榄核仁就成了童年记忆里少有的美味。大人怜惜，餐后总会把这些两头尖尖的坚核收起来，留给我。得砸开那堪比铁石的外壳，才能吃到里面让我垂涎的果肉，砸这小玩意可是一门技术活儿，长者教我一个法子，把它放在门臼里，再用铁锤子击打，十拿九稳。只是年少体弱手上无甚劲道，力缓了，砸不开，力急了，总会把果肉弄得稀碎。

某日，我正在晨曦中苦练锤法，长者过来，带着几个油炸粿子，那一团团软糯喷香在猛火深油中咧开了嘴，焦黄的表层上满天星般沾着的白芝麻，金光灿灿，实在灼眼，我决定暂且饶了那几颗榄核。长者用牛皮油纸将那些粿子裹成一个很是好看的形状，放到一个洗得发白的单肩挎包里，连同一军壶凉白开递过来。我迅速接手，熟练地左右交差分背两侧，穿上胶底布鞋，系好带子，跟着他，出了门去。

长者走路很快，腰板很直，我一般要时而快步，时而小跑才能跟得上。每次出去，我们总是要走好远的路，路上故事约莫从张良造椎刺秦王听到项羽兵败殒乌江，才到了地头。我特别喜欢长者讲的故事，有趣儿，目的地却实在乏趣了些，是一个非常老旧的村落。我们来到一座破败的书斋，那里头，完好的房子散乱地住着好些户人家，其余的地方更显凄荒。

他对着一块残碑，给我讲了许多这里曾经的人与事，讲了许多这里存在过的对联与诗文，内容早已还给他老人家了。印象特别深刻的是，他指着一个空洞洞的过堂门告诉我，这里当年有道阑门，就叫"闲"，把前后院分隔开来，里面是先生家眷的起居处。我打眼一看，张嘴就问："怎么没有门臼子呢？"

他笑着说，阑门是推拉式的，开向一边。我兴致盎然地跑了过去，数了数，一侧柱石上，整齐水溜一树排，有九个茶盏大小的圆孔，跑里跑外琢磨了老半天，很是疑惑地问他："这门怎么上锁呢？"

他沉吟片刻，轻声说："要锁干嘛？这门，防君子，不防小人。"

我懵懵懂懂地"哦"了一声，点点头，算是回应，他也没再往深处讲。中午，我们俩在书斋外池塘边的大榕树下，就着凉白开，享用了那几个粿子。味蕾的刺激我已经模糊不堪，可是屁股底下的膈应清晰依旧。那时节，南方水乡的老树下，是村户人家纳凉的胜地，大抵都平放着一些打磨得很是光滑的大石碑，基本是从附近的祠堂、庙宇，或者山中的大墓搬来，有些甚至还保留着镌刻的文字，人们喜欢坐在上头，吃饭、瞎聊、下棋什么的，长者却不允许我坐，宁可挑个树根贲起的位子当小凳，只是这纯天然的座椅难免硌得生疼。

…………

多年后，去苏州游玩，在一座老宅子里，第一次见到传说中的"闲"。我对陪游的朋友笑着说，这道阑门又不能上锁，真不知道能拦得住什么？

朋友很是诧异，道："谁说不能锁的？门后有根木杠儿，就是锁门用的。"

我迅步抢进门里，果见门内墙后倚放着一根长木杠子，朋友进来，随手拉上阑门，抬手示意，让我体会一下。我拿起木杠子，诚然，只要用这木杠，一头顶着阑门，一头顶着墙脚，可不就是"锁"上了吗？

我呆愣愣的，忽然想起，当年，长者对着人去空楼满院荒草，也不曾越过那道门槛儿，似乎一直略低着头稍欠着身子，那神态极为特别，有一股子说不清道不明的韵味儿。我想，也许，他一生就不曾进过这样的后院，自然也就不知道，这门后居然还有一道杠子。我慌忙把木杠倚好，拉开阑门走了出去，婉谢朋友的邀请，只道兴致已尽，真真儿不敢再往深处去参观那处庭院。

刹那间，我才有了一丝明悟，儒家的法度缘何以礼为制？那是对世间大同人人皆为君子的美好向往，大节无亏，小节不拘，活泼泼，清灵灵。

横木九根，风能进，雨能进，如洗的月华、煌煌的阳光自然也能进，真好！

可怜后来那道稀疏的阑门，却被生生砌成一堵密不透风的铁墙，为了些许恼人的虫豸，生生折了这份风光齐月！

大德也好，小德也罢，总是敌不过那无德的狡童，或许这才是人文世界里最大的悲剧吧。

◎教育的根本

子游曰："子夏之门人小子，当洒扫应对进退，则可矣。抑末也，本之则无，如之何？"子夏闻之，曰："噫！言游过矣！君子之道，孰先传焉？孰后倦焉？譬诸草木，区以别矣。君子之道，焉可诬也？有始有卒者，其惟圣人乎！"

子夏曰："仕而优则学，学而优则仕。"

枫解: 教育理念的差异化, 却总是演化为本末之争、纲目之辩, 旷日持久, 时说时新。其实, 儒家教诲, 以仁道良愿为根本, 政经文宗四案为纲, 礼乐诗书御射六艺为目, 没什么好争议的。值得商榷的是, 先生应该怎么教? 弟子应该怎么学? 后来这场辩论往往上纲上线, 已然远远超出本来的模样, 迷失了初衷, 令人扼腕。大致了解一下争论的来龙去脉, 再译经文, 自然少有滞碍, 不妨先来看看子游与子夏的言辞争锋。

子游说: "子夏的那帮门徒, 用来洒扫庭除整理内务、应对宾朋待人接物、进退如仪守轨持节, 那是足以胜任的。不过这些只是末节皮毛之学, 论及根本大道却是一窍不通, 怎么可以这样呢?"

子夏听了这话, 说: "噫! 言游这说法过分了啊! 君子之道, 应该先传习哪些呢? 又应该后追寻哪些呢? 这如同草木生发, 只有看到它们长起来的模样才能加以区别。君子之道, 怎么能够凭着自己的喜恶而肆意妄为呢? 能够一眼见其始卒者, 大概只有圣人吧!"

洒扫, 洒水扫地, 内务科; 应对, 应言对接, 社交科; 进退, 趋进避退, 礼仪科。三组动作, 是三个科目最基本的功课, "五讲四美三热爱"的童子功, 通过行为规范的训练来强化修身为人的德育完备, 此谓之"一屋不扫, 何以扫天下"。当然, 也有人认为弄了一堆套路, 学了一堆事务仪轨, 可是不通大势不识人心, 又有何用? 没有胸怀、格局、眼光、智慧, 练得再是精熟, 也不过是一群经年循吏, 于天下何加?

子夏的看法是, 这些苗子还甚为幼小未曾长开, 我还看不清是草本还是木本, 怎么区别以待? 他们也许会成为老师、医生、商人、科学家、政治家, 可是, 现在我还看不清楚, 怎么能"诬"? 诬, 本义是"以无为有"; 在某些汉传本子里, 也作"忓", 是怜爱之意。我归纳意译为"凭意而为", 凭借自己的喜恶与臆测, 代他们规划好人生道路。看着一颗种子, 就能知道它的前世今生, 知道它生根发芽开花结果的样子, 大概只有圣人才能做到啊, 我可没这本事, 所以只能先教教套路, 让他们练点做人做事的基本功。至于将来, 如斯言:

仕而优则学, 学而优则仕。

那个年代, 仕还没有后来那么狭隘, 只是"学得文武艺, 卖于帝王家", 只有从政当官一途, 确切来讲应该是"独立完成使命", 用今时的话语叫——工作。优, 完成某项事务且有余裕之力。故, 我重译此句经文为:

工作完成而且还有余力, 就应该进修相关知识; 学习以后, 就应该把知识实践应用到工作中去。

形成一种良性的循环, 不断前行, 终生求索, 永不止步。这才是子夏开创的"西河儒"所坚持的理念, 也是他对夫子"先进"的理解, 也就是下半部《论语》

夫子拉开架子摆的那招"起手式"。而言游所创的"言游氏儒"，吾知之甚少，只记得他传的是"心法"，大概路数是要先"明心发愿"，有点类似于后世佛家的"禅宗"。

"先学什么，后学什么"，这并不可怕，无非术法道三者教学排序的问题，因人而异，因材施教，终究还是能殊途同归的，至少也是奔着同一个方向去的。可怕的是，"只学什么，不学什么"，经常会生生造出一堆"海市蜃楼理想者"，或"精致利己主义者"。

教育，实在是个大问题，圣人走得早，可怜咱这群未曾断奶的瓜娃儿，嗷嗷地……

◎子张究竟是个什么样的人？

子游曰："丧致乎哀而止。"

子游曰："吾友张也为难能也，然而未仁。"

曾子曰："堂堂乎张也，难与并为仁矣。"

曾子曰："吾闻诸夫子：人未有自致者也，必也亲丧乎！"

曾子曰："吾闻诸夫子：孟庄子之孝也，其他可能也；其不改父之臣与父之政，是难能也。"

枫解："吾友张""堂堂乎张"，这个"张"指的是谁？子张也，复姓颛孙，单名师，"子张氏儒"的创始人，后儒中影响力较大的一支。夫子故去，儒门分流，比较有名的共有八支，合称"八氏之儒"，或以其创始人为名，或以其后继完备者为名。长达两百余年的时间里，八支或显或隐，或分或合，譬如孙氏一度取代言游氏，譬如子思门下一度分拆为孟氏、乐正氏；诸派虽见解有所不同，却依然保持着"君子之争"的克制，相杀相亲，切磋而已，甚至易子而教，交流门徒，兼通数家者屡见不鲜。及至战国末年，曾子一脉融合"西河儒"，纳颜氏、漆雕氏、言游氏、仲梁氏四支，定制六艺，遂成主流；至此，尚有两支游弋在外，一是子思—孟子系，被遥尊为"正朔"，还有另外一系，就是"子张氏儒"，顽抗到底，被斥为乱儒。一统江湖之后，儒门杀伐果断，内部"诛邪"绝不手软，"兼收"时的很多承诺后来也"食言而肥"，那段岁月里无数曾经辉煌的典籍，尽如昙花，旋即流散，譬如《敬简集》《乐正子》《仲梁子》等等，当然，这黑锅后来全部由老赢家背了。

非常值得介绍的是曾子这一支，实力最为雄厚，因为曾参得夫子托孤之遗命，也倍受冉雍、闵子骞等人的支持。而真正给夫子守墓并培养子思的，却是能言巧辩善殖财货的端木赐子贡先生。至于曾参这位"宗圣"，弟子倒是真的很多，譬如特别有名的乐正子春，正是由于此人的转投，造成子思门下的分裂；更为出名的是，后来出了荀况这位超级大咖，创出"孙氏儒"的偌大名头，孙氏儒门下最厉害的有两个人，一是韩非，一是李斯。其他的，如子夏拥护有若而创"西河儒"，澹台子羽南传而有"仲梁儒"，却属于远走他乡开枝散叶。

师从孔安国的太史公马迁，对这段历史非常精熟，为此没少刺挠，常有"怪话"。后儒，尤其是汉儒，常将夫子所言之"师也辟"，解读为人"性格偏激"，或是"邪僻不诚"，我对类似论调一贯嗤之以鼻，真实的历史上，那是一位勇武刚正、忠信清流、交游广阔的超级奢遮人物，有点类似于墨家的豪侠大佬。此处经文恰恰足以成为案证，言游与曾参这两位师兄是如何评价他的呢？我们不妨逐条分解。其一文曰：

丧致乎哀而止。

孔安国的注解是："毁不灭性。"他用的是《孝经》里的训言作为案证，文曰："不食三日，哀毁过情，灭性而死，皆亏孝道，故圣人制礼施教，不令至于陨毁。"大概意思是，亲人往生，丧礼是为了寄托哀思，其心其情表达到了就好，不能损伤身性。

朱熹的注解是："致极其哀，不尚文饰也。"他用的是夫子的原经为旁注，文曰："丧，与其易也宁戚。"礼节仪轨这些外在的东西远没有内心的哀伤重要，甚至觉得，"'而止'两字，亦微有过于高远而简略细微之弊。"

为什么拿丧礼说事儿呢？历来多说，儒家重丧；也有人进一步考证称，子张对于丧礼最有研究，也最重视，譬如《礼记》中就记载了不少子张向夫子请教丧礼的事迹。也有人在史籍的夹缝里偷偷透露，这其中涉及一段秘辛，当年诸子八方流散，就是在夫子的丧礼之上，貌似争"治丧权"，实则是夺士团领袖的大位。后面这几句就颇为耐人寻味了，子游曰：

吾友张也为难能也，然而未仁。

我的朋友子张呢，行为准则很是"难能"啊，然而还未曾"仁"啊。

"难能"是什么意思呢？"仁"又是何所指呢？曾子的话，正是进一步的解说。

堂堂乎张也，难与并为仁矣。

子张是"堂堂乎"的，但是我们却很难跟他一起并肩履行仁道。

堂堂乎，何意？历来多说相貌堂堂，有道貌岸然之贬意，真的吗？子游、曾子此处所言之"仁"，却是异曲同工，就是双方对夫子所倡"仁道"产生了分歧。具而体之，譬如丧礼，曰：

吾闻诸夫子：人未有自致者也，必也亲丧乎！

我听夫子说过：人在正常情况下不可能自动地充分表达情感，必定只有在父母往生的时候吧。

这话的意思大概相当于"男儿有泪不轻弹，只缘未到伤心处"，只有在极端的情况下，人类的真实情感才会自主流露出来。这个时候，往往也可以看见一个人的真实性情。

吾闻诸夫子：孟庄子之孝也，其他可能也；其不改父之臣与父之政，是难能也。

我听夫子说过：孟庄子的孝啊，别的都容易做到；而保留父亲的僚属，保持父亲的政治措施，就是"难能"的。

子游言中的"难能"来了，是很难做到，要求太高啊。至于曾子所言夫子对孟庄子的评价，具体语境，是否有更深含义，我们已经无法得知，只能就字解字了，总之，就是很难办到。不过，查阅了一下史料，孟庄子，也就是仲孙速，他父亲仲孙蔑死于鲁襄公十九年，他却于鲁襄公二十三年辞世，相距不过四年，腹黑一些，富含想象空间啊。但是，从正常的思维来看，孟庄子肯定是一位值得称赞的符合儒家审美情趣的"孝子典范"，反推过来，子张的"难能"就绝对不是什么邪僻之行，至少在子游、曾子那一辈人的眼里，还不是那么不堪。

师也辟，只是过分追求公义法度，有些侵凌私德情谊罢了，多少有些不顾情面的意思，我在《先进》篇里曾就此句经文作过详解，诸君可自翻阅。此处，宜将这几句"评语"一一重译如下，以供诸君细细体味。

居丧，充分表达自己的哀思也就够了。

我的朋友子张啊，他的行为准则非常难以达到，然而却未曾理解仁道的真意啊。

子张的为人堂堂正正，却很难与我们一起并肩履行仁道。

我听夫子说过：男儿有泪不轻弹，只缘未到伤心处。

我听夫子说过：孟庄子的孝，其余的都容易学到；但他不改父之臣与父之政，却是非常难以达到的。

…………

见解不同，各走各的吧！

…………

师与商也孰贤？

师也过，商也不及。

…………

终究，还是过了点儿。

只是，那一辈人，不管是过了，还是不及，哪怕是争啊夺呀的，还会"堂堂乎"，而不是"邪辟"之！

◎小心火烛

孟氏使阳肤为士师，问于曾子。曾子曰："上失其道，民散久矣。如得其情，则哀矜而勿喜！"

枫解：阳肤，是儒家弟子中非常有意思的一位，正史中并无多少记载，也未见其有何过人功业，却是唯一名列《论语》的孔门第三代传人。据载，曾参素为孟氏所重，尤其是儒门分流之后，更是得到他们的大力支持。任命阳肤为士师，主司典狱刑讼事，或是其一。

阳肤上任之前，跑来拜见老师，听听教诲，曾子告诉他说：

上失其道，民散久矣。如得其情，则哀矜而勿喜！

这句话里比较有争议的只在一个"散"字，一解为"离散"，或谓民失律之约而行剽掠之事，或谓民失教之养而情义乖离；一解为"杀"，谓东齐之方言也。我按两派大抵意思，整理其译文，陈之如下：

当今居于上位者丧失了为政之道，百姓失去律法约束动辄劫掠私斗，缺乏教化蕴养性情乖张叛逆，已经离心离德很久了。你如果获得他们违法的案情，一定要怜悯他们，尽量从轻处理，切莫自鸣得意。

…………

当今之世，上位者为政无道，而致礼崩乐坏，民间的戾气已经积攒了很久。你如果了解到这样的社会现实，就应该心怀悲悯，收起锋芒，别挑起纷争，切不可因得高位而沾沾自喜。

…………

前一解，有胸怀天下勇于担责的豪迈之气；后一解，有明察秋毫老成谋国的睿智韵味。窃以为，后者更符合曾参一贯的风格——别点了这火药桶，徐缓以图，用仁心去化解世间戾气，逐步实现海晏河清之目标。

战战兢兢，捧着卵子过河，似乎成了后儒的经典标配，或许渊源正在于此吧？这种柔和，恰恰是社会矛盾最好的润滑剂，其中功过，实在很难一言以蔽之。

◎子贡论过

子贡曰:"纣之不善,不如是之甚也。是以君子恶居下流,天下之恶皆归焉。"

子贡曰:"君子之过也,如日月之食焉:过也,人皆见之;更也,人皆仰之。"

枫解:下流,一解为"下游",所谓"沮溺之地,恶水之归",处在水流的末梢,脏水自然也奔着那里去了;一解为"德性败坏",所谓"腐馁之味,蝇蛆之好",臭到一定程度,苍蝇蚊虫蟑螂老鼠都招来了。总之,不管是被动也好,主动也罢,污浊横流之地,待得久了,终会弄出一身腥骚气,甚至烂到骨子里。我见这两种解法,皆颇有理趣,是以俱陈列之:

商纣的不好,并不像现在传说的那么厉害。因此,君子憎恶居于下游,一旦居于下游,天下什么脏水都会往他身上倒。

⋯⋯⋯⋯

纣之不善,不如是之甚也。因此,君子憎恶处在德性败坏的状态,德性丧失,世间所有邪佞阴秽都会找上门来。

⋯⋯⋯⋯

你看,像商纣这样,名声臭了大街,天下骂名就得一身背;德性散尽,啥坏东西都环绕在他周边,越发沉湎于无明。子贡还是颇有勇气的,居然敢为商纣分辩一二。这份睿智与洞明,其实还只是一块"砖头",为的是引出下面的"美玉",文曰:

君子之过也,如日月之食焉:过也,人皆见之;更也,人皆仰之。

⋯⋯⋯⋯

君子的过失啊,就像日蚀月蚀那样正常:只要有一点失度,人们都能看得见;但是很快地更正复原,人们还是会对他保持崇敬。

⋯⋯⋯⋯

君子之过也,如同日月之食那样明显:略有失度,人人皆能见到;稍有更替,人人皆仰以视之。

前一解见人之常情,有磊落之胸襟,君子也是肉身凡胎,纵是德昭如日月,也有盈亏损蚀之祸,彻底改正,重放光明即可;后一解见世之常理,有清醒的认知,君子处于高位,自然人人瞩目,一举一动备受关注,必须时刻保持自我警省。

这两节经文合为一章,会成为两种思维的注脚:一是"德位相称",你看,像商纣那样德性不好而身居上位者,天下如同日月失光,乌烟瘴气,自然妖孽陆起,终于断了殷商八百年运数;一是"养望蕴德",你看,像商纣那样站在道德洼地,名声坏掉了,大家都看在眼里,谁会服他?他又能干得了啥?好事肯定是轮不着了,背黑锅绝对是跑不了啊。

固位也好,养望也罢,都能自洽其说,但我总觉得那身光鲜之下,透着一点鸡贼,还是糙一点吧,曰:

想要吃肉,就得扛得住揍!

滚滚红尘中,如果炼不出一颗晶莹雄心,怎么配称为君子呦?

笔行至此,我想起多年前曾读过一个解法,大概思路是:谓"居"通"倨",为倨傲失典;"下流"则是粗鄙无文;合起来可称之为,牛皮哄哄,坏得流脓。这种人,是君子所深恶痛绝的,所以扔个臭鸡蛋吐个口水什么的,实在正常。商纣就是这样被搞臭的,也许其本来面目还没有传言中那么可憎,现在可就成了天下第一可憎者喽。

居下流,解为倨傲而失德,也无不可。只是因为憎恶就那啥,实在有些不太君子吧。悠然想起,世间的确有那么一招,专破金身,且百试百灵,简便快捷,弹指间灭强敌于无形,实在是行走江湖必须精通的路数,绝技名曰:

泼粪!

扛得住揍,未必捱得住臭,多少铮铮铁骨就是因为倒不过来那一口气,生生憋死的。

◎学无常师

卫公孙朝问于子贡曰:"仲尼焉学?"子贡曰:"文武之道,未坠于地,在人,贤者识其大者,不贤者识其小者,莫不有文武之道焉。夫子焉不学?而亦何常师之有?"

枫解:公孙朝,卫国大夫。据说,春秋时叫公孙朝的名人很是不少,鲁有成大夫名公孙朝,楚有武城尹名公孙朝,郑之良相子产有个弟弟也叫公孙朝。此番与子贡对话的,却是卫国那位。

何谓"文武之道"?主流的解法称,周朝文王、武王接续上古并传授遗世的文脉,乃华夏之正朔传承。也有人认为,文指文事教化,即礼乐,武指武功兵事,即征伐,文武相济才是华夏真正的传承,君不见夫子六艺犹有御射乎?文武兼修似乎更为高妙合理,但我还是支持正朔传承说。

何谓"在人"?一说,传承犹未断绝,尚存人间;一说,大道就在那里,能不能学到手那得看个人的资质禀赋了。我倒是觉得后一种说法,应该更贴合这段对话的语境。姑且由着我，将这个段子译而陈之，稍后再略加解释。

卫国的公孙朝向子贡提出疑问，说："仲尼从哪儿学来的知识？"

子贡说："文王、武王所传文脉正朔，还未曾跌落尘埃之中，能否慧眼得见全在于人，贤者见而识之能证悟大道，不贤者却只能摸到毛皮末节，世间万物万事又有何处没有文武之道呦。我家夫子从哪儿不能学到呢？又何必一定要有因循显名的师承呢？"

在夫子时代，知识的传承是有序的，文字典籍可不像现在这样容易获取，大抵都视为珍宝，有非常强烈的"知识产权保护意识"，当然，这种保护不存在于法律上，而是某个阶层的内部规则，那个圈子，就是贵族。像文脉正朔、治国大道之类，那可是秘笈中的秘笈，真传中的真传，上层嫡系根正苗红者，才有可能得以传授，一般人，尤其是圈外人，别说是看到相关典籍了，就是听都没听说过，当然，就是把典籍给你，你也看不懂，很多都是像符咒一样的图案。在这样的社会环境下，突然有一个人不知从何处冒出来，自称得传文脉正朔，大家可不就得质问一下他究竟师承何人？关键是他还不按常理出牌，收几条腊肉就逮谁传谁；更更关键的是，他还精熟典籍，说得道理圆融，辩都辩不过他，大家还不得轮番上阵往死里踩他？像老子、苌弘、师襄、叶公这样的真正大家，通达豁然，还能够包容并乐见其成，甚至助以一臂之力，略逊一筹的，没有破口大骂上门踢馆，已经算得上是有君子之风喽。

没有传承，失典无文，世人皆以为粗鄙，称之为"无根脚"，参的是"野狐禅"！卫公孙朝此问，正是以此质疑，貌似温柔，实则绵里藏针，刺其"伪托矫饰""来历不明"。子贡这位孔门语言科第二高手也不是吃素的，不卑不亢，立马就给顶了回去。文武之道，没有跌落尘埃，也没随着老祖宗殉了葬。那年头，大家虽然打心眼里对周王室缺乏敬意，但出来混的还都挂着他家的"羊头"，没谁敢扯下他姬家的旗号，敦个伦还得号称行"周公之礼"呢。子贡一上来就先用大义拿人，即刻立于不败之地。你看，大家都是遵循文王、武王传下来的道理做事的吧，连厨子割肉也是合乎大道的吧，你看不懂，参不透，那只能说你根器不足，我家夫子岂是尔辈肉眼凡胎所能揣度？他老人家听个小曲儿都能随随便便地悟道！这样的人物，还需要指着谁来系统性地传授？

"无常师"后来居然成了圣人之道，为学的绝顶境界，增加了"师法天地""内悟自足""心灯传法""灵台印象""无招胜有招"等等特别超凡脱俗华光璀璨的路数，亮瞎了无数圈外人的眼。更称得上咄咄怪事的是，后来的儒家弟子，居然也以"师承"看根脚，以出身论江湖地位。

我内心非常清楚，这种译法解法，应该是最接近当时的社会风貌和子贡、公孙朝的言辞交锋的，但还总是心怀一丝美好的期盼，希望看到一点光亮，感受到

一丝风流月华,宁愿相信他们的对话,会是这样的:

你家先生这么好的学问是从哪里得来的呢?

宗周文武所传大道正法,并没有坠地佚失,只是散落到人间方方面面。贤者们用其大处以济世匡义,次一些的人用其小节以治家谋生,无不有文武之道行于其中。我家夫子怎能不跟他们学呢?哪里有什么旧有意义上的老师呢?

…………

世间处处皆学问,三人同行有我师!

…………

可是,卫公孙朝那句"仲尼焉学",我怎么读怎么觉得殊无敬意,尤其是联想起那个时代如潮涌般的质疑、诘问、非难,甚至毁谤,泼脏水,怎么品都是一股子找碴儿的味道。未曾想,这场对磕,居然生生磕出一个"圣人无常师",这算是无心插柳吧?

◎孔门大护法

叔孙武叔语大夫于朝曰:"子贡贤于仲尼。"子服景伯以告子贡。子贡曰:"譬之宫墙,赐之墙也及肩,窥见室家之好。夫子之墙数仞,不得其门而入,不见宗庙之美、百官之富。得其门者或寡矣。夫子之云,不亦宜乎!"

叔孙武叔毁仲尼。子贡曰:"无以为也,仲尼不可毁也!他人之贤者,丘陵也,犹可逾也;仲尼,日月也,无得而逾焉。人虽欲自绝,其何伤于日月乎?多见其不知量也。"

枫解:叔孙武叔,姬姓,三桓之叔孙氏第八代宗主,谥武,名州仇,时为鲁国司马,夫子众多反对者中比较著名的权贵之一。卫公孙朝的质疑是绵里藏针,这位却是引风吹火,甚至单刀直入。可怜他遇到子贡兄,"借力打力"练得那叫一个出神入化,将那股阴风化作春风,护着自家夫子扶摇而起,我们不妨一起来领略那番高手风范。

叔孙武叔在朝堂上讨论评点大夫时说:"子贡比仲尼更优秀啊。"子服景伯把这话转述给子贡听。子贡说:"就拿围墙做比喻吧,我家的围墙只有肩膀这么高,人家一眼就能望到我堂后居所的那点儿好东西。夫子家的围墙却有几丈高,找不到大门进入其中,就无法看到里面宗庙的雄伟恢宏,诸多房舍的富丽堂皇。能够找着夫子家大门的人或许比较少吧,武叔大夫这样的说法,不也是非常符合他自己之所见嘛。"

"语大夫于朝"，历来多解之为"语于大夫于朝"，在朝堂之上对大夫们说；我总觉得如此解法，有些累赘，无法体现出"语大夫"三字的真正价值——叔孙武叔起了一个好话题，大家一起讨论点评众大夫，不经意间，就点个火头什么的，点不着他家大门，熏他个够呛也行啊。

子贡这段回复，最妙的还不是"宫墙之譬"，而是"不亦宜乎"，一副"我懂你"的模样，眉梢犹挂三分笑，眼中却是满满的怜悯——您不是有恶意啊，就是纯粹的智商比较低！还一个劲儿地宽慰，没事儿，反正"得其门者或寡矣"，不是只有您这样，芸芸众生摸不着门的人多了去了。估计叔孙武叔也是气极了，嘴皮子耍不过你，那就撸起袖子开战吧，赤膊上阵"毁"了他，怎么毁谤的呢？不说也罢！子贡的应对那才叫一个白衣胜雪，他说：

就您这些话是起不了作用的，仲尼岂是您几句谤语所能伤到的！别家的贤者，好比丘陵，还可以翻而越之；仲尼，那就是日月一样的存在，没办法攀缘超越。人纵使要自绝于日月，于日月又会有何损害呢？最多也就表现出他有多么的不自量力罢了！

"无以为也，仲尼不可毁也！"历来多解为"不要这样做，仲尼是毁谤不了的。"我总觉得有些软绵绵的，不见力道。"无以为也"，当是"毁无以为也"的承上省略，你的毁言"无以为也"，什么用也没有啊！为啥？因为"仲尼不可毁也"，就您这能耐，还想上天不成？仲尼如日月悬天，您够得着吗？跳着脚指日骂月的就能让那普照天下的光辉稍减半分？不过是自绝于光明！蜷缩在阴暗角落里的蜉蝣也有撼动参天大树的宏愿？不过是痴心妄想！

世人至此，唯见"宗庙之美""日月之光"，子贡这点星火也就黯然失色，几近于无。孔门高弟，我偏爱子贡、子路，不是因为子贡善殖财货、子路英武绝伦，而是没有子贡的仗言卫护、子路的仗剑守助，夫子可能真的会被那些浮云遮住……

我听闻，领先一步，那叫高人；领先百步，那叫妖孽；让人遥望颈背，自知连吃奶的力气都用足了也追不上的，那叫枪靶子！

◎我的太阳

陈子禽谓子贡曰："子为恭也，仲尼岂贤于子乎？"子贡曰："君子一言以为知，一言以为不知，言不可不慎也。夫子之不可及也，犹天之不可阶而升也。夫子之得邦家者，所谓立之斯立，道之斯行，绥之斯来，动之斯和。其生也荣，其死也哀，如之何其可及也？"

枫解：陈子禽，就是那个偷偷向孔鲤打听有没有得授点儿家门别传的陈亢，就是那个"开学第一课"咬子贡耳朵的"旁听生"，《论语》中最喜欢抄小道秘径的怪咖，难怪后儒不愿将他纳入夫子门墙，你看他这话儿说的：

子为恭也，仲尼岂贤于子乎？

您只是客气谦让罢了，仲尼怎么可能比您优秀呢？

子贡的回答可以看出他俩私交应该非常不错，貌似严厉，实则还是有些循诱开导的情分在内，他说：

君子一开口就可以展现出他的智慧，一开口也可能暴露出他的无知，所以必须得慎言啊。夫子的高度是不可能触摸到的，犹如湛湛青天那样不可能拾阶而上。夫子之道如果行诸于邦国家园，就像我们经常说的那样，邦家必能雄立于世，仁道必能大行天下，安抚必能服归附之民，动员必能和谐同心。夫子之生，荣耀至极，夫子之死，哀恸天地，像他这样的人物怎么可能追赶得上呢？

"夫子之得邦家者"，孔安国曰："谓为诸侯若卿大夫。"刑昺沿着这个口子，却解之为"得邦得家者"，即"得邦，谓为诸侯；得家，谓为卿大夫。"然后，就成了一个定势，称子贡做了一个假设——如果夫子能够成为诸侯或者卿大夫。我读着总是觉得有些违和感，问题在哪儿呢？据说，这话是子贡晚年之言，斯时，夫子已逝经年，换言之，如果这样解，他是做了一个永远不可能出现的假定，这样的说辞能有多少说服力呢？

我曾读过另一种解法，谓此"得"通"德"，即为"道之显化"，什么意思？即是夫子的大道在邦家中显化而行。解读的路数似乎可以走得通，但"得"通"德"却所出无典；后来，听一位先生讲甲骨文，恰巧讲到这个"得"字，据称在古语中的含义，是表示"一个人在行动过程中的收获"，我恍然大悟，这话儿绝对可以用"德"的思路重解一遍——夫子的大道在邦家中践行能够收到的成效——立之斯立，道之斯行，绥之斯来，动之斯和。故此，我把子贡这个假设重解为：夫子之道如果行诸于邦国家园。他老人家虽然走了，可是，这活儿我们一帮弟子不还在积极推动吗？我们终生苦苦追寻的，不就是想看到这个假定成立那一天的世界是什么模样吗？

夫子之道，一定可以"修齐治平"，那是子贡们的信仰！

…………

《子张》篇非常奇特，通篇记录的是夫子门徒的言论，貌似散乱而无章法，若是细心揣摩，还是有迹可循的。篇首起于子张论士德，明忠信为本；而后是子张、子夏为门人论交，明博纳兼容；随后是子夏论学，讲求仁索道；文过豹变，直面正心；子夏论信，说信仰之重；大德小德，说原则之重；子游、子夏辩教育之本，说学以致用；子游、曾参评子张，见其难能之过；阳肤听训，曾子说仁心化戾；子贡论过，君子炼心；公孙溯源，学无常师；武叔谤孔，子贡仗言；陈亢疑师，子贡坚信……先后出场的人物不少，但这堂课的"主讲"其实只有四位——子张、子夏、曾参和子贡。子张讲的是德，是他从夫子处学来的"士德"；子夏、曾参讲的是道，更确切点儿，是他们师从夫子学道的心得体会，包括对子张履仁的评价；子贡讲的是信，我只信我师！

剪去花团锦簇的枝叶，撩开虚头巴脑的说辞，不外乎就是派了四位学生代表上台讲了一通，讲啥了？"孔门求学之我见"，或者是"藉着夫子的指引观世界"。类似这样的"讨论交流课"应该有不少，为什么独独选了这一课载入其中？我想，或许"批斗子张"是其关键缘由吧，毕竟他的后人成了外儒的"叛逆"，诸位前贤早有"预见"。每每念及"八氏分流"，我总是悲欣交集。悲悯夫子身后，也难逃风流雨散；欣然见其火种四播，源流八方。

感慨收一收，还是回归正题吧。这样的主题发言，其实是非常容易见根底的，立调高低，析论深浅，往往可以看出一个人的道行。子张调门略低，讲士德，质朴而扎实，有几分夫子的韵味；子夏、曾参调门高些，试图着讲讲道，可惜差了那么点意思；子贡不愧瑚琏之名，贵而清，信念坚贞，铿锵有力。但不管怎么论，这一代儒者风范依然绝佳，子张堂堂、子夏彬彬、曾参恂恂、子贡皎皎，神态虽异，其心如一，风骨峥嵘，正气浩荡。哪怕是同门切磋，也是有火气却没有杀意。

蕴德、兼容、为学、致用、讲原则、有信仰……这样的世界，它能差到哪儿去？或许少了日月交辉，却也算得上群星璀璨吧？这样的世界，依然有大千气象，生机勃发。

那轮煌煌大日，真的照亮了亘古长夜！

尧曰篇第二十

◎天禄何来?

尧曰:"咨! 尔舜! 天之历数在尔躬,允执其中,四海困穷,天禄永终。"

枫解: 就从这个"咨"字开始吧,自汉而下,仅此一字之训诂,若铺陈开来,应该可以写成一篇超过十万字的大文章,是独立成书的体量。哪怕是仅仅把它看作最普适的"启声范式"——用一个单音节词语表达某种情绪作为开始一段内容陈述的铺垫——此字也有三种比较常见的译法。

第一,"啧!"真心赞赏,容颜庄严,眼角眉梢却有笑意,欣然之情洋溢于表;

第二,"唉……"一声叹息,悲切与无奈,或许还有迷蒙的雾气,充斥着双眸;

第三,"喂。"几分率性,平静而淡然,坦荡而随意,如同闲话家常一般。

那些老先生们为什么非得去抠这个字眼呢? 因为打头这节貌似没有具体含义的发声,所表达出来的情绪,会通过"尧曰"把我们带向截然不同的世界。我试着列出两种译法以供诸君参详,如下:

啧! 这位舜! 天命的列次已然落在你的身上,保持信念践行中庸之德吧,若能将之推行以穷极四海,则上天所赐的这份福禄将绵长而无止境。

…………

唉……你这个舜啊! 天命的列次终于轮到你了,公平地掌握着中央之国命吧。若是四海之民陷于困苦贫穷之境,上天会把恩赐给你的这份福禄永远地终结的。

…………

关于"允执其中"的两种不同译法,那是坍塌三观的事,且先缓一缓。关于"四海困穷,天禄永终"的不同解读,可以先说道说道。

包咸注此章时曰:"允,信也;困,极也;永,长也。言为政信执其中则能穷极四海,天禄所以长终。"啥意思? 如果为政能够把践行中庸之德作为信念就能

"穷极四海"，让四海同沐光辉，上天赐予的这份福禄就能永远地没有尽头。总不能是"为政信执其中则能穷极四海"，上天所赐禄位就会永久终结吧？

朱熹注此章时却说："允，信也；中者，无过不及之名。四海之人困穷，则君禄亦永绝矣，戒之也。"啥意思？为政必须把践行中庸之德作为信念，如果天下的百姓陷于困苦贫穷之境，那么上天赐予你的禄位也就永远地断绝了。"无过不及之名"，中庸之德也。

从字面上看，两解俱通，只是气韵迥异。包咸更像一种希望和祝愿：好好干，让中庸之德大行天下，国祚自然延绵；朱熹却读出一番寄语与警示：一定要牢牢秉持中庸为德，否则百姓穷困了，你的位子也就坐不稳喽。这两位谁解得更合理高妙呢？

他俩的三观还是一脉相承，归属两汉之后的儒家正统。毁三观的是对"允执其中"的不同解读，后儒解为"信执其中"；另一派却解之为"公执中命"，就是要公平地对待中土与四海，以此牢固地执掌天下之权柄、华夏之国命。按这一流派的说法，"尧曰"成了：舜啊，我把这天下的权柄命数交给你了，你要善待我的部族子民，希望你能公平地对待他们，别让他们受苦挨穷如同四海那些不曾归附的化外之民那样，不然老天爷赐给你的禄位一定会断绝的！

后儒的"信执其中"，是从《尚书》中解读出来的，两汉之后的儒家典籍屡见不鲜；别传的"公执中命"，却是从《竹书纪年》之类残卷中解读出来的，最著名的是《商君书》与《鬼谷子》。《竹书纪年》据说是春秋之晋、战国之魏正牌史官所作，西晋咸宁五年在汲郡被人从魏襄王的墓中盗挖出来，宋时历经佚散与重修，屡被斥为"伪史"；《商君书》更为两汉之后儒家正统所不齿，认为其中的"集权""权谋"思想会把君王领上"邪僻歧路"。

可是，我们回过头去看看《尚书》，相传为夫子编纂，据说共有百篇，却被老嬴家那一把火烧得干干净净。及汉，由秦博士伏生口授、以汉隶行文写就，谓之"今文《尚书》"，计有二十八篇；孔安国根据夫子故壁所出，整理而成，谓之"古文《尚书》"，却是四十有四篇。永嘉南渡，两书俱失，东晋初年，梅赜献于朝廷，包含一篇《孔安国传》和一篇《尚书序》，却是共有五十九篇。

历来儒家质疑《竹书纪年》可信度的最为有力理由，是佚散和绝传，但这矛锋不也刺中《尚书》的要害吗？难道我们就能确认此时摆在我们案头的这部《尚书》就是当年夫子所纂的那部吗？如今，我们从长沙马王堆汉初古墓所得，或见于诸多甲骨文、青铜铭文、秦简所载，与《竹书纪年》却能相互佐证，似乎它更为接近于史实。

另据《左传》所载，上古流传史籍有《三坟》《五典》《八索》《九丘》，如今更是踪迹飘渺，那段历史真实的原貌究竟如何，现在又有谁能说得清楚呢？且把思维稍微往回收一收吧，就停在尧舜禹三代之治，就停在三代权力交接是如何完成的节点上吧。我们从有限的资料中能够得知的就有两种，一是"禅让"，一是"囚夺"。特别有意思的是，历史上赫赫有名的"孙氏儒"集大成者——荀况，在他的《正论》中就明确提出："世俗之为说者曰：'尧、舜擅让。'是不然。"可见，先秦儒家未必支持大一统之后所说的那种所谓的"禅让制"，至于言之凿凿称夫子曾为此说加持过，更是无稽之谈，翻烂《论语》可曾得一案证？而更让后儒痛不欲生的是东汉末年曹丕玩的，把汉儒供在神坛之上的"禅让"生生玩成一出闹剧。

绝对真实的历史，从来就不曾存在于任何人类的典籍之中，原因很多，展开而述有些累赘。讲个最简单的道理吧，站在不同的角度看到的历史自然就有所不同，就像我们观看一座大山一样，横看成岭侧成峰，每个人眼中的境象都是那么的真实。"禅让"与"囚夺"，以此来争辩"尧曰"，永远不可能有结论。能否放下成见，重头来作假定和解读呢，我试试吧。

假定这话真实存在过，假定这话就是尧舜交接部落联盟首领大位时尧对舜说的，假定"允执其中"就是中华上古的为政心法。然后，可以讨论了。

不管这个"允"是后儒的"信"——信念或者忠实，还是别传的"公"——公平或者公正，允都是对"执其中"这种思想、行为的范畴界定，就是要用正确合宜的方式方法去处理公共事务。途径是什么？夫子曰："叩两端而竭焉"！用现在的话讲，就是，寻找到那个动态平衡的点，然后保持住把握好！你把它当作忠诚的信仰也好，公平的态度也罢；是无私奉献也好，集中权谋也罢。归根结底，这就是一个"方法论"。中庸呦，那是德，不是道，是践行之方，不是天赋之理。"公天下"还是"家天下"，不能论之以对错，只能评判它是否适合当时的社会发展需要。世界没有永恒不变的成法，如同昨天的太阳晒不干今日的衣裳。

基于这样的理解，我把这段经文重译如斯：

尧与舜交接时说："嗯！舜啊！天命之列次如今落于你身，你一定要把掌握天下平衡当作为政的信念，并把这种力量辐射到四海所至之地，上天恩赐与你的这份福禄才能延绵而永无终境。"

…………

这稀泥和得成功吗？也许吧。流行较广的解法中，我相对不太认可朱熹的，既然相信"禅让"，大位都让了，人也是自己拣选并栽培的，交权的时候还有必要敲打一番吗？往细了品，总是觉得透着一股小家子气，远不如包咸解读的那么堂皇敞亮，都"公"到这份了，临了多些祝福，不是更为圆满吗？

必须且值得注意的是，那个时代所谓的"公共事务"，与今时语境有极大不同，斯时，更多的是指部落与部落之间的交集；那个时候的人，无法从部落、宗氏中剥离开来成为独立的"自然人"而存在，至少在法理上是如此。那个时候，直立行走、可以交流的未必就是"人"，可能是奴隶，是异类，是部族里的财产，是一头有用的大牲口。

平衡，或者公平，散发出来的光芒，纵使普照四海，也照不到他们身上，照不到山洞、岩石、沟渠的阴暗处……

夫子在那一缕光中，看到了什么……

◎中华心法

> 舜亦以命禹。

枫解：简简单单的五个字却承载着一件惊天动地的大事，完成了一次权力的交接，远古的吉光片羽翩然飞来加诸我身，宛若泰山，我尽力凝望，漫漫长夜里的那点启明之光。

舜亦以命禹。

那次权力交接中，舜曾经用类似的话"命"禹。这个命，是授令以命，还是托付使命？据说，当时那段话里有十六个字非常著名，被后人称为"中华心法"，曰：

人心惟危，道心惟微；惟精惟一，允执厥中。

心法心悟，一万个人能开出一万朵花，千姿百态，诸般风华。真往细处说，好大一个课题，还是归拢一下吧。基本套路难脱思维模式的窠臼，不外乎是剖析"人心"，然后以"人心"窥视"道心"，再延展解释那个"一"与"中"。那么，我们不妨就从这个"危"字说起，历来关于这个字的解释流传较广的大抵可纳入三派：

其一，取高崖危地之说，解之为"居危而险"，直白点说，就是，人心是陡峭而危险的；

其二，取脊梁负重之说，解之为"端正而直"，直白点说，就是，人心是向善而正直的；

其三，取星宿寄形之说，解之为"心如危宿"，直白点说，就是，人心如同危宿，漂浮、幽暗而有肃杀之气。

危险说，演绎而成"性恶论"，其中又分流成被恐惧驱策而居于高危处故而滋生险恶之心，或血脉里的恶性基因让人心阴晦而危险；正直说，蕴育酝出"性善论"，或说人性本善故正直而能负重，或说为了担负起使命而选择正直与善良；星宿说，最是神秘飘缈，再加上一些宿命、玄学的元素，那就更有意思了，从危宿进而转玄武，布四方，及二十八宿，再散于一百零八之数，衍化成满天星斗，蔚成大观，掐指一算能断世间一切，那叫一个精彩绝伦，战国末年、两汉、魏晋，此风颇是盛行。思绪还是不能飘得太空旷虚无了，扯回来吧，我就藉着这个字，把这三种流派的解读大抵归纳一下，陈列如斯：

人心阴晦难明陡峭危险，道心潜匿细微无处不在；只有精通而洞明、专注而持一，才能公平地操持国命稳固地掌控中央。

⋯⋯⋯⋯

人心正直光明崇尚美好，道心细微入妙纯净清澈；只有纯粹而专一，才能把所有力量转化为践行中庸之德的信念。

⋯⋯⋯⋯

人心初始起于危宿，道心却存于紫微；唯有专心精修而寄栖于道，才能契合道心并捕捉到一丝归入其中的机缘。

⋯⋯⋯⋯

还有诸多杂糅三派而衍生出来的学说，更是多如恒河沙数，不胜枚举。我还没有机缘去修仙访道，对于星宿运行也只限于从少量流传的残篇中获得一鳞半爪的认知，浅薄而不成体系，对于星宿说，实在只知其然而不知其所以然，年少时倒是曾满心盼着能得高人传授，哪怕是在梦里渡我也属幸事，可怜资质愚钝入不得方家法眼，这一丝向往如今基本泯灭。"性本论"类的闲书却是真真读了不少，随着年岁日长，略有一点体会，诸位不妨一听。

人心人性复杂而微妙，未必能用善恶一面以决之。纵使人有私欲性本利己，若得良法引导成为追寻美好生活的驱动力，未必不能成为推动社会进步的沛然能量。简单粗暴，或许是速效之药，但治得肝来可能会伤着肾，所谓之"其兴也勃，其亡也忽"，绝对是血的教训。一国之政方、权力、法度，如果只成为权力游戏私欲的盛宴，那个世道也就彻底地沦丧了。我想，夫子未必不知人性中有恶的一面，未必感受不到潜藏在血脉里的那股蛮荒气息，只是愿意秉承一个美好的信念，溯流而上，去寻求一块净土供国族栖息繁衍。如果世间没有这样一群人与他并肩前行，那这世道还有什么值得期待的呢？

我没有力量背负着一座泰山，走到几千年前的那些节点上去看那朝阳和晚霞，只有眼巴巴地就这么遥望着。思虑再三，还是得留下点什么吧，就像孙猴子到了五指峰下总得撒泡尿吧，就当是劣根性的一次放肆，就斗胆按照我自己的意愿译一译那十六个字吧，曰：

人心只有向往美好才会正直，道心只有融于精微才有妙用；只有这精妙，只有这专一，才是真正把全力以赴追寻内外平衡活成人生的信仰。

允，还是信念；中，还是动态的平衡；厥，是憋足了气力，想要从人世间这巍巍巨崖中采摘那最美的花儿。人生真正的平和，是内心与世界达成某种和解，是道心天理与人心感受双重认知上的默契，活泼灵动而相对稳定！

人心生而具有自利性，道心却惟公而无私，学习、践行、修持就是在那一次次磨合中，寻找到那个"中"，然后把握住它。我有时候总是会忍不住想，《舜典》与《禹谟》最核心的那四个字为什么会有差别？尧传舜时，说的是"允执其中"；舜传禹时，说的却是"允执厥中"。难道是，世界变化太快，人心更是莫测，执中越来越是费劲了吗？

这种深沉的乏力感，会不会是那些宁愿遁迹山野修仙求道的高人们，不愿背负的泰山？制礼作乐，纠合调和众善之力出于一孔，何其难哉。

◎史上第一份革命宣言

曰："予小子履，敢用玄牡，敢昭告于皇皇后帝：有罪不敢赦。帝臣不蔽，简在帝心。朕躬有罪，无以万方；万方有罪，罪在朕躬。"

枫解：先说说"予小子履"吧，必须明确一下，"履"是一个人名，孔安国注此时曰："履，殷汤名。"历代主流解家皆从此说，无论儒家，还是别传。殷汤，《史记》作名"天乙"，甲骨文卜辞作"大乙"，旧老相传也名"履"。"予小子"屡见于上古帝王祭天地之诰文，大概意思是——我是你家的浑小子某某啊——后土为母，帝天为父，我是被派遣到大地上行走的君王！

总之，大家都认可，这段话出自《汤誓》，是殷汤伐夏桀的誓词。这是华夏大地上明载于史册中，第一次诸侯取代天子而王，并且由此展开一系列的鼎革，史称"成汤革命"。那场鼎革的具体内容早就湮灭于尘埃之中，如今只能偶尔从某些故典、传说中见到一鳞半爪，但有两点是可以明确的：第一，夏朝的末代帝君——桀名声不好，民心不附；第二，殷代夏而立，是一次武装夺权。

先秦典籍所载，对这一事件的评价，诸子百家并没有取得共识；自汉而下，对这段誓词的解读也无法达成一致，大抵可以纳为两大流派，我试着用现代语言把他们的解读呈现如下：

予小子履，谨用黑色的牡牛作为牺牲，明明白白地告于光明而伟大的天帝：违背您意志而犯了罪的人，我不敢擅自去赦免他。作为您的臣仆，我不敢有丝毫隐瞒，一切依照着您的意志行事。如果我的行止悖离了您的意志，请不要牵连天下万方；如果天下万方有罪，所有的罪责请由我一个人来承担。

············

予小子履，今天斗胆用黑色牡牛作为牺牲献祭，斗胆向光明而伟大的后土帝天禀告：我有罪责，不敢请求你们的赦免。作为帝天的臣属无法隐瞒，一切行止都在你们的眼里心里。我的行止如果悖离你们的意愿犯下罪过，请不要将惩罚加诸天下万方；万方如果犯下罪过，也请你们将这份罪责归属在我这个领头者的身上吧。

…………

简单点，其实都是一句话。前者是"奉天伐罪"，夏桀违背了后帝的意志，我替你们去教训他，如果办得不到位，你们处罚我就行了；后者是"请旨禀告"，夏桀太恶劣了，我今天要带头办了他，如果因为这事惹你们生气了，你们要罚就罚我一人。

反正这活儿也还没人干过，或者是这么大动干戈大鸣大放地干过，怎么"交代"也没个套路不是？但，不管哪一家的解法，最终都会把重心落在"罪在朕躬"四个字上面，这份带头大哥的担当，怎么着也不会减弱分毫。

这段誓词中还有两个词非常值得留意，一是"玄牡"，一是"后帝"。

朱熹注经时说："用玄牡，夏尚黑，未变其礼也。"啥意思？就是解释了一下为什么要用黑色公牛作为牺牲奉祭天地，因为夏朝崇尚黑色，殷汤还未曾改变礼法。这就有意思了，后来动辄就是"留发不留头"，甚或"革命从剪辫子开始"，怎么这都厉兵秣马了，还得按人家的老礼儿办事呢？

注意一下"后帝"这个词，这种说法在殷商还断断续续有些保留，东周之后就不再出现了，像周武王伐纣前的《泰誓》就是另一说法——"厎商之罪，告于皇天后土所过名山大川。"

自"后帝"而至"皇天后土"，那六百年发生了什么变化呢？故旧遗传，夏朝之时，依然保持着承袭了不知多少年的传统，君王往生称为"宾天"，此后世人始称之为帝。殷沿此制，至周而改。简单点说，就是那时节，殷汤奉祭的"帝"，是桀他亲爹、亲爷爷、亲高祖等等。这就相当于告诉那帮去天上当了"帝"的君王们说，你家的不肖子孙桀太浑了，我要办了他，你们别见怪啊！这事儿哪是一头黑公牛能说得过去的呀？"予小子履"你宰的那头黑牛也是俺家的吧？

幸亏"帝"之上，还有"后"。"后"就是"后土"，也称"大君"，是君王中的君王。秦汉儒家典籍多说后土为社神，夏社所祀者，共工之子句龙也。显然这一说法，并没有获得道家的认可，到目前为止，道教的神仙谱系中，后土依然是"大地之母"，世俗尊称为"后土娘娘"。

可是，为什么"后"在"帝"上呢？这涉及"三易之变"。传说，最早人们认为神灵居于高山，故"易"起于"艮"，号《连山》；自黄帝时，世人认为神灵行走于大地，故"易"起于"坤"，号《归藏》；周文王变易，起于"乾"，也就是我们现在看到的《周易》。

还有另一种说法，认为夏商两朝是华夏从"母系氏族"向"父系姓族"的过渡时期，那个节点上，"后"的社会地位还在"帝"之上。其中另有一个秘辛，殷汤能够推翻夏桀，是因为联姻东夷，许之为"后族"，所以后来想要"创制变社"而不能。据说，共工氏就是出自东夷，乃"水正"部落首领的称号，舜上位后才把他弄到幽陵去跟北狄一起。

"三易之变""氏姓之易"，现在都没有确凿的文字记载，都被归为历史传说，但从近代考古推论来看，这样的说法并非无根之谈，至少，理论上是讲得通的。读的闲书越多，我就越是觉得"请旨禀告"说更为合理。斯时，人们对天地神灵还是非常敬畏的，君王号称天子，是替神灵来统领世间诸民的，诸侯伐天子，这事儿谁也没经历过呀，估计也是被逼到走投无路才冒死一搏，别说底下那帮从者了，兴许殷汤心里也犯嘀咕，可不就得好好唠唠：

我是你家那浑小子履啊！

先把近乎儿给套上。

…………

今儿个我斗胆宰了头黑公牛，来给伟大的地母和光明的天公上供，大着胆子来跟你们坦白一件事儿！

再把人家的最爱献上。

…………

我有罪过呀，不敢祈求你们的赦免。

认罪态度必须端正。

…………

作为帝天的臣子绝对不敢有丝毫隐瞒，我们的一切行止，各位老人家都是看在眼里的哇。

立马把自己摘出来，我是您的臣子，可不是桀的。而且您老人家明察秋毫，啥都知道，您家那个桀更浑呀，我这也是逼不得已啊。

…………

我的行止如果违背了你们的意志犯下罪过，请别处罚天下其他方国；万方跟着我办这事儿如果犯下罪过，请都算在我头上吧。

黑锅我背了，兄弟们干吧！放心吧，干爹要是不讲理，咱不是还有地母这亲妈罩着嘛，我还就不信了，俺们难道是后娘养的不成。

…………

做过这一场，诸神也不曾降下雷霆。六百年后，伯夷叔齐拦着周武王的车驾说：

父死不葬，爰及干戈，可谓孝乎？以臣弑君，可谓仁乎？

⋯⋯⋯⋯

不管怎么说，殷汤那顶着雷的伟岸身姿，成了青史之上浓墨重彩的一道风景。

◎他也要革命

周有大赉，善人是富。"虽有周亲，不如仁人。百姓有过，在予一人。"

枫解：刑昺解此曰："周，周家；赉，赐也；言周家受天大赐，富于善人，有乱臣十人是也。"啥意思？周王室承天恩赐，获得大气运，"天之历数在周"，所以有很多"善人"，譬如彪炳青史的十大辅臣。

朱熹注此则曰："赉，予也。武王克商，大赉于四海。见周书武成篇。此言其所富者，皆善人也。诗序云'赉所以锡予善人'，盖本于此。"啥意思？武王伐纣，代商而立，分封天下，那些封君立国富裕起来的，都是"善人"啊！

这是两种完全不同的套路，刑昺是"受"，往怀里扒拉，披上龙袍；朱熹是"攻"，往门外赠送，奉上朱衣。一个把"赉"解为诸神的恩赐，一个把"赉"解为对善人的恩赐；一个把"有"解为获得，一个把"有"当作没有具体含义的词缀。抠着字眼，多少有些拗口，我捋一捋，照着这两位的思路形成各自的译法陈列于下，供诸君参详吧。

周王室承受上天恩赐的大气运，善行德政而辅佐他们的人非常多。"我们虽有至亲之族人，但不会让他们凌驾于有仁德者之上。如果天下百姓有过失，那都是由于我教化不到位所造成的。"

⋯⋯⋯⋯

周朝大封诸侯，使善人都富贵起来。"殷纣虽然有至亲之人，却不如我们的善人那么多。百姓随我伐纣如果有罪过，请由我来承担吧。"

⋯⋯⋯⋯

虽然，都认为这段经文所述出于《泰誓》，言周武伐纣故事，又是一次武装夺权，又是一次诸侯伐天子，又是一次吊民伐罪，又是一次"在予一人"的雄赳赳气昂昂。同是师法孔安国，但对于同一事件，他们显然看到的是不同的气韵。

当然，也有人不太支持"泰誓说"的，认为这段经文讲的是"武王分封"，是那段历史另外的一些片段，"虽有周亲"四句是周武王分封诸侯之辞，尤其像封姜太公于齐之辞。宋翔凤、刘宝楠等就持此说，其中考据非常扎实，不无道理。

此说开阔了我的思路，这段或许是对那次权力交替的整体概括，是周朝开国奠基的为政大略，夫子简而囊之，未必局限于"泰誓"或"封诰"，一点题外话，略过不表。

刑朱两先生，哪位解得更为恰当呢？相对此问，我更感兴趣的是两宋儒家思想所发生的变化，刑昺仙逝至朱熹降世，相隔不过两甲子，一百余年间，已然是改天换地。仅从"周有大赉，富有善人"这八个字的解读中，我们已经能够品出截然不同的韵味了，刑昺还带着敬畏，朱熹却透着豪迈。

如果我们愿意追溯一下，不难发现，中国道家文化真正的大成期，其实就在周朝，甚至接受其香火供奉的那个神仙谱系，绝大部分都源自那段"分封"，星君、日神、诸路、名山大川比比皆是。有意思的是，刑昺改作新疏恰恰是因为当时学人不满何晏所注皇疏以道家思想解《论语》，谓其"名物制度无所考订"，为的是"归于儒学本来之义理"。可是，撇得再干净，沁入骨髓的那股子飘逸道风还是会不经意地渗漏出来，你看，这里不就又流向"六合之外"了吗？

我一直认为两宋是儒家一个非常重要的转折点，尤其是自刑至朱的那两甲子，名家辈出，范仲淹、富弼、文彦博、司马光、欧阳修、王安石、曾巩、周敦颐、邵雍、张载、二程、三苏……哪一位不是惊才绝艳满腹经纶？可是，百余年"与士共天下"的野望，把"舍我其谁"的担当喂养成"唯我独尊"的蛮霸；数十年鲜花着锦的盛世荣耀，把星辰大海的追寻软化成百丈红尘的横卧。当大漠狼骑南下，狰狞铁蹄踏断金刚脊梁幽冷锐箭射穿晶莹雄心，数千年文脉浸润的道魂溃亡无踪，在草原长调最原始的召唤中，印封于血脉深渊的蛮荒气息悠然复炽。崖山阻断，传承佚散，及至朱明重启，终究少了点儿什么，阳明先生耗尽心灯也唤不醒群体沉醉的良知，招不回夫子竭力接续的那一缕远古道魂，声声煌煌大吕最终成了渐行渐远的暮钟。

如此文事公案，我没有资格，也没有能力去判定谁是谁非，那一座座山丘都是需要沿路朝拜的关隘，爬得我那叫一个肝儿颤。在这岭望着那峰，视野中漫是美好，就是总觉得瞅着不如远处奔来眼底的夫子那座，是少了古拙的石头，还是多了苍郁的林木？此中意味，欲辩忘言。沉默良久，长叹一声，弄几个字吧，曰：

周有天下，群星璀璨；人间大任，铁肩担当。

笔落处，有一道身影从脑海中影影绰绰走来，一袭青衫洗得有些发白，五绺长须飘拂而不乱，浅吟低唱：

先天下之忧而忧，后天下之乐而乐……

◎四海同律

谨权量,审法度,修废官,四方之政行焉。

枫解:这段经文的争议比较有意思,儒家正传的解读在文字含义上的说法比较一致,但对行文的气韵却存在争议,故此理解多少有些偏差,值得掰开来扯一扯。

权,称锤也,代指重量;量,斗斛也,代指容积。也就是说,"权量"是两件东西,那么,后面的"法度""废官"呢?早期解家多引"秦权""秦量"的刻辞中都有"法度"一词作为案证,谓指长度的分、寸、尺、丈、引。如果把"法度"解为"长短刻度",把"废官"解为"废弃之官",则与"谨权量"在气韵上存在着违和,以二对一,少了对称性的美感。至朱熹注此,则曰:"法度,礼乐制度皆是也",却语焉不详。

其实,大家说的都是同一件事——统一度量衡,这事儿可以追溯到尧舜禹三代之时,语出《尚书·尧典》,曰:"同律度量衡"。就历史记载来看,仅仅理解为统一重量、容积和长度,似乎太轻忽了些,那时节探讨统一的还有历法、音律、语言和制度。我曾听闻,所谓律,泛指一切有节奏的声音,当然也包括语言,不是仅仅局限在音乐的范畴;所谓度,一是指现在语境中的物理刻度,二是指更为广泛的心理刻度,包括时间,也就是历法。这就比较好理解了,从《周礼》之"告朔"不难看出,历法曾经与"政法"捆绑在一起,每年,天子给诸侯颁发次年的历书,然后大家逢初一日一起祭祀鬼神、上朝理政——在规定的时间干规定的事,遂成"法度",朱熹解之为"礼乐制度"绝非牵强之说。

至于"废官",后人也曾考证重解,曰:或是有职而无其官,或是有官而不举其职。明清多有此说,如赵佑的《四书温故录》就有类似的论述。啥意思?名职不称!

综上,仅从字面而言,可重译之为:

严守重量、容积,详究历法、长度,修订职位、名份,使全国的政令得以统一通行。

意译一下:

统一度量衡、历法、语言、音律,使政令得以通行四境。

避免鸡同鸭讲混乱不堪,这是人类文明史上迈出的一大步,所有秩序构建的最重要基石。

另有门外别传之说,大概思路如斯:权为经之变通者,法为律之成文者,官为职之具名者。啥意思?经,就是常规,是正常的大原则,末节微量处当有因地制宜因时而异之措施空间,但当"谨",要谨慎对待;律,是一切成文与不成文的法规,厘定成文之法典时,必须尊重未成文之自然法,但当"审",要审视再三;职,就是职位,明确名职之称时,必须从实际专司事务出发,故谓"修",修订而使之相称也。

综上,也可译之如下:

谨慎权变的分量,审视法典的尺度,修正职位的司属,这样政令才可以通行天下。

别传之解,政令是大原则,强调的是兼容性;正传之解,强调的是统一性。哪个说法更为通达呢?或许,夫子这话本就是"一言两表"呢?值得思考!

总是有人略带揶揄地说,夫子"人同文,车同轨"的大同构想,最终是被老赢家实现了。其实,大同的构想哪里是出自夫子呦,此风乃是发韧于尧舜禹三代好吧,只是,那时为的是部落与部落之间的沟通。这种统一、协调性,古汉语称之为"律"——律法之始,诸部落之通行规则也——那几根或长或短的管子不过就是一些"因名之器"罢了。

在道家玄学中,据说"律"能通人神鬼三界,实在不合儒家义理,故宋初儒家罢黜之,而以车服旌章之仪轨代言"法度",却略嫌流于末表,是以,百年之后,朱熹重定为"礼乐制度",却又难以溯源阐述。何必呢?道家愿意通三界,就让人家通去吧,你通得了人间已然是莫大功德了。

惟通行,能达四方!

此章所论者,律法也,天下通用之规则。只是,这四方,可以是今日语境之全球吗?

◎万民朝宗

兴灭国,继绝世,举逸民,天下之民归心焉。

枫解:这段经文,我学过的也有两种不同解法,不妨陈列于下,以供诸君参详。

兴立被灭亡的邦国,承继已断绝的宗桃,提拔曾遗落的人才,天下的民众就会心悦诚服了。

…………

兴建或灭亡其邦国,传承或断绝其宗桃,拣选或黜落其民众,天下的百姓就会心悦诚服了。

…………

前者以"仁义治天下",号称儒门正宗;后者以"赏罚治天下",被斥为歪门邪道。诚然,仁义已经成了华夏的信仰,尤其是最近千余年来,都烙刻到骨髓里,活成国族的基因了。庙堂之上,为了属国不致灭亡不惜兴兵远征,屡见史册;江湖之中,为了兄弟不致断绝香火不吝子嗣,比比皆是。可是,只有赏善之手,放下罚恶之刀,这样真的好吗?

或问,周封诸侯有黄帝、尧、舜、夏、商之后,释箕子之囚,复商容之位,何等仁义?莫非青史之上,无"诛武庚而命微子代殷之后于宋"乎?缘何不见伯夷叔齐归于首阳山之逸哉?封国七十有一,可曾见孤竹之后?

万民归心,缘于仁义,还是公义?当慎思之!毁其宗庙,断其香火,夺其血食,鬼哭神嚎,据说是部落时代最酷厉的惩罚;后来,略逊一筹,称"株连九族"和"追夺出身文字",用强力手段把一个人在人间的全部印记尽数抹去。其手段之血腥、野蛮、凶戾与粗暴,于今来思,令人毛骨悚然。或许正是这份发自内心的大恐怖,让儒家弟子深感畏惧,拼尽全力不惜一切想用仁义悲悯将之化归无形,最终却被满满的阳光灼得遍体鳞伤。

不管哪一家的解法,此章所论者,宗法也,宗氏传承之规则。以今日之情境,此法当类似于何事耶?

◎天下一礼

所重:民、食、丧、祭。

枫解:孔安国注此,曰:"重民,国之本也;重食,民之命也;重丧,所以尽哀;重祭,所以致敬。"此解,乃是以文溯质,探究根本,后来解家有读之较浅者,称"所重视者四项:人民、粮食、丧礼、祭祀"。

再跑趟两宋吧,朱熹先生注此时,则称:"武成曰:'重民五教,惟食丧祭。'"什么意思?《尚书·武成》里有句经文说:"重民五教,惟食丧祭。"据说,《武成》篇这句话翻译过来就是:"重视人民的五常之教和民食、丧葬、祭祀。"进一步解释所谓"五常",就是仁、义、礼、智、信。关键是,别说周武那会儿了,就是夫子时代,都没有"五常"之说,这提法是董仲舒在《春秋繁露》中首创的吧?还好,据说朱熹读过的那篇《尚书·武成》是东晋初年梅赜献给朝廷的伪作,后来有人考证过,真正的古文《尚书·武成》篇里并没有"重民五教,惟食丧祭"这句话。

其实,真往深处究,所谓"重民五教"还真跟"三纲五常"没什么关系,更大可能讲的是"周之五礼",即吉、凶、宾、军、嘉五礼,涉及祭祀、丧葬、哀吊、朝见、会盟、征伐、冠婚、饮食、宾射等等,繁复无比,是故,始有所谓"教化民众五礼之法,重中之重,惟有饮食、丧葬、祭祀三事。"此说,与孔安国,更能接续而成一脉。"重民,国之本也",重视民俗,那是因为民众是邦国的根本;"重食,民之命也",重视饮食,那是因为饮食是民众的命门……此中,关于"食",可参见《乡党》篇,夫子诸多"不食",历数千年之生发,如今已成中华文化之重要分支,殊有清趣,蔚然大观,号"饮食文化"。多抠一点儿,尊重民俗,是教化之根本,中外莫不如是,夫子也不例外,《乡党》中关于"乡饮""乡傩"之述,可回头翻阅,重新品味。文曰:

乡人饮酒,杖者出,斯出矣。

乡人傩,朝服而立于阼阶。

夫子可远没有董仲舒"独尊儒术"的那份霸气,参与乡饮还得守着村里的伦序,遇到乡傩还得当好东道主,盛服而立于主人位——阼阶——目迎目送。

综上,我今重译此章如下:

礼法所重之事:民俗、饮食、丧葬、祭祀。

以四事而教化民众,正其行,正其风,正其心。吾曾闻:把复杂的事情简单化,那叫行家;把简单的事情复杂化,那叫行销。或许,这就是夫子终其一身无法将"仁道"推行天下的原因吧?

吾曾闻:汉初,儒门尤分内外。外首为董仲舒,传自曾参,后纳五支;内首为孔安国,传自子思,再传自孟子。两派义理有很大不同,此处能见一斑。可是,人家董仲舒却真真儿把"孔家店"卖出个好价钱,这也证明了,卖货,还就得交给专业人士才行!

综上,此章所论者,礼法也,礼教传承之规则。只是,这礼教似乎与董大仙说的不太一样,流至今时,又当是何物呢?

◎理大如天

宽则得众,信则民任焉,敏则有功,公则说。

枫解:此章宜与《阳货》篇中"子张问仁"所得同参,是时,夫子曰:

恭、宽、信、敏、惠,恭则不侮,宽则得众,信则人任焉,敏则有功,惠则足以使人。

我解这一小段经文时曾言,宽,宏量也,是为包容之心,正人心如己心,则得民众之心；信，信念也，任，直立而荷担，铁肩担道义，所谓"人任焉"不是他人相信并委任，而是自己有毅力可以负重前行；敏，智慧通彻五觉俱灵，触之即反，是以事功易成、功德可立。

不得不感慨，文字有时候就是这么神奇，一个词可以"载道"——表述某种道理，也可以"承德"——体现某种效用。譬如这个"宽"字，可以形容大道恢宏容纳众生的气象，也可以具象到一个人的行事风格见其胸襟格局；譬如这个"敏"字，可以形容大道的灵性迅敏，也可以具象到一个人的智慧通彻；譬如这个"公"字，公平也好，公正也罢，说理说人皆无不可。但是，"信"字就不行，不管是传统解家所讲的"信用"，还是我所解的"信念"，那都是"德"，不是"道"，是人间的事儿，不是天上的理儿。

历来解家多疑此章"信则民任焉"五字为衍文，是后人误增上去的。有说汉石经无此五字，皇本、唐本、津藩本、正平本均无此句；也有说"有信用则为人民所任命"这种超前民主思想绝非夫子所能有。我也认为这句是衍文，却不太同意前两说。传本或有或无，从来是左右互搏，或增或删，各家各有说法，可为阙疑，不足为据；至于民主思想之说，且不论夫子有没有，解法未必高妙，若我解之为"民众信念坚贞则能弘毅远行"呢？关键是，这五个字置于此处，有违文理，《尧曰》自开篇以来，讲的是"文脉正朔"，说的是老祖宗传下来的"道"，这里忽然冒出来一句讲"德"的，实在有些突兀，怎么读怎么觉得别扭。

基于以上理由，我重定此句并译之。

宽则得众，敏则有功，公则说。

宽宏包容则得民众之心，灵性迅敏则事功易成，公平公正则民心悦服。

这讲的是"法理"，仁法之正理。法有宽严之争、敏钝之论、公私之别。放宽，还是收紧，这是一个问题；对于治下出现的种种现象，反应当敏捷还是迟缓，这也是一个问题；公平公正，好像已经是一个不算问题的问题了。

律、宗、礼三法，数千年演化，条文习章浩如烟海，明脉隐络千头万绪，夫子从中抽出宽、敏、公三诀。这或许就是后来儒家能构建起一套适应农耕社会的周密法度的最坚实基础——以礼为核融律而成国法，以礼为基合宗而成乡约——想要把两件物事融合，总得先弄清楚它们的成分禀性吧？两千多年来，守着这三字诀则兴，抛了这三字诀则败，似乎已成定势。

可是，一味求宽求敏求公，会不会有违"执中"原则？最有意思的思考就在于此，"中庸为德"，从来就不是"道"！文脉所传，允执厥中，是方法论，不是大道理。你可以通过"术""象"去推演"道"，但绝不能把方法当作道理！

夫子穷究三代三朝，一口气游上去两千多年，能够看到的，只有当年的圣贤怎么处理事情的"象"，不可能真的有哪位圣人口出纶音传道授业。他总不能带着刀耕火种,揣着石刀木箭,围条虎皮裙就往回跑吧? 总得把那一系列形而下的方法,捋出个子丑寅卯,弄成形而上的思维,再带回来吧? 老远的路,蓬零四散驳杂无章的,也不好弄不是? 捎回来一缕道魂一颗火种,足矣!

上古的君王,那时节已经都成了天上的神仙了。

各位星君传我的心法,

我要让它在地上开花!

先讲理,再讲用,把天理融化到实践中去,则人间"莫不有文武之道"矣。

信念,等而次之,不过是登天赤足底下的一双鞋,穿上它,只是为了走得轻快些儿,切莫把那鞋子当作通天之路,羁绊住了远行的梦魂。

◎五美四恶

子张问于孔子曰:"何如斯可以从政矣?"子曰:"尊五美,屏四恶,斯可以从政矣。"子张曰:"何谓五美?"子曰:"君子惠而不费,劳而不怨,欲而不贪,泰而不骄,威而不猛。"子张曰:"何谓惠而不费?"子曰:"因民之所利而利之,斯不亦惠而不费乎? 择可劳而劳之,又谁怨? 欲仁而得仁,又焉贪? 君子无众寡,无小大,无敢慢,斯不亦泰而不骄乎? 君子正其衣冠,尊其瞻视,俨然人望而畏之,斯不亦威而不猛乎?"子张曰:"何谓四恶?"子曰:"不教而杀谓之虐;不戒视成谓之暴;慢令致期谓之贼;犹之与人也,出纳之吝谓之有司。"

枫解:每读此章,我就有点打悚。老长一段,两百多字,没有故事可以听,生生默背,实在无趣。还"五美四恶"的,总会不由自主地念及"五讲四美三热爱"那类戒律,也许是小时候上学比较调皮,经常被罚抄《中小学生行为规则》落下的病根吧。还是讲个我当年学这段的趣事,权当做个引子。

记得,当时我家办喜事,具体是什么事儿,实在记不起来了,反正我挺高兴的。一是长者放了我一天的羊,可以不念经;二是家里置办了甚多糖果,那些酸酸甜甜五彩缤纷的小玩意儿,可是孩童的致命诱惑。那时节,没有太多零嘴吃食,不外乎就是花生糖、猪油糖、芝麻酥、麦芽块、果仁果脯之类,还得乔迁婚嫁及冠生娃这等大吉庆的好日子才能见到齐乎的,平日里也就偶尔看到一样两样的。生娃,还得是带把儿的。

我头天晚上兴奋得睡不好,心心念念着得赶个早儿,正日子就没起得来,太阳都化了才迷迷糊糊地从房间里出来。见到好些姊姆姑嫂正忙活着,把一袋袋好东西打开,有装成一小袋一袋的,也有拿着大红盘子摆花样的,这股热闹劲儿让我立马精神抖擞，"噌"地就过去了。老妈反应更是敏捷，一把拖住了我，递了一个微型袋子到我手中，轻声说："这是你的，哥哥妹妹也有，一人一份。"

我打开一看，每样两个，仨瓜俩枣的少得可怜，跳着脚指着那糖山果海，咦里乌呀的急得说不出话来。老妈还是那般云淡风轻，"袋子里的是送亲戚邻居们的，盘子里的是等会招待客人的，都是有数的，你可不能乱动。"

我把这点货揣兜里去，想吃吧，怕一下子就嚼巴精光了，不吃吧，又实在心痒难忍，想再要点吧，估计是没戏了……正胡思乱想间，有客人陆续上门，大人们被招呼着去团坐喝茶，小孩子们就会领上一份糖果，呼啦啦跑到厝外的大埕玩耍。我一直没往外跑，大概是心有不甘吧。

一会儿，客人来得多了，大人们忙得有些急乱，我就往里凑，张罗着帮手给小朋友发糖果。起先或许还打着"雁过拔毛"的主意，可是主持分发的婶子着实盯得紧，没办法下手。我灵机一动，跑到大埕上唤了一堆素常的玩伴，捎带着把新来的也叫上，让他们往里涌着去要糖，搅浑了水，也好趁乱摸糖。上蹿下跳的，那叫一个兴奋，独独忘了往自己兜里装。婶子应该是看出我居心不良，瞅着空隙把我拎到后巷老爸那里去，叨叨一通数落……

是时，那屋里有好些长辈，老爸哈哈大笑，指着我说："你小子，拉你爹的被子盖别人的脚啊！"满堂哄笑，我落荒而逃……

次日晨课，长者可能是怕我撂荒，上来教的正是这一章，背得我眼冒金星的。印象特深的是，开讲至"惠而不费"时，长者解释的大概意思就是，给别人恩惠而不损伤自己。

我张嘴就问："拉老爹的被子盖别人的脚呗。"

长者愣了一下，微笑着说："没那么简单。"后头给我讲了很多如何尽量在不损害自己利益的情况下与人方便，那时年岁小，没记住。再后来，某次在香港，一位老大哥给我讲了"公门修行"的诀窍，我知道他是真心实意待我，可我总是忍不住想起"老爹的被子"，想起那场哄堂大笑，也没听进去多少。

耍耍嘴皮子，动动笔杆子，人家的事情就解决了，咱是没耗费什么，可是，老爹会不会半夜里冻得哆嗦呢？夫子他老人家就想教我们这个？

回到家里，我查看了很多资料，对于这四个字的解读，基本都可以追溯到王弼注此章时的那段话，文曰：

利民在政，无费于财。

其下诠释是："民居五土，所利不同。山者利其禽兽，渚者利其鱼盐，中原利其五谷。人君因其所利，使各居其所安，不易其利，则是惠爱利民在政，且不费于财也。"大概意思是，山边的让他打猎，水边的让他捕鱼，平原的让他种地，别胡搞，老百姓安生了咱也不用掏腰包。再往前一步，不就是"无为而治"了吗？细一寻思，王弼那是魏晋玄学的超级大佬，他这么理解也算是"一以贯之"吧。

老爹的被子拉不得，百姓的身子冻不得，那叫一个左右为难啊，双眼一闭，爱咋地咋地？这不是夫子的风格啊。直到后来，有一个词击中了我，让我豁然开朗，那个词叫"痛点"。

因民之所利而利之，斯不亦惠而不费乎？

就着人民能得利益之处去使他们获利，这不就是给他们好处而自己却无所耗费吗？

哪呀？是要瞄准了民众的"痛点"，然后解决它让民众受益，别放空炮，浪费弹药！这个"费"，不是王弼所说的"无费于财"，而是降低能耗啊，用最小的代价给民众办最大的实事。

类似这样的思考过程，我经历了很多，举个例子大家听个乐儿就行了，还是正儿八经的翻译一下这章吧，按我的意思来，如下：

子张向夫子请教说："做到怎样才可能处理好政务呢？"

夫子说："崇尚五种美德，摒弃四种恶行，斯可以从政矣。"

子张问："什么叫五美？"

夫子说："君子惠人而不空耗，操劳而无怨气，欲念能止于贪婪，心安而不骄纵，威仪自生而不举止粗暴。"

子张问："何谓惠而不费？"

夫子说："就着民众的利益所在去满足他们，这不就是'惠而不费'吗？按照实际情况来进行劳作，谁会有怨气呢？我们求仁得仁，最大的愿望已经实现了，还有什么可以贪求的呢？无论人多人少，不分小民大人，没有果敢轻慢，君子始终本心不变平和以待，这不就是'泰而不骄'吗？整肃衣冠，目不邪视，儒雅地让人望而由心尊敬，这不就是'威而不猛'吗？"

子张曰："何谓四恶？"

夫子说："不行教化一味惩罚是为虐；不加申诫只要成绩是为暴；发令懈怠限期完成是为贼；对照着别人给自己的来给别人，出与入锱铢必较，那叫小管事儿。"

劳而不怨，可以是主动为人操劳，自己选择愿意干的办，自然无怨；也可能是劳役他人，但择时挑人适事，怨气当然也会减少。

欲而不贪，有欲望很正常，关键是能够控制好，对于一个立志践行仁道的人来说，求仁得仁，夫复何求？非是此道中人呢？找到自己真正想要的吧，别贪婪，什么都想往怀里揣。举着"仁刀"奔人脐下的活儿，少干些，其实也是无量功德。

至于"威而不猛"，我最怕木胎泥塑，可曾闻"君子三变"乎？这人活着全凭一口热乎气儿，还是得有点温度，石雕铜铸的，不朽也是物件罢了，何必呢？

其他的实在懒得唠叨了, 一板一眼的, 乏趣得紧。临了就再肆意一回, 凭着心意翻译此章吧, 附录如下:

子张跑来问夫子: "怎样才能当得好官呢? "

夫子说: "爱五美去四恶。"

啥叫五美啊?

打实炮, 消怨气, 节欲望, 别得瑟, 少装腔。

啥叫那啥呢?

瞅准了再造, 别虚耗弹药; 想好了再操劳, 免得大家一嘴燎泡; 拿到自己的最想要, 别啥都想捞; 别管多少大小, 也别怠慢或急躁, 一碗水端平, 一件事一件了; 把自己弄利索了, 两只眼睛别乱瞟, 腹中有货, 他人尊重, 何必拿乔。

啥叫四恶呢?

逮着就捶的虐待狂, 就想捡现成的大暴君, 专捞浮货的老滑头, 斤斤计较的小气鬼。

············

打完收工, 神清气爽。夫子这一趟真没白跑, 真真儿弄了不少干货儿回来, 这人啊, 如果真能做到从五美而去四恶, 行走江湖, 必能无往而不利。

◎三大神通

孔子曰: "不知命, 无以为君子也; 不知礼, 无以立也; 不知言, 无以知人也。"

枫解: 何谓 "命"? 孔安国注此曰: "谓穷达之分"; 刑昺进一步解释说, "言天之赋命, 穷达有时, 当待时而动。若不知天命而妄动, 则非君子也。"

民间俗称, 命运, 老天爷赏的!

说好的 "六合之外, 存而不论" 呢? 临了临了, 不还得信天服命吗? 一切都听老天爷安排了, 咱这一通跟着夫子追着太阳狂奔到天尽头的, 玩啥呢?

传统解家是如何翻译这句经文的呢, 大抵如下:

不知道命运, 就没有办法藉之以成为君子; 不懂得礼法, 就无法藉之立足社会; 不分辨言论的真伪, 就没有办法藉了了解人。

命运、礼法、言论, 逐步具象, 余音袅袅, 归于沉寂。难道是两千多年的历史潮流, 耗尽了夫子的精力, 折腾累了, 也就服了, 认了?

终究是心有不甘, 我也狗尾续貂翻译一下吧。

夫子说, 不知道己心之所命, 无法以之为引而成君子; 不知道礼法之根本,无法以之为基而立国族；不知道言论之本质，无法以之为脉络了解人类。

通心命，活出人样儿；通法理，为国构建良序；通言辞，以见世间万象……

《尧曰》篇是历来解得最杂也最没有说服力的一篇。一是上古史料、典籍传世太少，后人托古伪造太多，光怪陆离，谁都能涂抹一番；二是太过言简意赅了，一百来个字就勾勒出两千多年的文明演进概貌，稍不注意，就会迷失其中。

仔细一些梳理，其实并不复杂，这一篇，夫子讲了尧舜禹三代、夏商周三朝四次权力交接的过程，讲了律、宗、礼三法的根脚并从中抽出三字诀，再讲了讲五美四恶及命、礼、言三事。这是什么呢？是他在历史长河中，看到的世界！

那个世界里有什么？有"允执其中"的德行，有"在予一人"的担当，有"宽敏公"的法理，有美善之峰五，有丑恶之水四……

关键的关键是，你想在这个世界里，活成什么样的人！

夫子给的那颗种子，

在你的地里开花了吗？

…………